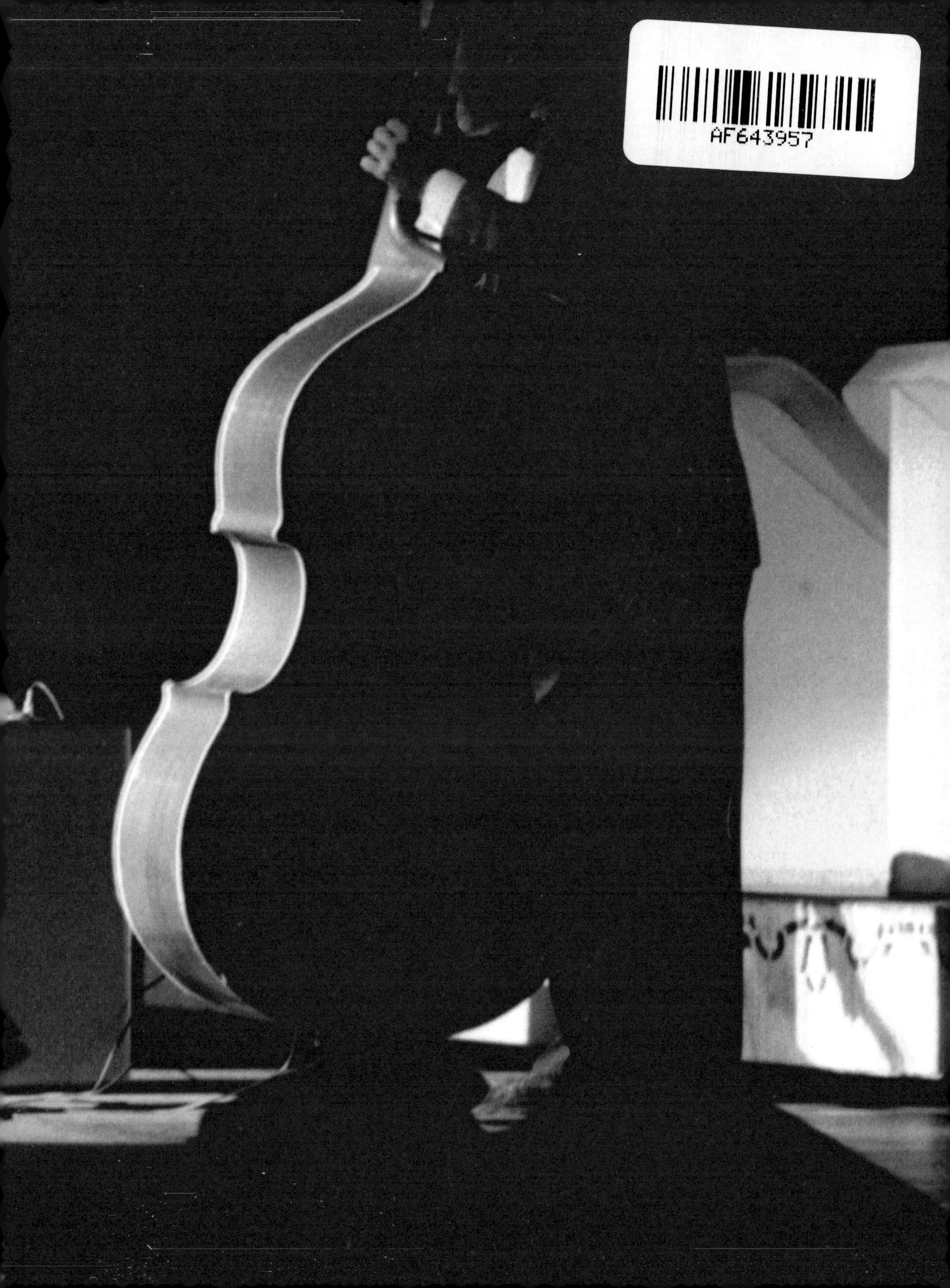

Einbandgestaltung: Sven Rauert

Bildnachweise auf Seite 239

ISBN: 978-3-613-04437-1

1. Auflage 2022

Sie finden uns im Internet unter
www.motorbuch-verlag.de

Lektorat: Bernd Keidel
Innengestaltung: Sven Rauert
Druck und Bindung: Graspo CZ,
763 02 Zlín
Printed in Czech Republic

THE IMPOSSIBLE DREAM – DAS VORWORT

Wenn man sich intensiv mit dem Leben von Elvis Presley beschäftigt, dann findet man bald heraus, dass dies in fünf Abschnitte eingeteilt werden kann: den Überlebenskampf in der sehr, sehr armen Kindheit, die Begeisterung für Musik verbunden mit dem plötzlichen Durchbruch, die Militärzeit in Deutschland, die Zeit der Filme in Hollywood und die Konzerte und Tourneen bis zum Ende seines Lebens.

Das ist alles mehrfach, mehr oder weniger ausführlich erzählt worden und wird in diesem Buch nur zum Anlass genommen, um sich mit einem anderen wichtigen Aspekt in dem Leben von Elvis Aaron Presley zu beschäftigen: Es ist seine Begeisterung für Autos, Motorräder und andere Fortbewegungsmittel wie Schneemobile, Trucks, Trikes und Golf Carts.

In einigen seiner 31 Spielfilme spielten Fahrzeuge eine wichtige Rolle. Manche davon kaufte er anschließend sogar und behielt sie. Außerdem verschenkte er viele Fahrzeuge: Vor allem Cadillacs, Lincolns und Mercedes aber auch Motorräder und Trucks. Das ist ein anderer wesentlicher Aspekt dieses Buches: Elvis Ausschweifungen und Spendierlaune. „Elvis hat das Wort ‚generös' erfunden", sagte George Klein, einer seiner Freunde, einmal. „Er hat mir zwei Cadillacs geschenkt."

Wer ihm gewogen, und vor allem loyal ihm gegenüber war, wurde von ihm mit teuren Geschenken bedacht. Dass er kaufte und verschenkte, um geliebt zu werden, ist sicherlich eine zentrale Erkenntnis dieser monatelangen Recherchen. „Warum hast Du vier Cadillacs?", wurde Elvis vor seinem Konzert am 16. Oktober 1954 bei der „Louisiana Hayride" Show von Moderator Hy Gardner gefragt. „Ich weiß es nicht", war seine ehrliche Antwort. „Aber ich hoffe, eines Tages sieben Cadillacs zu haben."

KING OF THE WHOLE WIDE WORLD

Er kaufte, um zu besitzen. Zuweilen standen über 20 Wagen auf seinem Anwesen Graceland in Memphis, Tennessee und in Los Angeles. Er kaufte aber auch, weil er es sich leisten konnte – und fuhr heimlich mit einem verrosteten 1950er Chevrolet Panel Truck durch den Hinterausgang seines Areals. Er tat das, um zumindest ein bisschen vom Alltag seiner Heimatstadt zu spüren, dessen Bewohner ihn so sehr liebten, dass er sich hinter hohen Mauern und Zäunen einsperren musste.

Kurz vor Weihnachten 1970 kaufte er vier Mercedes und verschenkte drei davon. Bei seiner Shoppingtour am 27. Juli 1975 kaufte er den kompletten Bestand des Händlers „Madison Cadillac" in Memphis auf, so dass der am nächsten Tag nur noch leere Geschäftsräume präsentieren konnte. Kostenpunkt: 140 000 Dollar. Elvis soll in seinem Leben weit über 200 Fahrzeuge verschenkt haben. Manche Quellen behaupten sogar, es sollen bis zu 400 gewesen sein. Hier offenbart sich auch schon das Problem dieser Nachforschungen. Es wird niemals endgültig zu klären sein, wie viele Fahrzeuge Elvis jemals besessen, geschweige denn verschenkt hat. Er kaufte sie nicht immer in seinem Namen. In den letzten sechs Jahren tauchten mehrere Wagen auf, von denen niemand wusste, dass sie überhaupt noch existieren. So etwa ein roter Solar Midget Rennwagen aus Holland von dem nur etwa 100 Stück gebaut wurden. Elvis erwarb ihn Ende 1956/Anfang 1957 und fuhr in Graceland gegen einen Baum. Die Überreste tauchten erst 2017 auf einem Schrottplatz in Memphis wieder auf. Zwei Jahre später wurde er restauriert. Das Museum in Graceland stellt zurzeit 28 Fahrzeuge aus. Einige andere sind in weiteren Museen oder Privatsammlungen bekannt, aber viele sind auch einfach verschwunden. So kann dieses Buch also nur ein Ansatz sein, sich auf der einen Seite Elvis Leben einmal aus einer anderen Perspektive zu nähern und zudem weiter zu forschen, was sich auf Schrottplätzen oder in vergessenen Hallen noch so befindet.

TODAY, TOMORROW & FOREVER

Der Stil und der Zeitpunkt dieses Buches sind bewusst gewählt. Zum einen kommentieren ausschließlich von Elvis gesungene Titel die Kapitel. Zum anderen hat der renommierte australische Regisseur Baz Luhrmann sich dem Phänomen Elvis in einem Spielfilm angenommen. Das Werk mit dem schlichten Titel „Elvis" erlebte bei den Filmfestspielen in Cannes am 25. Mai seine Weltpremiere und kam am 23. Juni dieses Jahres in die deutschen Kinos. Es wird sicherlich zu einem erneuten großen Interesse an dem Mann führen. Außerdem ist Elvis 45. Todestag am 16. August 2022 und sein 90. Geburtstag steht in knapp drei Jahren bevor. Gelegenheit genug also, sich mit dem Entertainer, vor allem aber mit dem Menschen und Fahrzeugliebhaber zu beschäftigen. Und wenn Sie doch feststellen sollten, dass das eine oder andere Fahrzeug nicht, oder nur ansatzweise, erwähnt wurde: „Don't be cruel."

Siegfried Tesche im Frühsommer 2022

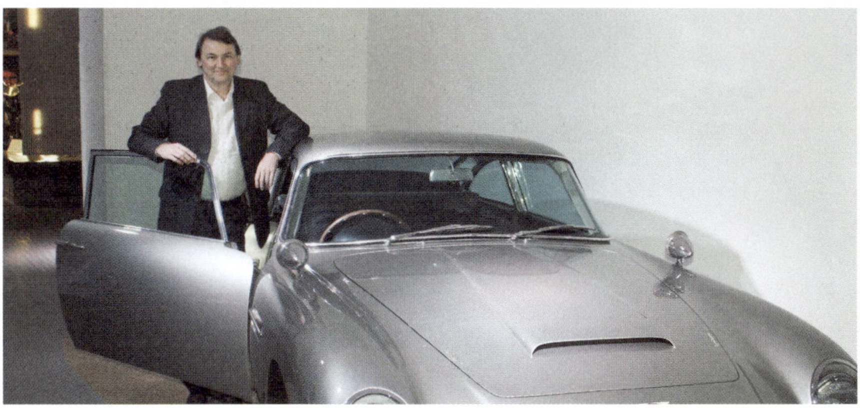

KAPITEL 3

YOU`LL NEVER WALK ALONE

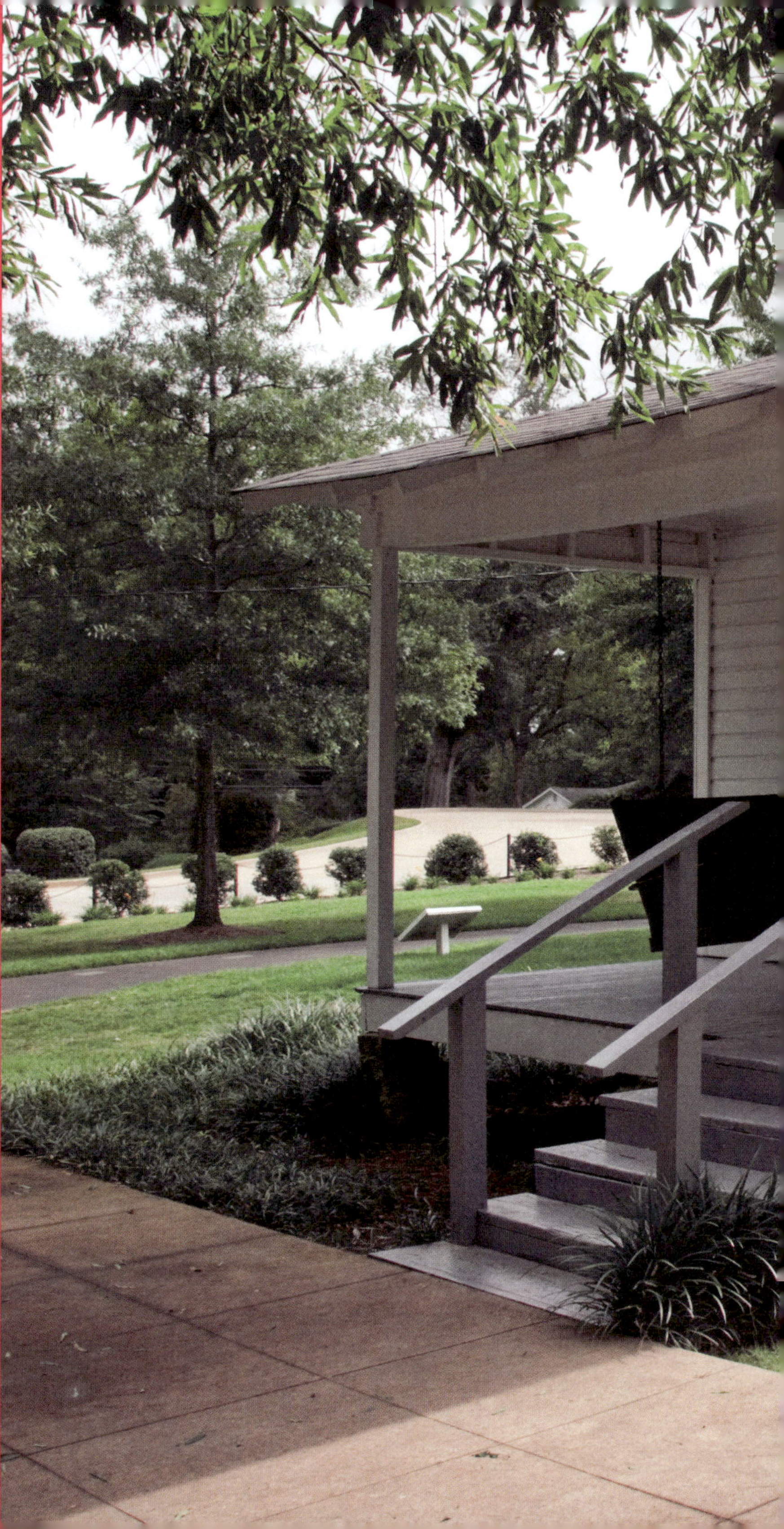

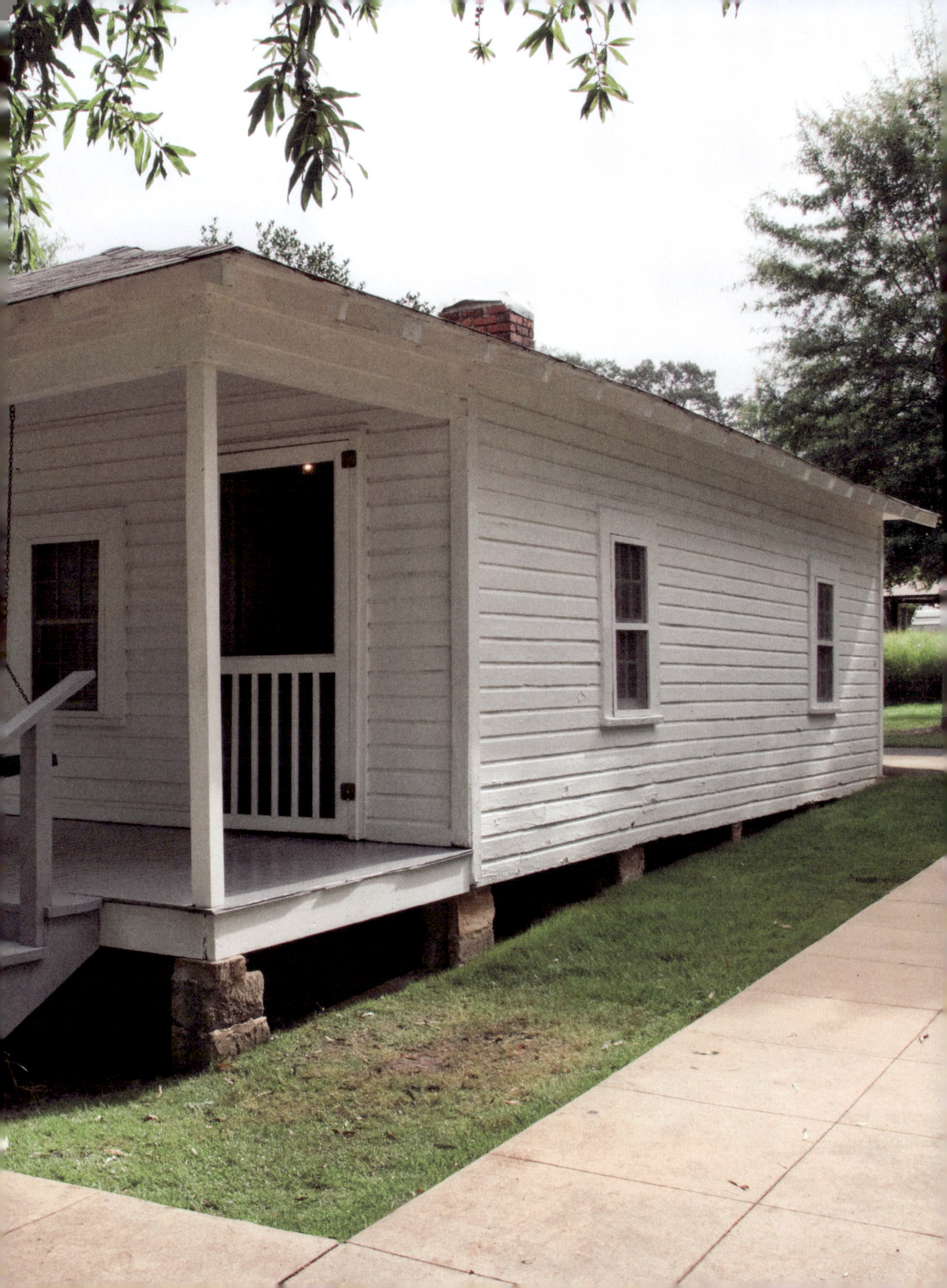

YOU'LL NEVER WALK ALONE ELVIS, DER JUGENDLICHE: VON TUPELO NACH MEMPHIS (FAHRRAD – FORD – PLYMOUTH, 1935 – 1953)

Am 16. August 1977 starb Elvis Presley in seiner Villa Graceland in Memphis. Seine Verlobte Ginger Alden fand ihn zwischen 14.20 und 14.30 Uhr Ortszeit im Badezimmer liegend, den Kopf vorn über gebeugt. Um 15.30 Uhr wurde er im „Baptist Memorial Hospital" in Memphis für tot erklärt. Damit ging eine der erfolgreichsten Karrieren im Musik-, Show- und Filmgeschäft abrupt zu Ende, aber auch die eines leidenschaftlichen Auto- und Motorradfans. Er selbst sagte einmal über sich: „Man kann sagen, dass Autos und Frauen mein liebstes Hobby sind – in der Reihenfolge."

Am Tag seines Todes gehörten Elvis Presley, neben einem Bankguthaben von fünf Millionen Dollar, auch einige Fahrzeuge. Aus einer internen Liste des „Estate" sind dies – in exakt dieser Reihenfolge:
Acht Autos (zwei Stutz Blackhawk, ein

> „MAN KANN SAGEN, DASS AUTOS UND FRAUEN MEIN LIEBSTES HOBBY SIND – IN DER REIHENFOLGE."

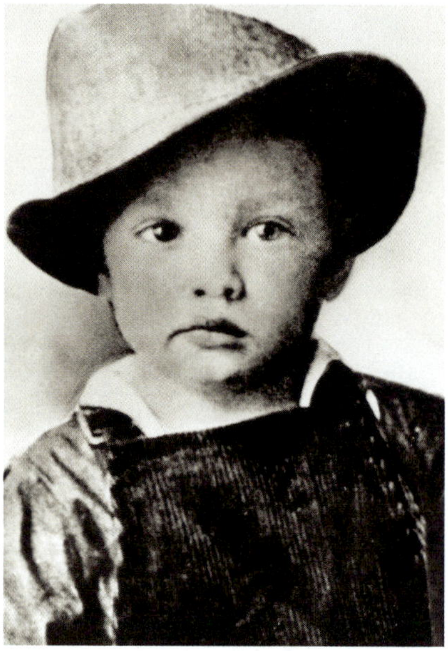

Der junge Elvis, wie James Dean damals auch, stilecht mit Hut.

Ferrari, ein Cadillac Fleetwood, ein International Scout, ein Willys Jeep, ein Ford Bronco, ein Chevrolet Pickup Custom DeLuxe) und drei Traktoren. Außerdem gehörten ihm drei Motorräder vom Typ Harley-Davidson, drei rote Super-Cycles mit „Volkswagen Motor" und Jet Star Cycles - Schneemobile. Die genaue Anzahl ist nicht vermerkt. Er besaß auch noch sechs Harley-Davidson Golf Carts sowie einen dazu passenden Teileträger und zwei Flugzeuge. Bei dem Ferrari steht fälschlicherweise „Custom SAE A 67", was nicht sein kann, da der

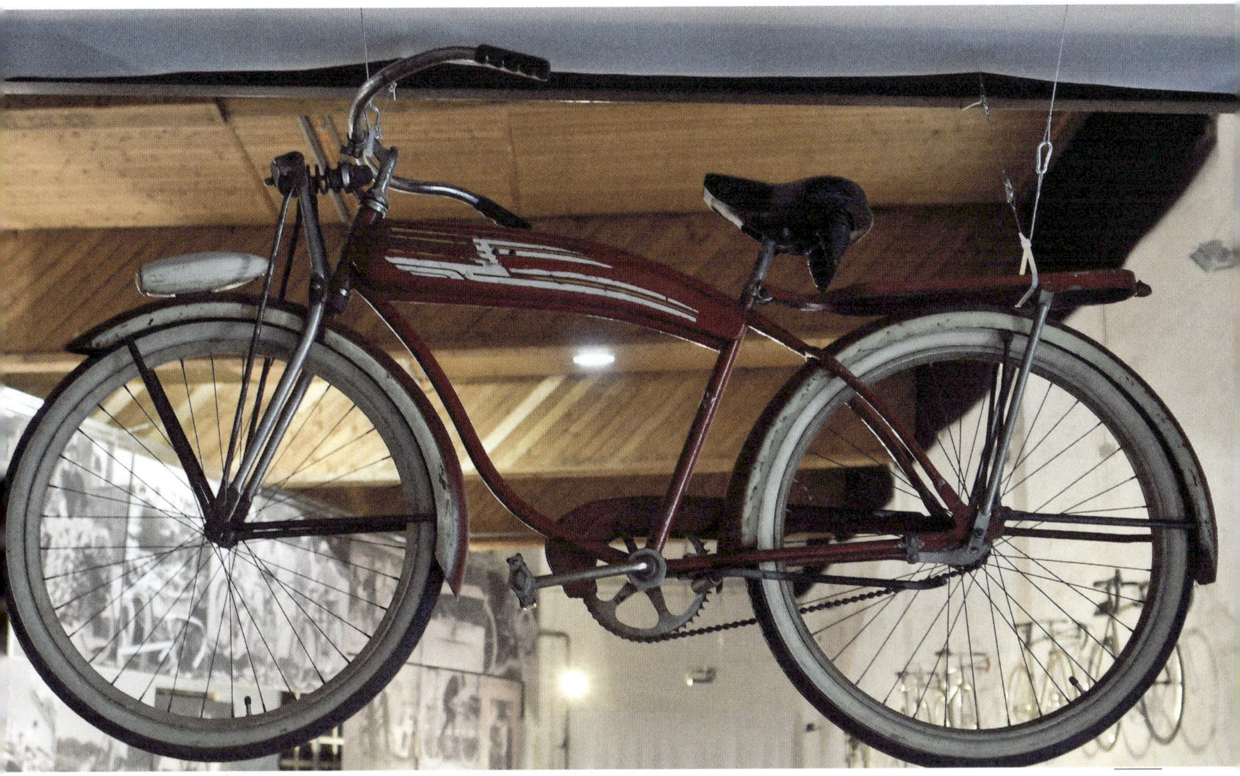

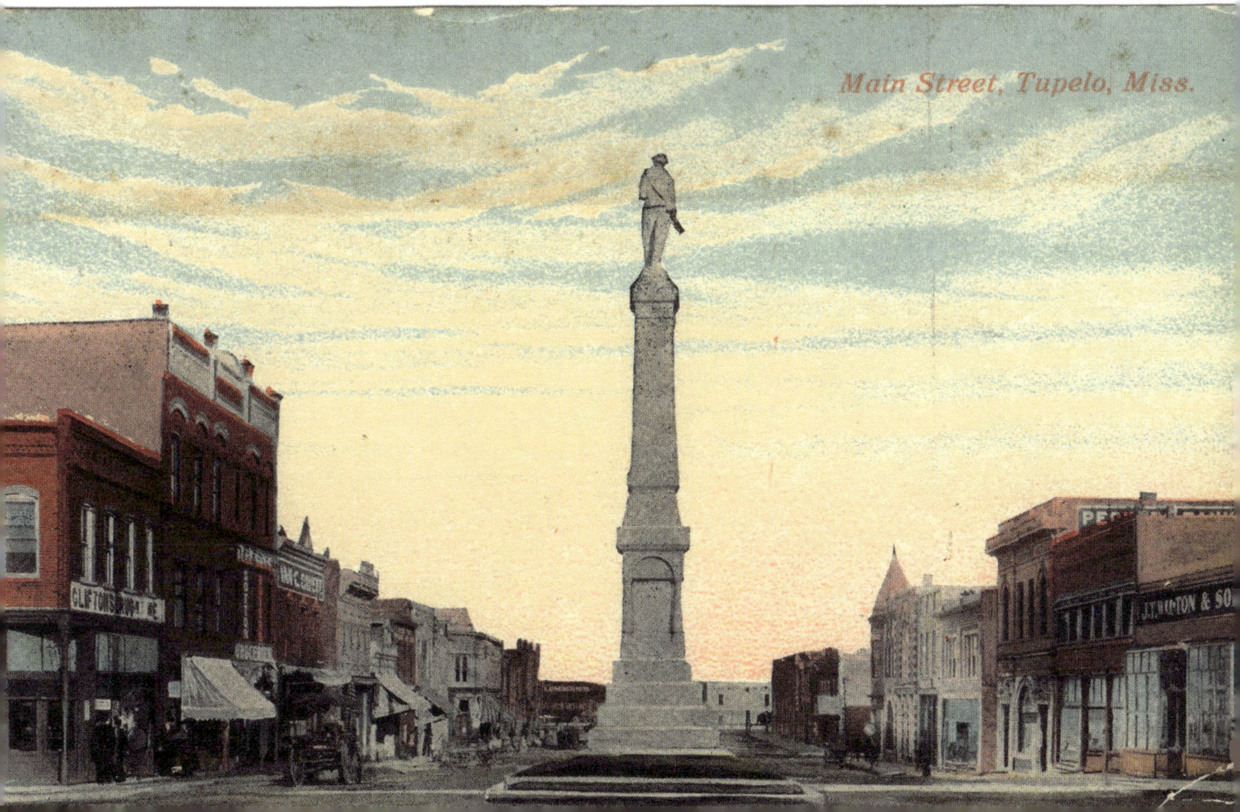
Main Street, Tupelo, Miss.

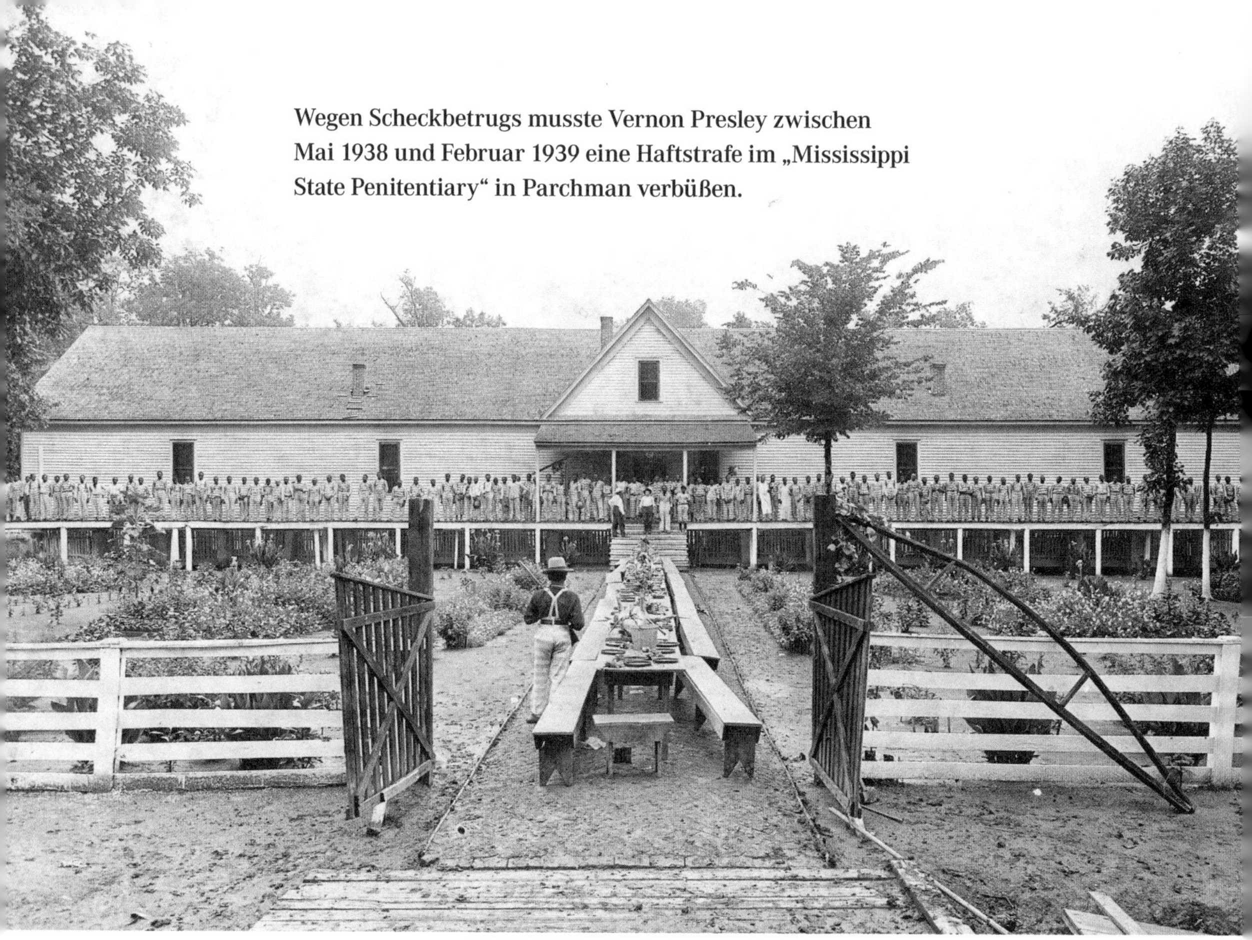

Wegen Scheckbetrugs musste Vernon Presley zwischen Mai 1938 und Februar 1939 eine Haftstrafe im „Mississippi State Penitentiary“ in Parchman verbüßen.

Dino 308 GT 4, den er besaß, erst ab 1974 gebaut wurde. Möglicherweise ist das nicht der einzige Fehler.

Was aber auf jeden Fall verwundert, ist, dass dies ein erstaunlich kleiner Fuhrpark für einen Mann war, der schon in den 60er Jahren eine Million Dollar Gage pro Film zuzüglich einer hohen prozentualen Umsatzbeteiligung verdiente und nach verschiedenen Angaben in seinem Leben mehrere hundert Fahrzeuge besessen hat – auch wenn er viele wieder verschenkte oder sein Name nie in den Papieren erschien. Was auf dieser Liste nicht erscheint, ist sein Fahrrad, das er ganz sicher auch noch besaß. Es war das erste Fortbewegungsmittel, das er jemals hatte und sein Leben lang behielt. Es sagt sehr viel über Elvis und seine Leidenschaften aus. Es war ihm immer sehr bewusst, was Armut bedeutete, und er schätzte selbst die kleinsten Dinge im Leben – und diejenigen die hart dafür arbeiteten. Auf die Frage wann Elvis sentimental wird, antwortete er einmal wie folgt: „Ich habe Souvenirs. Die hebe ich in Kartons auf. Ich habe einige der ersten Briefe von Fans, und ich habe mein allerersten Fahrrad aufgehoben.“

HOME IS WHERE THE HEART IS

An ein Fahrrad war in den ersten zehn Lebensjahren von Elvis Aaron Presley nicht zu denken. Tatsächlich war es bis zu diesem Vehikel ein sehr, sehr langer Weg. Elvis wurde am 8. Januar 1935 in dem kleinen Örtchen Tupelo, im US-Bundesstaat Mississippi, geboren. Memphis liegt rund 180 Kilometer nordwestlich davon. Der Vater Vernon war damals 18 Jahre alt und Landarbeiter. Seine Mutter Gladys Love, geborene Smith, 22 Jahre alt, knapp vier älter als ihr Mann. Sie brachte zwei Jungs zur Welt, doch Jesse Garon, der ältere Bruder von Elvis, der 35 Minuten früher erschien, wurde totgeboren. Gladys arbeitete bei der Tupelo Garment Company, einer Bekleidungsfirma und verdiente zwei Dollar pro Tag. Der Vater schlug sich mit Gelegenheitsjobs durch, die nicht viel einbrachten. Er schuftete, zusammen mit seinem älteren Bruder Vester, auf Baumwollfeldern, baute Sojabohnen an, und sie hatten ein paar Schweine. Schließlich profitierte Vernon von einem staatlichen Förderprogramm, das aufgrund der im Land herrschenden Depression eingerichtet wurde und bekam bei der Firma McCarty´s einen Job als Fahrer eines Lieferwagens für den Lebensmittelgroßmarkt in Tupelo.

Die Familie war sehr, sehr arm und auf die Unterstützung von Nachbarn, Freunden und der Sozialhilfe angewiesen. 1938 mussten sie ihr kleines Heim 306 Old Saltillo Road, das nur über zwei Zimmer verfügte, schon wieder verlassen. Es war ein sogenanntes „Shotgun-House“. Der Name bezeichnete winzige Häuser, durch die man mit einer Waffe hätte hindurchschießen können, wenn man die vordere und hintere Tür öffnete. Vernons Bruder Vester und ihr Vater Jessie halfen beim Bau. Es gab keinen Strom. Die Toilette lag außerhalb.

MAMA

Zusätzlich riss ein unangenehmer Vorfall die Familie auseinander. Am 16. November 1937 wurde festgestellt, dass Vernon, sein Bruder und ein Freund einen Scheck ihres Arbeitsgebers Orville Bean, dem auch das Land gehörte auf dem das Haus stand, gefälscht hatten. Gemeinsam hatten

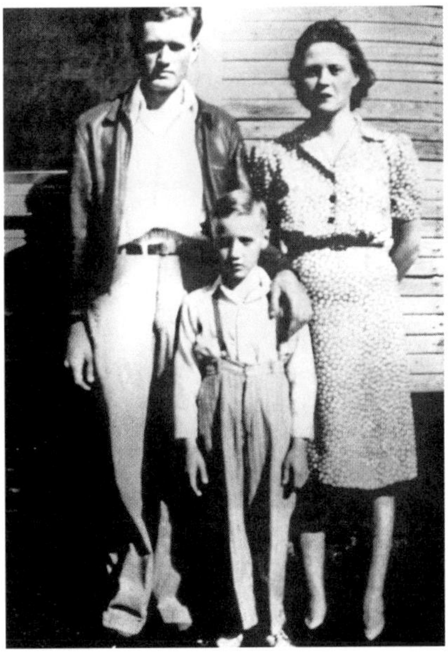

Vernon, Elvis und Gladys Presley vor ihrem kleinen Haus in Tupelo.

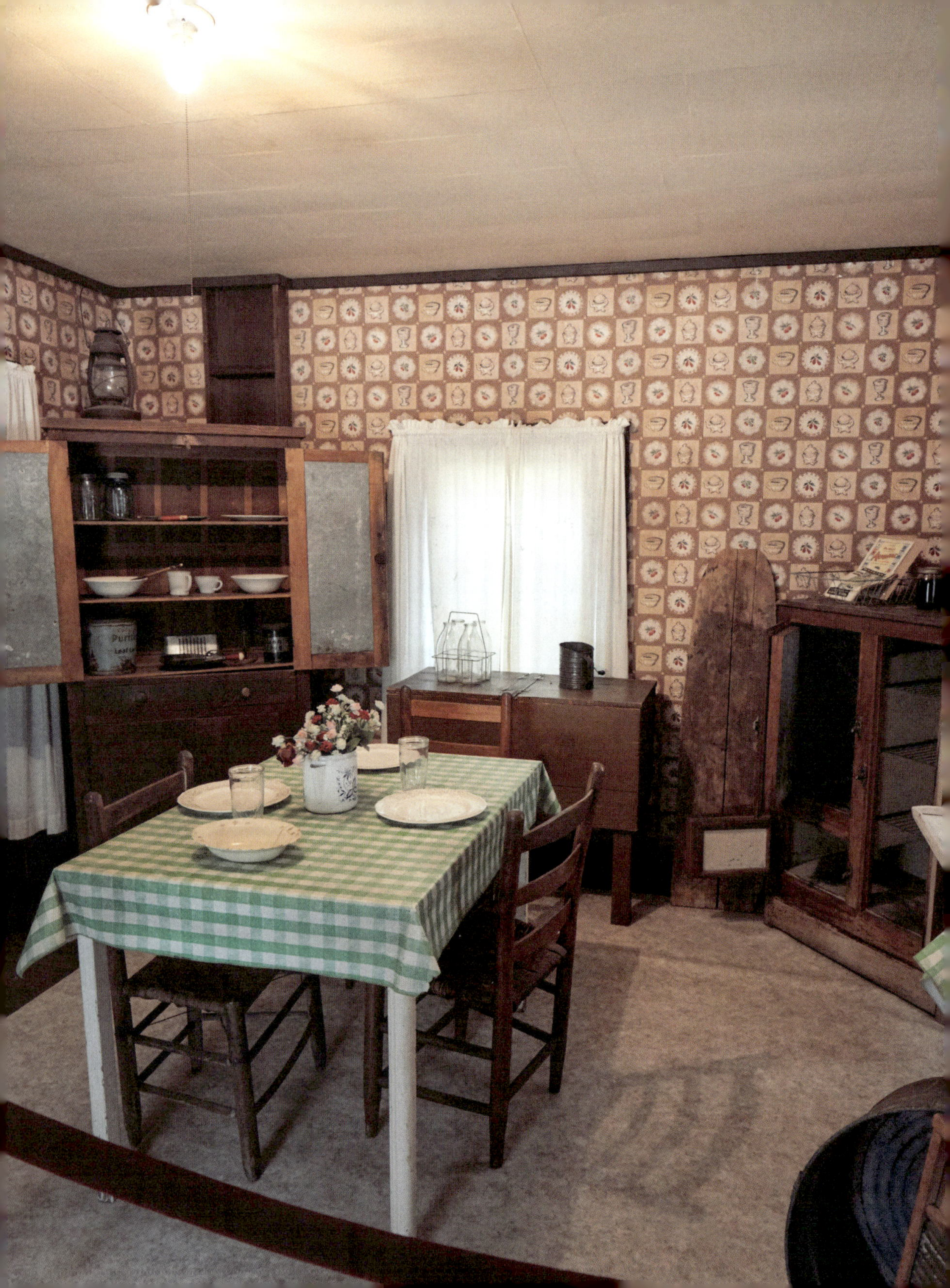

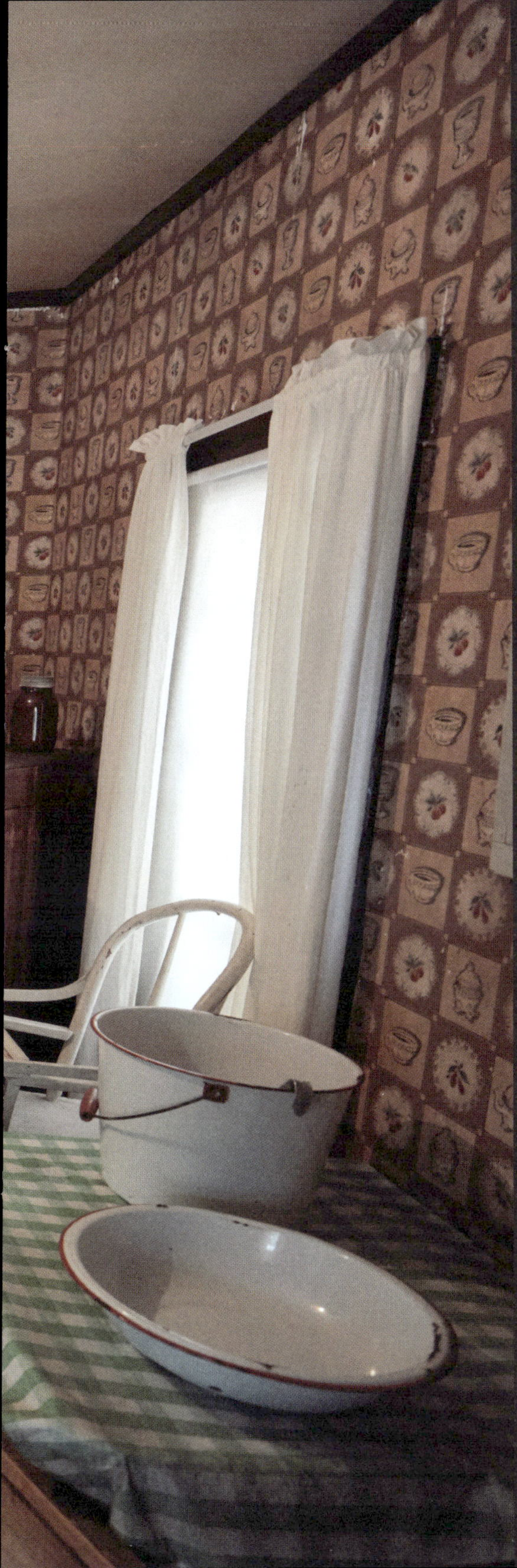

die drei Bean ein Schwein verkauft, sich auch auf den Preis geeinigt, tatsächlich aber nur vier Dollar bekommen. Wie hoch die vereinbarte Summe tatsächlich war, ist nie bekannt geworden, aber alle drei waren so verärgert, dass sie den Scheck frisierten – und seinen Betrag auf entweder 14 oder 40 Dollar erhöhten. Sie wurden verurteilt, es wurde eine Strafzahlung festgesetzt, für die eine Bürgschaft in Höhe von 500 Dollar übernommen werden musste. Da Vernon sich diese nicht leisten konnte, wurde er am 25. Mai 1938 zu drei Jahren Haft verurteilt und in das „Mississippi State Penitentiary" in Parchman eingewiesen. Gladys und Elvis mussten bei Verwandten und Cousins unterkommen, da sie sich die Raten für das Haus nicht mehr leisten konnten. Jeden ersten und dritten Sonntag konnten die beiden Vernon besuchen. Die Fahrt dauert zwischen vier und fünf Stunden – pro Strecke, denn das Gefängnis lag knapp 130 Meilen westlich von Tupelo. Freunde oder Verwandte fuhren sie dorthin, da Gladys selbst kein Auto besaß. Doch sie bemühte sich darum, das Benzin zu bezahlen. So kam es für den gerade dreieinhalbjährigen Elvis gleich zu mehreren prägenden Dingen in seinem Leben: er sah ein Gefängnis von innen, seinen Vater in Sträflingskleidung, erlebte Armut, lange Autofahrten und spürte eine starke Bindung zu seiner Mutter Gladys.

Nachdem sich sein Arbeitgeber Orville Bean mit einem Schreiben an den

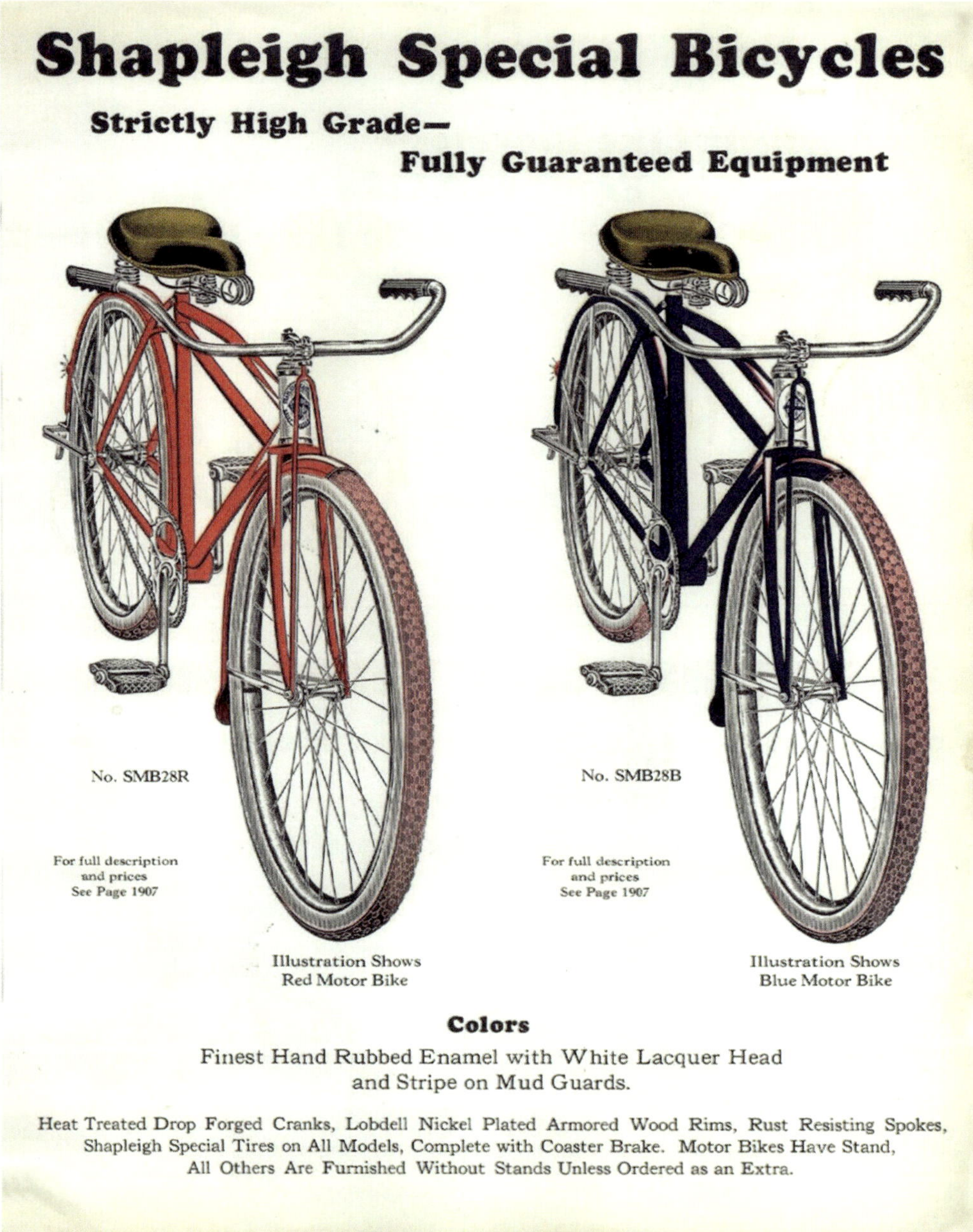

Gouverneur des Staates für Vernon eingesetzt hatte und auch erwähnte, dass seine stark leidende Familie ihn benötigt, wurde das Strafmaß verringert. Der Scheckfälscher wurde nach etwas über acht Monaten Haft am 6. Februar 1939 wieder entlassen. Er erhielt allerdings noch eine sechsmonatige Bewährungsstrafe. Vernon durfte auch wieder als Lkw-Fahrer arbeiten und brachte

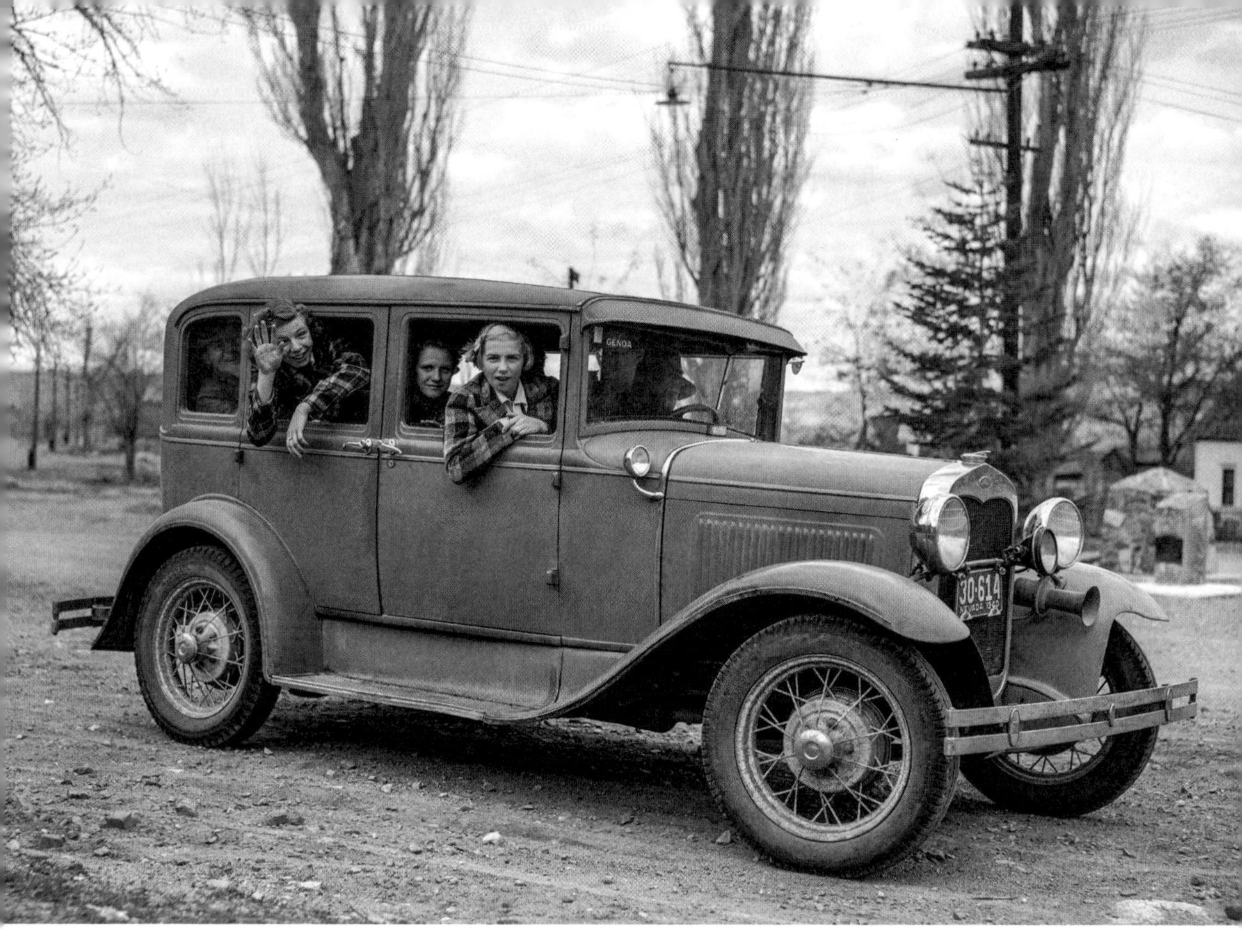

In einem 1930er Ford Model A machte Elvis 1944 seine ersten Fahrversuche.

dadurch ein bisschen Geld nach Hause. Im Januar 1943 verdiente er 36,22 Dollar pro Woche. Zwei Jahre später konnte sich die Familie an der East Berry Street in Tupelo ein anderes Haus leisten. Die Kosten von 2.000 Dollar stotterte sie in monatlichen Raten à 200 Dollar ab. In der folgenden Zeit zogen die Presleys noch zweimal in Tupelo um. Vor allem ein Stadtteil sollte für alle prägend werden: „Shake Rag". In direkter Nachbarschaft wohnten die afroamerikanischen Mitbürger. Deren Gesang, Musik und Tanz beeinflusste Elvis bis zum Ende seines Lebens.

A DOGS LIFE

Die einzige Abwechslung vom tristen Arbeitsalltag, die sich der Familie bot, war die „First Assembly of God Church", die örtliche Kirche, die sie häufig besuchten. Die Gottesdienste bestanden auch aus Gesang, vor allem von vielen Gospel Stücken. Ab dem September 1941 besuchte Elvis die East Tupelo Consolidated School. Dort entpuppte er sich als mittelmäßiger Schüler. Positiv fiel jedoch sein Gesangstalent auf. Davon berichtete später sein farbiger Jugendfreund Samuel Bell jr.: „Er wollte Gospelsänger werden und so singen wie die Schwarzen. Er sang zu einem Besen und stellte sich vor, dass das eine Gitarre war. Wir dachten, er war verrückt." Als seine Lehrer ihn ermunterten, dies auch öffentlich zu tun, nahm er am 3. Oktober 1945 an der „Mississippi-Alabama Fair and Dairy Show" teil. Der Zehnjährige mit hellbraunen Haaren, musste auf einem Stuhl stehen, um überhaupt an das Mikrofon zu kommen. Voller Hingabe sang er den Country-Klassiker „Old Shep" von Red Foley aus dem Jahr 1935. Die Ballade handelt von einem deutschen Schäferhund namens „Hoover". Elvis belegte den fünften Platz, bekam fünf Dollar Preisgeld und eine Freikarte für die Fahrgeschäfte. Es war das erste Mal in seinem Leben, dass ihm sein Gesang etwas einbrachte und zwar ohne Gitarre in der Hand. Die bekam er erst am 8. Januar 1946 zu seinem 11. Geburtstag. Sie kostete 6,95 Dollar.

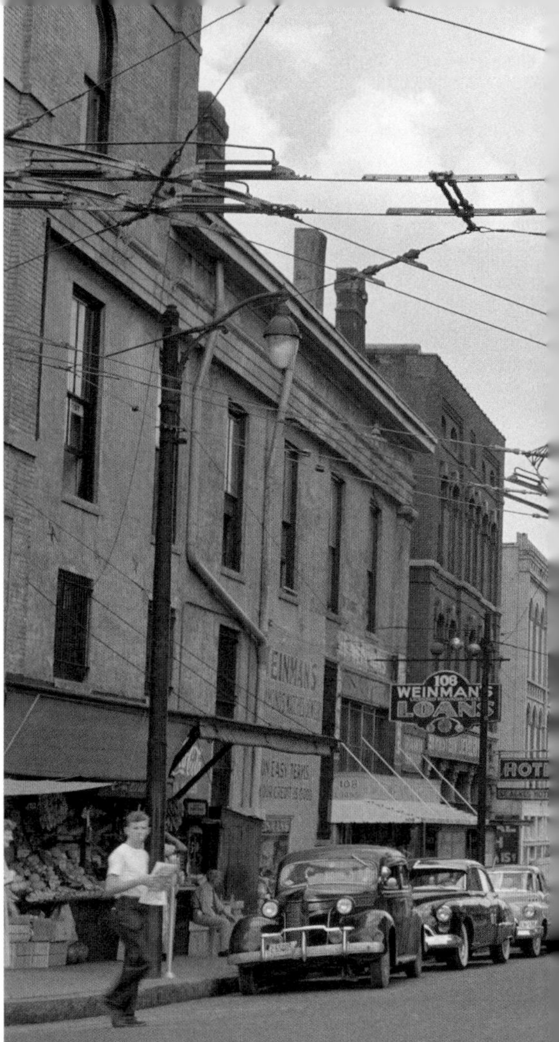

Die Beale Street im Herzen von Memphis.

DOIN' THE BEST I CAN

Im selben Jahr erhielt der Junge das zweite wichtige Geschenk, das sein Leben beeinflussen sollte. Gladys, Vernon und Elvis besuchten gemeinsam den Tupelo Hardware Shop. Das Präsent war ein Fahrrad des Typs „Shapleighs Special" von der Firma „Columbia". Es war dunkelblau und verfügte über weiße Streifen am vorderen Rahmen. Der Kettenkasten war beige, ebenso wie die Lenksäule, die in die Farbe dunkelblau überging. Das Typenschild war rot, der Schriftzug der Marke Shapleigh in Gelb gehalten. Das Fahrrad wurde 1946 gebaut und mit Firestone Reifen ausgestattet. Diese Details ließen sich nachverfolgen, da die Seriennummer mit dem Buchstaben K begann. Üblicherweise wurden solche Fahrräder von Feuerwehrleuten verwendet. Da Vernon sich die 120 Dollar für das Zweirad nicht in einer Summe leisten konnte, begann er am 15. April mit Ratenzahlungen. Er zahlte sechs Dollar pro Woche ab – 20 Wochen lang. Es war das Beste, das er für seinen Sohn tun konnte,

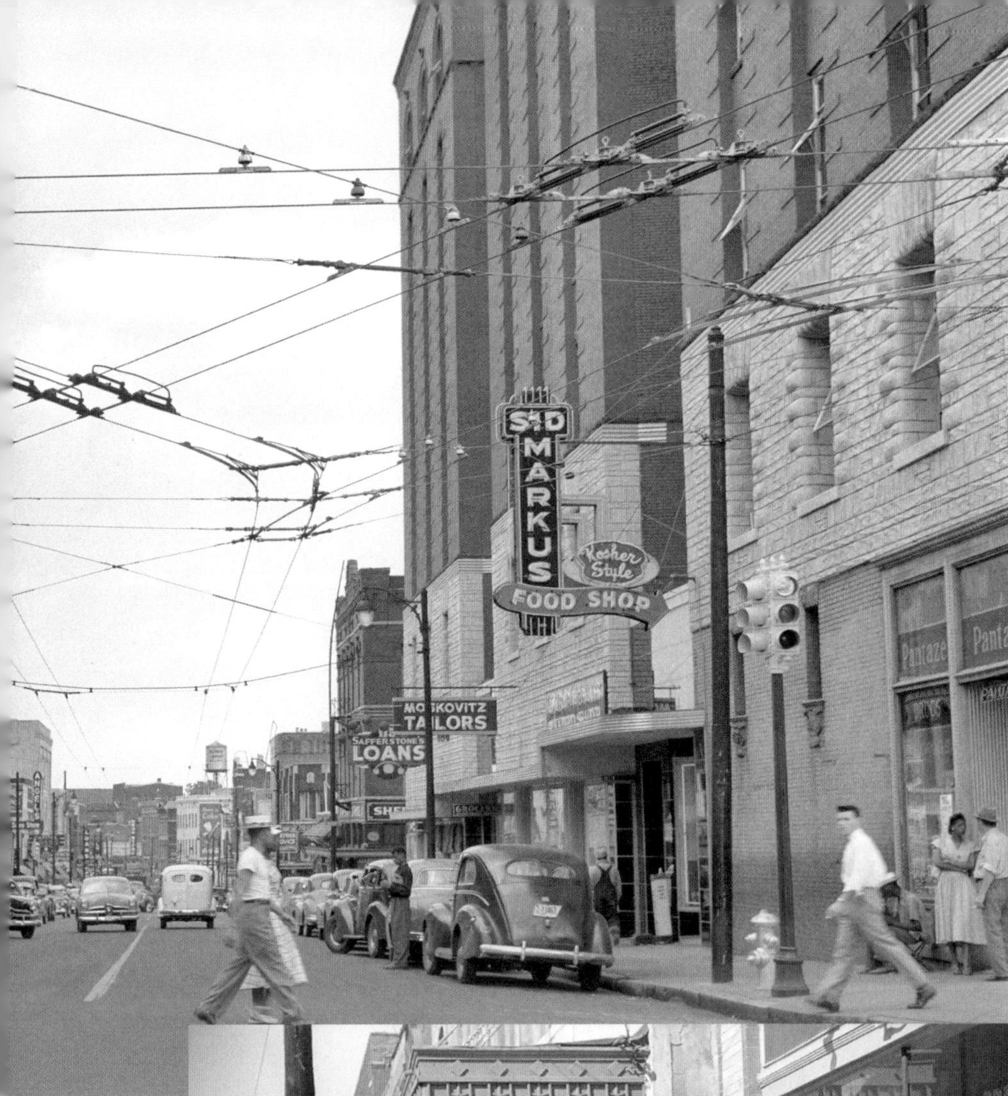
SID MARKUS
Kosher Style
FOOD SHOP
MOSKOVITZ TAILORS
SAFFERSTONE'S LOANS
Pantaze

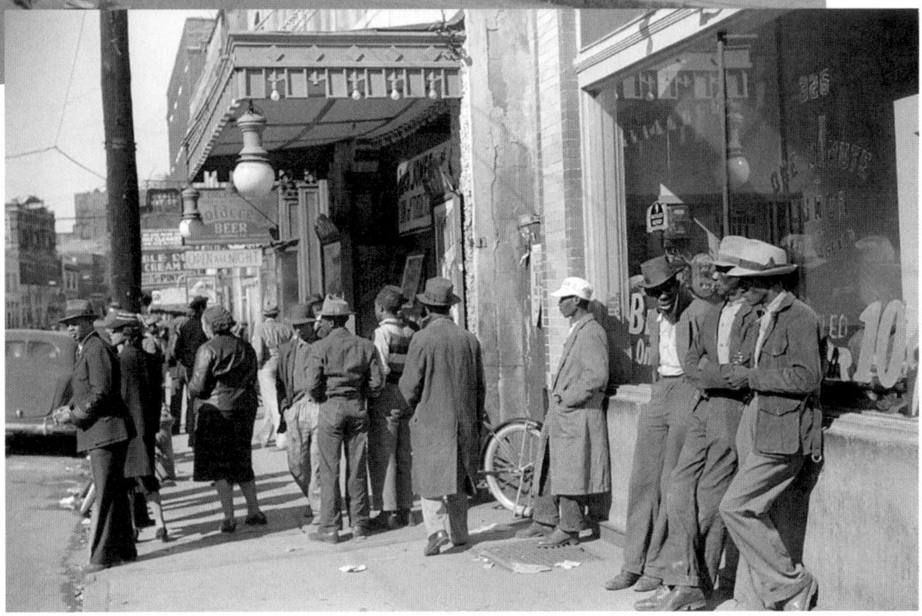
BEER
OPEN ALL NIGHT

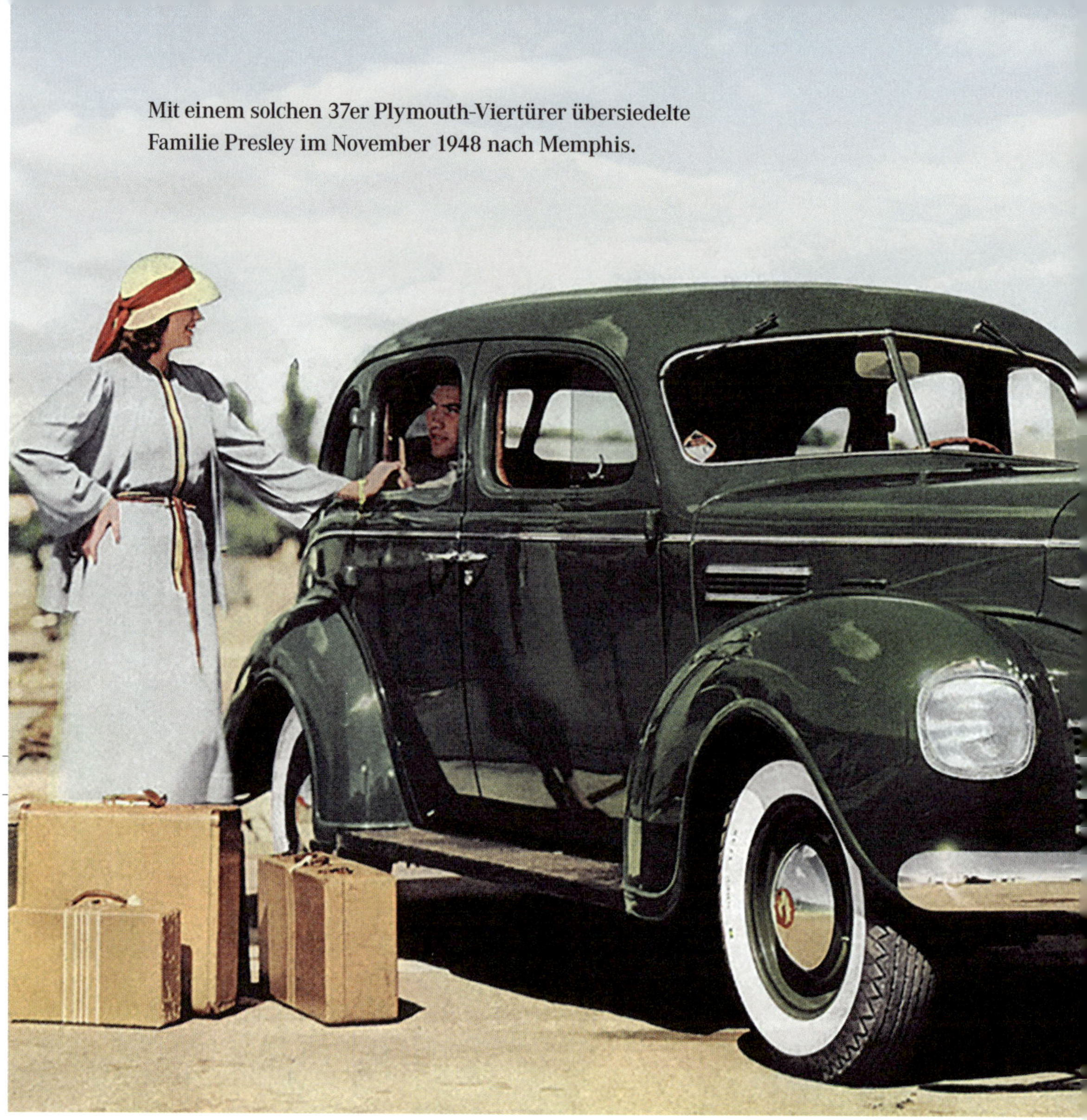

Mit einem solchen 37er Plymouth-Viertürer übersiedelte Familie Presley im November 1948 nach Memphis.

und Elvis wusste das sehr zu schätzen. In dem anfangs erwähnten Brief heißt es weiter: „Mein Vater kaufte es, als ich elf Jahre alt war. Er stotterte die Raten dafür wöchentlich ab.“ Dementsprechend wurde es jahrelang gehegt und gepflegt. Die Familie nahm es bei jedem Umzug mit, bis es schließlich im September 1948 auch in Memphis landete. Ab 1957 wurde es nicht mehr genutzt. Jahrelang hingen die rostigen Überreste des „Shapleighs Special“ in der Räucherkammer von Graceland an der Wand. Allerdings total unbeachtet, ehe ein engagierter Elvis Fan die Erbengemeinschaft im Jahr 2020 darauf

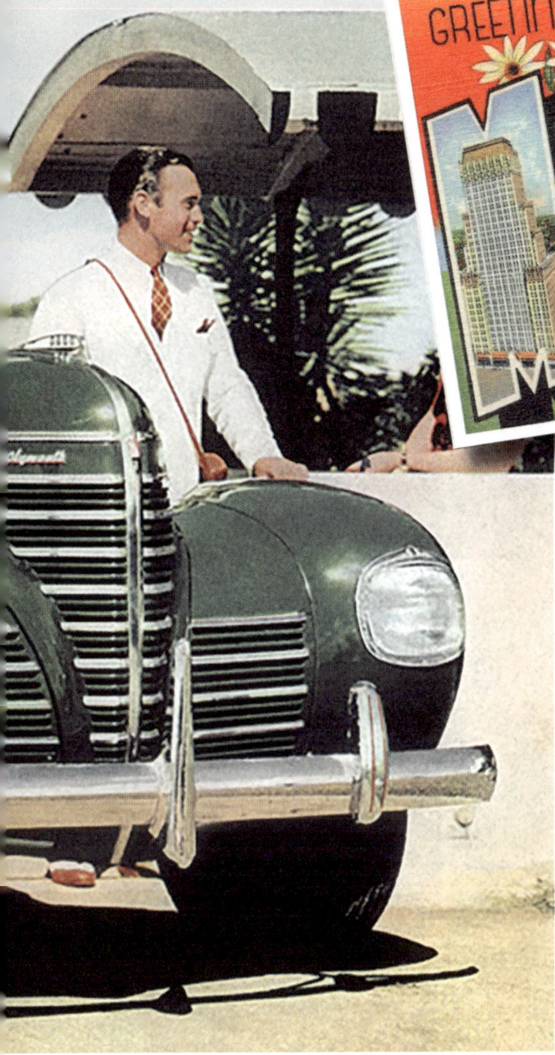

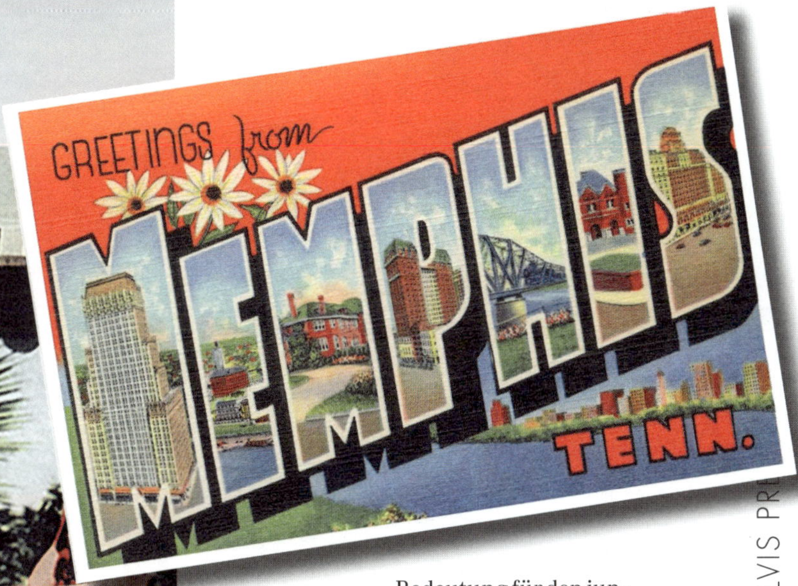

aufmerksam machte, dass es ein wichtiger Bestandteil seines mobilen Lebens war. Die reagierte und ließ es rechtzeitig zu Elvis 85. Geburtstag restaurieren und präsentierte es erstmals der Öffentlichkeit. Die Schutzbleche sind allerdings nicht mehr montiert.

Das Fahrrad war, gemessen an seiner Bedeutung für den jungen Elvis, gewissermaßen dessen erster Cadillac. Es repräsentierte für ihn Bewegungsfreiheit – und es bot die Chance zu ersten Umbauten. Im Sommer 1948 entstand ein Bild, das ihn zeigt, wie er stolz in einem leuchtenden weißen Hemd darauf sitzt. Schon damals äußerte sich sein Interesse an Individualität, das später viele seiner anderen Fahrzeuge kennzeichnen sollte. Elvis modifizierte das Fahrrad: Er ließ es neu lackieren, das vordere Schutzblech mit der Lampe darauf verschwand, ebenso das hintere Schutzblech. So „überarbeitet“ reiste es im März 1957 sogar in das neue Anwesen nach Graceland, und das obwohl Elvis schon ab 1946 (unerlaubterweise) Auto fuhr. Aber erst an seinem 18. Geburtstag, am 8. Januar 1953, bekam er sein erstes eigenes Auto.

THIS IS LIVING

Schon im Jahr 1944 brachte Vernon dem gerade mal neunjährigen Elvis das Autofahren bei. Vernon saß auf

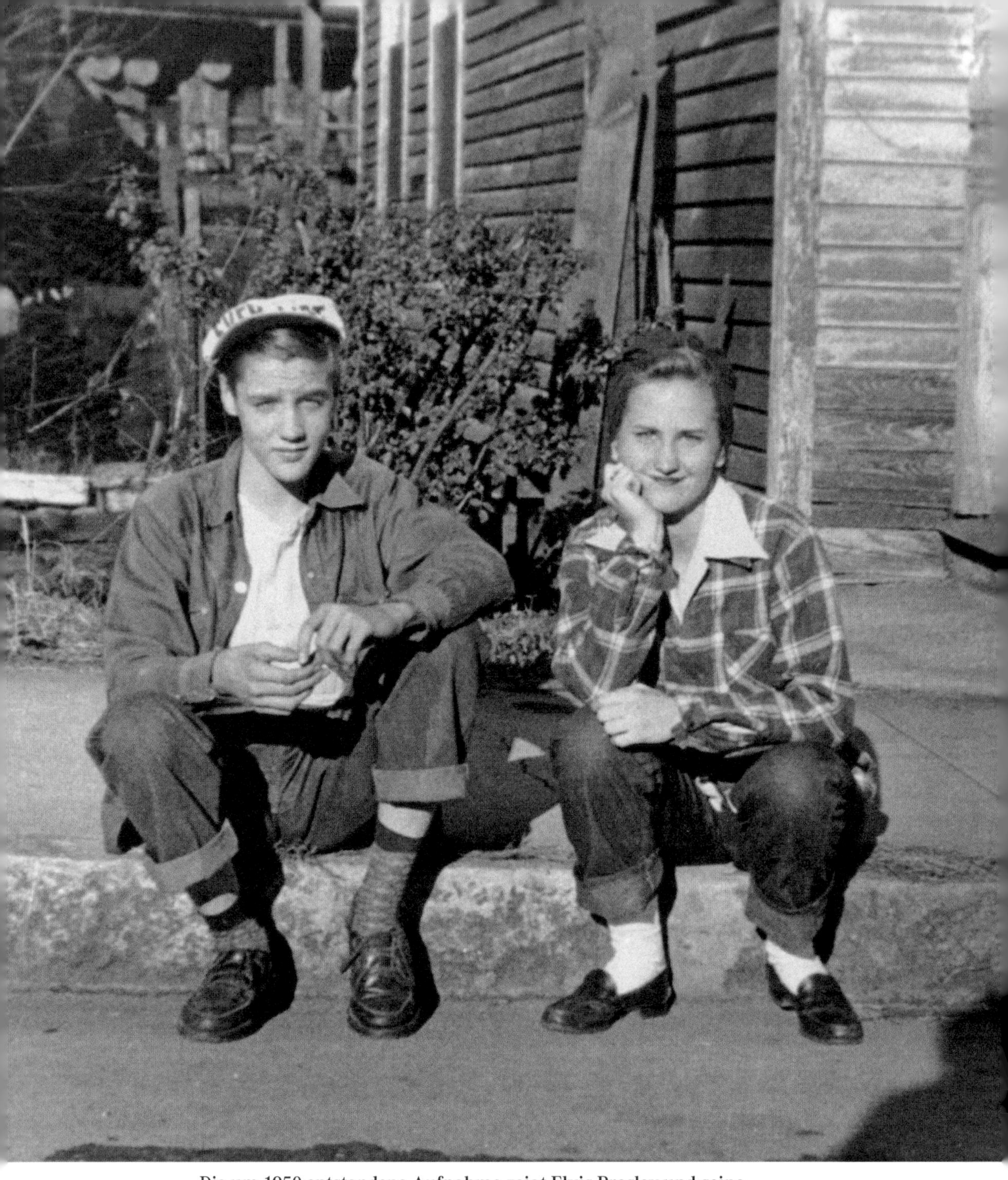

Die um 1950 entstandene Aufnahme zeigt Elvis Presley und seine Jugendfreundin Betty McCann.

„WIR WAREN PLEITE, NUR PLEITE“, SAGTE ELVIS SPÄTER DAZU. „DAD PACKTE UNSER GANZES HAB UND GUT IN KISTEN UND LEGTE ES IN DEN KOFFERRAUM UND AUF DAS DACH EINES 37ER VIERTÜRER PLYMOUTH. WIR ZOGEN NACH MEMPHIS. ES KONNTE NUR BESSER WERDEN.“
— ELVIS ÜBER SEINE KINDHEIT UND DEN UMZUG IM SEPTEMBER 1948

dem Beifahrersitz seines 1930er Ford Model A und instruierte seinen Sohn. Elvis liebte es zu fahren. Immer wenn sein Vater ihn fragte, ob er mit ihm fahren wollte, rannte er so schnell wie möglich zum Auto und stürzte sich auf den Fahrersitz. Zwar konnte er kaum über die Instrumente hinausschauen, so dass das Ganze sehr komisch und amüsant aussah, aber das störte beide nicht. Tatsächlich erlangte er so Fahrpraxis und unterstützte dadurch auch seine Mutter. In einem Interview sagte sie: „Wenn wir irgendwo hinmussten, war ich diejenige die gefahren ist. Allerdings ist Elvis zu Anfang in der Umgebung gefahren. Wenn ich soweit war, ihm etwas Praxis beizubringen, fuhr ich eine Meile, und dann fuhr Elvis eine Meile.“ Sein späterer Armeekamerad Rex Mansfield bestätigte, dass Elvis ihm erzählt hat, dass er schon im Alter von zehn Jahren seine Mutter im Auto gefahren hatte, da sein Vater zu der Zeit in Memphis arbeitete und nur am Wochenende nach Tupelo zurückkehrte. Wenn sein Vater zuhause war, fuhr Elvis seine Eltern auch mal im Auto in das Zentrum von Tupelo, um dort gemeinsam in der Kirche zu singen, Musikveranstaltungen und das Kino zu besuchen. Allerdings kam es dabei auch zu heiklen Situationen. Gesichert ist, dass Elvis während dieser Zeit mindestens einen Unfall verursachte. Als er mit seiner Mutter unterwegs war, verwechselte er vor einem Laden den Rückwärts- und den Vorwärtsgang. Plötzlich schoss der Wagen über den Bordstein nach vorne, aber glücklicherweise konnte er ihn kurz vor dem Fenster noch abbremsen.

TAKE MY HAND

Um der ständigen Pendelei zu entgehen, und weil Vernon sich erhoffte, dass ihm Memphis vielfältigere bessere Arbeitsmöglichkeiten bot, zog die Familie im November 1948 von Tupelo in die zweitgrößte Stadt von Mississippi um. „Wir waren pleite, nur pleite“, sagte Elvis später dazu. „Dad packte unser ganzes Hab und Gut in Kisten und legte es in den Kofferraum und auf das Dach eines 37er Viertürer Plymouth. Wir zogen nach Memphis. Es konnte nur besser werden.“ Eine Replik dieses Autos in Amphibien grün steht heute in dem Museum nahe dem Geburtshaus von Elvis in Tupelo. Das Originalfahrzeug gilt als verschollen.

Gladys und Elvis waren nicht glücklich über den Umzug. Immer mal wieder fuhren sie in ihre alte Heimat East Tupelo zurück, während Vernon mit dem Lkw unterwegs war. In der achten Klasse fuhr Elvis mit seiner Cousine Lillian, der Schwester von Gladys, mit dem Bus nach Tupelo, um an Gesangsaufführungen im örtlichen Gerichtsgebäude teilzunehmen. Er wusste davon, dass Radiosender so etwas anboten. Außerdem wollte er Freunde besuchen. Da es für den Express Bus aber finanziell nicht reichte, nahmen sie die langsameren Busse, die pro Strecke rund drei Stunden benötigten. Die Gitarre hatte er immer dabei. Reverend Frank Smith und die farbigen Jungs aus der Nachbarschaft, brachten ihm auch Stücke wie „Old Shep“ und „I Miss My Daddy“ bei. Später kam eine weitere Autofahrpraxis hinzu – wenn auch auf ungewöhnliche Art und Weise. Vernon hatte einen gebrauchten alten Pontiac erworben, der jedoch so seine Probleme mit sich brachte. „Das Gaspedal des alten Pontiacs den wir hatten, war so schwer zu bedienen, dass mein Fuß mir Schmerzen bereitete“, so Vernon. „Also saß Elvis in der Mitte und drückte darauf während ich lenkte.“

Schließlich stand nach so vielen Erfahrungen auch die Führerscheinprüfung des „erfahrenen“ Autolenkers an. Travis Smith, der Bruder von Gladys, lieh ihm dafür sein Auto, einen fast neuen 1951er Chevrolet. Bedenken, dass dem etwas passieren könnte, hatte er nicht. Auf dem Weg zur Prüfung fuhren Travis und Billy Smith sowie Elvis und Vernon Presley gemeinsam. Als plötzlich jemand vor ihnen ausscherte, verlor Elvis die Beherrschung und brüllte laut: „Pass auf wo du hinfährst, Hurensohn“, so Billy Smith. „Wir waren alle geschockt und alle total still“, so sein Cousin weiter. Elvis bestand die Prüfung problemlos. Am 24. März 1952, im Alter von 17 Jahren und etwas mehr als zwei Monaten, bekam er seine Fahrerlaubnis. Aus dem Dokument gehen die folgenden Angaben hervor:

Haarfarbe braun. Blaue Augen.
Gewicht 153 Pfund.
Größe: 5 foot 11, (1,79 – 1,80 m)
Adresse: 185 Winchester Avenue
(in Lauderdale Court).

Gladys und Vernon waren hocherfreut, auch wenn sein Vater einmal anmerkte: „Danach war es wirklich schwierig ihn vom Lenkrad wegzubekommen.“ Im selben Jahr gewann er den Preis für sicheres Fahren an seiner Schule, den „Safe Driving Award.“

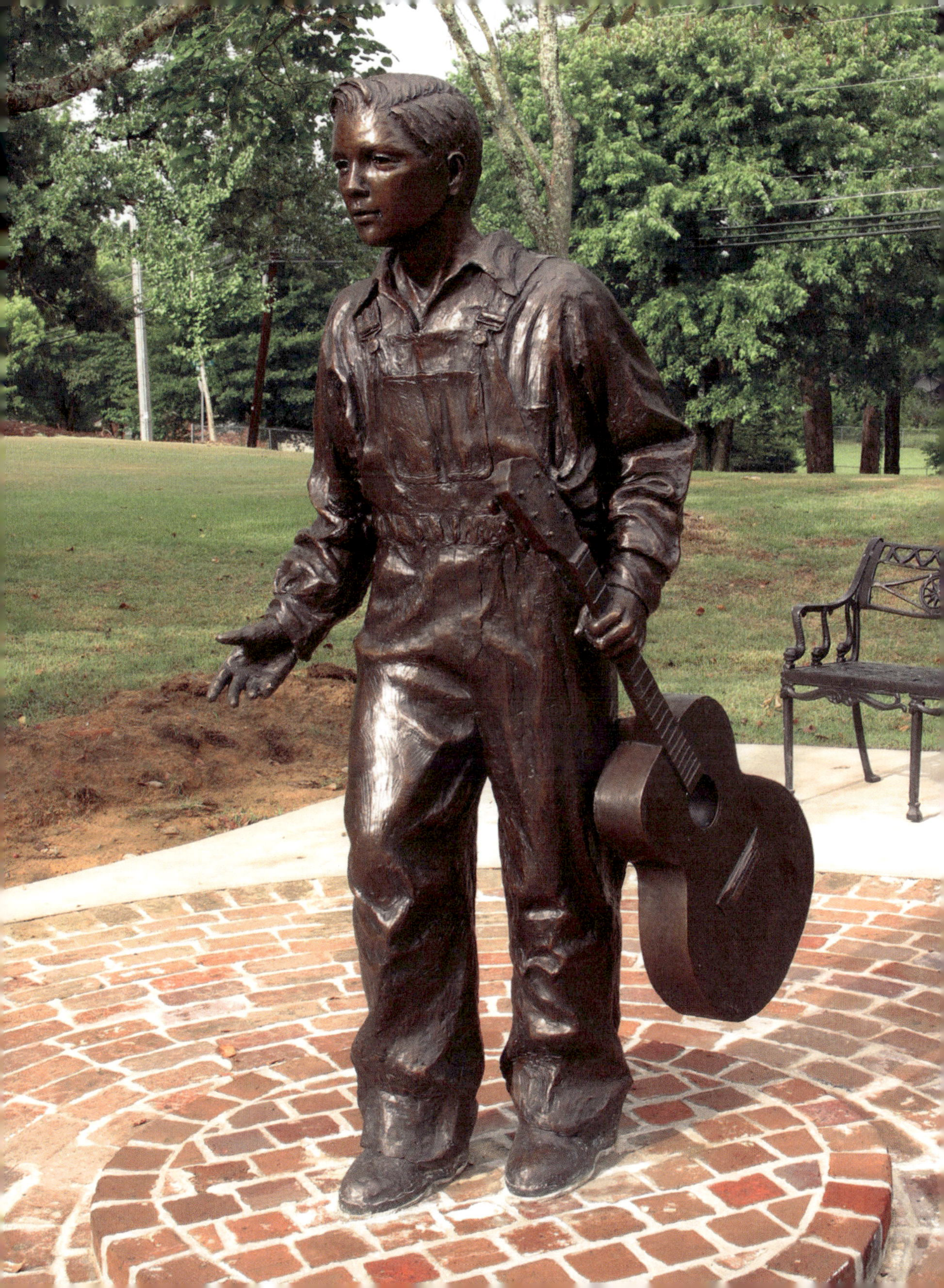

KAPITEL 4

BEGINNERS LUCK

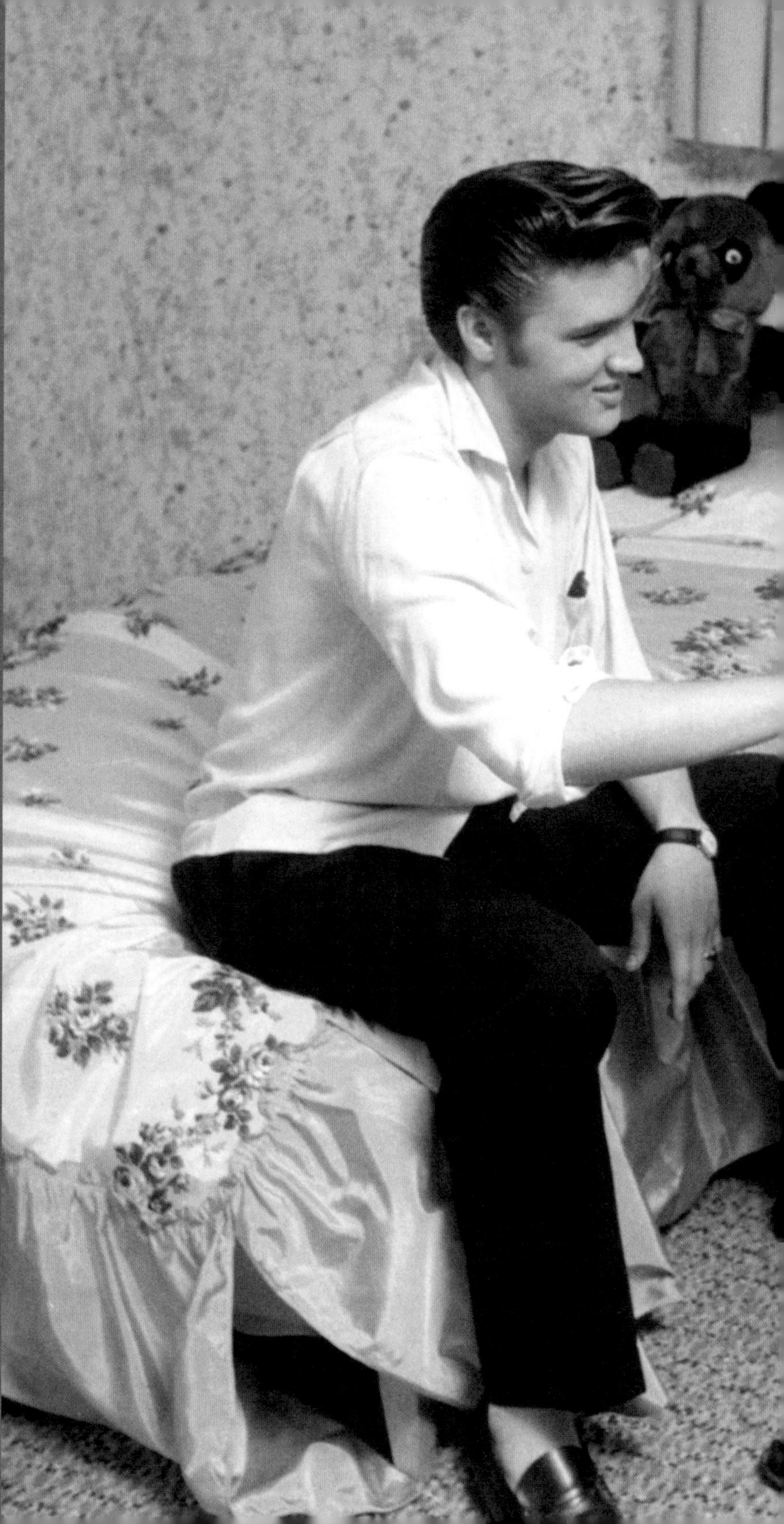

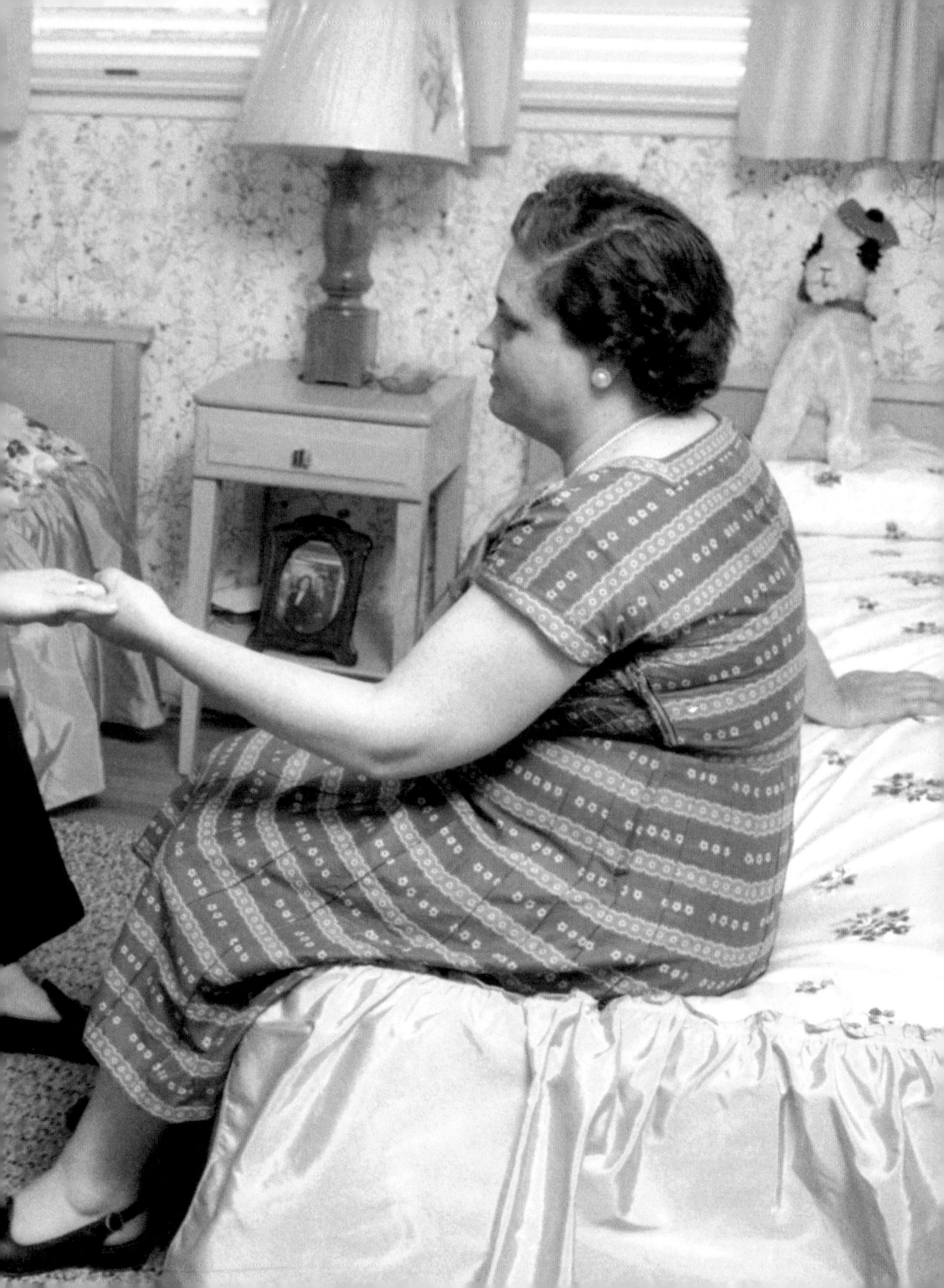

BEGINNERS LUCK ELVIS, DER SÄNGER: DIE MUSIKALISCHEN ANFÄNGE (LINCOLN - FORD - DER ERSTE CADILLAC, 1953 – 1955)

Schon seit dem Jahr 1948 hatte Elvis immer wieder Jobs angenommen, um seine Familie zu unterstützen und speziell seiner Mutter, die als Putzfrau tätig war, ein besseres Leben zu ermöglichen. Den ersten Job teilte er sich im Frühjahr 1951 mit drei Freunden, nachdem sein Vater Vernon ihm einen Rasenmäher gekauft hatte. Gemeinsam boten sie Grundstückseigentümern in der Umgebung ihre Dienste an und berechneten vier Dollar pro Grundstück. Außerdem arbeitete er noch als Platzanweiser im Loew´s State Theatre, Memphis. Im Sommer desselben Jahres ergab sich eine temporäre Betätigung bei der Precision Tool Company, die Raketengehäuse für die Armee herstellte. Seine beiden Cousins Travis und John Smith arbeiteten dort. Sie sorgten dafür, dass ihre Cousins Gene und Elvis dort vorstellig wurden. Elvis fing am 3. Juni 1951 an, arbeitete von 7:00 Uhr bis 15:30 Uhr, fünf Tage in der Woche. Drei Monate lang arbeitete er am Montageband, bediente einen Bohrer und verdiente 27 Dollar pro Woche.

Es existieren Gerüchte, dass er den Job verlor, weil er sein Haar zu lang trug und es deswegen Wortgefechte mit seinem Vorgesetzten gab, doch die entsprechen nicht der Wahrheit. Der Job war zeitlich begrenzt. Tatsächlich waren aber sein Haarschnitt, seine Kleidung und sein Aussehen immer wieder Themen mit denen er sich selbst intensiv beschäftigte.

"NACHDEM ICH DIE HIGH-SCHOOL VERLIESS, FUHR ICH EINEN TRUCK. ICH WAR EBEN EIN ARMER JUNGE AUS MEMPHIS."

– ELVIS JOB AB DEM JUNI 1953

STRANGER IN MY OWN HOME TOWN

Schon im Alter von 16 und 17 Jahren, als Elvis in der High-School war, wurde er von Mitschülern wegen seiner Haare und seines Aussehens gehänselt. Er hatte schwere Akne, trug die damals noch braunen Haare länger als jeder andere und kämmte sie am Hinterkopf zu einem Entenschwanz zusammen. Er nutzte Vaseline oder Rosenöl, damit sie auch hielten und ließ sich lange Koteletten wachsen. Elvis war anders. Seine Kleidung bestand zumeist aus einer

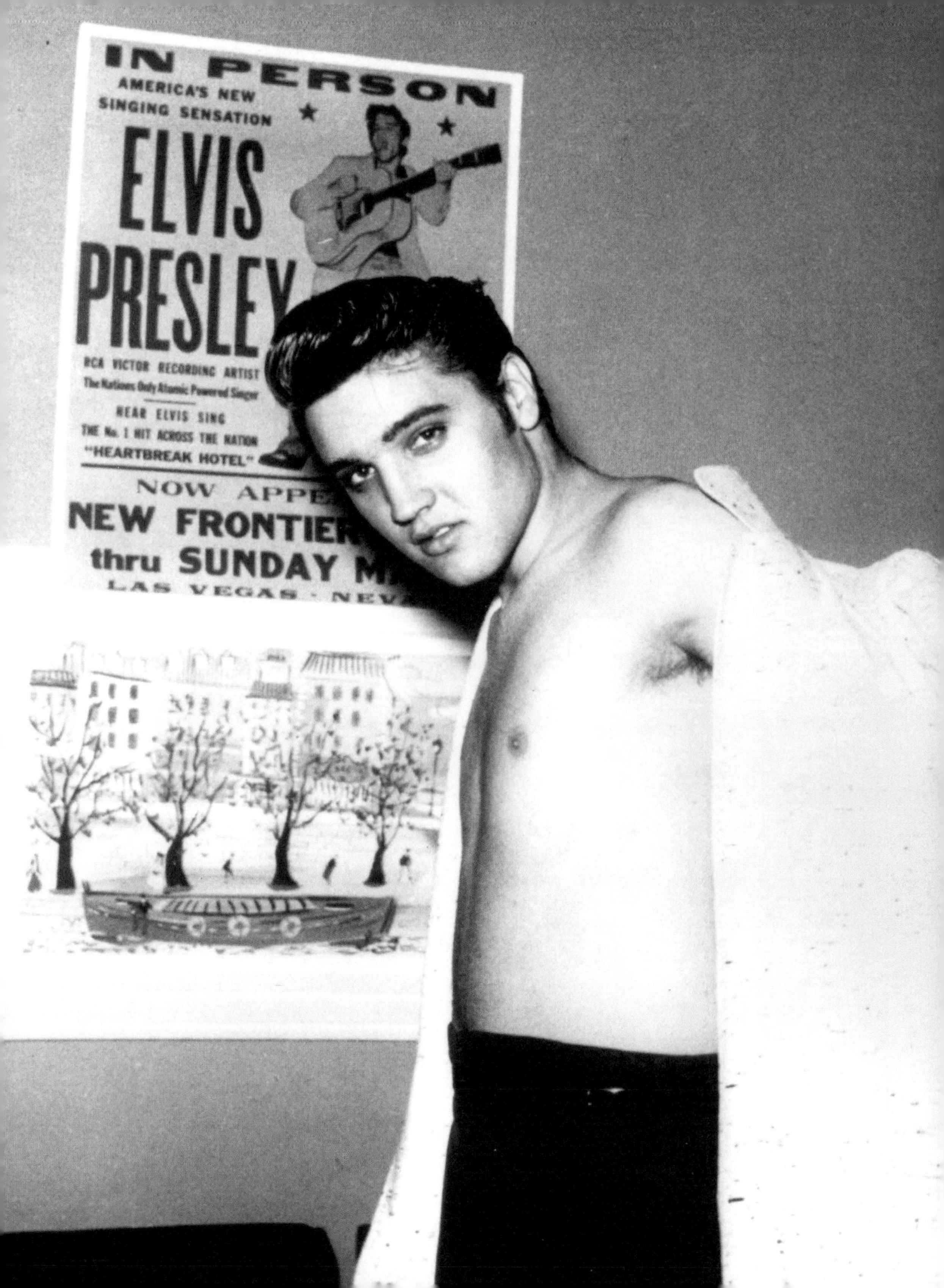
IN PERSON
AMERICA'S NEW
SINGING SENSATION
ELVIS
PRESLEY
RCA VICTOR RECORDING ARTIST
The Nations Only Atomic Powered Singer
HEAR ELVIS SING
THE No. 1 HIT ACROSS THE NATION
"HEARTBREAK HOTEL"
NOW
NEW
thru SUNDAY

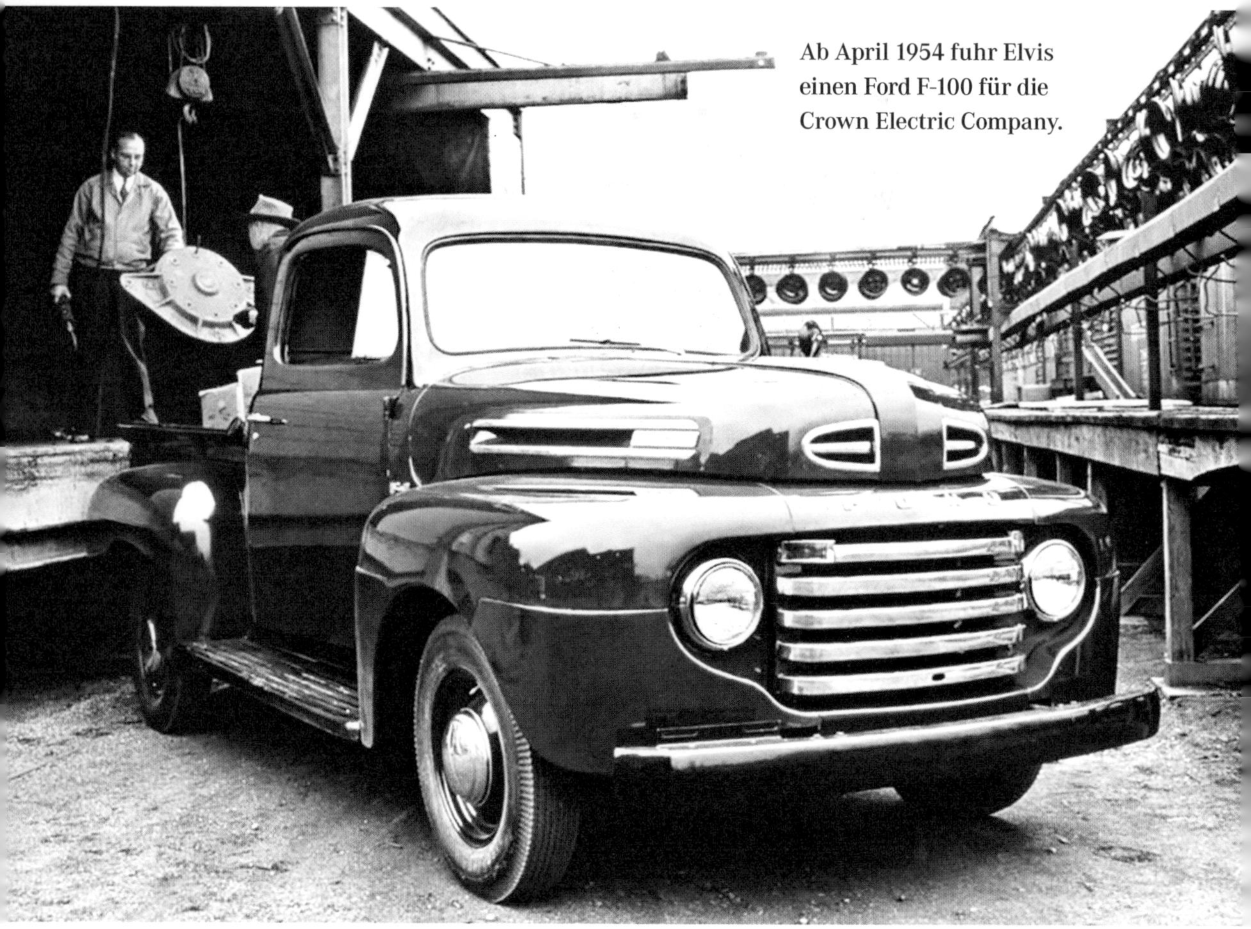

Ab April 1954 fuhr Elvis einen Ford F-100 für die Crown Electric Company.

Jeans, einer Lederjacke und einem Halstuch, so wie Lkw-Fahrer das auch trugen. Wenn er sich etwas leisten konnte, kaufte er bei Bernard Lansky, dem Miteigentümer des Kleidungsgeschäftes Lansky Bros., in Memphis, ein. Der mochte ihn, glaubte an den Jungen und gab ihm auch mal Klamotten umsonst mit. Als es auf dem Weg zum Football-Training wieder einmal dazu kommen sollte, dass ihn ein paar Jungs aufzogen und verprügeln wollten, sprang ihm Mitschüler Red West zur Seite und verteidigte ihn. Er wurde später erst sein Fahrer und dann als Bodyguard ein Mitglied der sogenannten „Memphis Mafia“.

Im August 1952 ergab sich die Chance, für einen Monat bei der Upholstery Specialties Company tätig zu werden. Da er damals gerade 17 Jahre alt war, schummelte er beim Personalbogen und machte sich ein Jahr älter. Die Lüge wurde nicht bemerkt. Er kümmerte sich um Polsterungen und Polstermöbel. Der

LINCOLN

Zephyr V-12

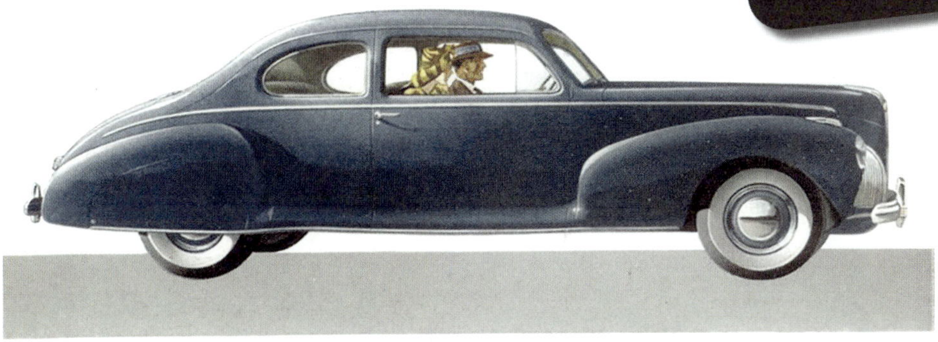

THE CLUB COUPE

A compact car that has surprising roominess. Six ride in comfort. You enter through wide front door, to relax on the front seat, holding three, or on the full-width rear seat. The front seat-back divides, each half tipping forward diagonally. Luggage and spare tire with wheel stow neatly in the rear deck.

Order your Lincoln-Zephyr, any model, in any of a wide range of colors. For 1941, there is a choice of two handsome upholsteries, cord or broadcloth. The Convertible Coupe offers interiors of Green, Blue, Black, Red and Tan leathers, or a sparkling combination of leather and whipcord. . . . At added cost, you may select luxurious Lincoln-Zephyr Custom Interiors: shadow-stripe broadcloth in harmonizing tones of Blue, Maroon, Green or Tan. The instrument panel and garnish moldings in Custom Interiors are finished in Silver Birch, grained. Hardware is finished in pale gold.

New Lincoln Automatic Overdrive Transmission
(factory installed at extra cost)

This overdrive is entirely automatic in its operation yet instantly controllable by the driver. Reduces engine speed 30 per cent, saves on gasoline and oil—brings added joy to driving.

Verdienst betrug 109 Dollar im Monat. Im September arbeitete er als Monteur bei der Firma Marl Metal Products in einer Polsterwarenfabrik - allerdings von 15:00 Uhr nachmittags bis 23:00 Uhr abends, was seiner Mutter nicht gefiel. Die sorgte dafür, dass er wieder aufhörte, weil er beim Unterricht in der Schule einschlief.

YOUNG DREAMS

Am 8. Januar 1953, seinem 18. Geburtstag, bekam Elvis von seinen Eltern sein erstes Auto geschenkt, ein 1942er Lincoln Zephyr Club Coupé. Wie schon bei vielen Anschaffungen zuvor, mussten Vernon und Gladys dafür eine Reihe von Einschränkungen in Kauf nehmen und lange sparen. Der Wagen kostete 50

Dollar – ein Vermögen für die Familie. Nur einige wenige Leute in der Nachbarschaft konnten sich überhaupt ein Auto leisten.

Obwohl der Lincoln etwas mehr als zehn Jahre alt war, galt es immer noch als luxuriöses Fahrzeug. Der Wagen verfügte über einen 5 Liter V 12 Motor mit 130 PS und war „Sheldon Gray" lackiert. Das 1942er Zephyr Club Coupé wurde in nur 253 Exemplaren gebaut. Der Kriegseintritt der USA am 11. Dezember 1941 verhinderte die weitere Fertigung. Leider war es nicht sehr zuverlässig, aber immerhin konnte Elvis jetzt mit anderen Teenagern zusammen kleinere Ausflüge unternehmen. Ab Januar 1954 begleitete ihn vor allem seine damalige Freundin Willa Dean Locke, genannt „Dixie". Sie hatten sich in der Kirche, der „First Assembly of God Church", kennengelernt. Der Wagen blieb leider immer wieder liegen. Auch der Anlasser ging mehrfach kaputt, so dass Elvis und sein Cousin Gene häufig damit beschäftigt waren, den Lincoln anzuschieben. Wenn er denn fuhr, tat sich ein weiteres Problem auf. Da die Bremsen nicht verlässlich funktionierten, mussten sie häufig während der Fahrt die Türen öffnen und ihre Füße auf die Straße halten, um ihn so zu verlangsamen und zum Halten zu bringen. Das war weder besonders schön noch komfortabel – auch nicht für die Schuhe. Und dennoch: es war immer noch besser als kein Auto zu haben. So konnte Elvis Verabredungen wahrnehmen und z.B. in das „Drive-in" Theater fahren – in das Autokino. Elvis gab den Wagen später an seine Eltern weiter, die ihn bis zum Jahr 1955 besaßen. Zwei Jahre zuvor, am 3. Juni 1953, endete seine Schulzeit an der L. C. Humes High School. Ein neuer Abschnitt in seinem Leben begann. Er träumte von einem besseren Leben – und ging zum Arbeitsamt.
Im März, Mai und Juli 1953 wurde Elvis dort vorstellig. Bei der Angabe seiner Interessen, und Freizeitaktivitäten im „Tennessee State Employment Security Office" gab er an, dass er „singt, Ball spielt, an Autos arbeitet und ins Kino geht." Außerdem stellte er klar, dass er arbeiten möchte, um den „finanziellen Verpflichtungen aufgrund seines Autos nachzukommen." Die Personen, die sich das im Anschluss ansahen, notierten: „Eher auffällig gekleideter Playboy-Typ". Erst der dritte Besuch am 1. Juli führte zu einem temporären Job bei der Firma „M.B. Parker" am Montageband. Immerhin verdiente er einen Monat lang Geld, auch wenn es nur 36 Dollar pro Woche waren. Am 21. September kehrte er zur „Precision Tool Company" zurück. Er war wieder am Bohrer tätig und arbeitete dort bis zum 19. März 1954. Der Lohn betrug 1,55 Dollar pro Stunde. So richtig glücklich war er damit jedoch nicht.

Dank einem Kontakt seiner Mutter zu einem Kirchengemeindemitglied, einer gewissen Gladys Tipler, ergab sich bald ein anderer Job. Deren Mann James leitete die Crown Electric Company, und so

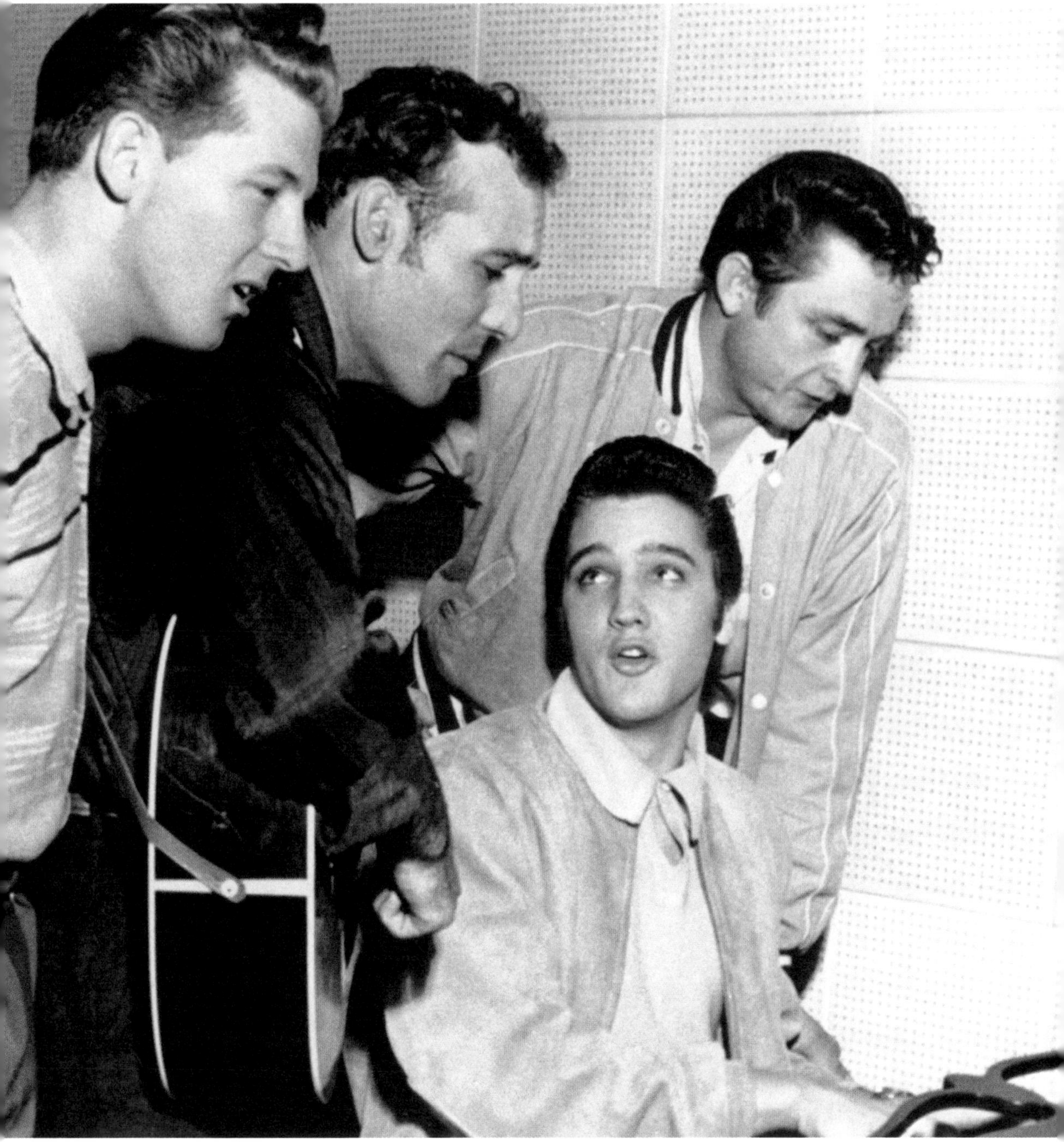

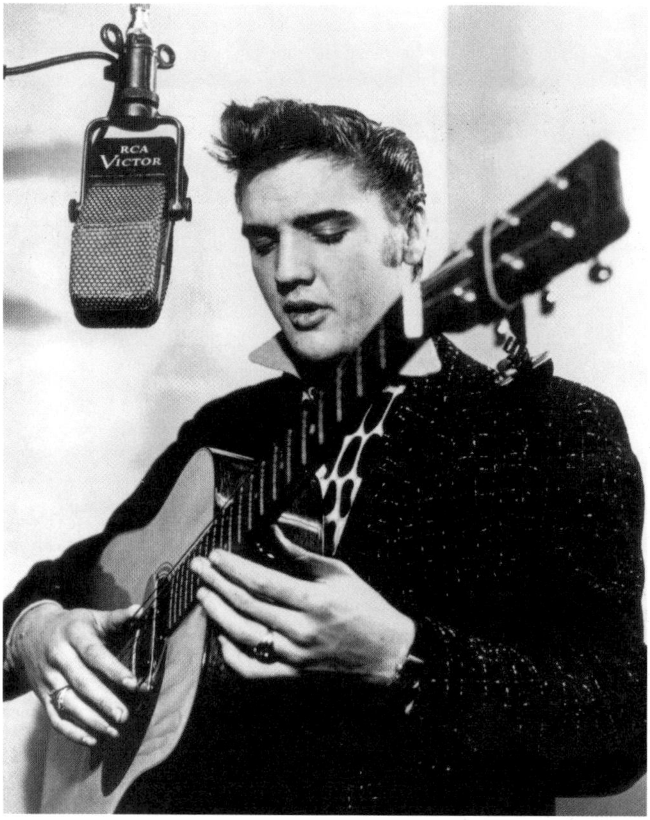

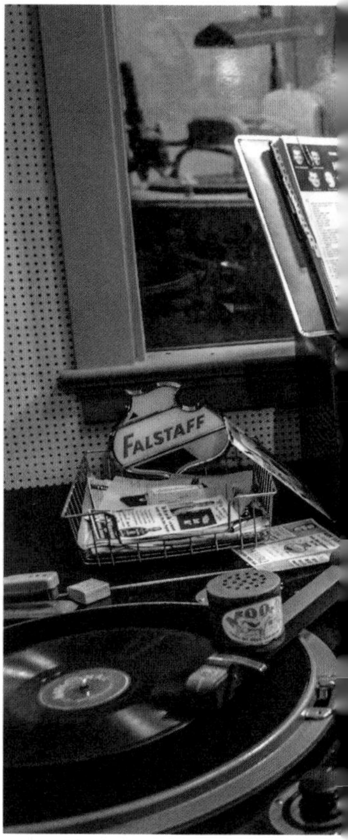

konnte Elvis sich an dessen Firmensitz, 475 N. Dunlap Street vorstellen. Knapp vier Wochen nach dem Ende seines letzten Jobs, am 20. April 1954, begann Elvis dort als Lkw-Fahrer. Seine Tätigkeit bestand darin, Materialien aller Art zu den Elektrikern zu bringen, die im Außeneinsatz waren. Dazu stellte man ihm einen Wagen, einen Ford F-100, zur Verfügung. Insgeheim hoffte er darauf, dort selbst als Elektriker arbeiten zu können und eine entsprechende Ausbildung zu erhalten. Die Quellen über seine Entlohnung variieren. Es waren entweder 35 Dollar pro Woche, oder ein Dollar pro Stunde, was auf jeden Fall mehr gewesen wäre. Der Job war schlechter bezahlt als der zuvor, aber zumindest war er sicher und Elvis hatte vor allem regelmäßige Einkünfte. Oder wie der 18 Jahre und fünf Monate alte Mann es später selbst ausdrückte: „Nachdem ich die High-School verließ, fuhr ich einen Truck. Ich war eben ein armer Junge aus Memphis.“

Als die Sängerin Kathryn Williams am 30. September 2013 ihr elftes

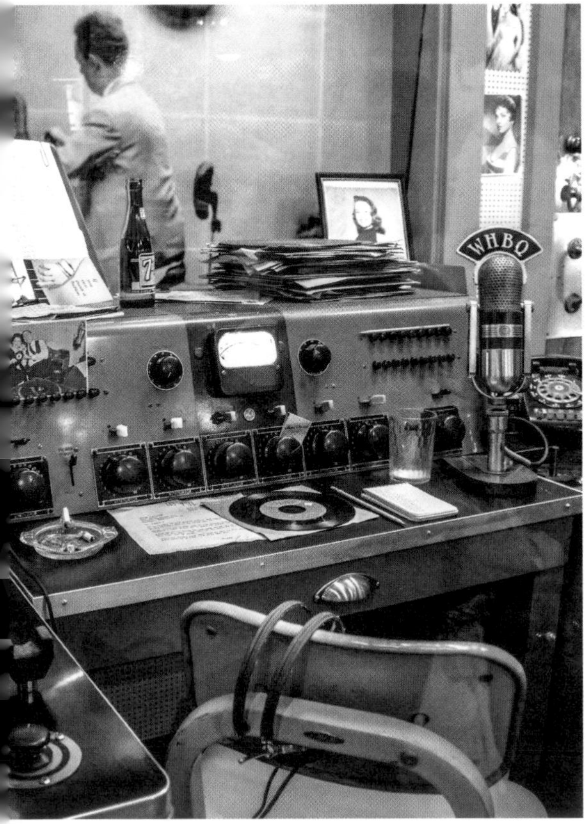

> "ALS ICH DEN LKW FUHR UND EIN GROSSES LEUCHTENDES AUTO AN MIR VORBEIFUHR, FING ICH AN TAGTRÄUME ZU BEKOMMEN. ICH TRÄUMTE DAVON, WIE ES DENN SO SEIN WÜRDE ..."
> – ELVIS ÜBER SEINE ZEIT ALS LKW-FAHRER

Studioalbum „One Little Indian" veröffentlichte, ging sie in dem Song „Gave It Away" auch auf diese Tätigkeit ein. Darin heißt es: „Elvis drove trucks for Crown Electric before he was The King".

STOP WHERE YOU ARE

„Als ich den Lkw fuhr, fing ich jedes Mal, wenn ein schöner leuchtender Wagen vorbeikam, mit Tagträumen an", so Elvis später in einem Interview. „Ich dachte mir immer, dass eines Tages irgendwie, irgendwas passieren wird, womit sich alles für mich ändert. Ich träumte davon, was ich wohl sein würde." Dass der junge Mann mal vom Singen, Gitarre und Klavierspielen leben würde, dachte er damals sicher noch nicht. Aber den Gesang ließ er nie aus den Augen. Seitdem er die Gitarre besaß, übte und spielte er regelmäßig. 1950 trat er mit zwei Liedern bei der Schulweihnachtsfeier auf. Im April 1953 nahm Elvis, noch als Schüler, an einem Talentwettbewerb teil. Das brachte ihm Zugabe-Rufe ein, und nicht nur das: „Ich war nicht gerade populär in der Schule", so der junge Sänger später. „Ich fiel sogar im Musikunterricht durch. Als ich dann auf die Bühne ging, das Flüstern und das Gepolter hörte, war ich nervös, denn niemand wusste, dass ich sang. Es war erstaunlich, wie populär ich anschließend in der Schule war." Das war gut für die Seele und das Selbstbewusstsein.

Schon früher als Teenager war Elvis immer mal wieder in der pulsierenden Beale Street in Memphis gewesen, dort wo die Geschäfte, Tanz- und Nachtclubs angesiedelt waren. Während seiner Zeit als Lkw-Fahrer fuhr er häufig diese Straße entlang, weil er etwas auszuliefern hatte. Gar nicht weit weg, in der 706 Union Avenue, hatte am 3. Januar 1950 das Studio „Sun Records" eröffnet. Unter der Leitung von Sam Phillips und seiner Assistentin Marion Keisker, wurde es schnell zu einer Anlaufstelle für junge farbige Künstler und ihre Talente. Das Studio erarbeitete sich den guten Ruf, diese Talente zu fördern und Ihnen zu einer Veröffentlichung zu verhelfen. Musiker wie B.B. King, Rufus Thomas und Howlin' Wolf wurden dank Phillips bekannt, der ihre Songs aufnahm und produzierte. Unter dem Motto „We Record Anything, Anywhere, Anytime", konnte man spontan in das Studio hineingehen und Aufnahmen machen. Elvis fuhr mehrfach daran vorbei und träumte davon, auch mal eine Platte aufzunehmen. Damit wollte er vor allem seiner Mutter Gladys eine Freude machen. Sie war erst als Wäscherin, dann als Näherin in einer Spinnfabrik tätig, aber sie putzte und bediente auch in Cafés und Restaurants, ehe sie in dem Krankenhaus St. Joseph´s Hospital eine Anstellung als Hilfsschwester bekam. Sein Vater Vernon verpackte Dosen bei den Vereinigten Farbenfabriken und verdiente weniger als 50 Dollar pro Woche.

SURRENDER

Im August 1953 fasste sich Elvis ein Herz: Er hielt mit seinem alten Lincoln vor dem Sun Studio und nahm zwei Stücke auf – auch wenn Gladys erst am 12. April des nächsten Jahres Geburtstag hatte. Vielleicht hoffte er bereits darauf, entdeckt zu werden. „My Happiness" lautete der Titel des einen Stücks. „That´s When Your Heartache Begins", der des zweiten. Die Kosten für die Aufnahme betrugen vier Dollar. Mehr passierte nicht. Von Marion Keisker darauf angesprochen, sagte er, er „sound like

"ES GIBT KEINEN ANDEREN ORT IN DER WELT AN DEM MAN ÜBER NACHT VOM LKW-FAHRER ZU EINEM CADILLAC KOMMEN KANN."

– TEXT VON ELVIS IM ELVIS PRESLEY MOTORS MUSEUM

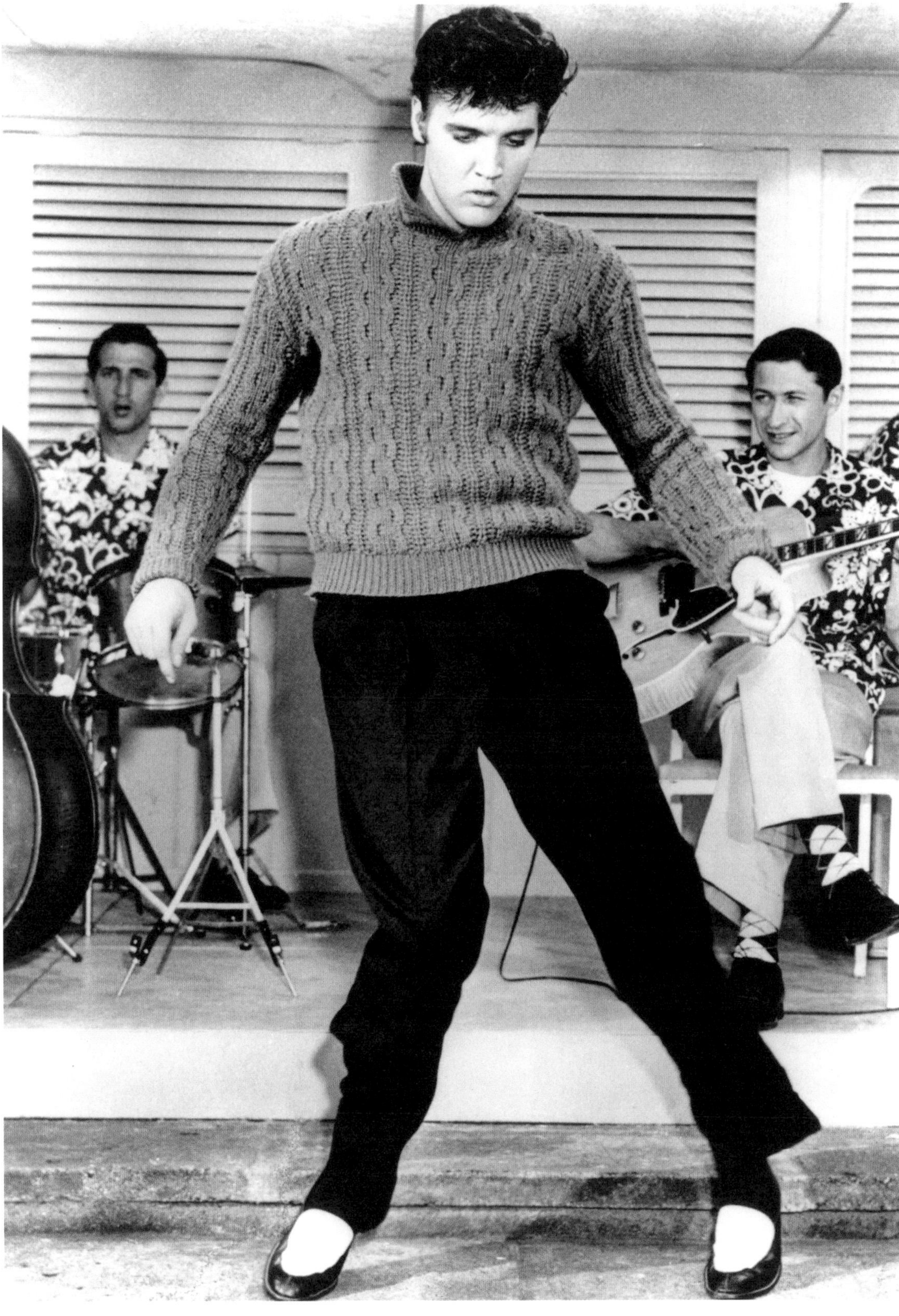

nobody“ (klingt wie niemand) – wobei das doppeldeutig ist, also entweder wie ein Niemand, oder tatsächlich wie kein anderer vor ihm. Am 4. Januar 1954 folgte eine zweite Aufnahme mit wiederum zwei Stücken („I´ll Never Stand in Your Way“ und „It Wouldn´t Be the Same Without You“). Auch dieses Mal war die Reaktion gleich null. Nachdem dann auch noch seine Bewerbung für ein Quartett namens „The Songfellows“ abgelehnt wurde und auch der Leiter einer anderen Band ihn nicht wollte, platzten erstmal alle Gesangsträume. Elvis war ernüchtert. Schließlich konnte er keine Noten lesen und hatte sich das Gitarrenspiel mit Hilfe von Freunden beigebracht. Besonders ein Satz des Bandleaders Eddie Bond tat ihm weh. Der riet Elvis, er soll beim Lkw-Fahren bleiben, „denn du wirst niemals als Sänger Erfolg haben.“

IT´S NOW OR NEVER

Doch Eddie Bond irrte. Sam Phillips hörte, was Elvis gesungen hatte und Marion Keisker ermunterte ihn, es mit Elvis zu versuchen. Im Juni lud er den 19-jährigen ein, all das zu singen was ihm in den Sinn kam und worin er sich sicher fühlte. Daraufhin arrangierte Phillips eine Aufnahmesession mit dem Gitarristen Winfield „Scotty“ Moore und dem Bassisten Bill Black.

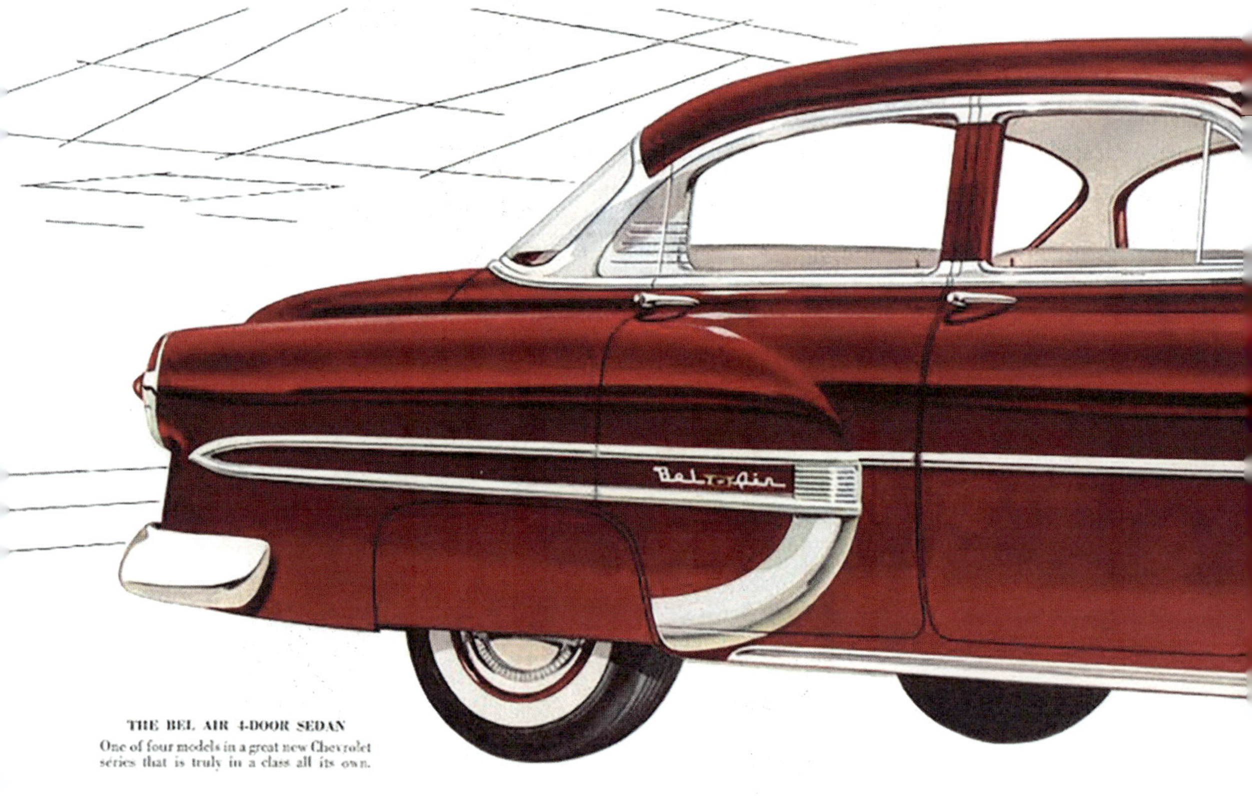

THE BEL AIR 4-DOOR SEDAN
One of four models in a great new Chevrolet series that is truly in a class all its own.

Am späten Abend des 5. Juli 1954 wurde Musikgeschichte geschrieben. Sam Phillips nahm das Stück „That´s all right“ auf und sorgte dafür, dass der damals populäre Discjockey Dewey Phillips (mit dem er nicht verwandt war) das Stück für den Sender WHBQ in Memphis bekam. Er spielte den Song am 7. Juli in seiner Sendung „Red, Hot and Blue“. Die Hörerinnen und Hörer waren begeistert, und baten Phillips, das nur eine Minute und 57 Sekunden kurze Stück immer wieder nochmals aufzulegen. Elvis wusste von dem Radioeinsatz, war aber zu nervös, um das Stück live im Radio zu hören. Er ging lieber mit Dixie ins Kino. Phillips ließ ihn suchen, fand ihn und lud ihn noch in der Nacht in seine Sendung ein, um über den Song zu sprechen. Schließlich nahmen die drei Musiker noch das Stück „Blue Moon of Kentucky“ auf, eine Single wurde gepresst und verkaufte sich 20.000 Mal. Das galt als sensationell. Am 17. Juli erfolgte der erste von 20 Live-Auftritten in Memphis und außerhalb der Stadt. Im Oktober 1954 war der Lkw-Fahrer Elvis Presley Geschichte. Ab sofort war er selbstständig – und nannte sich „Entertainer“. Sam Phillips formte ein Trio. Elvis, Scotty und Bill nannten sich ab sofort: „Blue Moon Boys“. Auch ein Manager wurde gefunden: Es war „Scotty“ Moore.

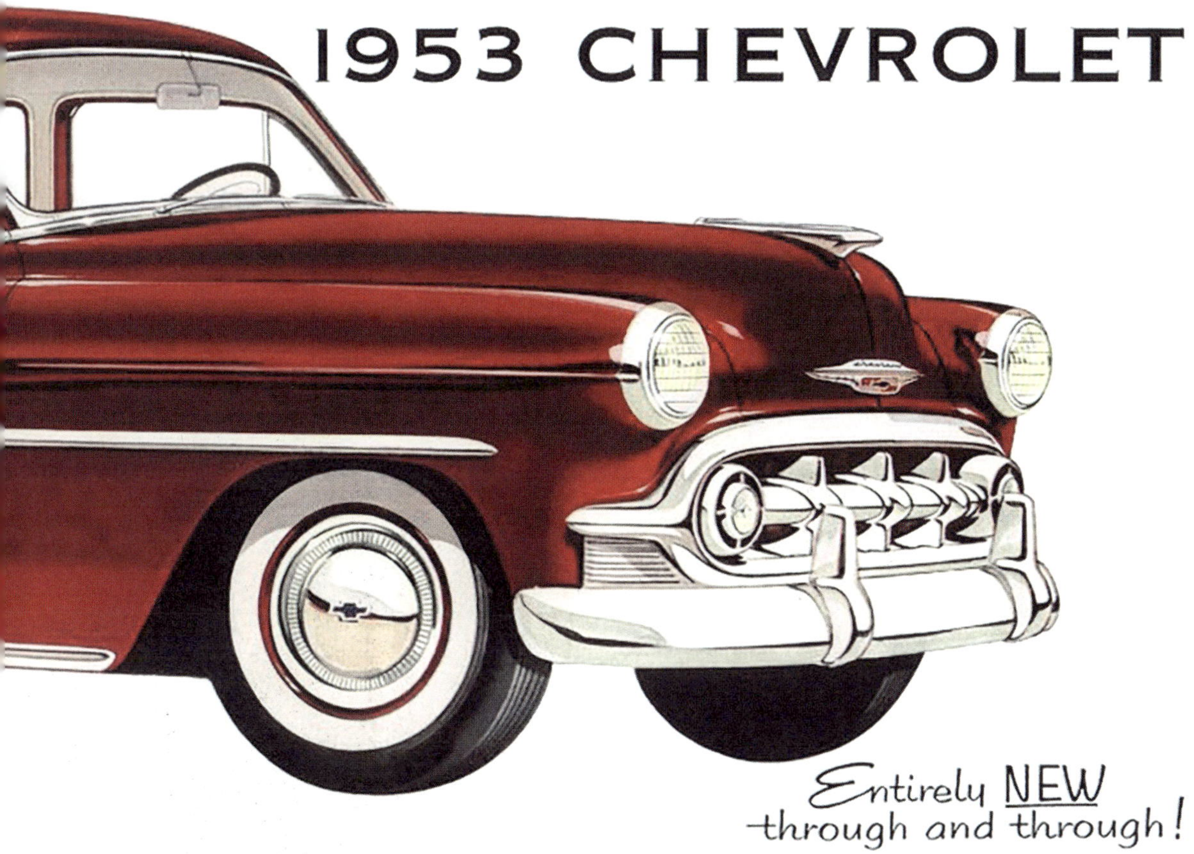

GUITAR MAN

Fortan tingelte das Trio durch High-Schools und Turnhallen. Moore und Black hatten mittlerweile ihre damalige Band „Starlite Wranglers“ verlassen, um mit Elvis zu spielen, von dem sie sich mehr Erfolg erhofften. Da der unzuverlässige Lincoln von Elvis für längere Fahrten nicht in Betracht kam, nutzte die Band von Oktober bis Dezember 1954 den hellen/weißen (so genau lässt sich das leider nicht mehr bestimmen) 53er Chevrolet Bel Air von Scottys Frau Bobbie. Damit fuhren sie ungefähr 12.000 Meilen in zwei Monaten nach Louisiana, Texas und Arkansas. Der Bass von Bill Black wurde auf das Dach geschnallt. Aber der Wagen konnte keine Dauerlösung sein. Weil sie so oft auf Tour waren, wollte Bobbies Frau den Wagen zurückhaben. Schließlich benötigte sie den Chevy auch mal für Erledigungen. Zwischenzeitlich verwendeten Elvis, Scotty und Bill jeweils das Auto, das sich gerade anbot. Nach einem erfolgreichen Auftritt der Band am 16. Oktober 1954 in der bekannten Countrysendung „Louisiana Hayride“, die aus dem Municipal Auditorium in Shreveport übertragen wurde, folgten 20 Shows in Louisiana, Texas und Arkansas. Glücklicherweise wurden zu dieser Zeit die Gagen besser. Sie stiegen von einst 15 auf nun bis zu 200 Dollar pro Auftritt. Moore gab seine Tätigkeit als Manager bald ab. Der Discjockey und Radio Promoter Bob Neal half aus und organisierte die Gigs für die Band. Ab dem 1. Januar 1955 wurde er der offizielle Manager der Band. Elvis konnte sich nun etwas Luxus gönnen. Vermutlich am 30. Dezember 1954 oder Anfang Januar 1955 leistete er sich

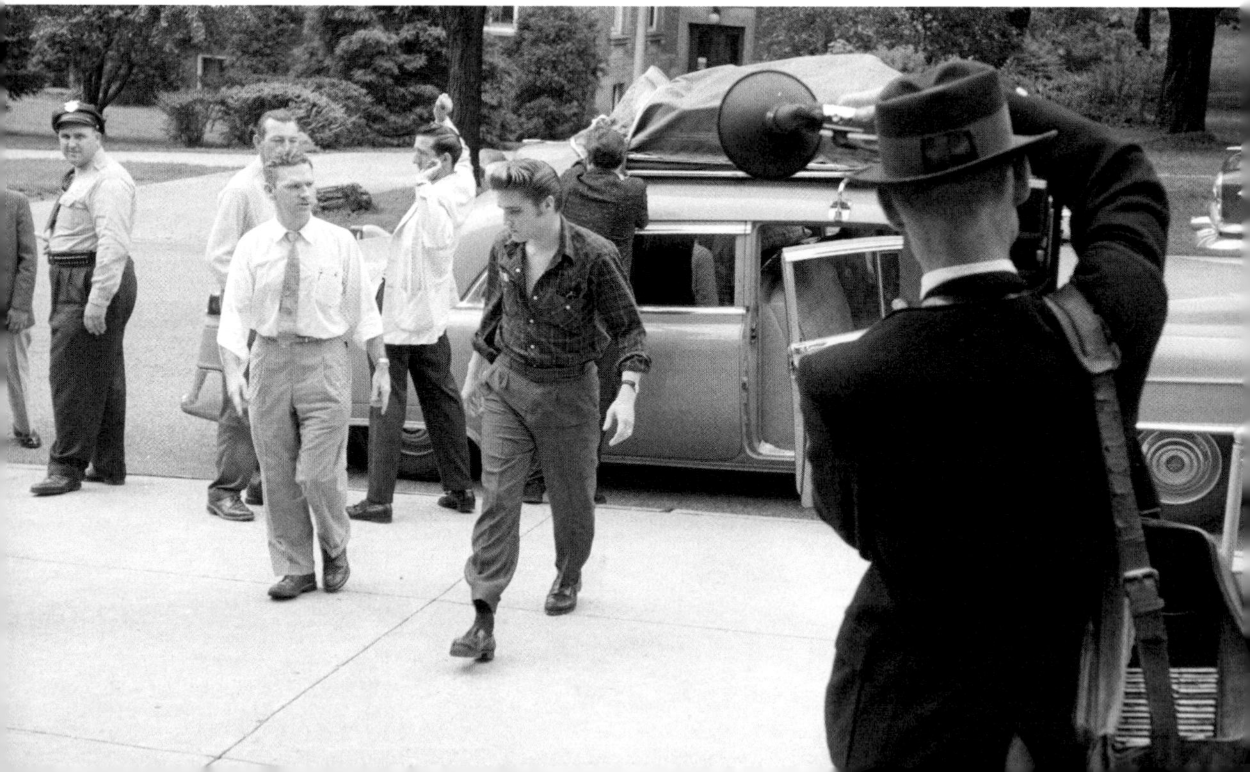

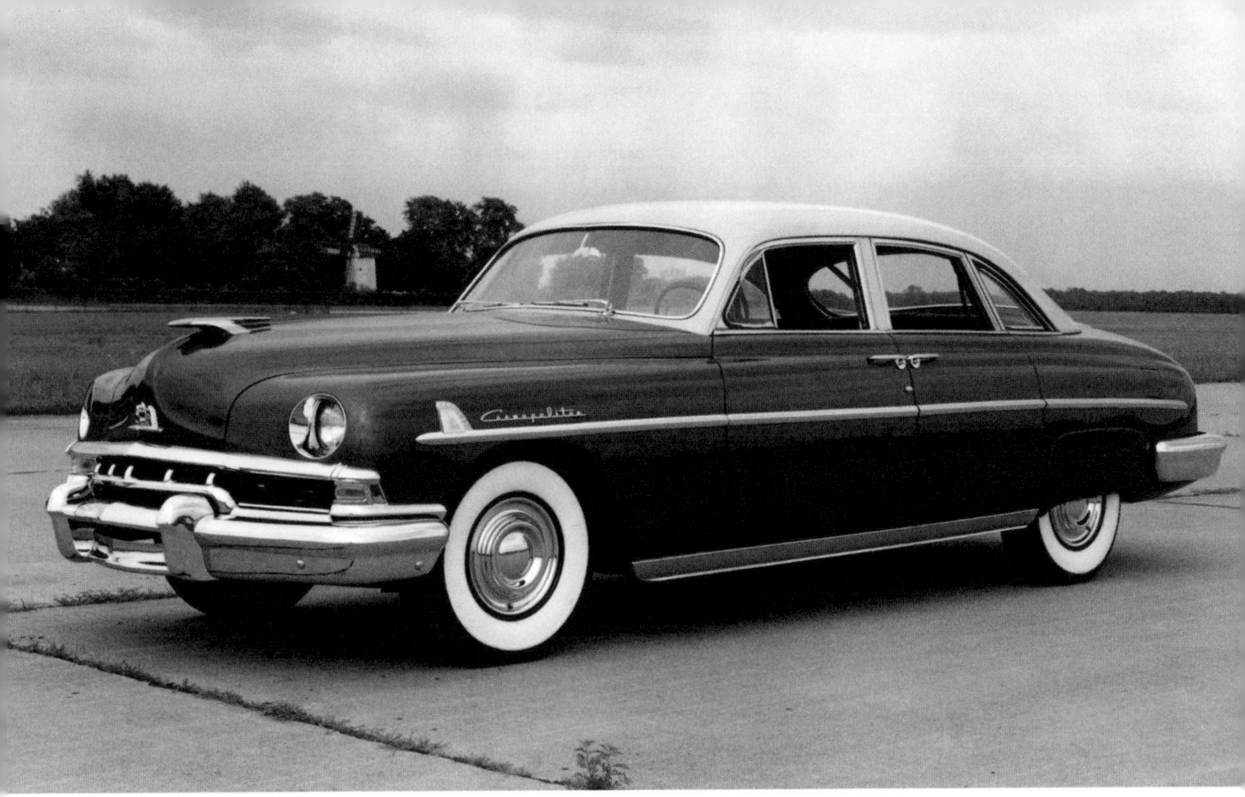

einen gebrauchten 1951er Lincoln Cosmopolitan mit nur 10 000 Meilen auf dem Tacho. Er hatte einen 5,5 Liter V8 Motor, der über 154 PS verfügte. Ob er die Version mit drei Gängen oder einer Viergang-Automatik wählte, ist nicht überliefert. Der Wagen war in „Bristol Buff" lackiert, einem hellen Beige mit einem Hang zu Gelb. Gemeinsam montierte die Band einen Gepäckträger auf dem Dach, um so den Bass zu transportieren. Auf die Seiten malten sie den Schriftzug: Elvis Presley – Sun Records. Das war der erste Wagen, den Elvis von seinem eigenen Geld gekauft hatte.

Im Laufe der Zeit fühlte sich Elvis auf der Bühne immer sicherer. Er spielte nicht nur auf seiner Gitarre, sondern auch mit ihr. Seine Bewegungen wurden auffälliger und sogar exaltiert. Wenn etwas gut ankam, wiederholte er es und baute es aus. Während die jungen Männer bei Konzerten dieses ihrer Meinung provozierende Verhalten nicht schätzten, fanden die weiblichen Teenager es überaus anregend. So kam es auch immer wieder zu heiklen Situationen wie sich Elvis Schulfreund Red West erinnerte, der die Band damals fuhr. „Die Mädchen küssten und umarmten ihn", so West. „Die Mississippi-Jungs sahen aus, als wollten sie Elvis den Schädel einschlagen." Je erfolgreicher er wurde, desto mehr war er den weiblichen Fans zugetan – und sie ihm. Aus dem schüchternen Jungen wurde ein Frauenschwarm.

A WORLD OF OUR OWN

Im Januar, Februar und Anfang März

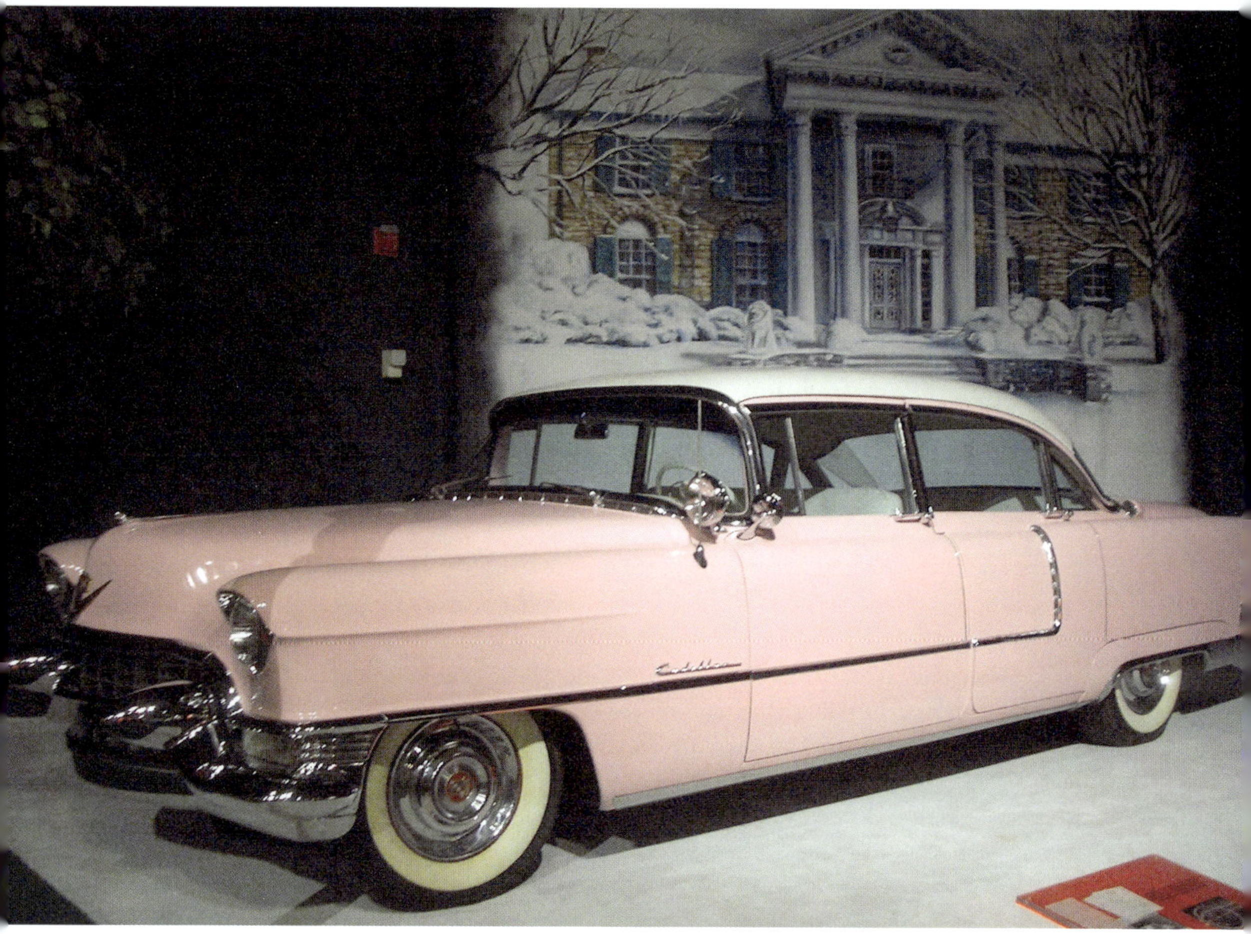

1955 fuhr die Band mit dem Wagen durch Texas, Mississippi, Arkansas, Alabama, Missouri, Louisiana, Tennessee, New Mexico und Ohio. Schon Anfang März hatte der Wagen weitere 20 000 Meilen auf den Tacho. Ungefähr am 5. März 1955 waren sie in einen Unfall verwickelt. Sie waren gerade in Arkansas und Bill Black saß am Steuer, als vor ihm plötzlich ein Lkw auf die Kreuzung fuhr. Er hatte keine Chance, rechtzeitig zu bremsen und fuhr mit dem Lincoln unter den Lkw. Glücklicherweise wurde niemand verletzt. Der Lincoln war allerdings ein Totalschaden.

Am 6. März oder 9. März 1955 kaufte Elvis seinen ersten Cadillac (Kennzeichen 2 D 35218). Den gebrauchten Fleetwood Series 60 Special erwarb er bei einem Händler in Memphis. Er hatte gerade 13.000 Meilen auf dem Tacho und war mit einem 5,4 Liter V8 Motor mit 230 PS ausgestattet. Er war hell lackiert, hatte ein weißes Dach und weiße A-Säulen. Mitte März ließ Elvis den unteren Teil Pink lackieren, während das Dach weiß blieb. Bilder aus Texas vom 17. März belegen die neue Lackierung. Am 3. April ging es von Houston aus zurück, aber Elvis war auf der US 171 Richtung Süden mit 80 Meilen viel zu schnell unterwegs und wurde ertappt. Der diensthabende Polizist Nolan Strange sorgte dafür, dass er zum Caddo Parish Gefängnis in Shreveport gebracht wurde, wo er 25 Dollar Strafe bezahlen musste. Da das Strafticket mit der Nummer #134809 immer noch existiert, ist dort zu lesen, dass Elvis sich als „Entertainer" bezeichnete.

Am 8. Mai 1955 war die Band in Tampa und tourte bis zum 13. Mai durch Florida. Am 26. Mai besuchten sie die Jimmy Rodgers Memorial Celebration in Meridian, Mississippi und fuhren in der Big D Jamboree Parade mit. Aus diesem Anlass wurden die beiden vorderen Türen des Wagens ganz groß mit dem Namen „Elvis Presley" bemalt. Jimmy Rodgers Snow, der Sohn von Hank Snow, und Elvis saßen während der Parade auf den vorderen Kotflügeln. Elvis fotografierte von dort aus und drehte kurze Filme mit seiner 8mm-Kamera.

BURNING LOVE

Als das Quartett im Juni 1955 in Texas unterwegs war, war der Wagen bereits

HÄTTE ELVIS EIN WEISSES BUTTON-DOWN-HEMD AUS GROBER BAUMWOLLE GETRAGEN, WÄRE ER HEUTE NOCH LAST-WAGENFAHRER."

— HAL LANSKY

64.000 Meilen gelaufen. Das lag daran, dass die Band bei Engagements zum Teil vor und zurück fuhr und nicht immer vor Ort im Hotel übernachtete. Am 7. Juni, Elvis fuhr selbst, kam es zu einer folgenschweren Unachtsamkeit. Er hatte sich bei einem Konzert am Abend zuvor eine weibliche Begleitung namens Shirley Delgado angelacht, die neben ihm auf dem Beifahrersitz saß. Offensichtlich sehr stark abgelenkt vergaß Elvis die Handbremse zu lösen. Angeblich soll er etwa 13 Meilen lang (knapp 21 Kilometer) mit angezogener Handbremse gefahren sein. Der Wagen hatte Trommelbremsen (keine Scheibenbremsen), die sehr stark gequietscht haben müssen. Das Ganze geschah auf der Straße US 67, heute auch Rock'n'Roll Highway 67 genannt, von Hope nach Texarkana in Richtung Fulton. Auf einmal war Rauch zu sehen, die Bremsflüssigkeit hatte sich entzündet. „Mehrere andere Pkw und Lkw fuhren an

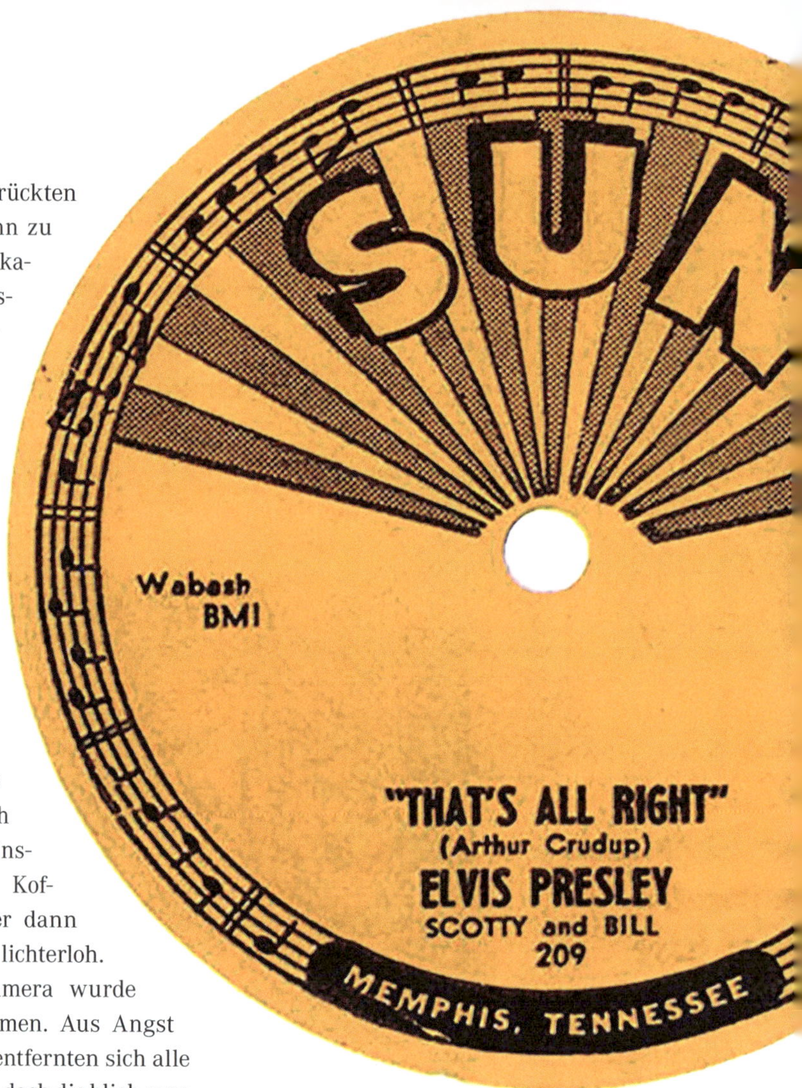

ihm vorbei und drückten auf die Hupe, um ihn zu warnen", so Armeekamerad Rex Mansfield, dem Elvis später die Geschichte erzählte. Dieser konnte gerade noch rechts ranfahren. „Als ich an die Seite fuhr, brannte der ganze Wagen", so Elvis selbst. Mit Hilfe des Augenzeugen Ken Palmer, der ihm zu Hilfe eilte, konnte er gerade noch wich tige Dinge wie die Instrumente aus dem Kofferraum retten, aber dann brannte der Wagen lichterloh. Auch seine Filmkamera wurde ein Opfer der Flammen. Aus Angst vor einer Explosion entfernten sich alle schnell vom Wagen – doch die blieb zum Glück aus.

Elvis war extrem traurig über den Verlust seines geschätzten Cadillacs. „Mann, ich liebte diesen Wagen", sagte er später. Speziell an den Tag bevor er abbrannte, hatte er noch sentimentale Erinnerungen: „Er parkte vor dem Hotel, und ich blieb die ganze Nacht wach, nur um ihn anzusehen." Bilder von dem ausgebrannten Wrack zeigen übrigens das Nummernschild 2D 23693 und nicht 2D 35218. Dieses neue Kennzeichen hatte Elvis erst kurz zuvor bekommen. Fahrzeugeigentümer bekamen jedes Jahr neue Kennzeichen, die bis zum 1. April gewechselt werden mussten. Nach dem Unfall fuhr Scotty Moore nach Memphis zurück und lieh sich den Ford Fairlane von Elvis Eltern. Mit dem fuhr er dann nach Sweetwater in Texas, und die Tour ging weiter. Elvis und Bill flogen nach Texas. Schließlich

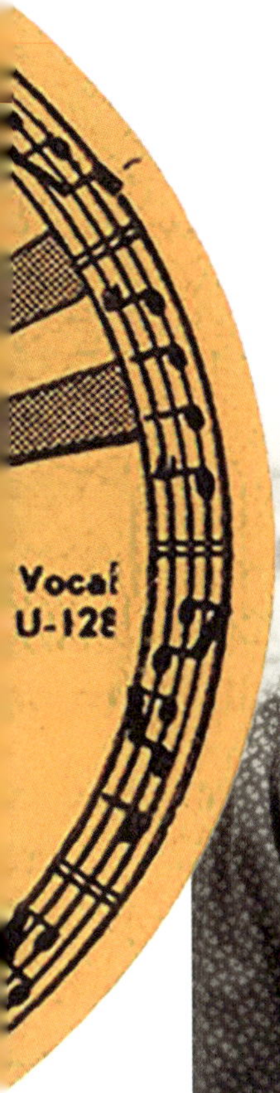

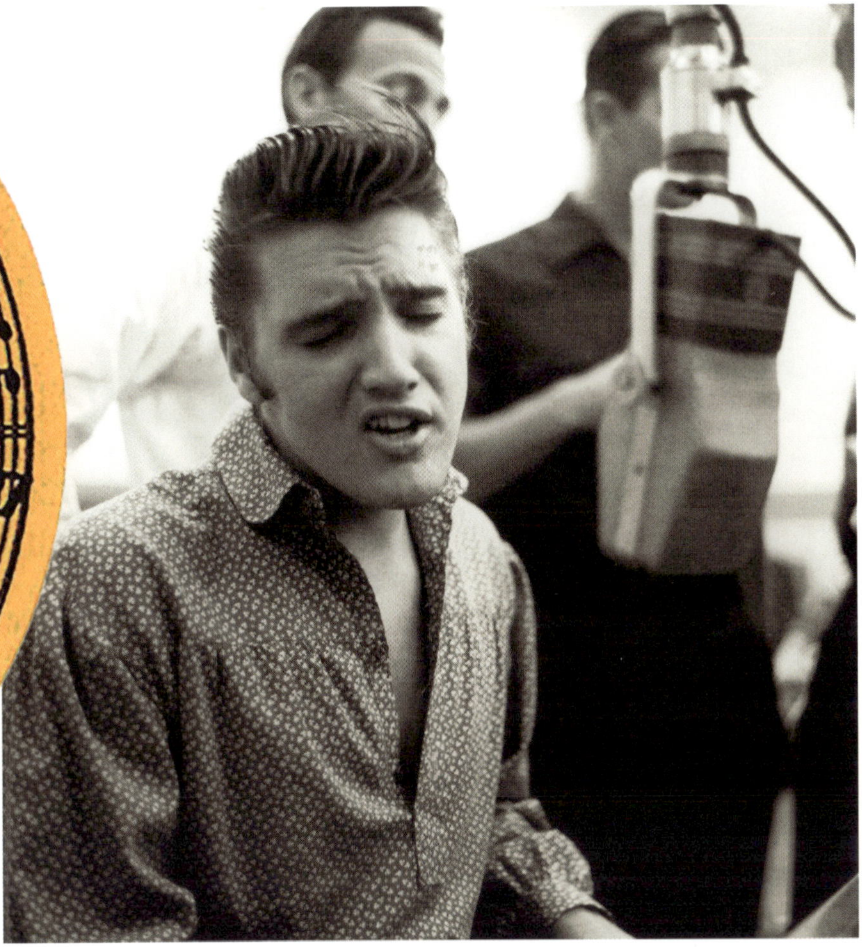

nutzte die Band den Ford für etwa einen Monat. Den Wagen hatte Elvis bereits im April für seine Eltern erworben, weil das Lincoln Zephyr Club Coupé, das seine Eltern vorher fuhren, nicht mehr zu gebrauchen war. Am 17. April 1955 war Elvis nach einer Show in Dallas für ein paar Tage nach Hause gefahren. Da der nächste Auftritt erst drei Tage später, am 20. April 1955, in Grenada terminiert war, nutzte er die Zeit und kaufte einen 1955er Ford Fairlane Victoria, mit einem 4,4 Liter V8-Power Pack, das für 182 PS sorgte. Die Standardversion hatte 162 PS. Der Wagen war in „Waterfall Blue“ lackiert und hatte ein Automatik Getriebe.

Doch die Band empfand den Ford Fairlane als zu klein und zu unbequem für die langen Fahrten. Als sie einmal von Memphis aus zu einem Auftritt nach Granada in Mississippi mussten, spät dran waren und es stark regnete,

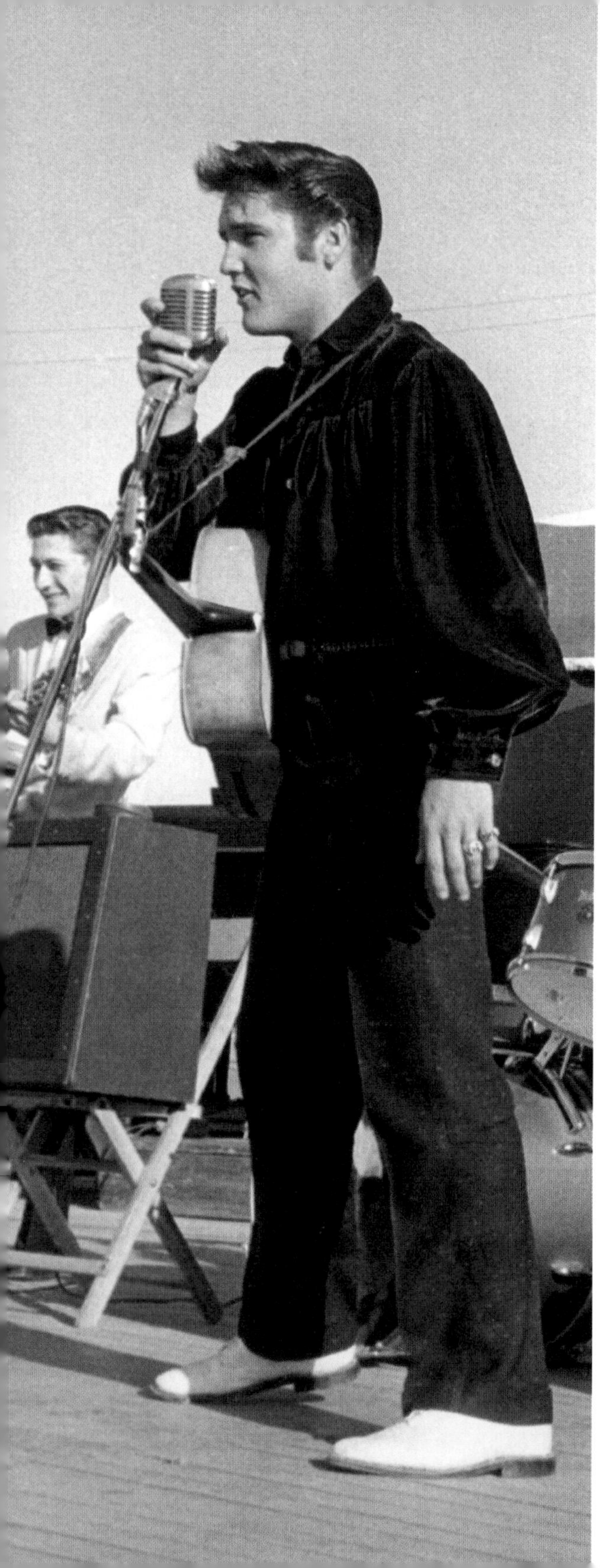

blieb der Wagen im Schlamm stecken. „Elvis schob das Auto von hinten an, und starb tausend Tode, als er hörte, wie ich mit den Gängen recht sorglos herumhantierte“, so Red West. „Er war davon überzeugt, dass ich sein Auto ruinieren würde und einem Herzinfarkt nahe. Jedenfalls kamen wir aus dem Schlamm raus und Elvis hatte einen kleinen Dreckspritzer auf seinen Hosen.“ Erfreut war er über den Fleck nicht gerade, aber er trat damit auf. Die Hose war übrigens pink und sehr eng geschnitten. Wie fast alles, das er trug, kam sie von Lansky. Das meiste Geld, das Elvis damals verdiente, gab er für seine Kleidung aus. Weitere große Teile verschenkte er an seine Mutter, damit sie nicht so hart arbeiten musste. Das ständige Reisen störte ihn nicht. Elvis konnte endlich genau das machen, was er wollte. Er vertrug sich ganz wunderbar mit Scotty, Bill und Red. Gemeinsam lebten sie in ihrer eigenen kleinen Tournee-Welt. Die Einnahmen sprudelten nur so, so dass Elvis sich jetzt auch das leisten konnte, was er schon immer wollte: Er kaufte sich einen nagelneuen Cadillac.

HIS LATEST FLAME

Am 5. Juli kehrte Elvis von einem Auftritt in Brownwood/Texas nach Memphis zurück. Zwei Tage später ging er zum örtlichen Cadillac Händler „Southern Motors Inc.“ und sah dort einen neuen 1955er Cadillac Fleetwood Series 60 Special. Es war ein 5,4 Liter V8 mit 250 PS und einem Hydra-Matic

Automatikgetriebe. Elvis war begeistert und kaufte ihn. Den Preis von 5.350 Dollar und die 620 Dollar extra für die Klimaanlage konnte er sich problemlos leisten. Die Farbe des Wagens war „Dresden Blue“ mit einem schwarzen Dach, aber Elvis wollte den Wagen in pink. Ein paar Tage später wurde er umlackiert. Einer seiner Nachbarn aus der Lamar Street kümmerte sich um den Farbton seiner Wahl und mischte ihn an. Er nannte ihn „Elvis Rose“. Das schwarze Dach blieb erhalten. Am 15. Juli 1955 war der Wagen fertig. Die Band fuhr damit zunächst nach Minden, später nach Shreveport in Louisiana, um dort erneut beim Louisiana Hayride aufzutreten.

„ER WOLLTE GOSPELSÄNGER WERDEN UND SO SINGEN WIE DIE SCHWARZEN. ER SANG ZU EINEM BESEN UND STELLTE SICH VOR, DASS DAS EINE GITARRE WAR. WIR DACHTEN, ER WAR VERRÜCKT.“
– ELVIS‘ JUGENDFREUND SAMUEL BELL JR.

Doch die Reihe der Unfälle war damit noch nicht abgeschlossen. Am 2. September 1955 fuhr Scotty den Wagen in Texarkana in Texas in einen anderen Wagen, der gerade einen Pickup Truck überholte. Zum Glück kam es nur zu einem Blechschaden. Die Reparaturkosten am Cadillac betrugen 1 000 Dollar. Im Spätherbst, vermutlich im Oktober oder November, wurde das Dach mitlackiert, so dass der Wagen nun ganz in Pink erstrahlte. Im März 1956 ließ Elvis die Innenausstattung austauschen. Außerdem kam ein weiterer Außenspiegel hinzu, der auf dem rechten vorderen Kotflügel montiert wurde. Später im Jahr ergänzte er zwei verstellbare Punktstrahler oder Suchscheinwerfer auf beiden vorderen Kotflügeln. Außerdem leistete sich Elvis im November 1955 noch einen 1956er Plymouth Station Wagon. Scotty, Bill und das neue Bandmitglied, der Schlagzeuger DJ Fontana, fuhren ihn abwechselnd und konnten so endlich auch die Instrumente problemlos transportieren. Red West, Elvis und sein neu zum Team zählender Cousin Gene Smith fuhren separat im Cadillac. Die Karawane wurde größer und verdeutlichte den neuen Lebensstil von Elvis Aaron Presley. Er verdiente reichlich Geld und es taten sich immer noch neue (Verdienst-) Möglichkeiten auf. Das Management übernahm im Laufe des Jahres ein Holländers namens Andreas Cornelis van Kuijk – und damit veränderte sich Elvis’ Leben radikal.

KAPITEL 5

YOUNG AND BEAUTIFUL

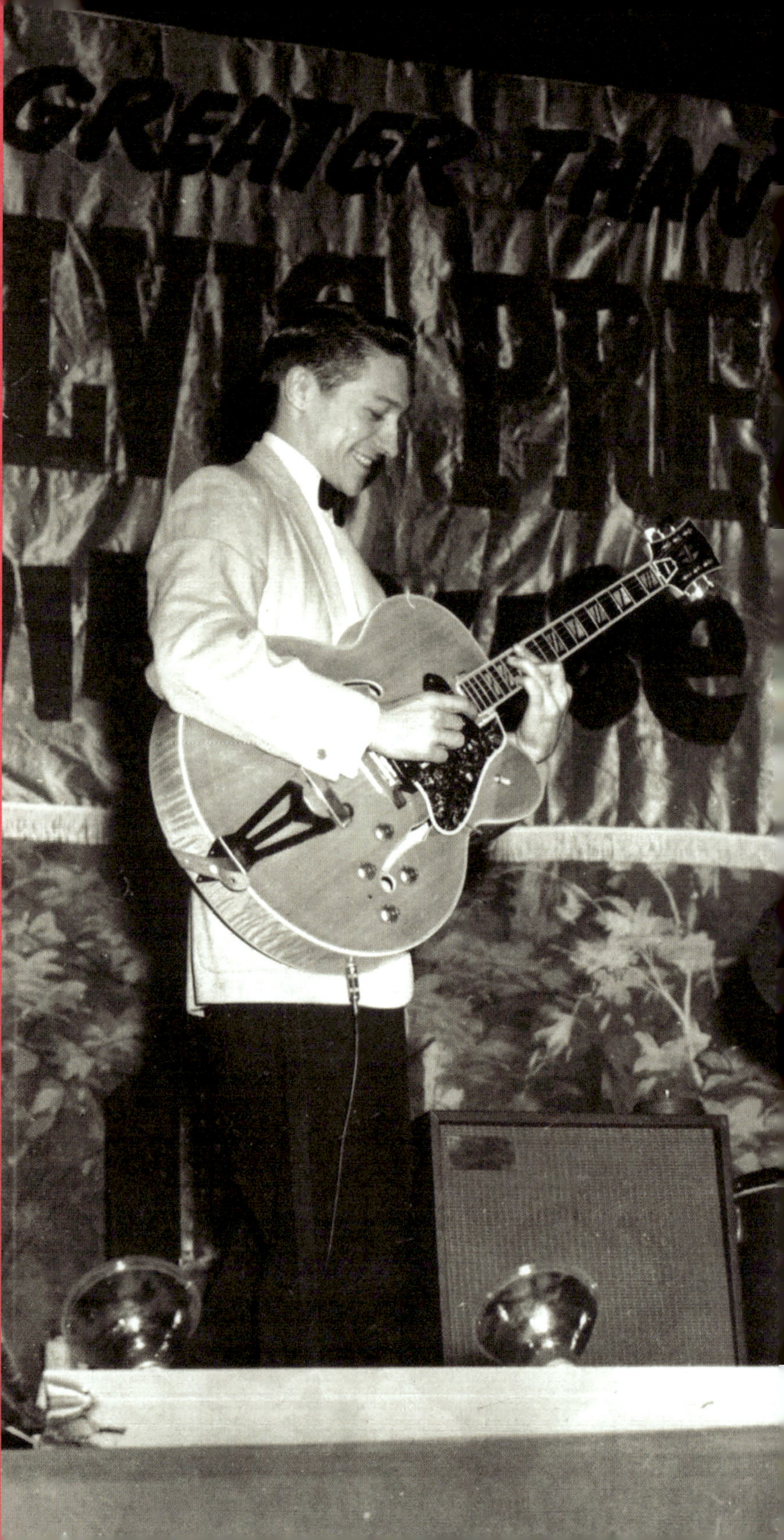

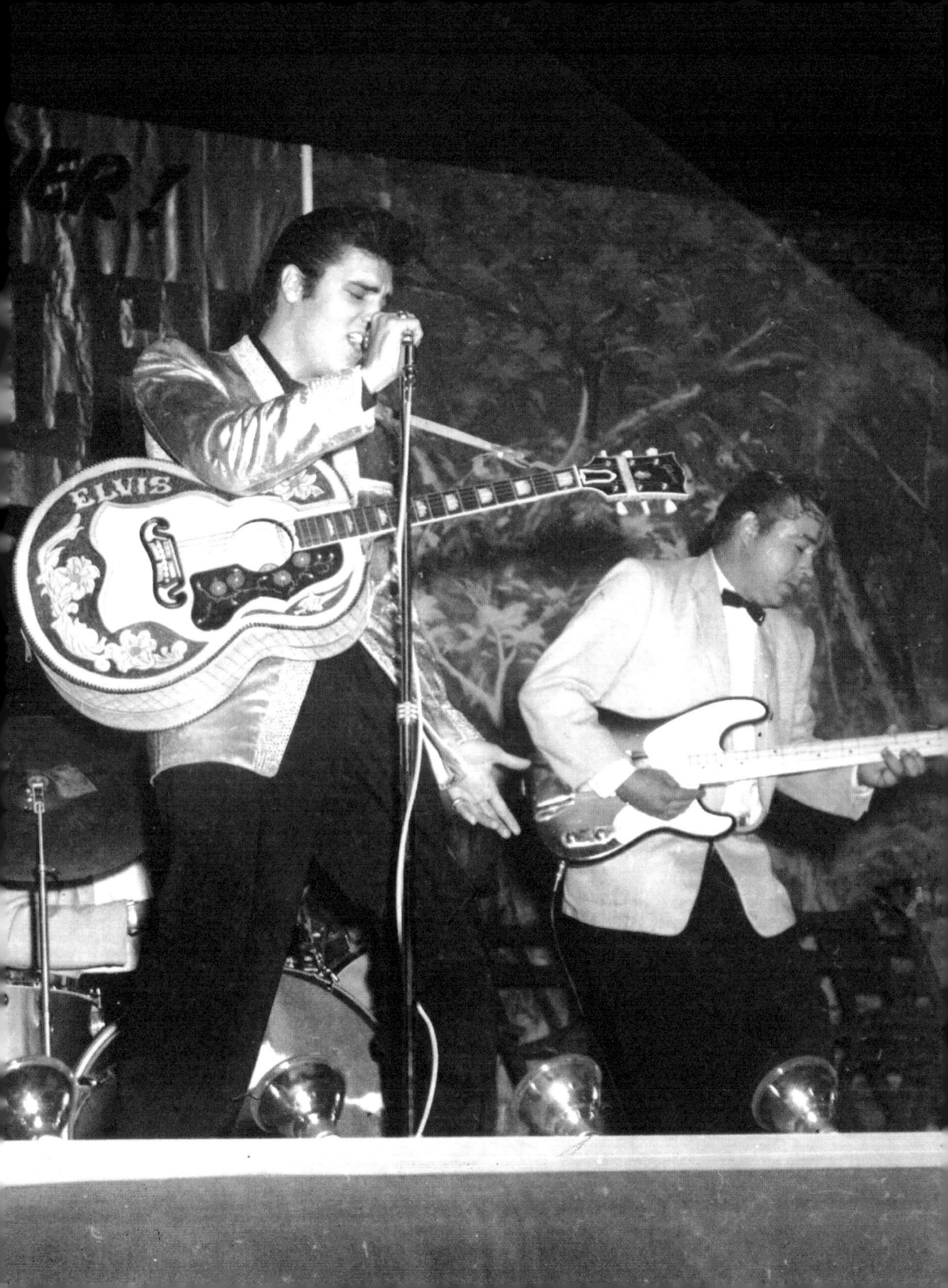
ELVIS

YOUNG AND BEAUTIFUL

ELVIS, DER DURCHBRUCH: PLATTEN-AUFNAHMEN + FERNSEH-AUFTRITTE

(CADILLACS – LINCOLN – CONTINENTAL, 1956 – 1958)

Das Jahr 1955 war das bis dahin erfolgreichste für Elvis. Er gab beim Finanzamt einen Verdienst von 25.240,15 Dollar an. Doch seitdem ging es schnell bergauf. 1956 waren es schon 282 349,66 Dollar und zwei Jahre später schon über eine Million. Er gab aber auch wesentlich mehr aus: Für Häuser und Kleidung, vorzugsweise aber für Frauen und Autos.

Der finanzielle Aufstieg ist vor allem einem Mann zu verdanken. Der am 26. Juni 1909 in der holländischen Gemeinde Breda südlich von Rotterdam geborene Andreas Cornelis van Kuijk, reiste im Alter von 18 Jahren in die Vereinigten Staaten ein, um dort wie er selbst sagte „sein Glück zu machen." Zuvor hatte er in seiner Heimat auf Jahrmärkten Besucher angesprochen, um sie in die Fahrgeschäfte zu locken. Nach einer kurzen Stippvisite in seiner Heimat, war er zwei Jahre später wieder in den USA. Er meldete sich bei der Armee, übernahm dort den Namen Tom Parker von dem Mann, der ihn registrierte, desertierte aber später. Nach der Militärzeit wurde er, genauso wie auch die Familie Presley, von der großen Depression Anfang der 30er Jahre heimgesucht und schlug sich als Schausteller durch. Ab 1938 begann er als Musik-Promoter und arbeitete für Sänger wie Gene Austin, Eddy Arnold, Tommy Sands und Hank Snow. Da er den örtlichen Senator bei dessen Wahlkampagne unterstützt hatte, wurde er ehrenhalber Colonel des Staates Louisiana und nannte sich gerne so. Gemeinsam mit Snow gründete er zwei Konzertveranstaltungsfirmen. Im Laufe des Jahres 1955 wurde er auf Elvis aufmerksam.

Bevor Elvis mit Scotty Moore und Bill Black auf Tour ging, handelte Sam Phillips, der Chef von Sun Records, einen Vertrag mit ihm aus. Daraus ging hervor, dass Elvis 50 Prozent der Einnahmen bekam. Mit Moore und Black wurde ein separater Vertrag abgeschlossen, der besagte, dass die beiden Musiker je 25 Prozent erhielten. Am 12. Juli 1954 unterschrieb Elvis den Vertrag im Beisein seiner Eltern. Als der später auslief, übernahm DJ und Musik-Promoter Bob Neal das Management. Aus Zeitmangel übertrug er Tom Parker, der die Begeisterung der Elvis Fans bei Konzerten gesehen hatte, einige Aufgaben. Parker erkannte umgehend das Potential des damals 20-jährigen Sängers und engagierte sich zunehmend für ihn. Er buchte Elvis und Band zusätzlich zu Konzerten von Hank Snow. Außerdem gelang es Parker für Elvis ein neues

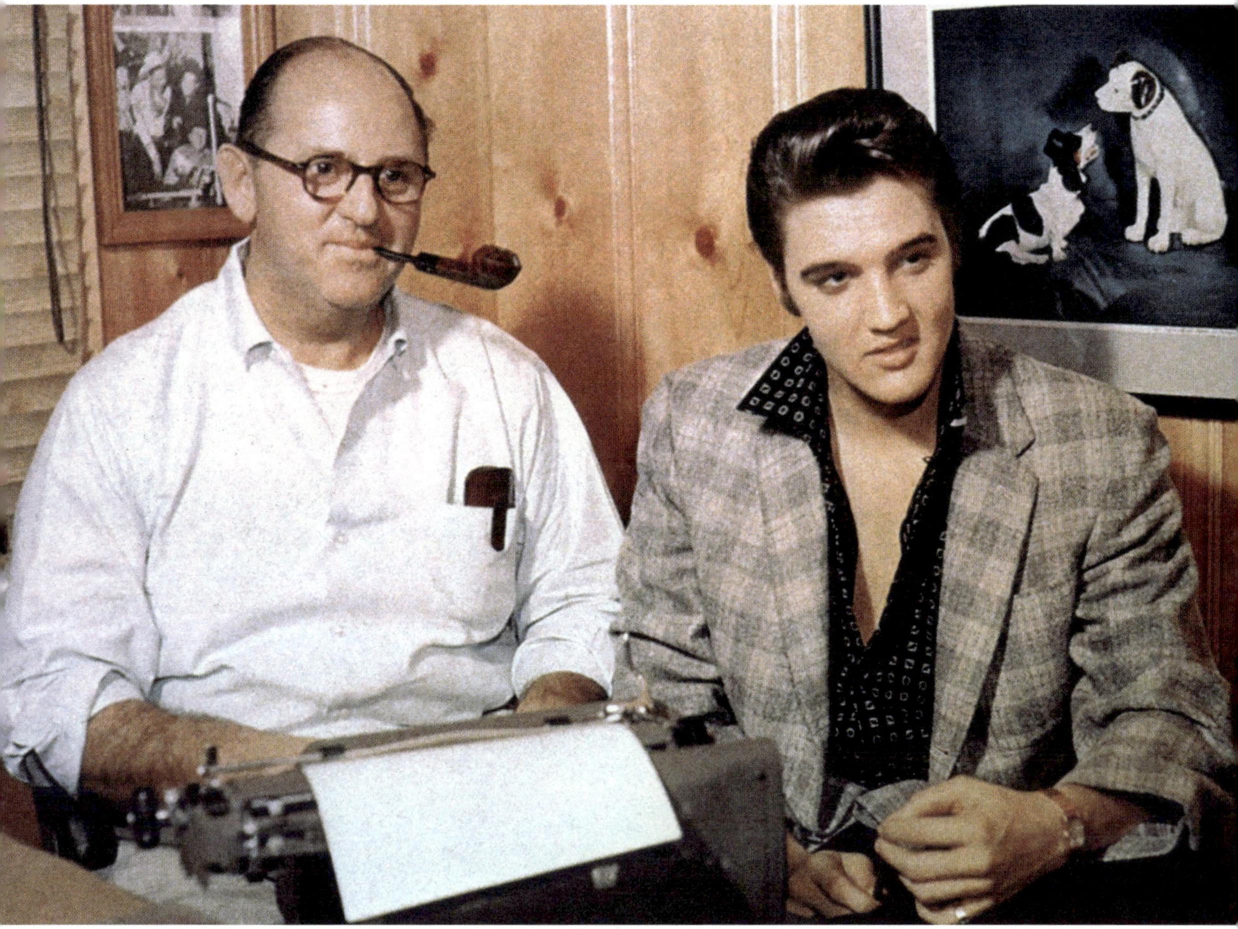

Elvis mit seinem neuen Manager Tom Parker, 1955.

Plattenlabel zu gewinnen. RCA Victor investierte die von Sam Phillips geforderte Ablösesumme von 40.000 Dollar. Am 21. November 1955 kaufte das Unternehmen den Plattenvertrag, den Sun Records mit Elvis abgeschlossen hatte. Im März 1956 stieg Bob Neal aus dem Management aus. Ab dem 26. März war Tom Parker der alleinige Manager von Elvis.

THERE AIN'T NOTHING LIKE A SONG

Der von Parker eingefädelte Vertrag zahlte sich für ihn, Elvis und RCA schon sehr früh aus. Im Januar hatte der Sänger in Nashville fünf Songs aufgenommen. Als die Single „Heartbreak Hotel"/ „I Was The One" am 27. Januar 1956 auf den Markt kam, wurden die beiden Stücke die ersten Hits für Elvis. Die Platte

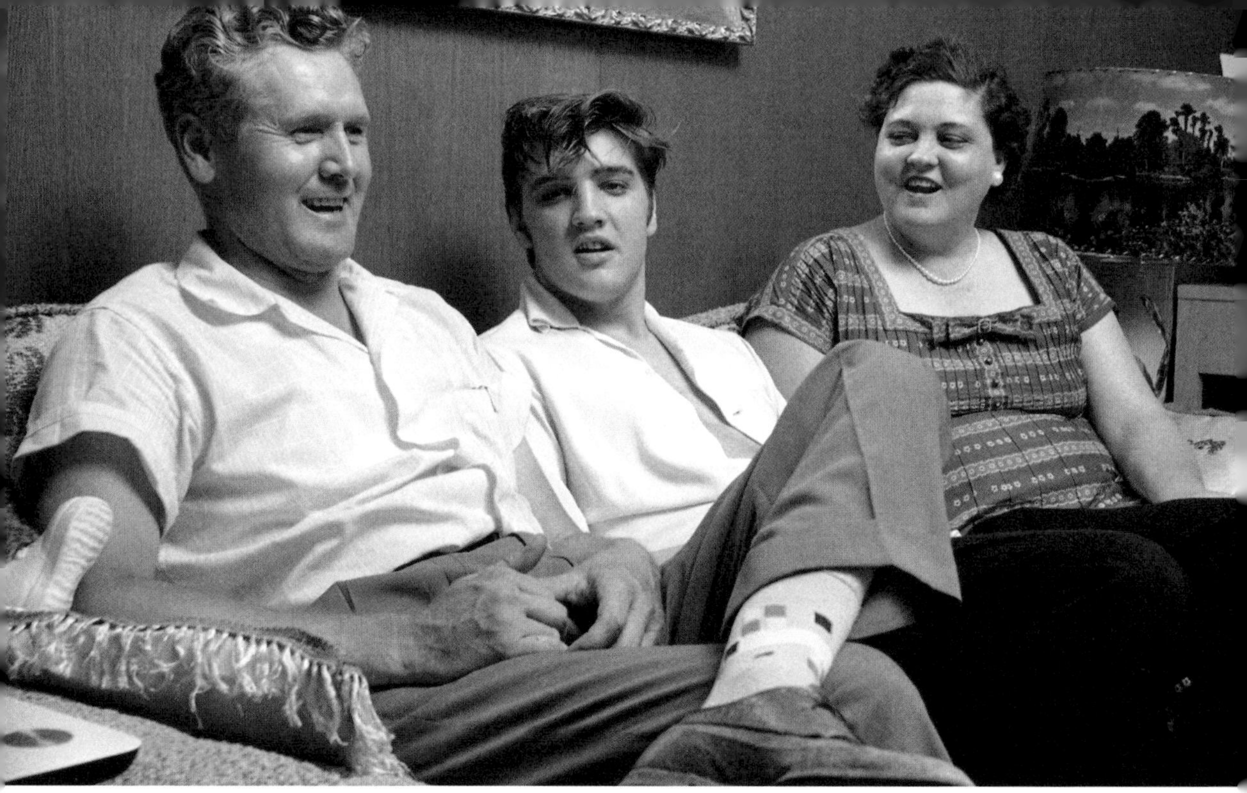

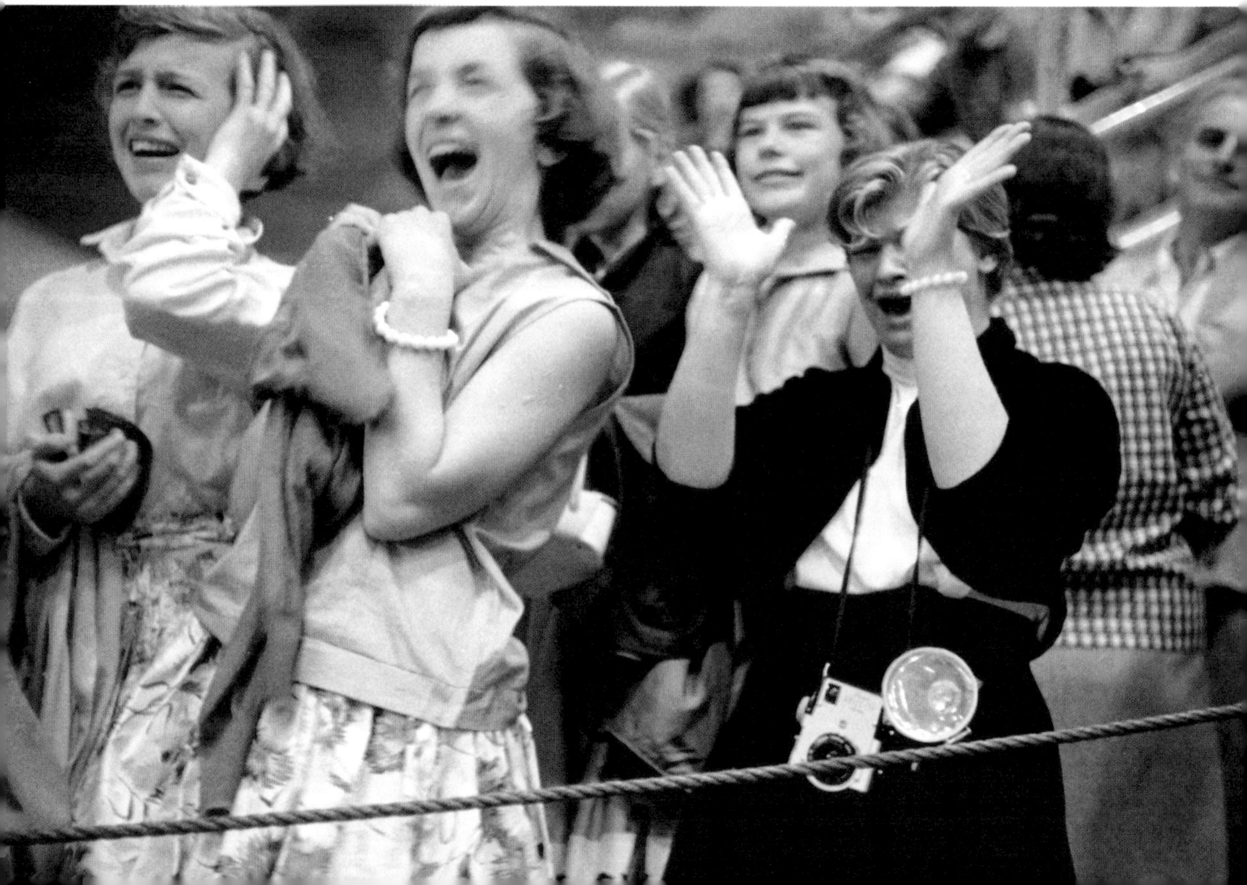

verkaufte sich zwei Millionen Mal und wurde in den USA zur erfolgreichsten Single des Jahres. Hinzu kamen mehrere verkaufsfördernde Auftritte in der „Tommy and Jimmy Dorsey Stage Show“ sowie der „Milton Berle Show“, die dafür sorgten, dass Elvis nicht nur regional, sondern auch national bekannt wurde. Am 21. April war der Song „Heartbreak Hotel“ erstmals Platz 1 der Charts.

Der große Erfolg führte bei Elvis zu Einkaufstouren. Am 12. März erwarb er für sich und seine Eltern das allererste Haus, das am Audubon Drive 1034 in Memphis lag. Er zahlte 29.500 Dollar dafür. Außerdem besuchte er im selben Monat den örtlichen Cadillac-Händler „Southern Motors Inc.“ Dort erwarb er einen gebrauchten 1954er Cadillac Fleetwood Series 75 Sedan in der Farbe Azurblau, der acht Personen Platz bot. Von diesem besonderen Typ, mit dem 5,4 Liter V8 Motor, 230 PS und einem Hydra-Matic Automatikgetriebe, gab es nur eine limitierte Stückzahl von 889 Exemplaren. Es kostete ihn 6.090 Dollar und er investierte zusätzlich in eine Klimaanlage (Kennzeichen 2 7120). Geld stellte schließlich kein Problem mehr dar, da sich auch sein am 23. März erschienenes Album, das den schlichten Titel „Elvis Presley“ trug, sehr gut verkaufte.

Am 15. April 1956 gastierte Elvis in San Antonio/Texas. Die beiden Auftritte im Municipal Auditorium nannten

„ICH WETTE, SIE WÜRDEN AUCH KREISCHEN, WENN ICH BLOSS RÜLPSEN WÜRDE.“ – FRÜHJAHR 1956

sich „The Elvis Presley Show“ und die Tickets waren erschwinglich. Ihn und mehrere andere Künstler zu sehen, kostete nur 1,50 / 1,75 Dollar. Vermutlich zwischen den beiden Auftritten besuchte er die Firma „Goad Motor Co.“, um dort einen 1956er Cadillac Eldorado Biarritz zu kaufen. Er wollte aber keinen der dort ausgestellten Wagen, sondern ein Auto nach seinen Wünschen. Das bedingte, eine längere Lieferzeit. Das Modell an sich war schon sehr selten und es war etwa 50 Prozent teurer als die Standardausführung. Die Biarritz Variante besaß mehr Chrom und ein anderes Heck mit anderen Kotflügeln. Es waren ein 305 PS V8 Motor und ein Hydra Matic-Automatikgetriebe verbaut. 1956 wurden nur 2.150 Exemplare. Diese Ausführung kostete jeweils 6.501 Dollar.

Am 23. April 1956 trat die Band zum ersten Mal in Las Vegas auf und spielte für zwei Wochen im New Frontier Hotel. Tom Parker hatte das Engagement arrangiert. Eine überlebensgroße Figur von Elvis bewarb die Konzerte, doch das Publikumsinteresse war eher

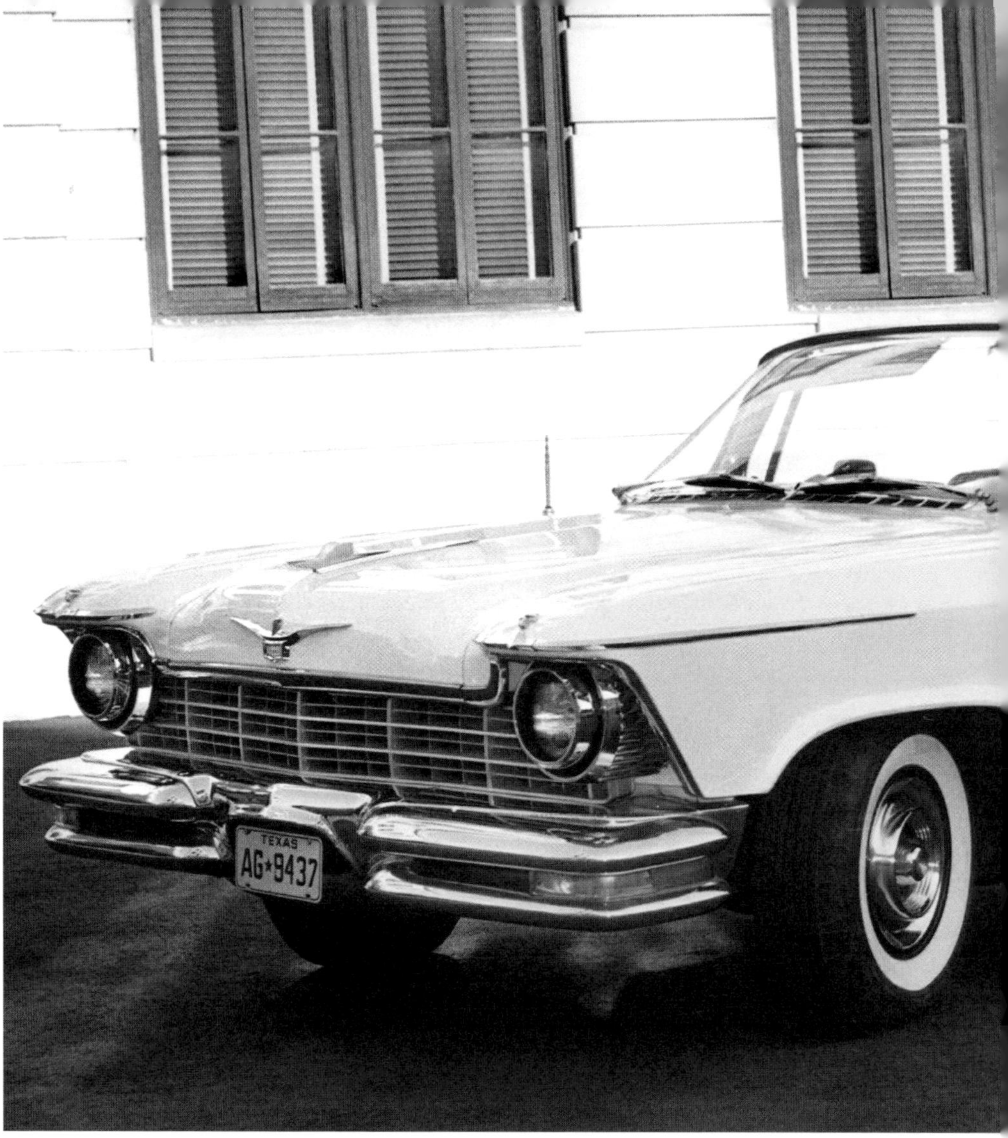

zurückhaltend. Las Vegas war noch nicht reif für den Entertainer. Auch ein Kratzer direkt hinter der Fahrertür des Cadillac verärgerte Elvis. Der Auslöser war nicht zu klären. Trotz der schwachen Resonanz erfüllte die Band den Vertrag und blieb bis zum 6. Mai. Während dieser Zeit fuhr Elvis zur Abwechslung auch mal in einem weißen 1953er MG TD mit einer karierten Spritzdecke.

A HOUSE THAT HAS EVERYTHING

Nach einem Auftritt in Devon/Ohio am 27. Mai kehrten alle Musiker nach Memphis zurück. Zwei Tage später entstanden durch den von RCA Victor beauftragten Fotografen Alfred Wertheimer eine Reihe von Aufnahmen, die den neuen Reichtum des Sängers gut dokumentierten. Vor der Tür des Hauses am

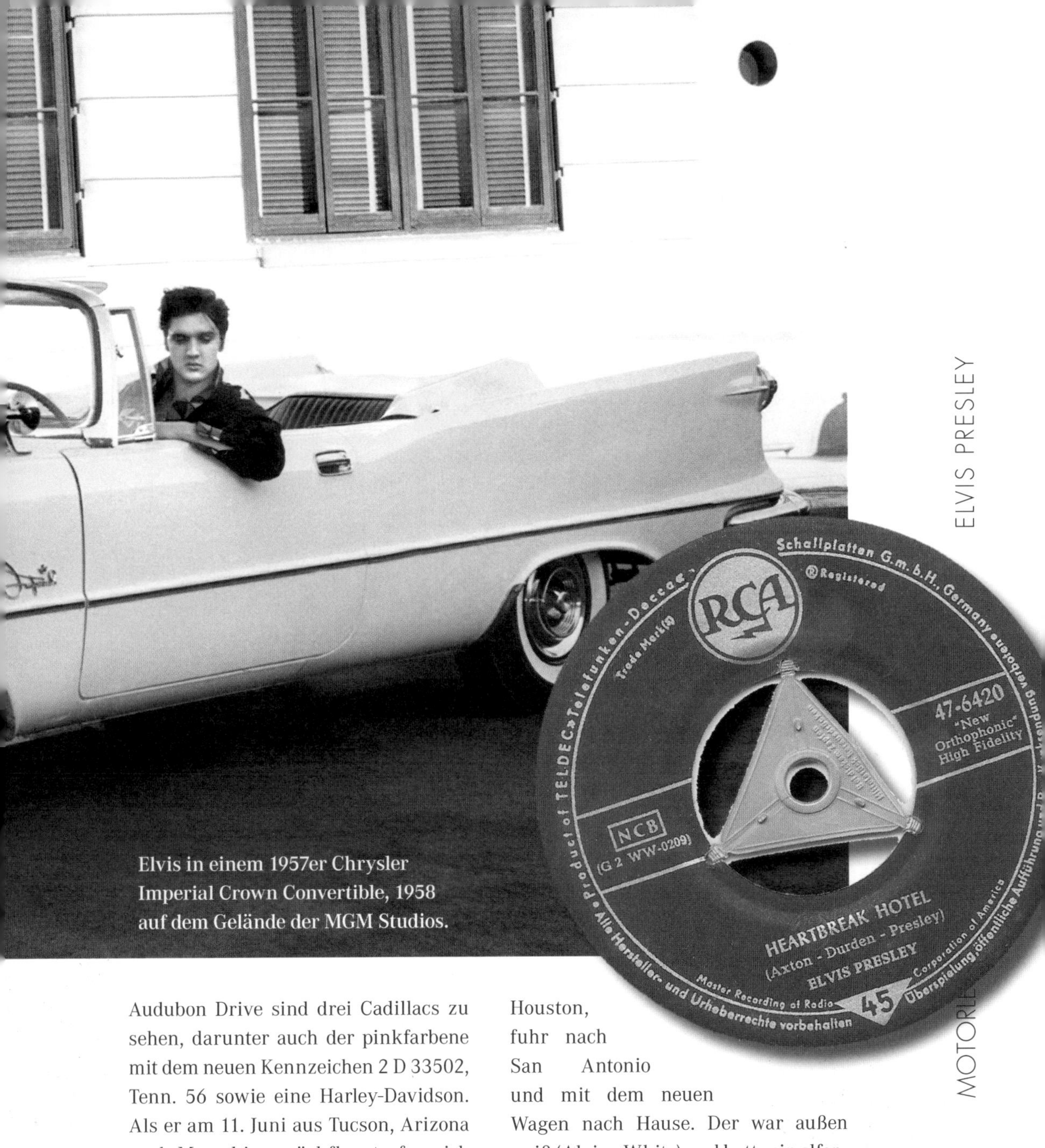

Elvis in einem 1957er Chrysler Imperial Crown Convertible, 1958 auf dem Gelände der MGM Studios.

Audubon Drive sind drei Cadillacs zu sehen, darunter auch der pinkfarbene mit dem neuen Kennzeichen 2 D 33502, Tenn. 56 sowie eine Harley-Davidson. Als er am 11. Juni aus Tucson, Arizona nach Memphis zurückflog, traf er sich mit Freundin June Juanico und nahm währenddessen den Anruf entgegen, dass sein Eldorado Biarritz zur Abholung bereitsteht. Das Pärchen flog nach Houston, fuhr nach San Antonio und mit dem neuen Wagen nach Hause. Der war außen weiß (Alpine White) und hatte ein elfenbeinfarbenes Dach. Die Innenausstattung bestand aus weißem Leder. Weitere Extras, wie ein sogenanntes „Continental Kit“ (erweiterte Stoßstange, verkleideter Ersatzreifen hinten), eine Klimaanlage und ein Autronic System, das das Fernlicht dimmte, wenn ihm ein Wagen entgegenkam, ließen den Preis auf 7.500 Dollar steigen. Er bekam das Kennzeichen 2 D 33501.

Im Verlauf des Jahres 1956, setzte sich auch ein Spitzname für Elvis durch, der ihn das ganze Leben lang begleiten sollte. „Elvis, the Pelvis" - Elvis, das Becken. Medien gleich welcher Couleur nahmen seine kreisenden Hüften zum Anlass, sich über seine Tanzbewegungen zu echauffieren. Immer wieder musste er sich deswegen verteidigen und erklären, dass er damit niemanden provozieren wolle. Vor allem Moralapostel griffen ihn an und beklagten, dass er die (vor allem) weiblichen Jugendlichen verderbe. „Er ist eine Gitarre mit sechs gerissenen Saiten und einem beweglichen Becken. Man nennt ihn Elvis das Becken", hieß es etwa in der „Gastonia Gazette" aus North Carolina am 12. April. Um der großen Aufmerksamkeit zeitweise zu entgehen, fuhr Elvis mit seiner damaligen Freundin June Juanico ab dem 9. Juli spontan in den Urlaub. Am selben Abend bekam er aber eindringlich zu spüren, dass seine neue Popularität ihn auf Schritt und Tritt verfolgte. Er hielt mit seinem erst kürzlich erworbenen 56er Cadillac Eldorado Biarritz Cabriolet an einer Tankstelle in Jackson, knapp 340 Kilometer südlich von Memphis, wurde von Teenagern erkannt und überrannt. Also schrieb er lange Zeit

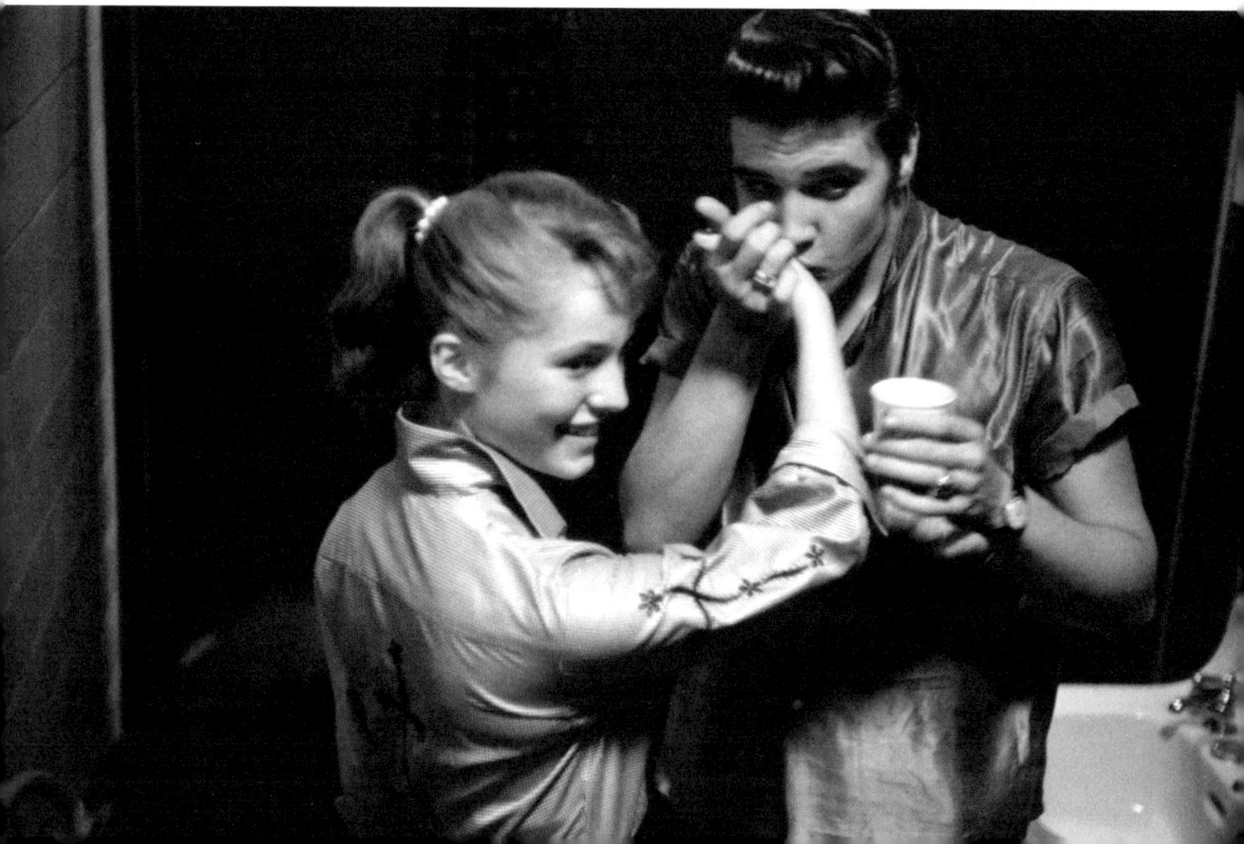

Autogramme und blieb wesentlich länger als geplant. Danach ging die Fahrt nach Biloxi, an die Südküste von Mississippi weiter. Ein paar Tage später kamen seine Eltern mit dem pinkfarbenen 1955er Cadillac Fleetwood dazu.

WHAT A WONDERFUL LIFE

Am 20. Juli 1956 waren sie zurück in Memphis. Am nächsten Tag ging Elvis erneut einkaufen. Er erwarb einen 1956er Lincoln Premiere Zweitürer mit festem Dach. Da er einen Monat zuvor einen 1956er Cadillac Eldorado Convertible gekauft hatte und keine Verwendung für zwei offene Autos hatte, gab er seinen 1954er Cadillac Series 62 Convertible in Zahlung. Als eine befreundete Familie davon erfuhr, ging sie direkt zum Händler und kaufte den 1954er. Wahre Fans also auch sie.

In der ersten Augusthälfte 1956 reiste die Band durch Florida. Elvis fuhr den neu gekauften 1956er Lincoln Premiere. Am 4. August war er bei dem Autohändler „Miami Lincoln-Mercury, Inc." und interessierte sich für einen weißen 1956er Continental Mark II für 10 688 Dollar (VIN: C5613286, Kennzeichen 2 D 35184) mit einer weiß/beigen Lederinnenausstattung. Der Preis war zweieinhalbmal so hoch wie der eines Cadillacs. Lade Conlee, der General Manager des Geschäfts, war zunächst unsicher, ob er Elvis den Wagen tatsächlich verkaufen sollte, denn es war ein sogenanntes DSO Modell (Dealer Special Order, Nr. 3286), das auf Bestellung von Conlee an

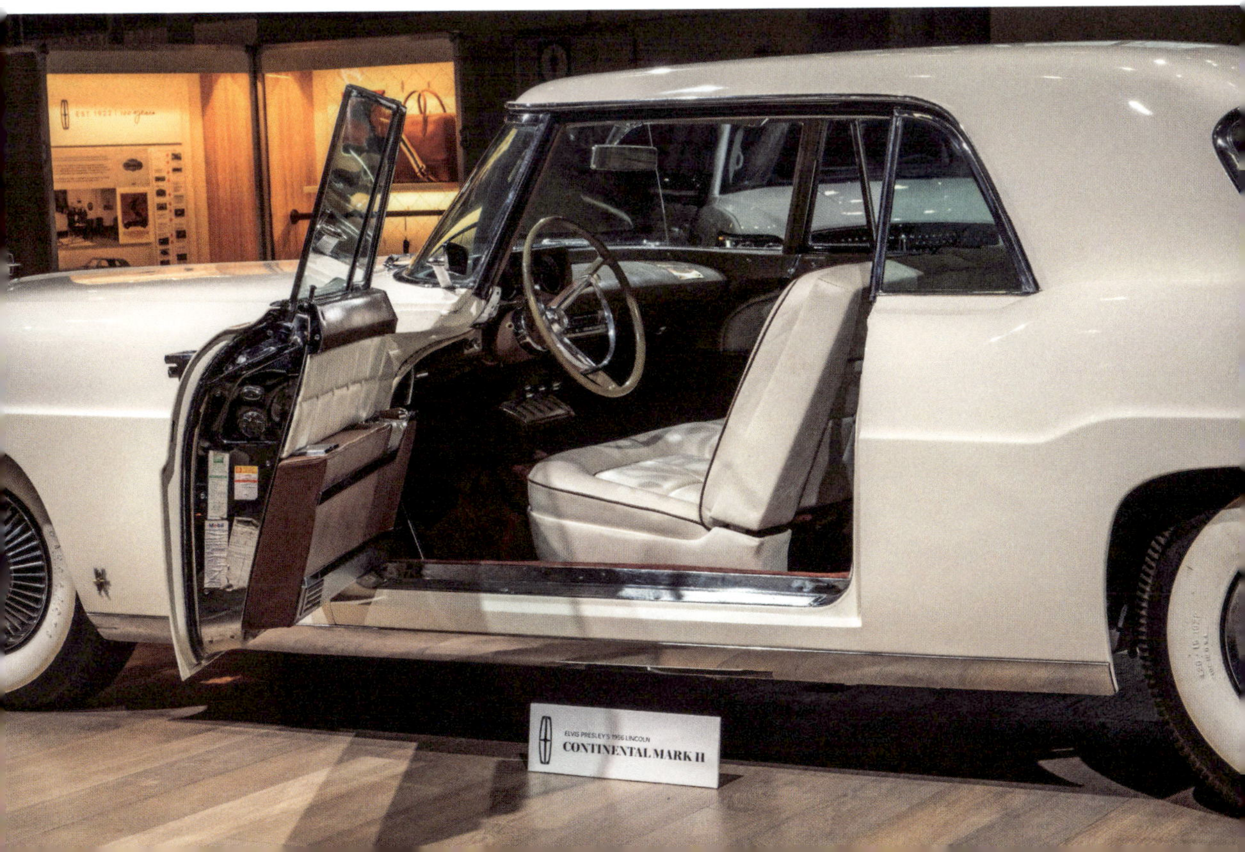

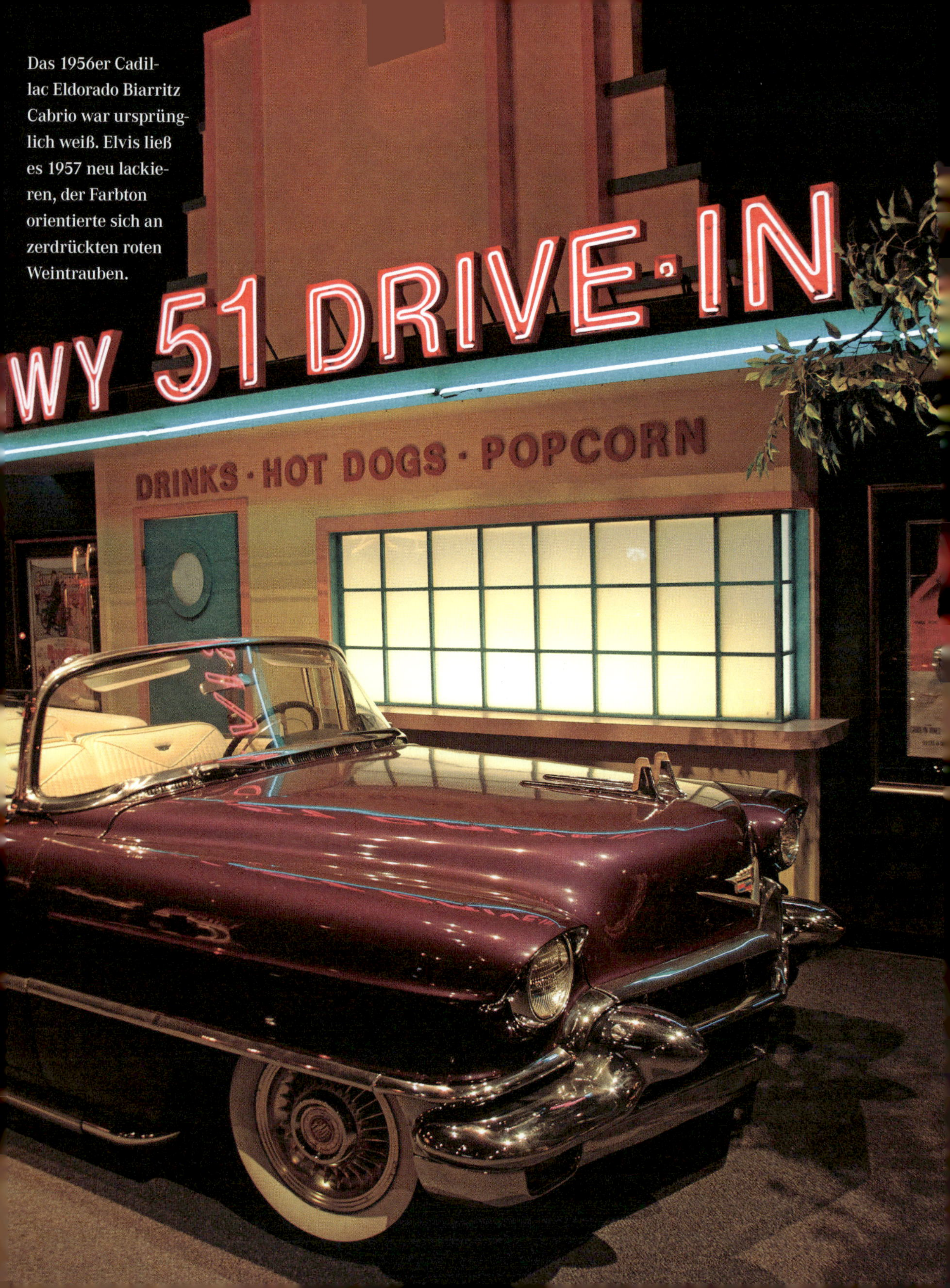

Das 1956er Cadillac Eldorado Biarritz Cabrio war ursprünglich weiß. Elvis ließ es 1957 neu lackieren, der Farbton orientierte sich an zerdrückten roten Weintrauben.

ihn geliefert wurde. Doch Tom Parker, der bei Vertragsschließung mit dabei war, und Elvis, konnten Conlee für sich gewinnen. Parker bezahlte die Summe aus den von den Konzerten erzielten Einnahmen. Dass der Lincoln Premiere voller Lippenstift Notizen und Telefonnummern war, störte Conlee nicht. Letztlich stimmte er einem Verkauf zu. Für den neuen Wagen gab Elvis den 1956er Lincoln nach nur zwei Wochen schon wieder in Zahlung. Es wurden ihm 3.515 Dollar angerechnet. Am nächsten Tag setzten Elvis und die Band die Tour fort, die erst nach Tampa, Lakeland, St. Petersburg, Orlando und Daytona Beach führte, später auch nach Jacksonville und New Orleans.

„ALLES WAS DER JUNGE HATTE WAR EINE MILLION VOLLER TALENT. JETZT HAT ER EINE MILLION DOLLAR.“

– MANAGER TOM PARKER

Am 23. September lud er den befreundeten Schauspieler Nick Adams ein, sich die Sun Studios in Memphis anzusehen, den Ort an dem alles begann. Dort präsentierte er Sam Philipps und Marion Keisker stolz seinen neuen Continental Mark II. Drei Tage später kam es zu einem besonderen Ereignis. Beim Open-Air-Konzert während der „Mississippi-Alabama Fair and Dairy Show“ kehrte der Sohn der Stadt triumphal in seine Heimat zurück. Für ein Ticket von 1,50 Dollar begeisterte er die Massen und bekam vom Bürgermeister symbolisch den Stadtschlüssel überreicht.

Als Elvis am 14. Oktober 1956 in San Antonio, Texas, im County Coliseum spielte, parkte sein Cadillac direkt neben der Bühne, um schnell und sicher von dort wegzukommen. Diese neue Strategie war nötig geworden, um möglichst unfallfrei und unbelästigt das Weite suchen zu können. Doch Sprüche von Elvis wie „Girls, ich sehe Euch dann hinter der Bühne“, sorgten nicht gerade dafür, dass sich die Situation entspannte. Was dort genau, und nicht nur dort ablief, beschrieb Dr. Bill Randle, ein amerikanischer Discjockey so: „Elvis war ein geiler Hahn (randy rooster) und sexuell sehr aktiv. Alle gut entwickelten jungen Frauen warteten hinter der Bühne auf ihn, die Groupies der damaligen Zeit. Aus Elvis Wagen wurden nicht nur Platten aus dem Kofferraum heraus verkauft, sondern es war auch ein Ort für Sex. Es gab viele Aktivitäten in dem Wagen“.

Als Elvis am 21. Oktober mit seiner

(zweiten) Freundin Barbara Ann Hearn in Memphis ins Kino ging, musste sein Eldorado Biarritz vor der Tür darunter leiden. Etwa 300 bis 400 weibliche Fans bemächtigten sich des Wagens, verewigten mit Lippenstiften Liebesbotschaften und Telefonnummern, sprangen auf der Haube und den Kotflügeln herum und rissen Teile ab – auch aus den Ledersitzen. Die herbeigerufenen Polizisten benötigten 90 Minuten, um die wildgewordenen Teenager zu bändigen. Elvis nahm das Ganze erstaunlich ruhig auf. Barbara und er sahen drinnen nicht nur eine Wochenschau mit Ausschnitten aus einem Konzert von ihm, sondern auch Teile des Audie Murphy Westerns „Ritt in den Tod". Sie verließen den Film vorzeitig – nach etwa einer Stunde.

Anfang November 1956 ließ er den azurblauen Wagen umlackieren. Als neue Farbe wählte er aus einer Laune heraus ein helles Kanariengelb.

PUT THE BLAME ON ME

Ab und zu kam es zu Auseinandersetzungen. So etwa an einer Tankstelle in Memphis, auch hier waren weibliche Fans einer der Auslöser. Am 18. Oktober kam die Band von einer viertägigen Tour aus Texas zurück. Man freute sich auf einen knappen Monat Konzertpause. Als der Sänger an seinem weißen Continental Mark II Benzingeruch wahrnahm, hielt er an der Tankstelle an, um der Ursache auf den Grund zu gehen. Das rief umgehend viele Fans auf den Plan - Elvis schrieb zahlreiche Autogramme. Der Verkehr staute sich, die Zapfsäulen waren blockiert, der Tankstellenbetreiber Edd Hopper war sauer und bat Elvis seinen Wagen wegzufahren. Der suchte aber noch nach der Ursache des Benzingeruchs. Man stritt sich lautstark und letztendlich verpasste Elvis Hopper einen Schwinger, so dass der einen kleinen Riss über dem linken Auge davontrug. Als Hoppers Kollege Aubrey Brown zu Hilfe eilte, bekam der auch noch einen Schlag verpasst. Zwei Polizisten stoppten die Auseinandersetzungen. Ein Augenzeuge sagte später aus, Hopper habe zuerst zugeschlagen und außerdem ein Taschenmesser gezückt. Die drei Männer wurden festgenommen, mussten je 52 Dollar Strafe zahlen und am nächsten Tag vor Gericht erscheinen. Nach verschiedenen Pressemeldungen tauchten zum Prozess über 200 Frauen im Gerichtssaal des Shelby County Courthouse auf, von denen viele erklärten, Elvis Strafe übernehmen zu wollen. Hopper und Brown mussten 25 respektive 15 Dollar Strafe bezahlen. Elvis wurde freigesprochen, auch wenn der Richter Samuel Friedman ihm noch mit auf den Weg gab, es handele sich hier um einen „Gerichtssaal

> **„HAUPTSÄCHLICH DER WEIBLICHE."**
> **– ELVIS AUF DIE FRAGE WELCHER MÄDCHENTYP IHM GEFALLE**

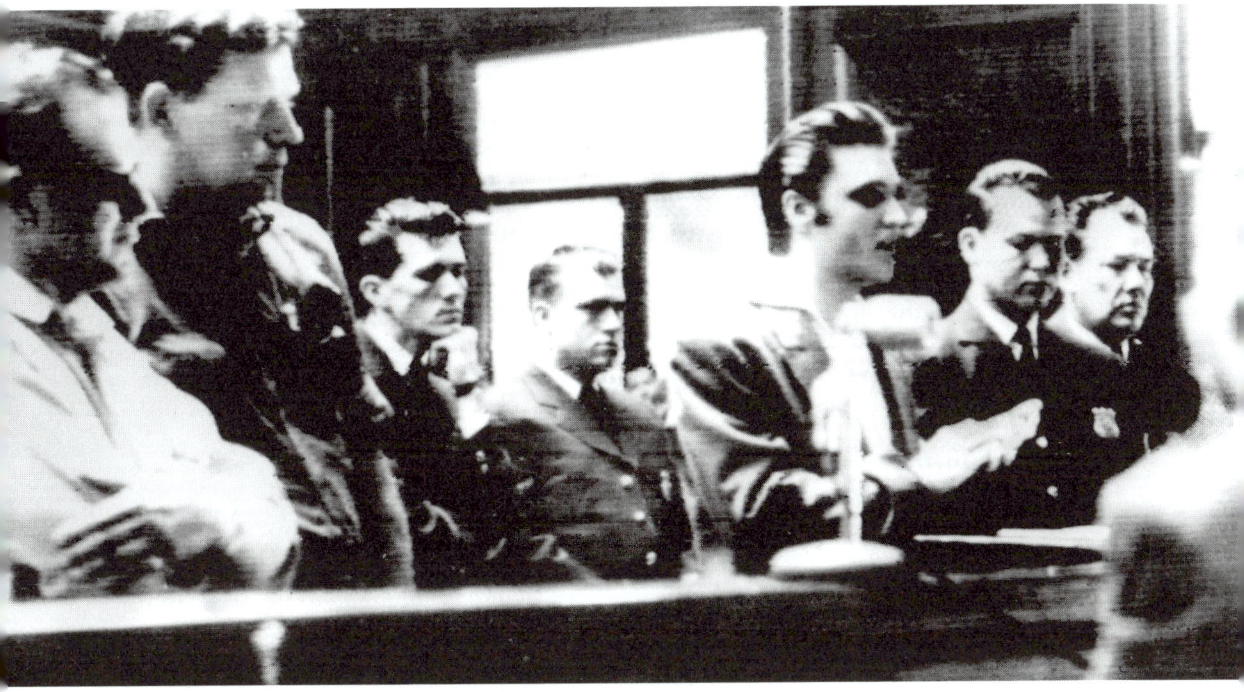

Elvis während der Gerichtsverhandlung nach der Auseinandersetzung an einer Tankstelle in Memphis. Edd Hopper und Aubrey Brown sind links im Bild. Unten eine Aussenansicht des Gerichtsgebäudes in Memphis.

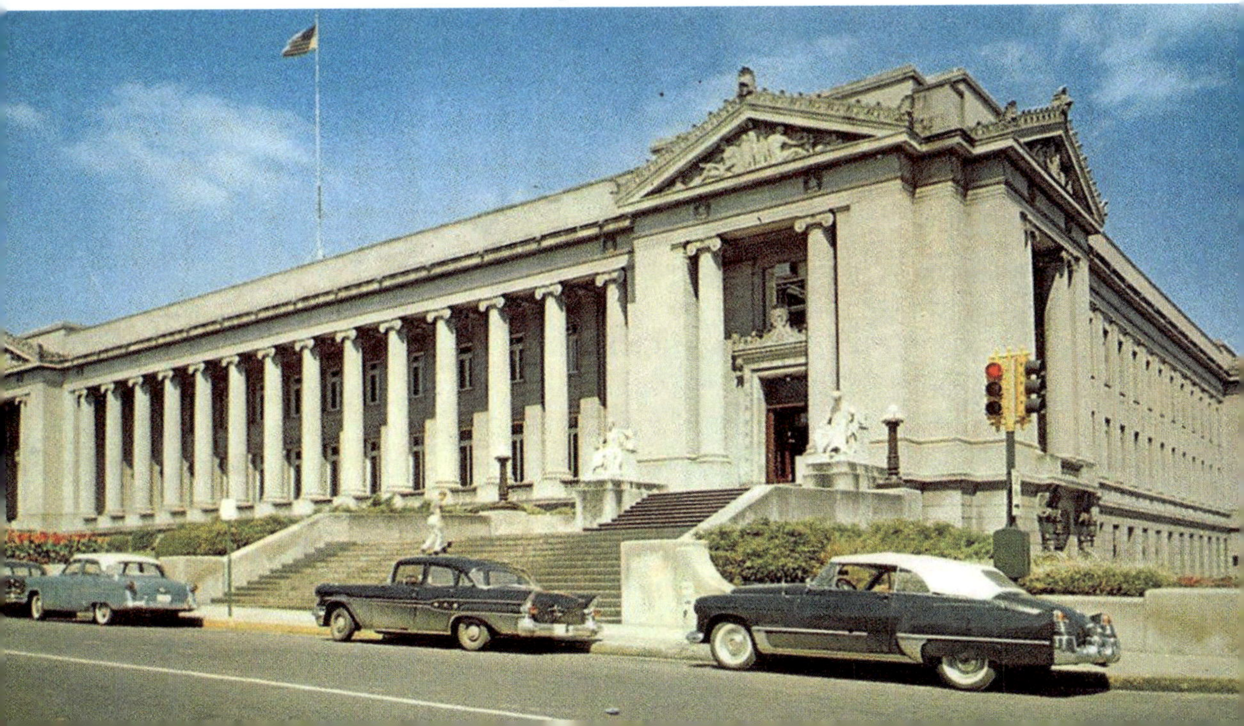

ınd keine Show". Elvis solle bedenken, lass er eine große Fangemeinde habe ınd immer mit Geschäftsleuten koope-ieren, um Störungen zu vermeiden.)as nahm Elvis bestätigend zur Kennt-ıis. Aber richtig geklappt hat es nicht.
\m 11. Dezember 1956 war Elvis in sei-ıem weißen Cadillac Eldorado Seville n Memphis unterwegs, als ihm vor ler Savings Bank Hausnummer 72 an ler Madison Avenue plötzlich das Ben-zin ausging. Das fast neue 57er Modell nit Weißwandreifen und dem Kennzei-chen 2 D 33501 war natürlich auffällig. So wurden erst Fans auf ihn aufmerk-sam, dann Polizisten, die diese bremsen nussten, denn der Mann musste viele Autogramme geben. Ein ähnliches Mal-ıeur ereilte Elvis in Hollywood gemein-sam mit Ann-Margret (siehe Kapitel 6).

RELAX

\m 31. Oktober 1956 verbrachte Elvis Halloween mit der Schauspielerin Nata-ie Wood und sie schätzte es – zunächst. „Wir gingen in die Eisdiele, in einen Burger Laden, aßen Burger und tranken Cola", so Wood. „Er trank keinen Alko-ıol, rauchte nicht und fluchte nicht. Es var wie ein Date in der High-School, las ich nie hatte. Er war auch sehr reli-giös und glaubte daran, dass er die Gabe les Gesangs von Gott bekommen hatte. Er musste zu allen Menschen nett sein, sonst hätte ihm Gott alles genommen. Es var wirklich wild."
Vie groß die Anhängerschaft von Elvis var, bewiesen nicht nur die Zahlen des ahres 1956 eindrucksvoll.

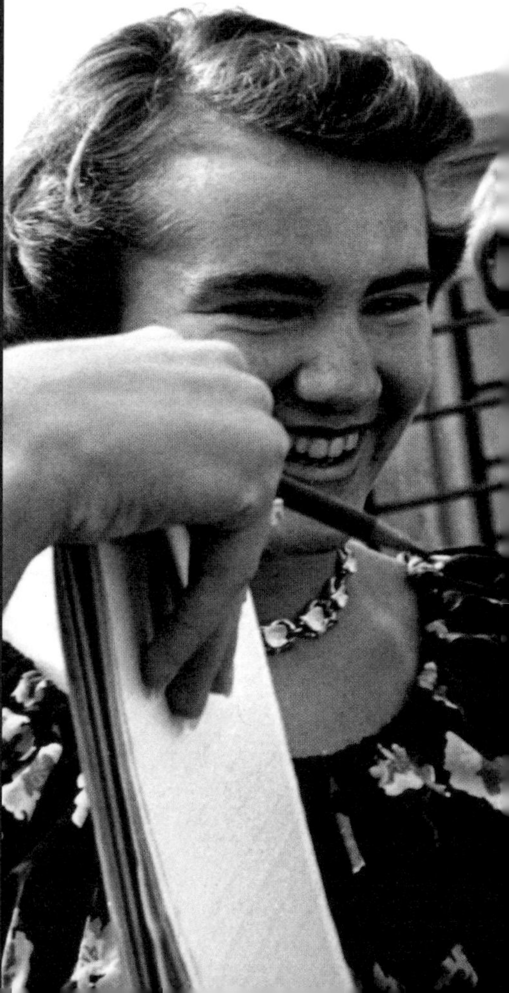

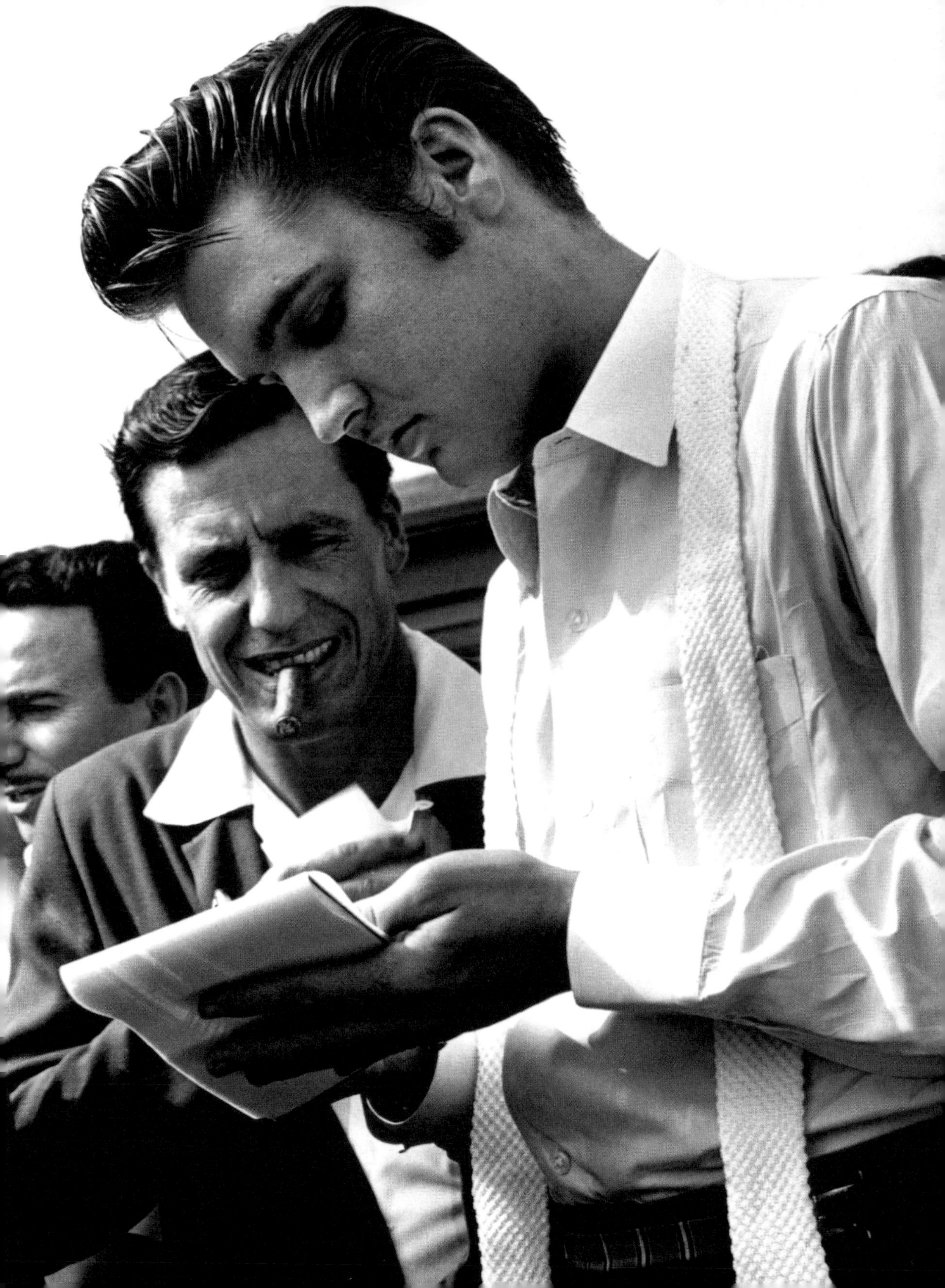

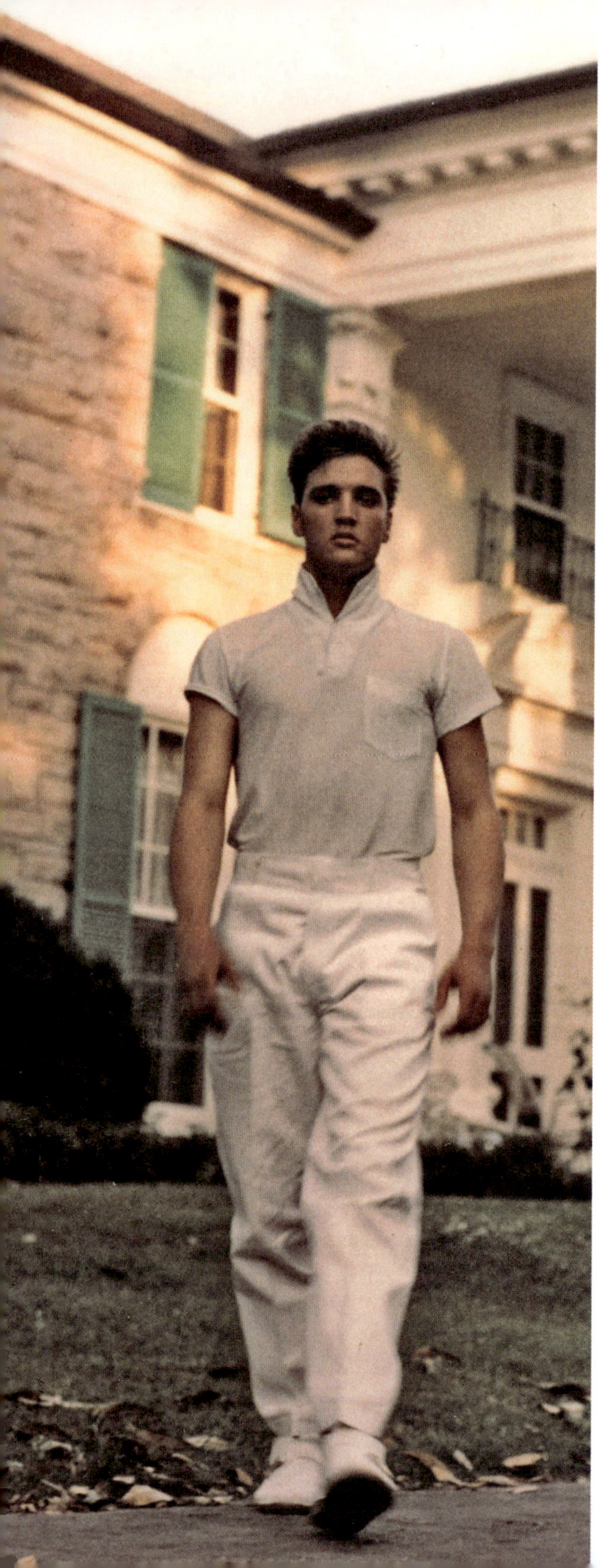

Als Moderator Horace Lee Logan beim Louisiana Hayride-Konzert am 15. Dezember 1956 spürte, dass die vor allem weiblichen Fans in Panik ausbrachen, verkündete er: „Elvis Has Left The Building". Dieser Text sollte in Zukunft jedes Mal seine Konzerte beschließen.
Bis zum Ende des Jahres waren 17 Songs in den Top 100 Billboard Charts, von denen drei Platz eins erreichten. Er verkaufte mehr als zehn Millionen Platten. Außerdem schrieb er Fernseh- und Konzertgeschichte. Er war in elf TV-Shows während der Primetime zu sehen, darunter auch zweimal in der wichtigen „Ed Sullivan Show". Er gab 143 Konzerte in 79 Städten.

In diesem Jahr 1956 bereicherte zusätzlich zu den vielen Neuanschaffungen, Charterfolgen und TV-Auftritten ein neuer Aspekt das Leben von Elvis. Tom Parker entsprach endlich seinem Wunsch, in Filmen mitzuspielen. Ende März war er erstmals für Probeaufnahmen in Hollywood und hatte von Ende August bis Anfang Oktober mit „Love Me Tender" (Pulverdampf und heiße Lieder) seinen ersten Film abgedreht (siehe Kapitel 6). Der Film feierte am 16. November seine Premiere in New York. Es begann eine beispiellose Karriere als Akteur, die erst 13 Jahre später enden sollte. Oder wie Barbara Hearn es so treffend ausdrückte: „Im Jahr 1956 sah ich, wie er von einem ein bisschen bekannten Mann zu einem ganz tollen Superstar aufstieg, vom Jungen zum Mann."

> **„ELVIS HAT DAS GEBÄUDE VERLASSEN.“ – LAUTSPRECHER-DURCHSAGE NACH ENDE DER KONZERTE, DAMIT DIE ZUSCHAUER DIE HALLE VERLASSEN**

WHERE DO I GO FROM HERE

Was konnte jetzt noch kommen? Konzerte, Filme, TV-Shows. Parker verhandelte und Elvis funktionierte. So wie das Jahr 1956 endete, so begann das Jahr 1957 – wenn auch mit einer lebensverändernden Ausnahme. Am 4. Januar musste Elvis zur Musterung in Memphis erscheinen und brachte das Procedere, begleitet von Journalisten, lächelnd hinter sich. Schließlich stand zwei Tage später schon der dritte Auftritt bei der „Ed Sullivan Show“ an. Auch der war fürstlich bezahlt und sorgte für viel Publicity und Plattenverkäufe. Die nächsten Filmdreharbeiten standen an, zwei weitere sollten noch im selben Jahr folgen. Zunächst kam keine Einberufung von Seiten der US-Army. Also konnte Elvis Hollywood genießen und wieder einkaufen gehen. Die größte Anschaffung dieses Jahres war die Villa Graceland, die Elvis am 19. März 1957 zusammen mit 14 Morgen Land von Mrs. Ruth Brown Moore für 102 500 Dollar erwarb. Die Anschaffung des herrschaftlichen Hauses geschah aus mehreren Gründen. Zum einen wurde seine Entourage, später in der Presse als „Memphis Mafia“ tituliert, immer größer. Zum anderen bot das Haus am Audubon Drive kaum Privatsphäre. Es gab eine Zeitlang nicht mal einen Zaun, um neugierige Fans zurückzuhalten. So wurde das Areal im Vorort Whitehaven zum neuen Familiendomizil. Das Haus wurde renoviert und umgestaltet und das Anwesen bot auch genügend Platz für den ständig wachsenden Fuhrpark. Im April wurde die Einfahrt durch Tore mit Musikelementen ersetzt.

Einige Konzerte gab es auch. Elvis war in Toronto und Ottawa zu Gast, im August dann auch im Nordwesten der USA. Dank der filmischen Verpflichtungen wurde die Zahl der Auftritte jedoch substantiell reduziert. 1957 waren es gerade mal 22 Konzerte in elf US-Bundesstaaten.

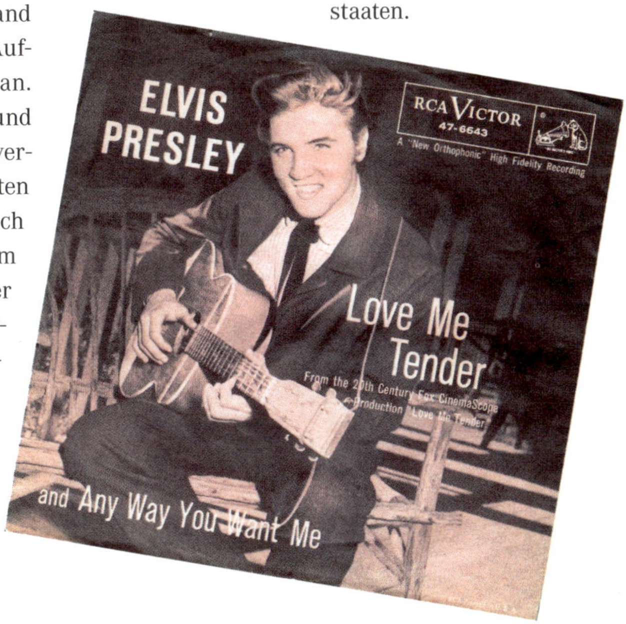

Das weiße Cadillac Eldorado Biarritz Cabrio machte nicht nur in diesem Jahr einiges durch: Beim Besuch eines Vergnügungsparks ließ Elvis das Dach offen, wollte aber trotz des einsetzenden Regens länger bleiben, so dass der Wagen vollief. Vernon war darüber schwer verärgert. Am 27. Juli wurde der Wagen neu lackiert. Nachdem Elvis im Straßenverkehr einen purpurfarbenen Wagen gesehen hatte, fuhr er zu seinem Freund Jimmy Sanders, der in Memphis einen guten Ruf als Autoveredler genoss. Dort zerdrückte der Sänger eine Hand voller blauer Weintrauben und demonstrierte ihm so welche Farbe er haben möchte. Sanders kümmerte sich darum, färbte bei der Gelegenheit auch noch den

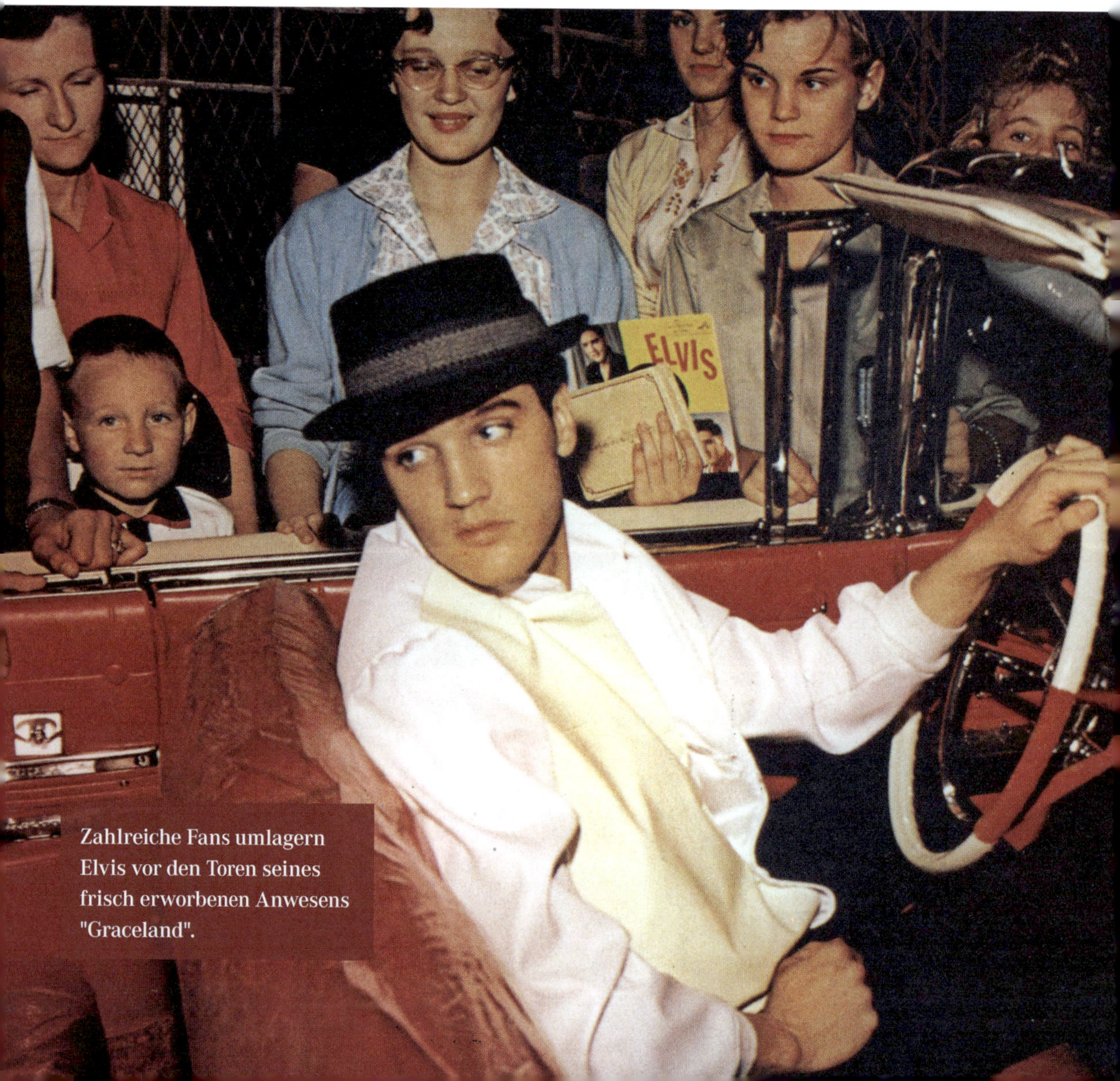

Zahlreiche Fans umlagern Elvis vor den Toren seines frisch erworbenen Anwesens "Graceland".

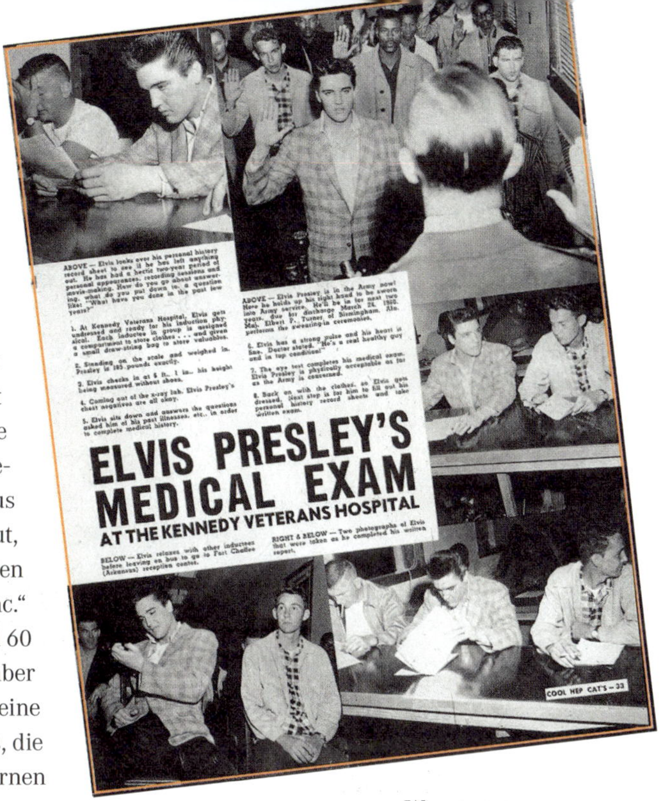

ABOVE — Elvis looks over his personal history record sheet to see if he has left anything out. He has had a hectic two-year period of personal appearances, recording sessions and movie-making. How do you go about answering, what do you put down to, a question like: "What have you done in the past few years?"

1. At Kennedy Veterans Hospital, Elvis gets undressed and ready for his induction physical. Each inductee in group is assigned a compartment to store clothes . . . and given a small draw-string bag to store valuables.

2. Standing on the scale and weighed in, Presley is 185 pounds exactly.

3. Elvis checks in at 6 ft., 1 in., his height being measured without shoes.

4. Coming out of the x-ray lab, Elvis Presley's chest negatives are all okay.

5. Elvis sits down and answers the questions asked him of his past illnesses, etc., in order to complete medical history.

ABOVE — Elvis Presley is in the Army now! Here he holds up his right hand to be sworn into Army service. He'll be in for next two years, due for discharge March 24, 1960. Maj. Elbert P. Turner of Birmingham, Ala. performs the swearing-in ceremonies.

6. Elvis has a strong pulse and his heart is fine. Doctor stated, "He's a real healthy guy and in top condition!"

7. The eye test completes his medical exam. Elvis Presley is physically acceptable as far as the Army is concerned.

8. Back on with the clothes, as Elvis gets dressed. Next step is for him to fill out his personal history record sheets and take written exam.

ELVIS PRESLEY'S MEDICAL EXAM
AT THE KENNEDY VETERANS HOSPITAL

BELOW — Elvis relaxes with other inductees before leaving on bus to go to Fort Chaffee (Arkansas) reception center.

RIGHT & BELOW — Two photographs of Elvis that were taken as he completed his written report.

COOL HEP CAT'S — 33

Fußboden in derselben Farbe ein und die Fußmatten erhielten ein EP-Logo mit einer stilisierten Gitarre und Noten. Doch im selben Jahr hatte Elvis das Einzelstück schon wieder über. Im Herbst entstanden noch die berühmt gewordenen Fotos, die zeigen, wie er von weiblichen Fans vor Graceland abgelichtet wird und lässig aus dem Autofenster des Wagens schaut, doch Mitte Dezember 1957 gab er den Wagen bei „Southern Motors Inc." für einen 58er Cadillac Fleetwood 60 Special in Zahlung. Am 23. Dezember erwarb ihn dort Lena Moskowitz, eine Freundin von Elvis Mutter Gladys, die nur 4 893 Dollar für den purpurnen Wagen bezahlte. Elvis schrieb sogar einen Text auf den Kaufvertrag (This car is formerly owned by Elvis Presley). 1960 zog Moskowitz nach Alabama, fuhr mit dem Cadillac noch vier Jahre und stellte ihn dann unter einem Carport ab. Als sie zehn Jahre später starb, wurde der Wagen in einem Feld abgestellt und den Elementen ausgesetzt. Schließlich ließ ihn ihr Mann Digger O´Dell am 31. Juli 1976 durch das Central Alabama Auction House in Phenix versteigern. Der Autohändler James Cantrell aus Columbus in Georgia bezahlte 975 Dollar. Am nächsten Tag bot man ihm 10.000 Dollar dafür, aber das lehnte er ab. Stattdessen ließ Cantrell ihn restaurieren, fügte allerdings leider auch außenliegende Auspuffrohre hinzu. Alles zusammen kostete ihn beinahe 28.000 Dollar. Sein Ziel war es, Elvis mit dem fertigen Wagen zu überraschen, doch der starb bevor es dazu kam. So stellte er ihn in den 70er und 80er Jahren aus - auch in Elvis Geburtsort Tupelo. Schließlich leaste ihn das „Guinness World Records Museum" im kanadischen Niagara Falls. Seit 1989 wird er in Graceland ausgestellt, seit 2017 im dortigen „Presley Motors Automobile Museum". Der Wagen wurde allerdings „nur" von der Cantrell Familie gemietet und die merkwürdigen Auspuffrohre sind leider immer noch dran.

SOMETIMES I FEEL LIKE A MOTHERLESS CHILD

Wenn Evis in den 70er Jahre bei Konzerten in Las Vegas auftrat, erzählte er oft aus seinem Lebens. Dort hieß etwa: „Ich spielte also diese Show und ging

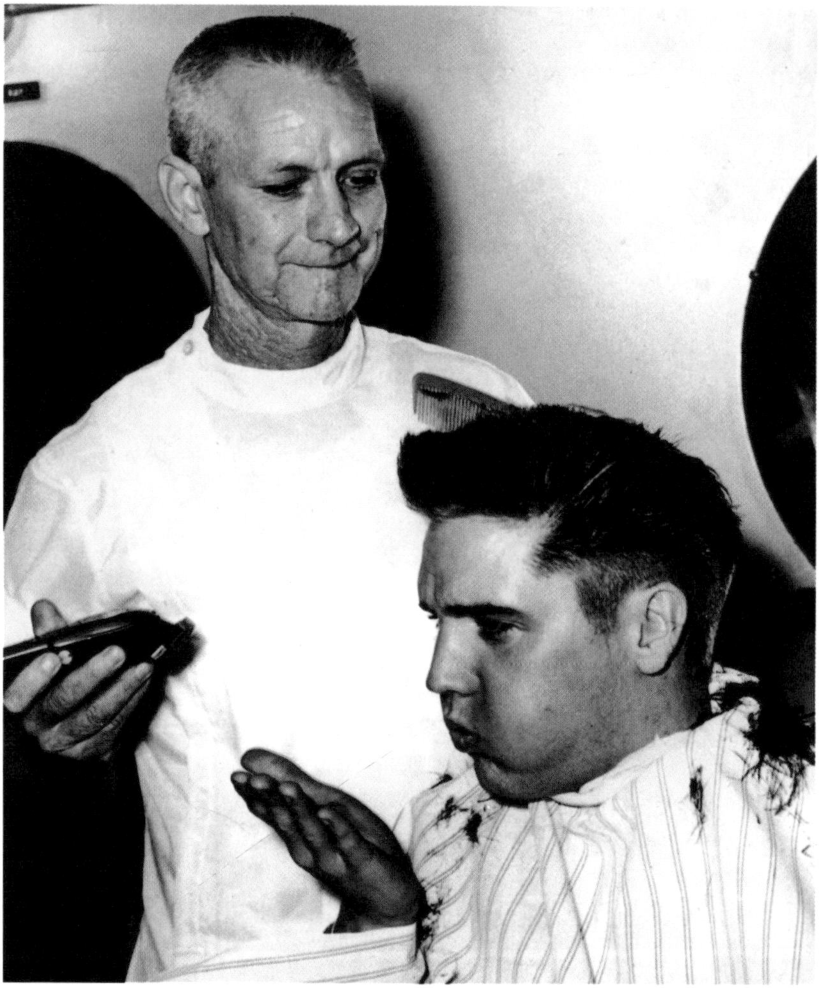

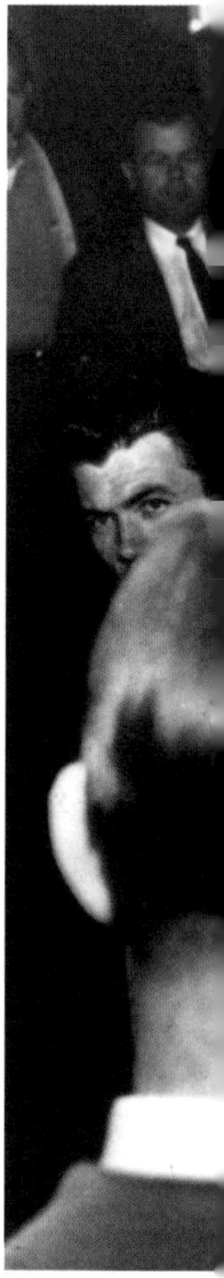

dann nach Hollywood. Hollywood ist der nächste Schritt. Das läuft folgendermaßen ab: Du machst eine Platte, dann kommst du ins Fernsehen, und dann gehst du nach Hollywood. Also machte ich ‚Love Me Tender‘, dann ‚Loving You’ und liebte, wen ich zu jener Zeit gerade zu fassen bekam. So machte ich ‚Jailhouse Rock’, ‚King Creole‘, vier Filme. Mann, ich gewöhnte mich langsam wirklich an dieses Hollywood – Ding. Ich hatte eine Cadillac-Limousine, ich trug eine Sonnenbrille, saß auf dem Rücksitz und sagte: ‚Ich bin ein Filmstar, verdammt noch mal, ich bin cool.´“

Doch die Coolness endete am 20. Dezember 1957. An dem Tag erhielt Elvis seinen Einberufungsbescheid. Der Termin wurde eine Woche später um 60 Tage verschoben, damit er den geplanten

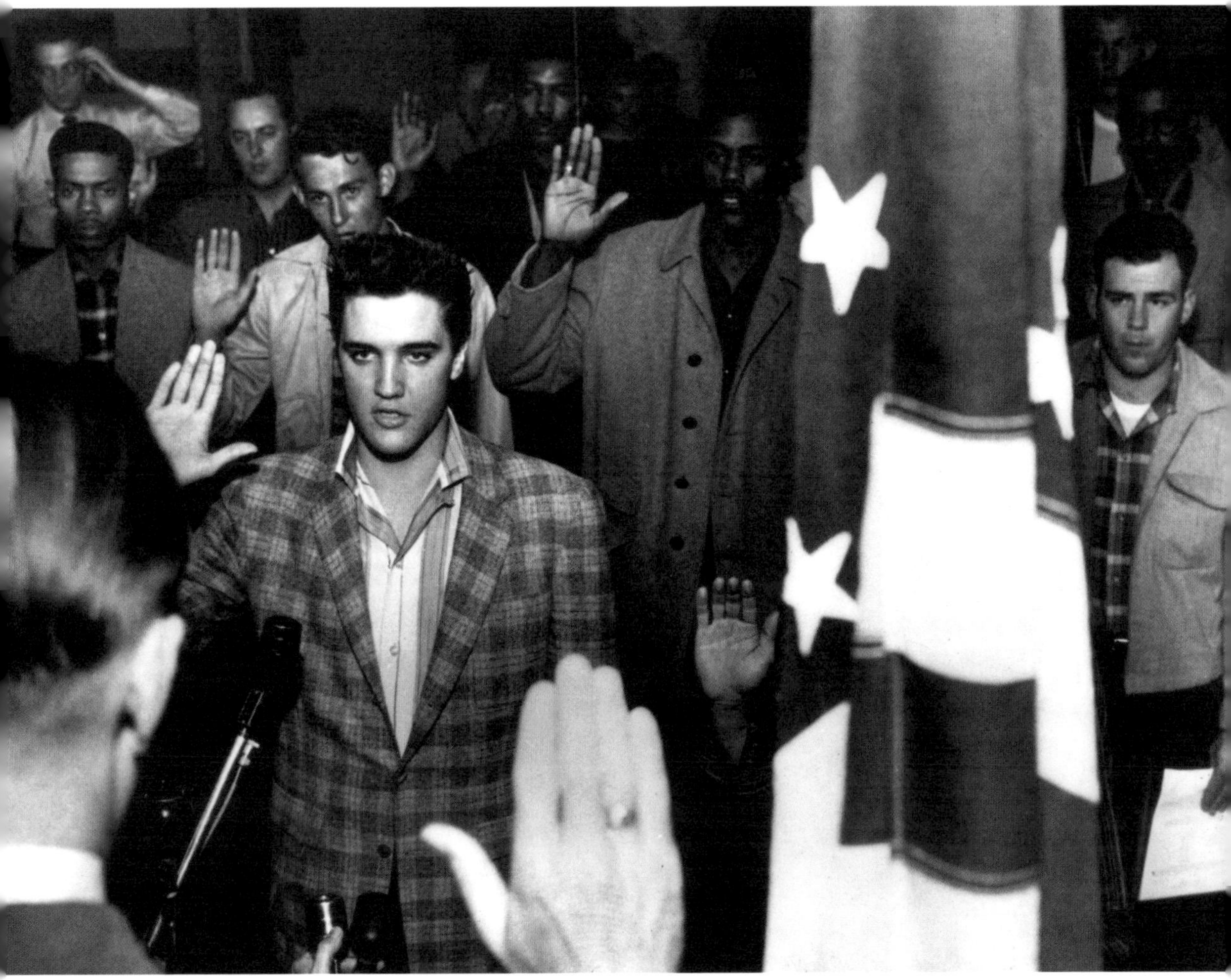

Film „King Creole“ noch drehen konnte, aber am 24. März 1958 meldete sich Elvis pflichtgemäß beim Einberufungsbüro in Memphis, wo die Vereidigung bevorstand und begann daraufhin seine Grundausbildung in Fort Chaffee/Arkansas und Fort Hood in Texas. Dorthin fuhr er mit seinem Lincoln Continental Mark II. Nun begann eine der härtesten Phasen im Leben des 22-jährigen Millionärs: einer unter vielen, geringer Sold, Disziplin, eine Reise in das fremde Deutschland, und dann starb auch noch am 14. August 1958 seine Mutter. „Weißt du GK“, sagt Elvis am Tag der Beerdigung zu seinem Freund George Klein, „dieser ganze Graceland-Kram, die Filme, das war alles für meine Mama. Jetzt kann sie sich nicht daran erfreuen.“

KAPITEL 6

HOW DO YOU THINK I FEEL

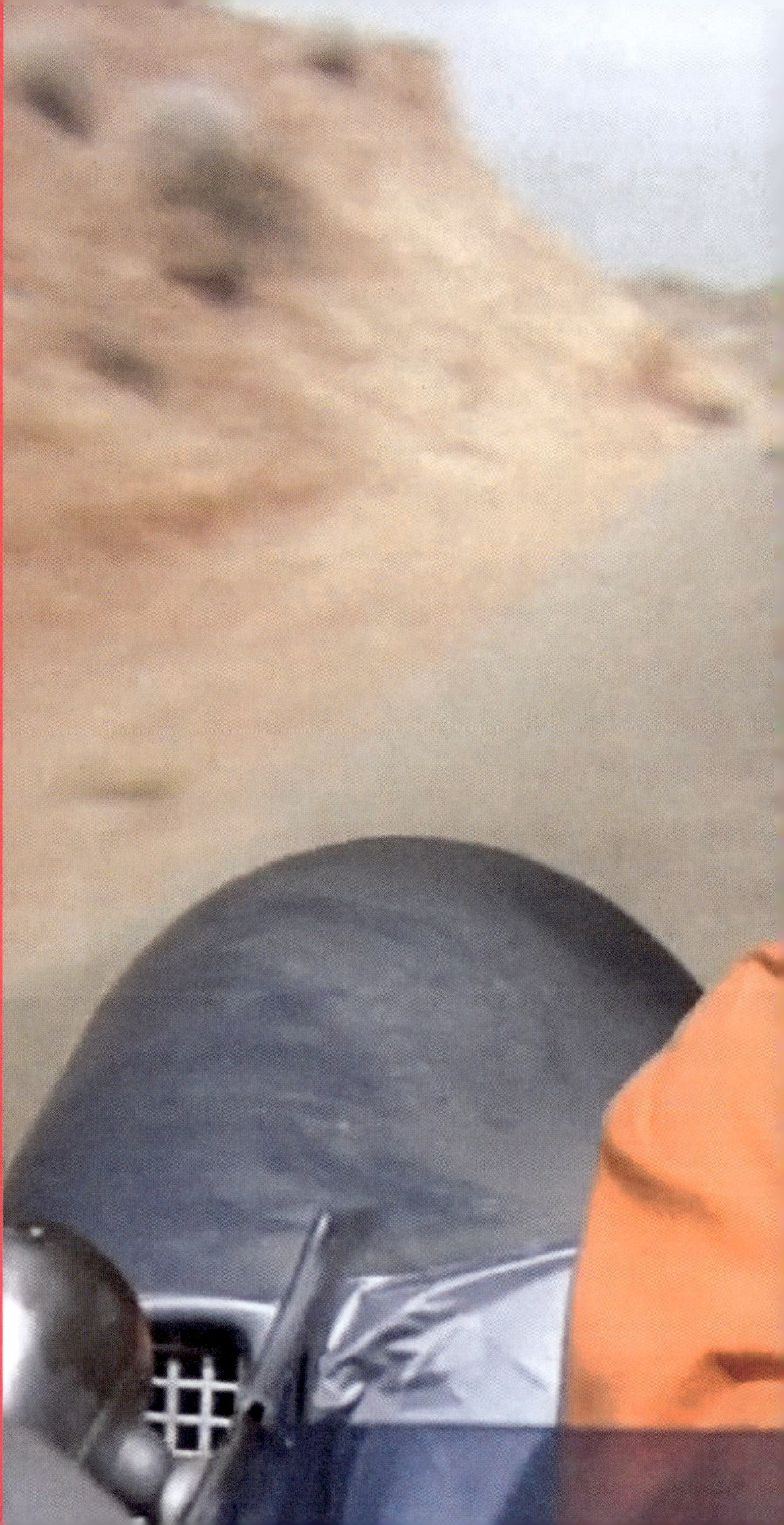

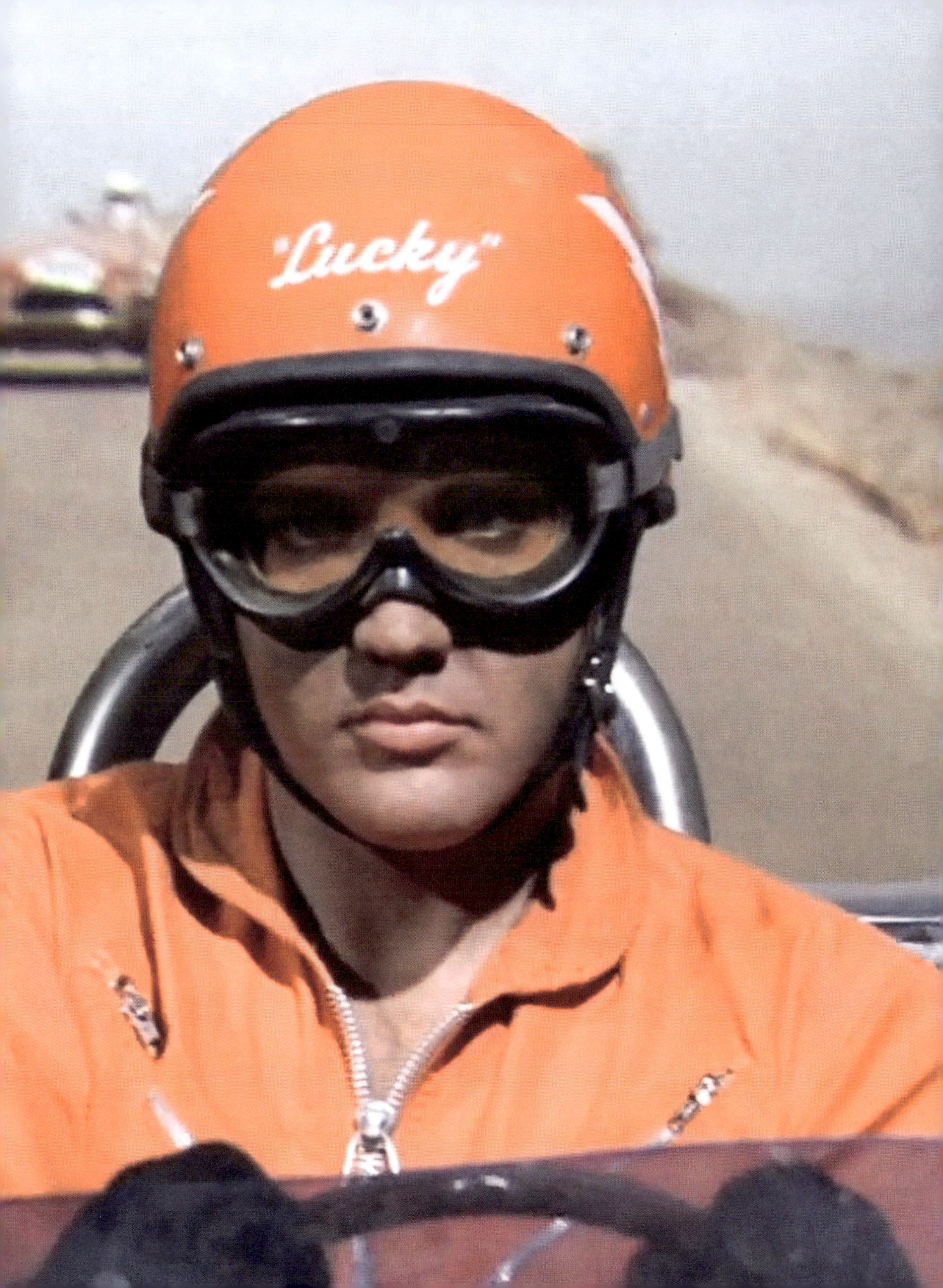
"Lucky"

HOW DO YOU THINK I FEEL
ELVIS, DER SCHAUSPIELER
(MGA – JEEP – GOLDENER CADILLAC – RENNWAGEN, 1956 – 1969)

Im Jahr 1952 fuhr Elvis wieder einmal mit seinem Truck durch Memphis. Dieses Mal aber hatte er nichts auszuliefern. Er hielt vor einem Laden, ging hinein und sagte zu den Verkäuferinnen: „Ich werde bestimmt mal ein berühmter Filmstar, wollt ihr hören wie ich Gitarre spielen kann?“ Bevor die Verkäuferinnen etwas sagen konnten, rannte er auch schon wieder zu seinem Lastwagen und holte seine Gitarre vom Beifahrersitz, kam zurück und fing an zu spielen. Alle Mädchen haben sich über ihn lustig gemacht aber auch geklatscht. Eines der Mädchen kannte er sogar. Es kam aus seiner Heimatstadt Tupelo.

> „DIE LEUTE SUCHTEN ETWAS ANDERES, UND ICH TAUCHTE GERADE ZUR RECHTEN ZEIT AUF. ICH HATTE GLÜCK.“
>
> – ELVIS AUF DIE FRAGE, WARUM ER SO EIN PHÄNOMEN GEWORDEN IST

Bevor er ging, sagte er: Kommt ihr auch bestimmt alle, wenn ich mal ein berühmter Filmstar bin? Klar, sagten die Mädchen. Dann sprang er in seinen Lastwagen und fuhr davon.

Vier Jahre später war es soweit. Als Tom Parker ihn früher gefragt hatte, was ihm in seiner Karriere wichtig sei, antwortete der junge Sänger, dass er nicht nur große Konzerte geben, sondern auch in Filmen mitspielen möchte. Genau das beherzigte sein Manager und knüpfte Kontakte zu Filmfirmen. Produzent Hal B. Wallis hatte Elvis schon bei Auftritten der von Tommy und Jimmy Dorsey geleiteten „Stage Show“ im Frühjahr 1956 gesehen. Er war interessiert. Ende März reiste Elvis zu Probeaufnahmen nach Hollywood. Ab dem 26. März war er für drei Tage in den Paramount Studios, sprach Texte aus dem geplanten Film „The Rainmaker“ und dem Theaterstück „The Girls of Summer“ vor und improvisierte Zeilen aus seinem Song „Blue Suede Shoes“, den er Anfang des Jahres aufgenommen hatte. Produzent Hal B. Wallis und sein Partner Joe Hazen waren angetan. Hazen sah „großes Potential“ in Presley, Schauspiellehrerin Charlotte Clary schwärmte gegenüber ihren Schülern von seiner „natürlichen Art“ und sah in ihm einen „geborenen Schauspieler.“

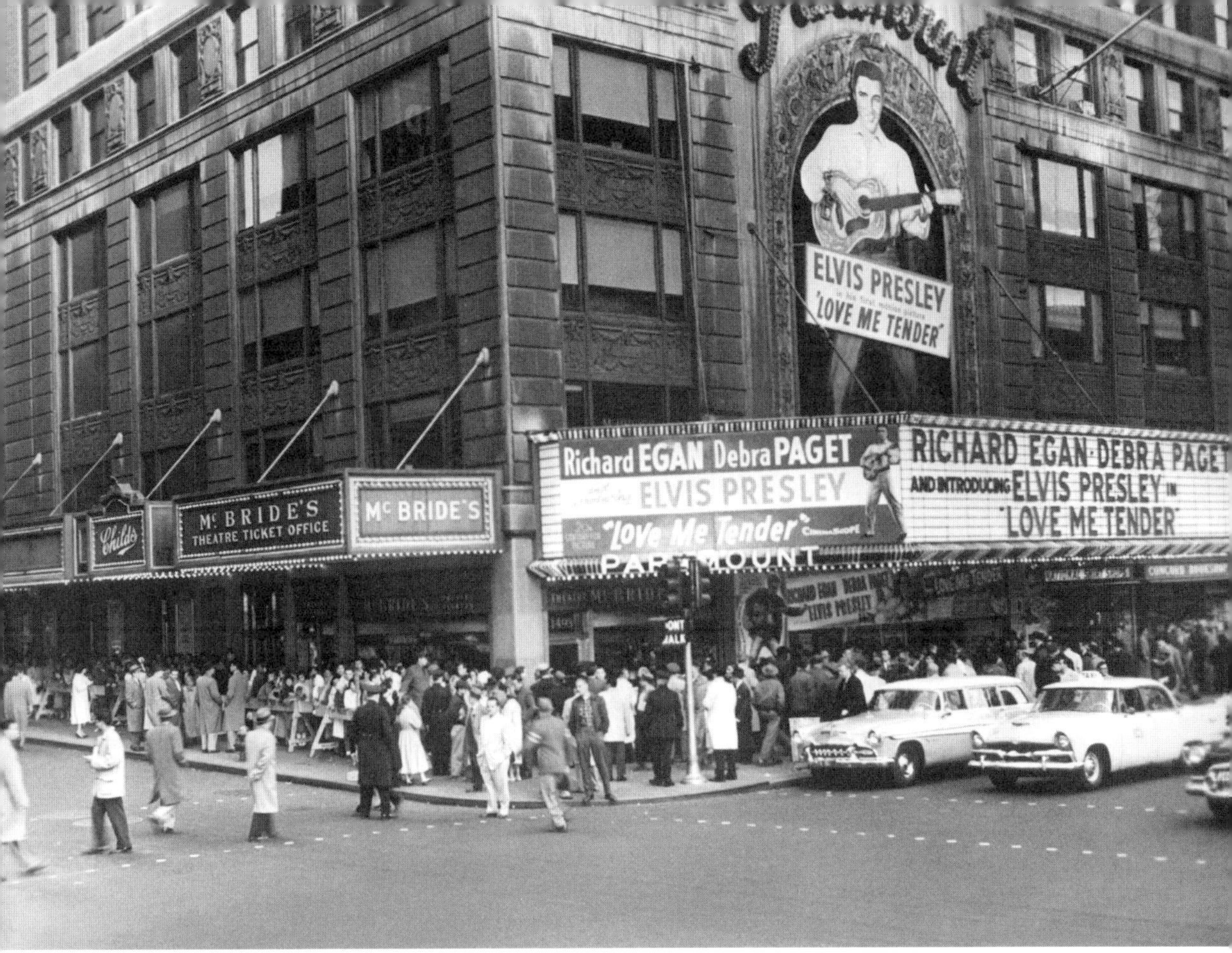

I THINK I'M GONNA LIKE IT HERE

Am 2. April bot Wallis Elvis einen Vertrag für einen Film an sowie eine Option auf sechs weitere. Am 25. April wurde unterschrieben. Nach den Erinnerungen des Regisseurs Norman Taurog, der später neun Filme mit Elvis drehen sollte, bekam Elvis 15.000 Dollar für den ersten Film. Nach mehreren anderen Quellen schlug Parker 100.000 Dollar Gage für den ersten Presley Film heraus. Außerdem wurde ausgemacht, dass Presley wenigstens einen Film pro Jahr für eine andere Firma als Paramount drehen durfte. Wallis versicherte seinem Schützling, dass er sich auch nach dramatischen Rollen für ihn umschauen wollte und überlegte, ihm die Rollen in zwei von ihm produzierten Filmen zu geben: In „Zwei in einem Zimmer" (The Rat Race) sollte er einen aufstrebenden Musiker in New York spielen. Ein Verantwortlicher des Filmstudios war jedoch dagegen. Tony Curtis spielte den Part. Dann überlegte Wallis, Presley mit Dean Martin zusammenzubringen, dessen Partnerschaft mit Jerry Lewis zu Ende gegangen war, doch auch das zerschlug sich wieder. So schickte

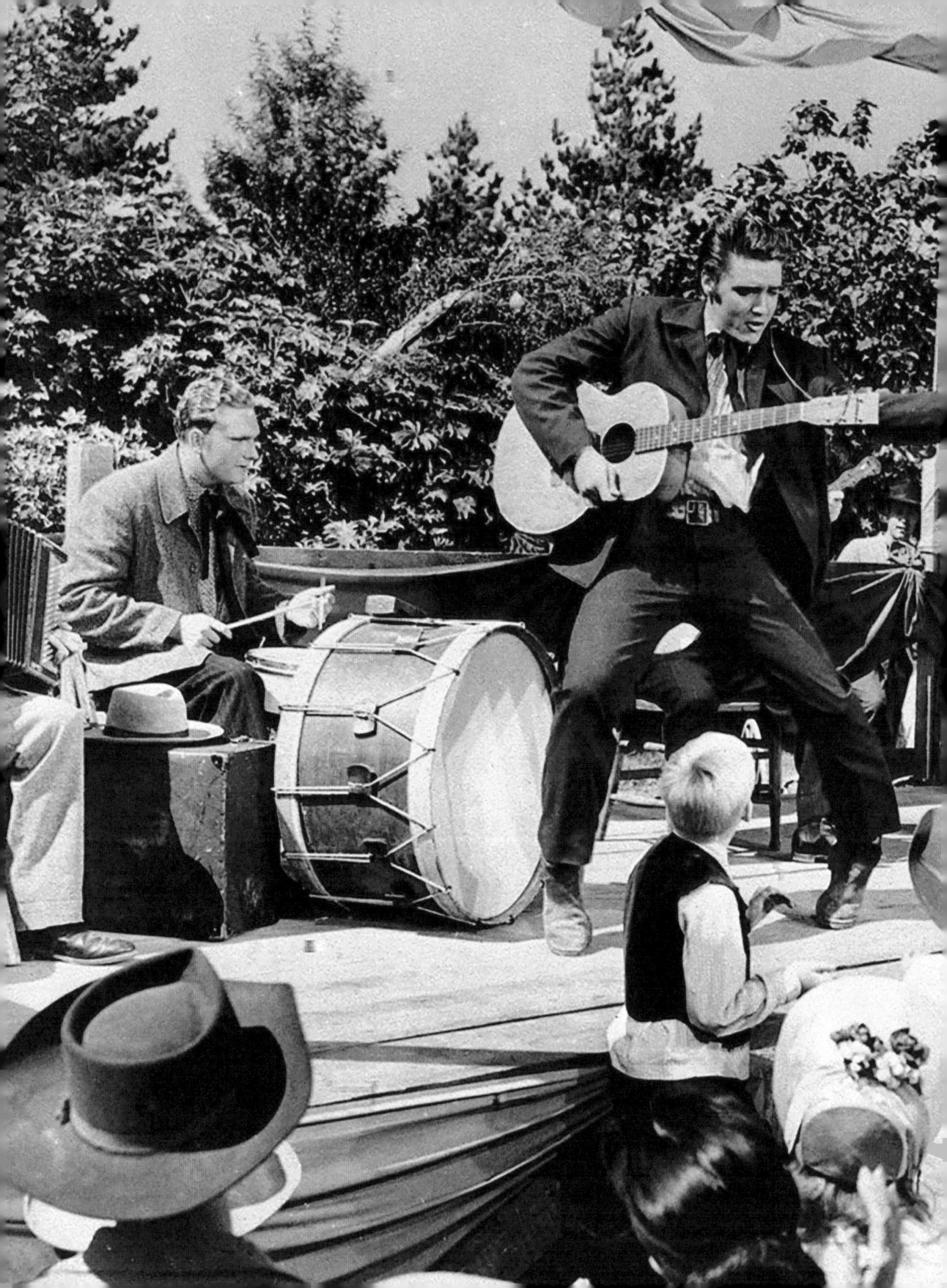

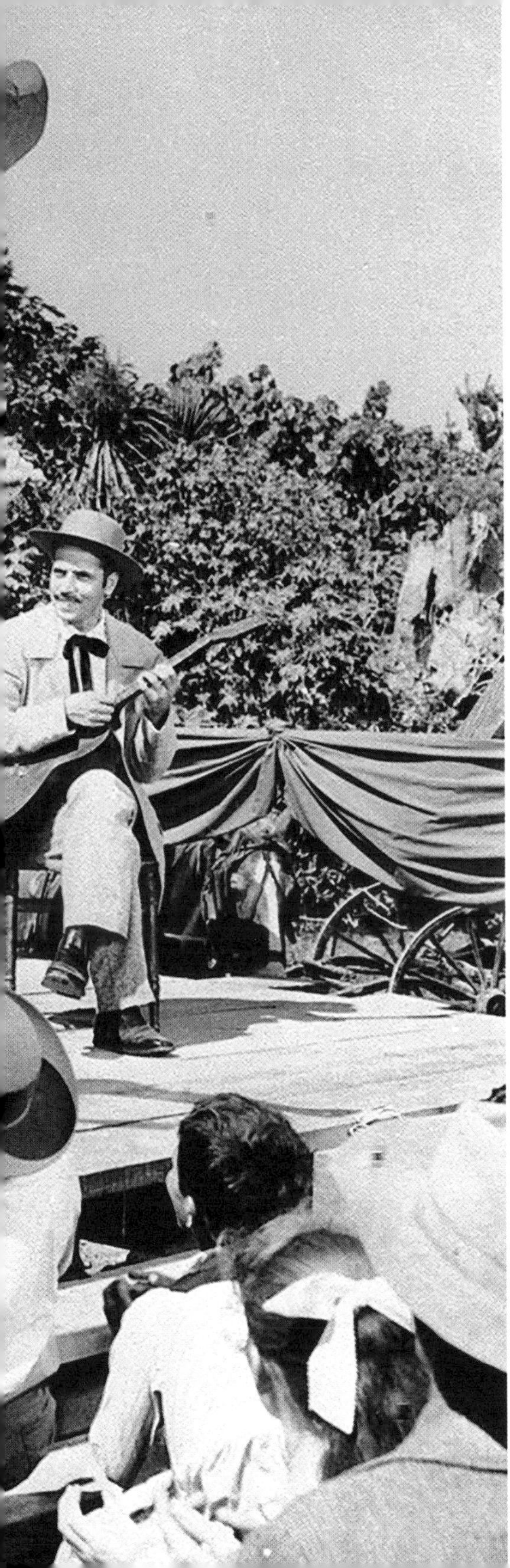

er ihn als erstes zu Regisseur Joseph Anthony, um ihn für den Film „Der Regenmacher“ einzuplanen. An der Seite von Burt Lancaster und Katherine Hepburn sollte er die Rolle des Jim Curry spielen. Glücklich über diese Entwicklung, kündigte Elvis am 10. April sogar in einem Radio-Interview an, dass er den Part übernehmen würde. Doch er hatte die Rechnung ohne seinen Herrn und Meister gemacht.

SO CLOSE, YET SO FAR

Tom Parker war anderer Meinung und sah seinen „Jungen“ eher in leichter Unterhaltung und vor allem mit mehreren Songs in einem Film. Die Rolle des Jim Curry dagegen war eher die eines leicht minderbemittelten Mannes. Earl Holliman übernahm, der für seine Leistung einen Golden Globe als bester Nebendarsteller gewann. Es war die erste von mehreren verpatzten Chancen für den Schauspieler Presley.

Da Paramount gerade kein Projekt für Elvis hatte, wurde er am 13. August 1956 an die 20th Century Fox Studios ausgeliehen, wo es einen ihrer Meinung nach passenden Stoff gab. Es war die Western-Dreiecksgeschichte „The Reno Brothers“, die 1865 nach dem US-Bürgerkrieg spielt und in Deutschland den albernen Titel „Pulverdampf und heiße Lieder“ bekam. Darin ist Elvis als einer der Reno-Brüder (Clint) zu sehen, der sich während der Abwesenheit seines Bruders Vance in dessen Verlobte Cathy verliebt. Das führt zu Verwicklungen und zum tragischen Ende des Debutanten. Als die Besetzung bekannt wurde, fluteten die Fans das Studio und fragten permanent danach, was Elvis denn spielen und vor allem singen würde. Daraufhin wurde seine ursprünglich geplante Nebenrolle erweitert: Man versuchte, sein Gesangstalent in die Geschichte zu integrieren. Es geschah genau das, was Elvis nicht wollte. Er äußerte aufgrund des traurigen Endes und der Songs mehr und mehr Bedenken, doch Parker und Produzent Hal Wallis erkannten das Verkaufspotential von Film und Musik. Sie meinten, die Fans würden genau das erwarten.

„ICH HABE EINGEHEND MARLON BRANDO STUDIERT.“
– SOMMER 1956

Die Dreharbeiten begannen am 22. August. Sein Spielfilmdebüt wurde in knapp vier Wochen auf der Bell Moving Picture Ranch in den Santa Susanna Mountains und in den Studios der 20th Century Fox in Los Angeles gedreht. Noch während der Produktion wurde der Titel geändert. Am 2. September ist aus „The Reno Brothers“ das romantische „Love Me Tender“ geworden: Elvis hatte Anfang des Jahres schon einen Song mit diesem Titel aufgenommen. Noch während der Dreharbeiten besuchte er am 9. September die damals sehr berühmte „Ed Sullivan Show“, sang dort das Titelstück und erzielte einen neuen Verkaufsrekord. Die Vorbestellungen erreichten eine Million Stück, so dass die Single schon vergoldet war, bevor sie überhaupt in den Handel kam. Wallis und Parker hatten also Recht behalten. Elvis aber zeigte dennoch, dass er nicht nur als Sänger ernst genommen werden wollte, sondern auch als Akteur. Er war sehr gut vorbereitet, immer pünktlich und kannte sogar die Texte seiner Partner.

Doch es gab auch Komplikationen. Bei der Premiere am 15. November 1956 im Paramount Theatre in New York huldigte der Verleih zwar seinem Star mit einer zehn Meter hohen Pappsilhouette, doch dass Clint Reno das Ende des Films nicht überlebte, setzte nicht nur zahlreichen Fans, sondern auch Elvis Mutter Gladys sehr zu. Sie weinte bitterlich und klagte: „They are killing my baby“. Voller gemischter Gefühle waren auch viele Teenager. Tausende von ihnen, und auch die Mitglieder zahlreicher Fan Clubs, hatten stundenlang Schlange gestanden, um eine Karte zu bekommen. Sie hatten zum Teil die Schule geschwänzt und mussten jetzt einer eher schlichten Handlung beiwohnen. Sie hatten aufgrund des Trailers nicht nur mehr Musik, sondern am liebsten sogar Rock´n´Roll erwartet. Schließlich warb das US-Plakat des Films fälschlicherweise mit dem Image des Sängers:

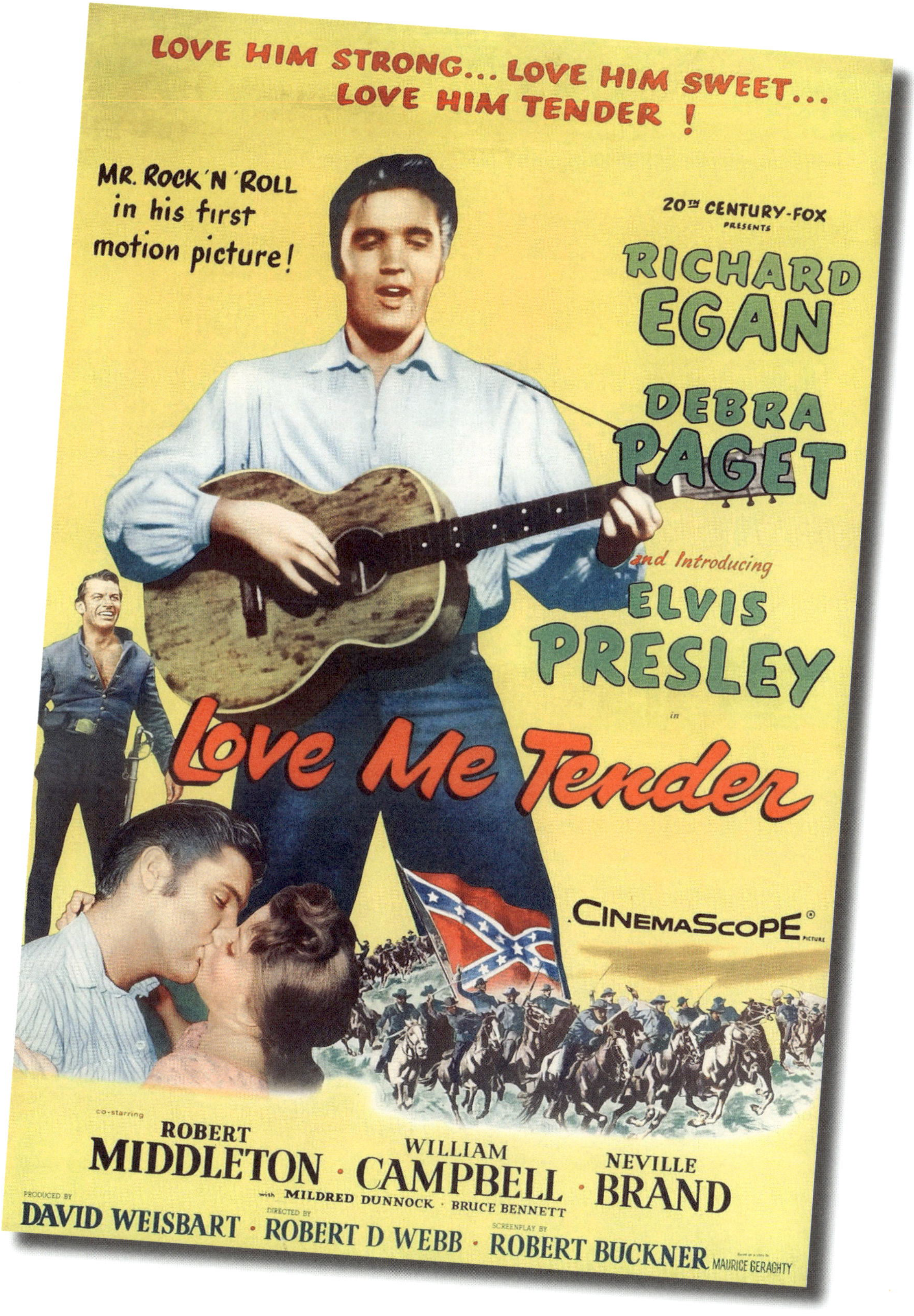
LOVE HIM STRONG... LOVE HIM SWEET...
LOVE HIM TENDER !
MR. ROCK 'N' ROLL in his first motion picture!
20TH CENTURY-FOX PRESENTS
RICHARD EGAN
DEBRA PAGET
and Introducing
ELVIS PRESLEY
in
Love Me Tender
CINEMASCOPE
co-starring
ROBERT MIDDLETON · WILLIAM CAMPBELL · NEVILLE BRAND
with MILDRED DUNNOCK · BRUCE BENNETT
PRODUCED BY DAVID WEISBART · DIRECTED BY ROBERT D WEBB · SCREENPLAY BY ROBERT BUCKNER
MAURICE GERAGHTY

„Rock´n´Roll in the Story“ war dort zu lesen. Auch die Deutschen waren nicht besser: „Der Rock´n´Roll Sänger Elvis Presley zum ersten Mal im Film“, hieß es dort.

Das Budget von einer Million Dollar wurde bereits am ersten Wochenende wieder eingespielt. 20th Century Fox hatte hoch gepokert, den 89 Minuten Film in rund 550 Kinos gestartet. Es funktionierte. „Love Me Tender“ wurde zum zweiterfolgreichsten Film des Jahres für den Verleih - ausgerechnet nach „Giganten“, dem letzten Auftritt von James Dean. Nach dessen Tod wurde Elvis endgültig zum Teenagerschwarm; nicht nur für Musik-, sondern auch für Filmliebhaber.

YOU´RE THE BOSS

Immerhin sang Elvis vier Lieder und um die Backfische nicht total deprimiert aus dem Kino zu entlassen, blendete man Bild und Titelsong des am Ende verstorbenen Helden in den Abspann ein. Elvis hatte sich also doch überreden lassen zu singen. Die Filmemacher drückten damit nochmals so richtig auf die Tränendrüse und erinnerten auf clevere Art und Weise daran, dass dieser Song doch wirklich hörens- und kaufenswert sei. Das zahlte sich aus. Letztendlich wurden zwei Millionen Singles von „Love Me Tender“ verkauft. Parker war zurecht stolz. Schließlich hatte er ja auch darauf gedrängt, dass sein Schützling singt. Er war der Boss - und er verhandelte gut für seinen

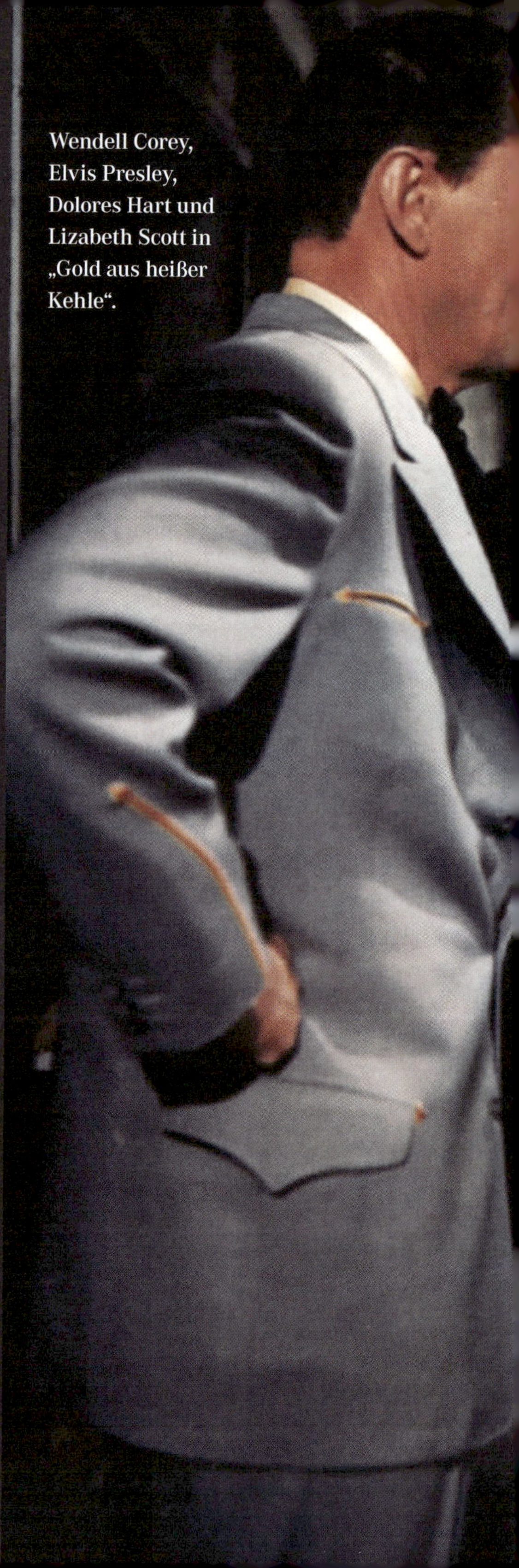

Wendell Corey, Elvis Presley, Dolores Hart und Lizabeth Scott in „Gold aus heißer Kehle“.

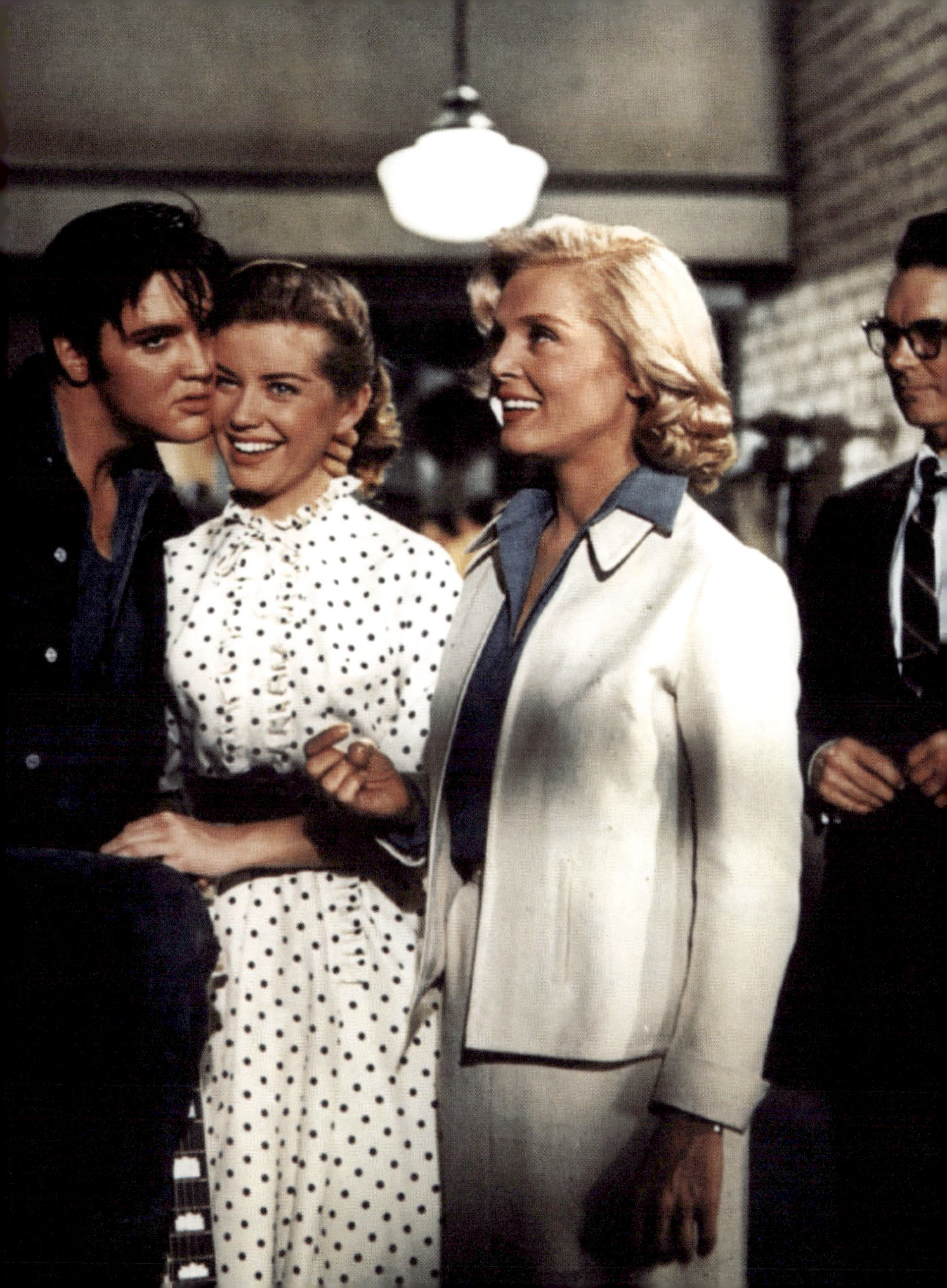

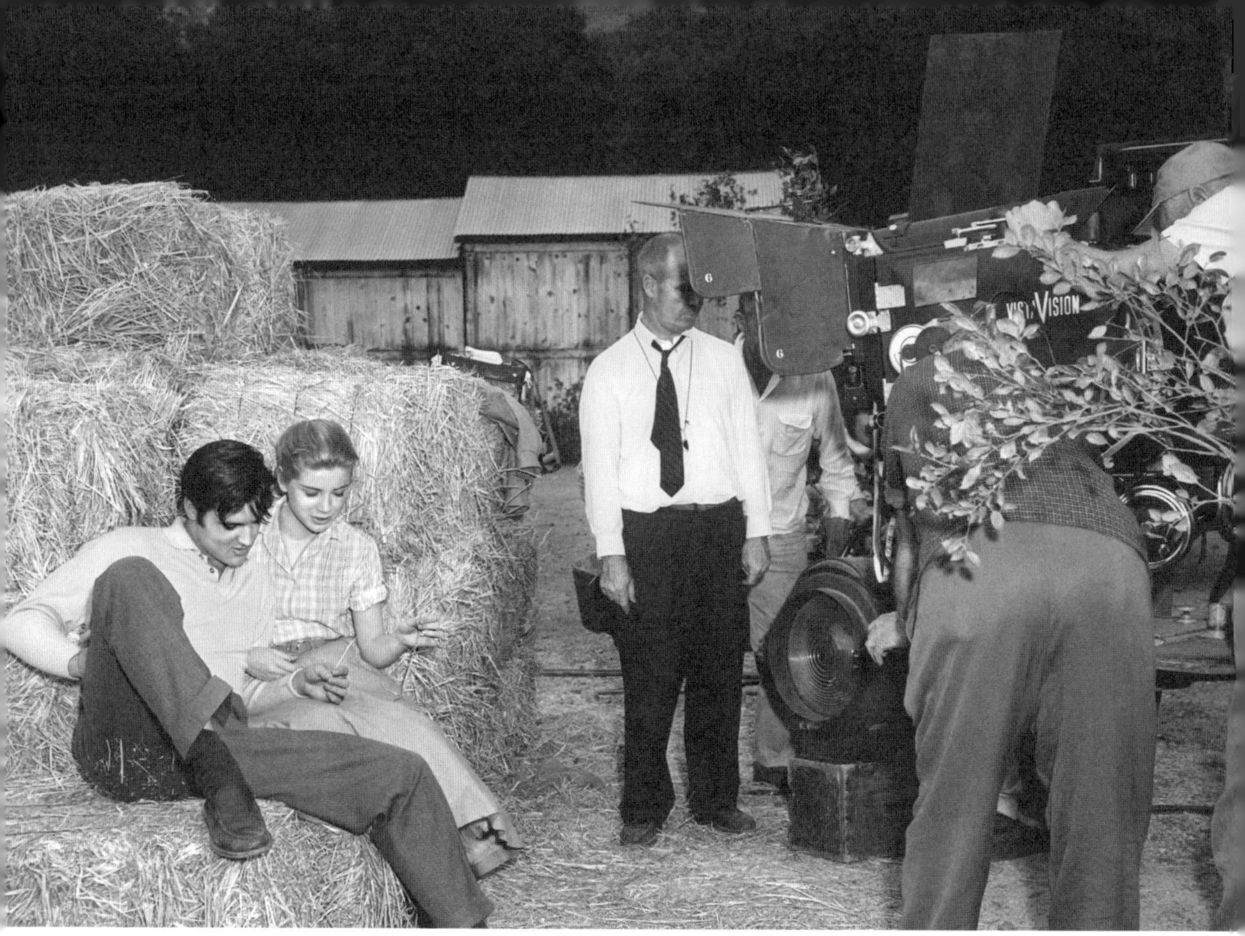

„boy". Dass Elvis aber eigentlich andere Interessen hatte, stellte dieser in diversen Interviews klar. Er schätzte James Dean, Gary Cooper, Humphrey Bogart und Marlon Brando. Das bestätigte auch sein Freund George Klein: „Er studierte Clark Gable, beobachtete James Dean und Marlon Brando." „Er wollte sein wie Marlon Brando oder James Dean und versuchte auch in seinen Filmen so zu agieren", schrieb sein langjähriger Freund Rex Mansfield in seinem Buch. „Er sah ein, dass er seine schauspielerischen Fähigkeiten noch verbessern musste, aber er wünschte sich so sehr, ein großer Schauspieler zu werden und er hätte es vielleicht geschafft, wenn er in der Lage gewesen wäre, es auf seine Art zu versuchen." Das ging sogar soweit, dass er sich die Filme seiner Idole so oft ansah, bis er deren Dialoge mitsprechen konnte. Von Tony Curtis übernahm er außerdem eine Äußerlichkeit: Wimperntusche.

In einem Interview der Sendung „Hy Gardner Calling" vor dem „Louisiana Hayride" am 1. Juli 1956 sagte Elvis: „Ich würde mich niemals mit James Dean vergleichen. Er ist ein genialer Schauspieler. Es gibt eine Menge Schauspieler in Hollywood, die froh wären, wenn sie

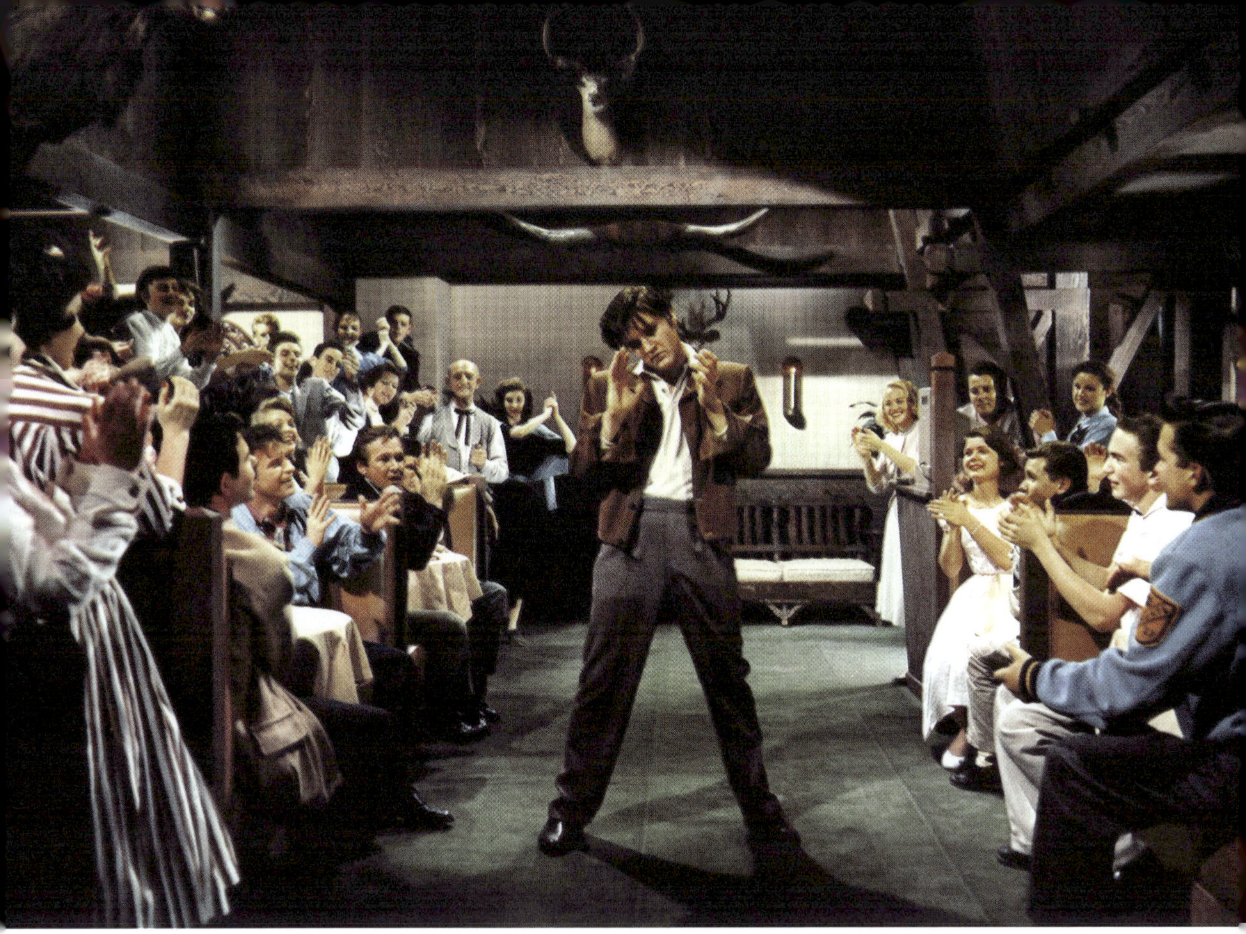

dieselben Fähigkeiten hätten wie James Dean. Ich würde aber gerne ein guter Schauspieler sein." Dennoch titelte der „Daily Sketch" am 19. Oktober 1956: „Is he a new James Dean?" Er wurde es nicht, aber um ein guter oder gar besserer Schauspieler zu werden, gab er sich auf jeden Fall sehr viel Mühe. Er lernte sogar Deans Texte auswendig. Nicholas Ray, der „ ... denn sie wissen nicht was sie tun" mit dem verstorbenen Akteur inszeniert hatte, erzählte, dass er im MGM Studio einmal zufällig auf Elvis traf. Der fiel vor ihm auf die Knie und rezitierte mehrere von Deans Monologen fehlerfrei. „Er musste den Film wohl mindestens ein Dutzend Mal gesehen haben", so Ray. Eine Schauspielausbildung lehnte Elvis allerdings mit den Worten ab: „Es würde mir bestimmt nicht weh tun, wenn ich zu einer Schule gehen würde, aber ich lerne immer am besten durch Erfahrung. Ich war in der Schule nicht besonders gut."

Und noch eine Aussage von George Klein sagt viel über die Arbeitseinstellung von Elvis aus. Danach sagte dieser, „wenn ich jemals Erfolg haben werde, dann werde ich so nett sein wie möglich." Das bewahrheitete sich: Alle seine Regisseure und Filmpartner

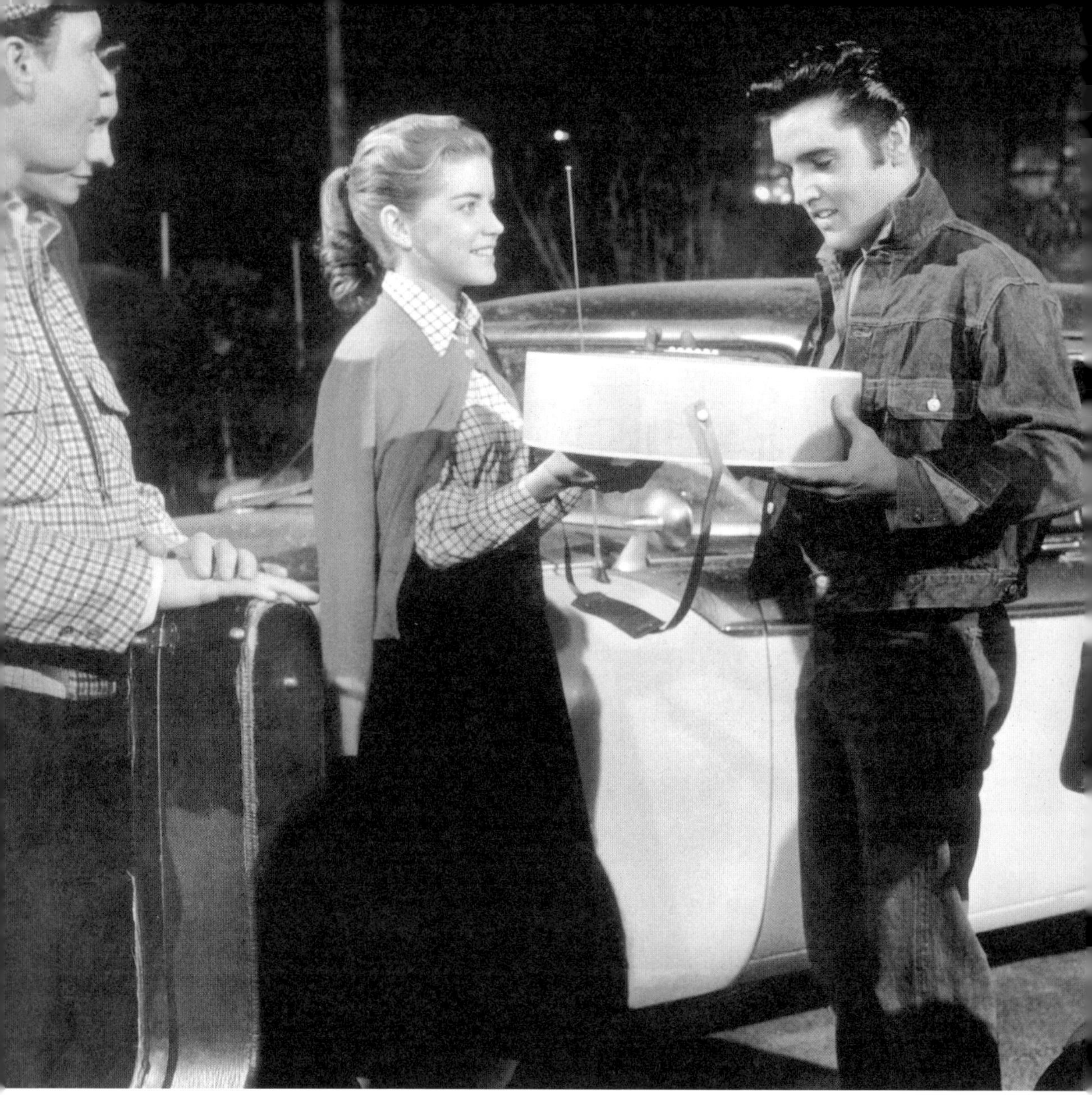

bestätigten, dass Elvis ein höflicher und zuvorkommender Mann war sowie ein neugieriger Lehrling.

I GOT LUCKY

Nachdem der Film im Kasten war, bot die Fox Elvis die Hauptrolle in dem Film „Die Spur zum Gold“ an und offerierte sogar 150.000 Dollar plus 50 Prozent Gewinnbeteiligung, doch Parker wollte 250.000 Dollar, die Fox nicht bezahlen wollte. Jeffrey Hunter übernahm die Rolle. Tatsächlich hatte Hal B. Wallis auch schon ein Projekt für Elvis, das

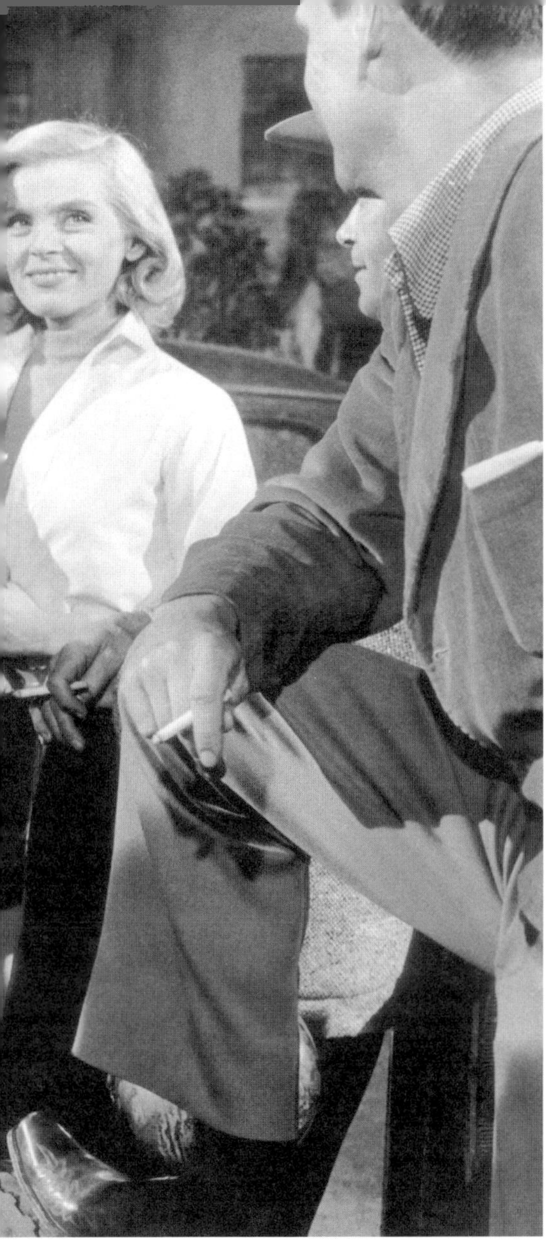

zunächst den Titel „Stranger in Town“ trug, aber nach drei weiteren Umbenennungen als „Loving You“ firmierte. Wieder einmal fand der deutsche Verleih einen äußerst unpassenden deutschen Titel. Er lautet: „Gold aus heißer Kehle“. Die Geschichte über einen LKW-Fahrer, der dank einer Band und deren Managerin eine Karriere als Sänger beginnt, ist an Teile der Biographie von Elvis selbst angelehnt und stieß deswegen auf das Interesse des Produzenten. Dabei ist die Handlungsweise der von Lizabeth Scott gespielten Managerin Glenda keinesfalls mit der von Tom Parker zu vergleichen. Sie sorgte immer wieder für kleine Aufreger und Skandälchen, während Parker ja eher an dem einwandfreien Image seines Schützlings interessiert war. Dieses bekam nun Risse: Scott war lesbisch, was zu einigen Schlagzeilen führte, und es entwickelte sich eine Affäre zwischen Elvis und der von Dolores Hart gespielten Susan, die hier ihr Filmdebüt gab und gerade mal 250 Dollar pro Woche für ihre Premiere bekam. Bei der Aufnahme eines Kusses lief die nervöse junge Frau rot an, und die Szene musste abgebrochen werden. Die Klatschblätter fielen genüsslich über diese beiden Geschichten her.

Um die Wogen etwas zu glätten und den braven Jungen zu geben, machte Elvis seinen Eltern eine Freude. Für den Film, der dieses Mal in knapp sechs Wochen (21. Januar bis zum 8. März 1957) entstand, war eine großes Gesangs- und Tanzfinale vorgesehen. Das nutzte er, um dort seine Eltern im Publikum zu platzieren. So wurden sie mit auf Zelluloid gebannt – eine Erfahrung die Vernon und Gladys sehr genossen. Doch nach dem Tod seiner Mutter schaute Elvis sich den Film nie wieder an.
Waren im ersten Film lediglich Pferde

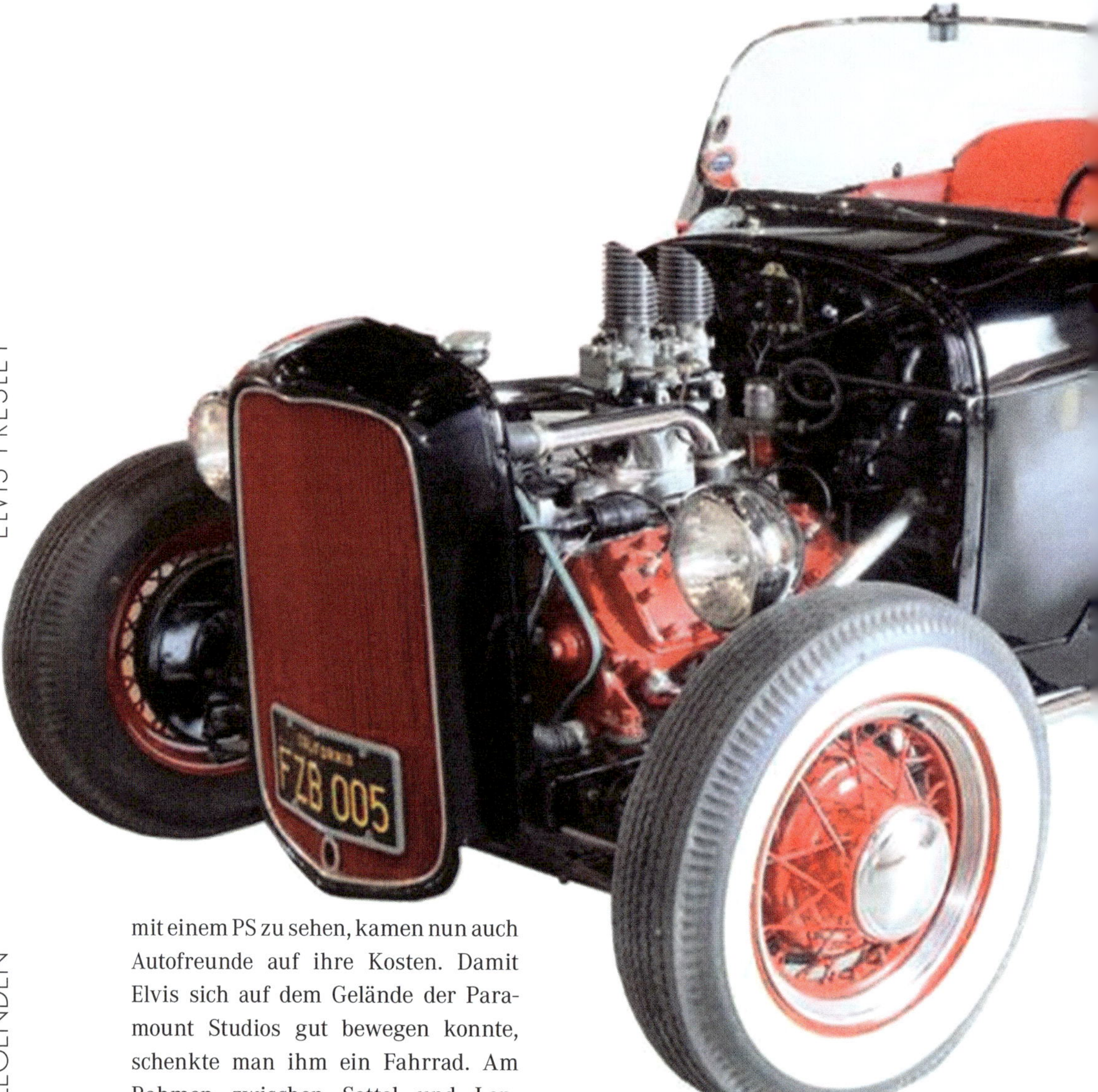

mit einem PS zu sehen, kamen nun auch Autofreunde auf ihre Kosten. Damit Elvis sich auf dem Gelände der Paramount Studios gut bewegen konnte, schenkte man ihm ein Fahrrad. Am Rahmen zwischen Sattel und Lenker war ein stilisiertes Gitarrenlogo angebracht. Darauf stand der Filmtitel: „Loving You". Die von ihm verkörperte Figur Deke Rivers fährt nicht nur einen Truck, sondern auch einen umgebauten 1929er Ford Model A Roadster, der auf einem Rahmen des Modells 18 (einem Modell A mit V8 Motor) aus dem Jahr 1932 aufgebaut wurde. Er wurde Ford „Deuce" genannt, später als „Elvis Roadster" bekannt und gilt als Meilenstein in der Hot Rod Geschichte. Ein Exemplar der 1932er-Serie des Ford 18 (in diesem Jahr entstanden nur 12.000 Stück dieses Typs) wurde 1937 von Hot Rod Pionier Jon Athan umgebaut und mit einem 239 c.i. Mercury V8 Motor ausgestattet. Es

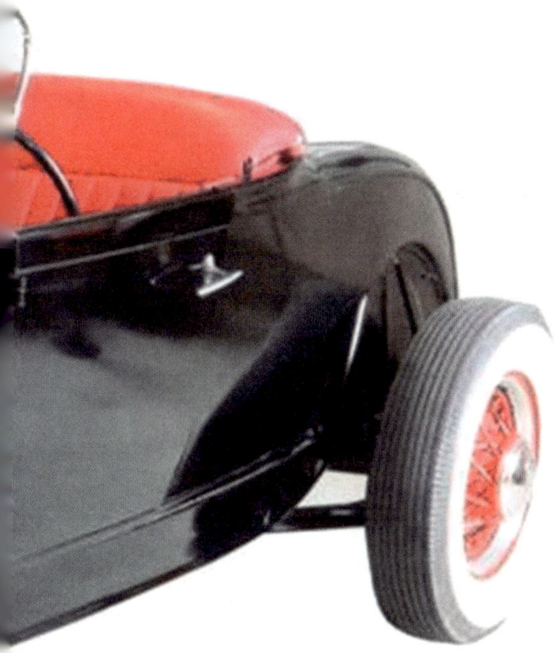

erreichte eine Höchstgeschwindigkeit von rund 100 Meilen (160 km/h).
Elvis mochte den Filmwagen so sehr, dass er ihn nach den Dreharbeiten kaufen wollte, doch Athan veräußerte ihn nicht. Er verbrachte selbst viel Zeit mit dem Wagen, fuhr sogar mit seiner Frau Lydia in dem Auto nach Las Vegas und heiratete sie dort. Er schlug nicht nur die Kaufangebote von Elvis aus, sondern auch die aller anderer Interessenten. Das Fahrzeug wurde zweimal im Smithsonian Institute in Washington ausgestellt, im Petersen Museum in Los Angeles sowie im National Hot Rod Museum im kalifornischen Pamona. Nach Jon Athans Tod im Jahr 2016 kümmerte sich dessen Frau um den Roadster bis sie ihn schließlich versteigern ließ. Am 31. August 2019 wurde er vom Auktionshaus Kruse im Rahmen der „Artifacts of Hollywood & Music" Auktion angeboten und für 150.000 Dollar verkauft. Selbst für die reichlich abgewetzte frühere schwarze Innenausstattung bezahlte jemand noch zusätzliche 2.000 Dollar. An dem Tag kamen auch andere Fahrzeuge und Eigentümer von Elvis unter den Hammer.

Der Film war ein erster Hinweis darauf, dass auch die Fahrzeuge, die Elvis vor der Kamera fuhr, das Zeug hatten, einen gewissen Kultstatus zu erreichen. Sie sollten sich im Laufe der Jahre als sehr profitabel erweisen. Das galt auch für die Filme. Mit Einnahmen in den USA von 3,7 Millionen Dollar für Elvis zweites Kinoabenteuer war man mehr als zufrieden. Seiner weiteren Filmkarriere stand nichts mehr entgegen. Doch erst mit seinem dritten Film „Jailhouse Rock" (Rhythmus hinter Gittern), konnte sich der gerade 22-jährige Akteur auch in Europa etablieren.

„WEISST DU WAS AM SCHWERSTEN ZU LERNEN IST? NICHTS ZU TUN."

– ELVIS ZU SEINEM FREUND UND BODYGUARD JERRY SCHILLING

JAILHOUSE ROCK

„Ich erinnere mich daran, dass ich ‚Jailhouse Rock‘ im hinteren Teil des Granada Kino in Mansfield gesehen habe und die Frauen zu Berserkern wurden – sie flippten völlig aus. Ich sah den Film dann noch zwei- oder dreimal an dem Tag, und bis zum Ende der Woche habe ich ihn 24-mal gesehen.“ Das sagte der als Bernard William Jewry geborene englische Sänger Alvin Stardust, der in den 70er Jahren mit Rock´n´Roll-Songs großen Erfolg hatte, in einer Dokumentation. Auch die englische Sängerin und spätere TV-Moderatorin Cilla Black wurde durch den Film zum Elvis Fan: „Zu der Zeit schrien wir im Kino. Das war ja das Einzige, was wir machen konnten.“ Der Grund für die Begeisterung lag auch in den zum Teil von Elvis selbst choreographierten Tanzszenen in einem stilisierten Gefängnis, die weltweit Begeisterungsstürme auslösten. Russ Tamblyn, der zuvor als Anführer der Straßengang „Jets“ in der Verfilmung der „West Side Story“ aufgefallen war, übte mit Presley in dessen Suite im Beverly Wilshire Hotel. Dank ihm und dem Choreographen Alex Romero wurde speziell die Eingangssequenz zu einem herausragenden Moment des Films. Der ausschließlich in den MGM Studios in Culver City inszenierte Streifen, der in vier Wochen und drei Tagen entstand (13. Mai bis 17. Juni 1957) entpuppte sich auch als großer Erfolg und spielte bei einem Budget von einer Million

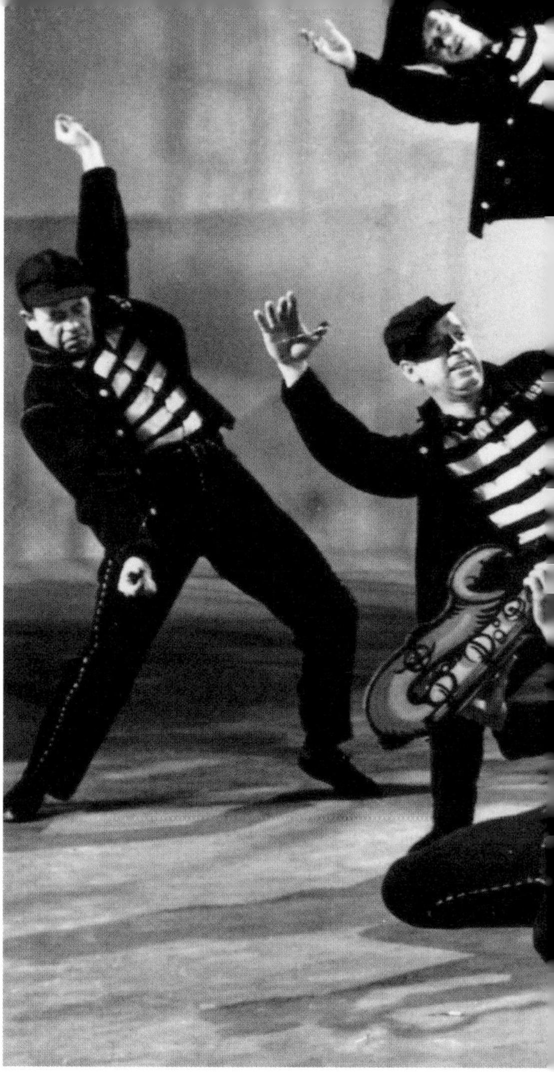

Dollar rund neun Millionen ein. Sein Road Manager Joe Esposito drückte es wie folgt aus: „Rhythmus hinter Gittern´ hat ihn zum Star gemacht. Er sprach mit dem Choreografen und schlug Tanznummern vor, die dann auch in den Film aufgenommen wurden. Im Hintergrund sind viele seiner Freunde aus Memphis zu sehen.“

Wichtig zu erwähnen ist zudem, dass Elvis gleich zu Anfang des Films einen

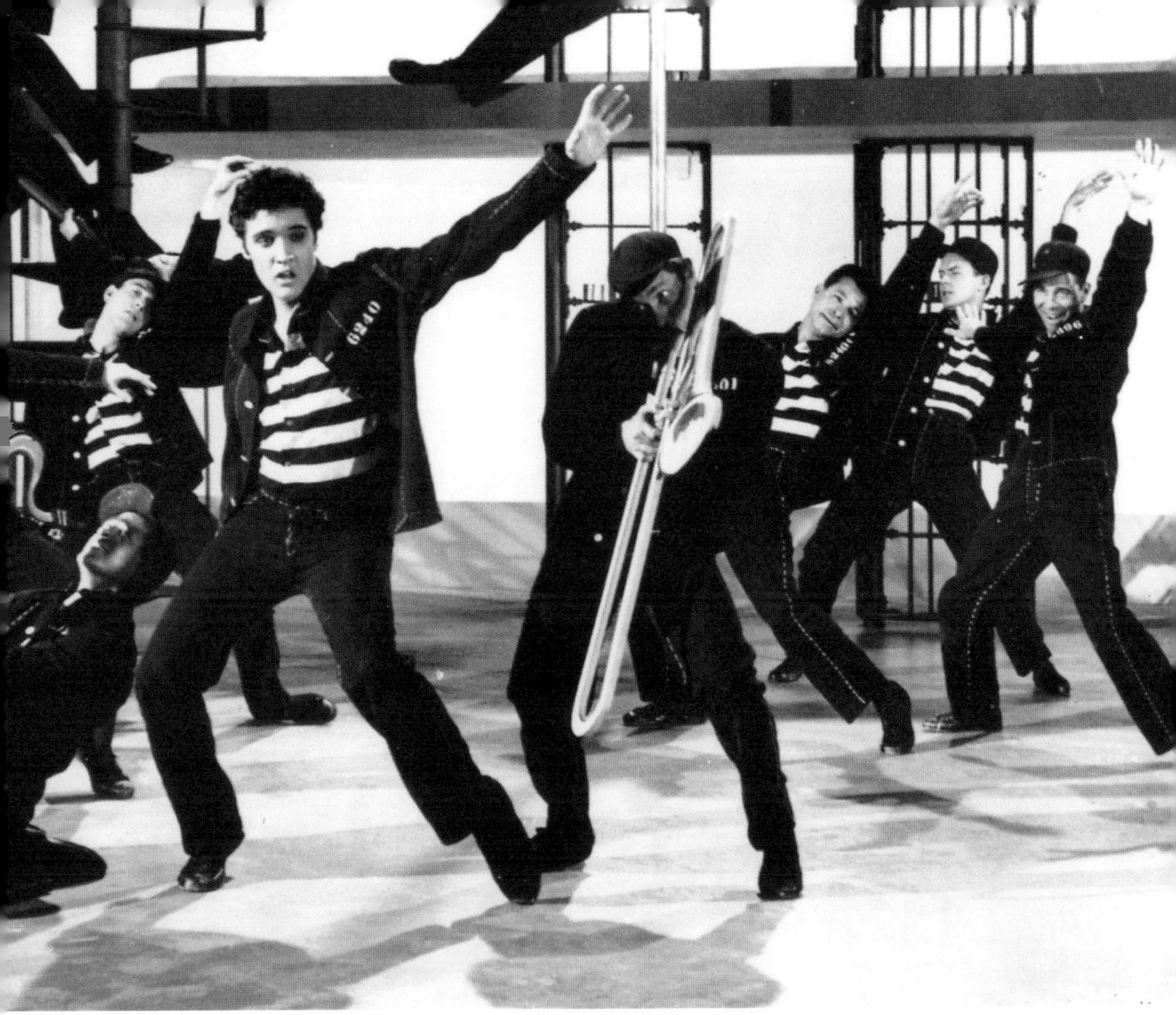

Traktor fährt, und zwar einen weißen Ferguson TO 20. Das war in gewisser Hinsicht eine Erinnerung an seine späte Jugendzeit in Memphis, denn damals besaß sein Vater einen Traktor und Elvis lernte damit umzugehen. Seltene „Home Movies", die 1957 in Graceland entstanden, zeigen ihn oben ohne wie er dort mit einem roten Traktor unterwegs ist und sich entspannt amüsiert. Im Februar 1967 erwarb er für die Arbeiten auf seiner Circle G Ranch in Tunica, Mississippi einen grünen Traktor des Typs John Deere 4010, Serie 213 aus dem Jahr 1963. Dazu zählte auch ein 46 A John Deere Frontlader. Nach dem Verkauf der Ranch wurde er nach Graceland gebracht und dort jahrelang eingesetzt. Irgendwann erwarben die Erben ein neueres Modell für die Arbeit und der grüne John Deere 4010 rostete vor sich hin. Ab dem Februar 2009 restaurierte der Ausbilder Shane Louwerens mit vier seiner Studenten des Mississippi

Northwest Community College das alte Vehikel. Die Aufgabe war, ihn möglichst in 30 Tagen fertigzustellen und dabei alle defekten Teile zu retten, viel originalgetreu zu reparieren und so wenig wie möglich zu ersetzen. Außerdem sollten alle Arbeitsschritte in einem Tagebuch detailliert niedergeschrieben und fotografiert werden. Das Projekt erhielt den internen Namen „Stella". Während der Aufarbeitung fand das Team noch das Serviceheft des Traktors. Nach knapp 400 Stunden Arbeitszeit sah das Gefährt (fast) aus wie neu. Erst jetzt weihte er die Studenten in den Grund für die große Sorgfalt ein. Am Tag der Enthüllung im Mai 2009 kamen Journalisten und Fotografen und es wurde klar, dass der John Deere von Graceland kam und im dortigen Museum ausgestellt werden sollte. Ein Detail fügten Louwerens und seine vier Mitstreiter selbst hinzu: Sie signierten eine Karte und versteckten sie unter der Haube.

WELCOME TO MY WORLD

Drei erfolgreiche Filme in zwei Jahren sprachen eine deutliche Sprache: Elvis war in Hollywood angekommen. Konzerte und vor allem TV-Auftritte gab es nicht mehr. Parker verfügte, dass man für Elvis Kinoeintrittskarten bezahlen sollte, um ihn zu sehen, und ihn nicht umsonst auf der Mattscheibe bekam. Und noch etwas wurde bald deutlich: Parker zog immer das Geld der Qualität vor. So liefen nächsten Jahren, bis auf die Unterbrechung durch die Zeit in der Armee, immer gleich ab: Aufnahmen des Soundtracks zu einem Film, vier- bis sechswöchige Dreharbeiten in Hollywood und zuweilen auch anderen Orten, Rückfahrt nach Graceland, ein sporadischer Besuch der Premieren, und dann wieder zum nächsten Film. Als im Januar 1958 die Dreharbeiten von „King Creole" (dt. Titel: „Mein Leben ist der Rhythmus") begannen, war Elvis glücklich, denn der Stoff war ursprünglich mit James Dean vor Augen entwickelt worden. Jetzt konnte er also sein Können beweisen. Er fuhr mit seinem am 4. August 1956 in Miami erworbenen Schmuckstück, seinem weißen Lincoln Continental Mark II, nach New Orleans und war guter Dinge.

Elvis sollte nach dem Roman „Die Gnadenlosen" von Harold Robbins den New Yorker Danny Stone spielen, der aufgrund von Geldproblemen während der Zeit der großen Depression Mitte der 1920er Jahre als Boxer für seinen Lebensunterhalt sorgt, dann aber an Gangster gerät, die ihn unter Druck setzen, zu verlieren. Die Tatsache, dass der erfolgreiche „Casablanca"-Macher Michael Curtiz die Regie übernehmen sollte, erfreute Elvis, aber dann kamen Parker, Produzent Wallis und die von ihm beauftragten beiden Drehbuchautoren ins Spiel. Die Geschichte wurde verwässert. Aus dem Boxer wurde, wie nicht anders zu erwarten, ein Sänger. Die zehn Songs und ein paar Tanzeinlagen wurden nach New Orleans verlegt. Es war zwar insgesamt gesehen sicherlich einer der besten Elvis Filme,

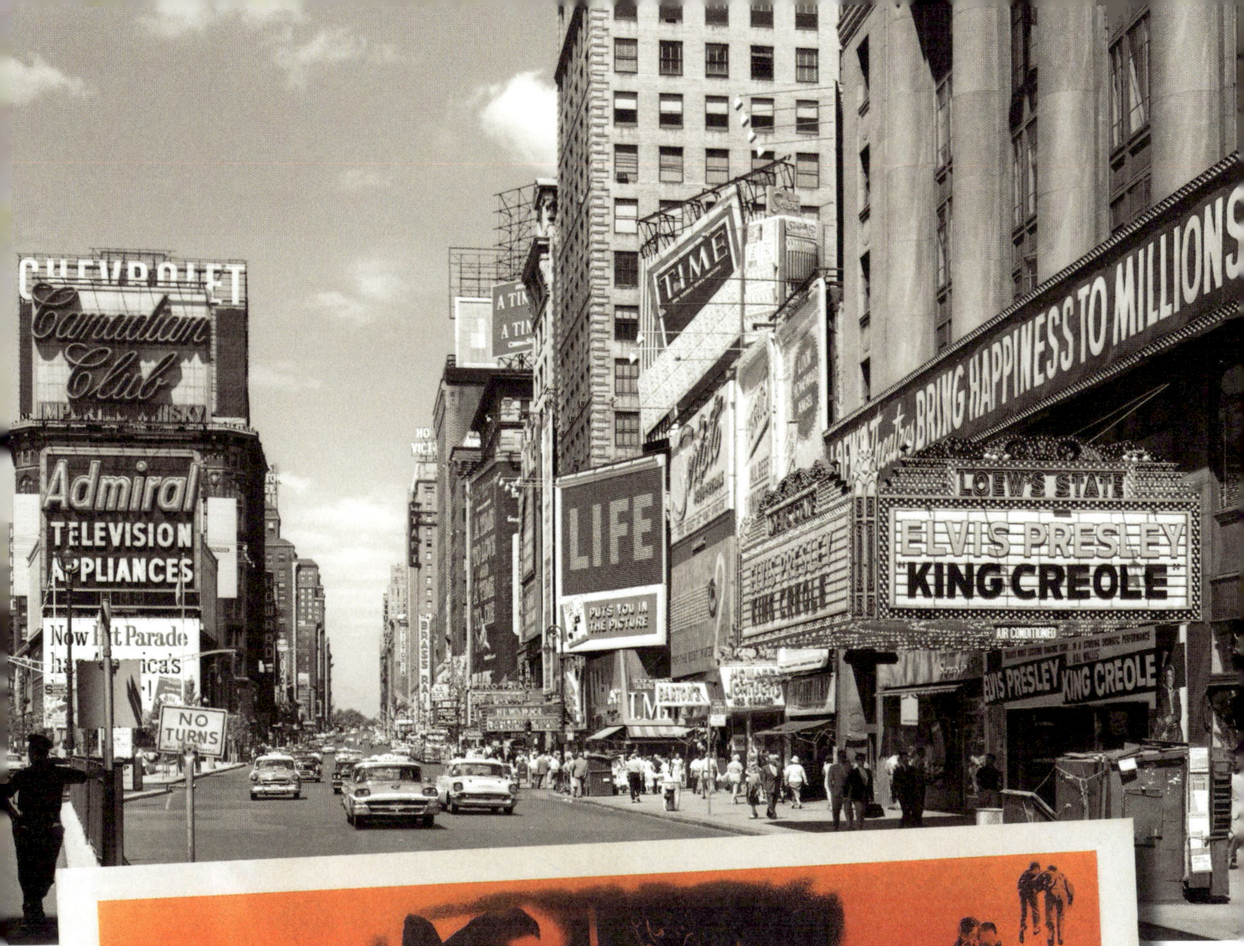
CHEVROLET
Canadian Club
Admiral
TELEVISION
APPLIANCES
NO TURNS
TIME
LIFE
PUTS YOU IN THE PICTURE
LOEW'S Theatres BRING HAPPINESS TO MILLIONS
LOEW'S STATE
ELVIS PRESLEY
"KING CREOLE"
AIR CONDITIONED
ELVIS PRESLEY KING CREOLE

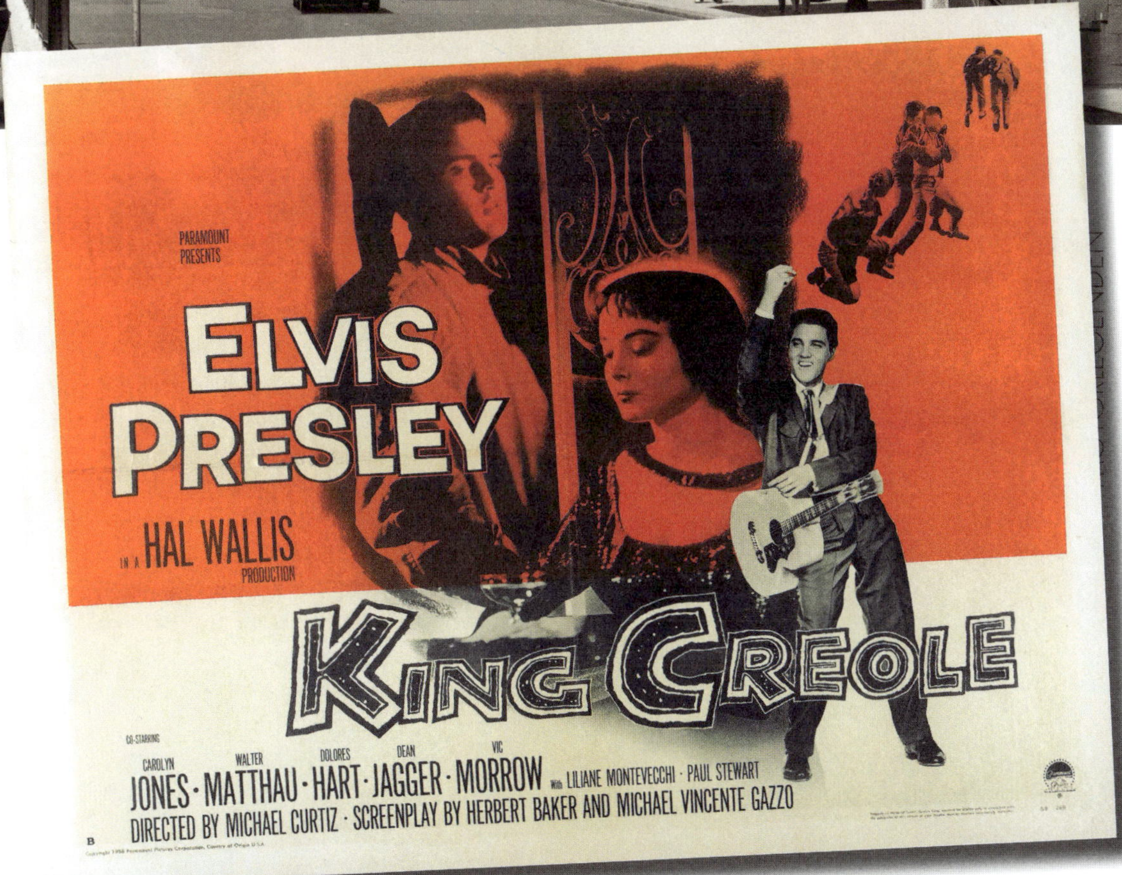
PARAMOUNT PRESENTS
ELVIS PRESLEY
IN A HAL WALLIS PRODUCTION
KING CREOLE
CO-STARRING
CAROLYN JONES · WALTER MATTHAU · DOLORES HART · DEAN JAGGER · VIC MORROW With LILIANE MONTEVECCHI · PAUL STEWART
DIRECTED BY MICHAEL CURTIZ · SCREENPLAY BY HERBERT BAKER AND MICHAEL VINCENTE GAZZO

„ICH WERDE BESTIMMT MAL EIN BERÜHMTER FILM-STAR, WOLLT IHR HÖREN, WIE ICH GITARRE SPIELEN KANN?“ – ELVIS 1952 ZU EINIGEN VERKÄUFERINNEN

und er selbst bezeichnete ihn später auch immer wieder als seinen Lieblingsfilm, aber an den vielen Abänderungen wird wieder einmal überdeutlich, wie klein der Einfluss des Akteurs auf seine künstlerische Entwicklung war. „Tom Parker war ein großartiger Geschäftemacher, aber er konnte nicht hören was ein Hit werden könnte oder ob ein Drehbuch gut oder schlecht ist“, bemerkte George Klein sehr treffend. 500 000 Dollar Gage für Elvis sprachen aber auch eine deutliche Sprache. „Parkers Ziel war es, Geld zu machen und das war es – alle Elvis Filme brachten viel Geld ein“, ergänzte sein anderer Freund Rex Mansfield passend. Und es wurde noch schlimmer.

SOLDIER BOY

Die bereits begonnenen Arbeiten an „King Creole“ hatten Elvis einen Aufschub seines Militärdienstes von zwei Monaten eingebracht, aber am 24. März 1958 stand seine Vereidigung in Memphis an. Nach der Grundausbildung in Fort Chaffee, Arkansas und in Fort Hood in Texas, wurde er nach Deutschland beordert. Die Reise dorthin begann am 1. Oktober 1958. Am 3. März 1960 war er zurück in seinem Heimatland. In der Zwischenzeit wurden zwar einige Szenen für seinen nächsten Film „G.I. Blues“ (Dt. Titel: „Café Europa“) in Deutschland gedreht, aber Elvis durfte nicht in der Fremde arbeiten. Er leistete seinen Dienst wie jeder andere Soldat auch. Für ihn kam ein Double zum Einsatz. Unter rund 500 in Deutschland stationierten US-Soldaten, hatte man Tom W. Creel ausgewählt, der ihm am meisten ähnelte – und sowieso nur von weitem gefilmt wurde. Am 21. April 1960 traf Regisseur Norman Taurog, der später noch acht weitere Filme mit Elvis inszenieren sollte, auf dem Gelände der Paramount Studios auf Elvis. Er hatte sich „Love me Tender“ angesehen, bevor er den Regieauftrag annahm und war angetan von dem 25-jährigen ohne Schauspielausbildung. Später sagte er in einem Interview: „Es mag Sie vielleicht überraschen, aber er wäre als ein guter Schauspieler gewürdigt worden, wenn man ihm nur ernsthafte Rollen gegeben hätte.“ Der von ihm inszenierte Film trug übrigens zu Beginn noch den merkwürdigen Titel „Christmas in Berlin“. Im Hinblick auf Autos ist an der belanglosen Geschichte eines Lady Killers, der darum wettet, eine Nachtclub Tänzerin ins Bett zu kriegen, nur interessant, dass ein weißer Mercedes 190 SL einige Male zu sehen ist. Was den Film allerdings besonders machte, ist die Tatsache, dass hier erstmals die „Formel", des erfolgreichen Elvis-Films erkennbar ist. Der Held wird als charmanter Lady Killer eingeführt, der gerade viel Spaß hat. Er trifft auf eine Frau, die ihm zunächst die kalte Schulter zeigt, mit der Zeit sich aber für ihn erwärmen kann. Ein paar Widersacher werden zumeist mit einer Schlägerei aus dem Weg geräumt. Ein paar Lieder, eine Bar, am Ende ein küssendes Paar, und einem Happyend steht nichts mehr im Wege. Und einen Hit gab es auch: „Wooden Heart", so das Original, sang Elvis auch mit zwei deutschen Passagen und Kindern. Das Volkslied aus dem Jahr 1827 wurde in der neuen Adaption zu einem Millionenseller und passte perfekt zu seiner aktuellen Situation. Schließlich hatte er im März 1960 Deutschland wieder verlassen. Er kehrte nie wieder zurück und besuchte, trotz mehrerer Ankündigungen auch niemals Europa. Tom Parker war dagegen.

MUSS I DENN ZUM STÄDTELE HINAUS

Zurück in den USA drehte Elvis 1960 zunächst den zweiten Western „Flammender Stern", zu dem 1969 noch der dritte mit dem Titel „Charro!" hinzukommen sollte sowie das Familiendrama „Wild in the Country" (dt. Titel: „Lied des Rebellen"). Aber man spürte bereits, dass das Interesse an

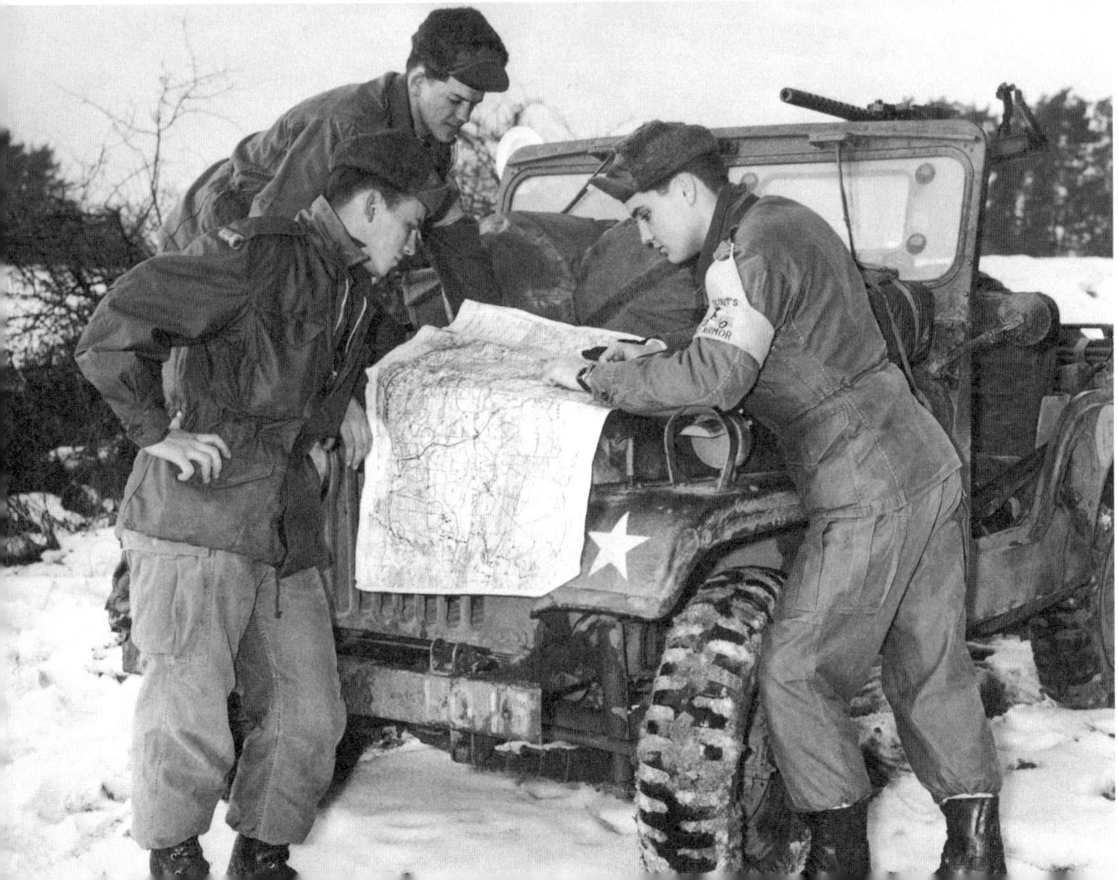

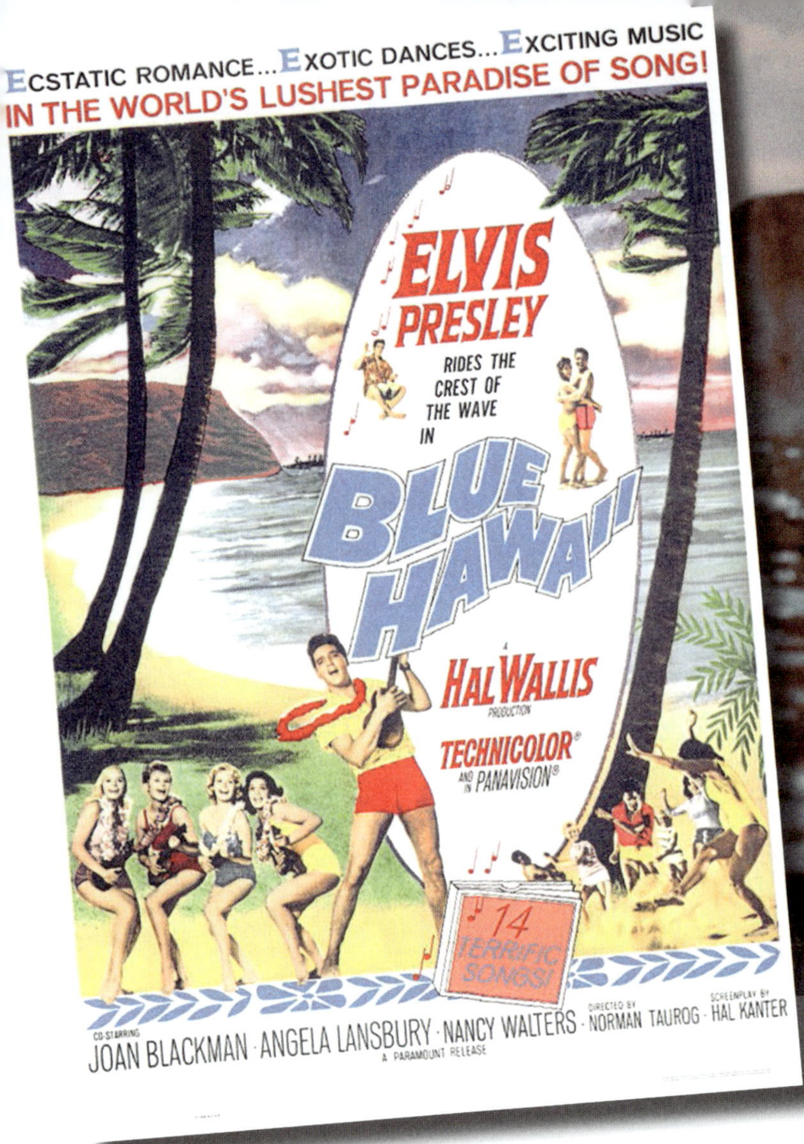

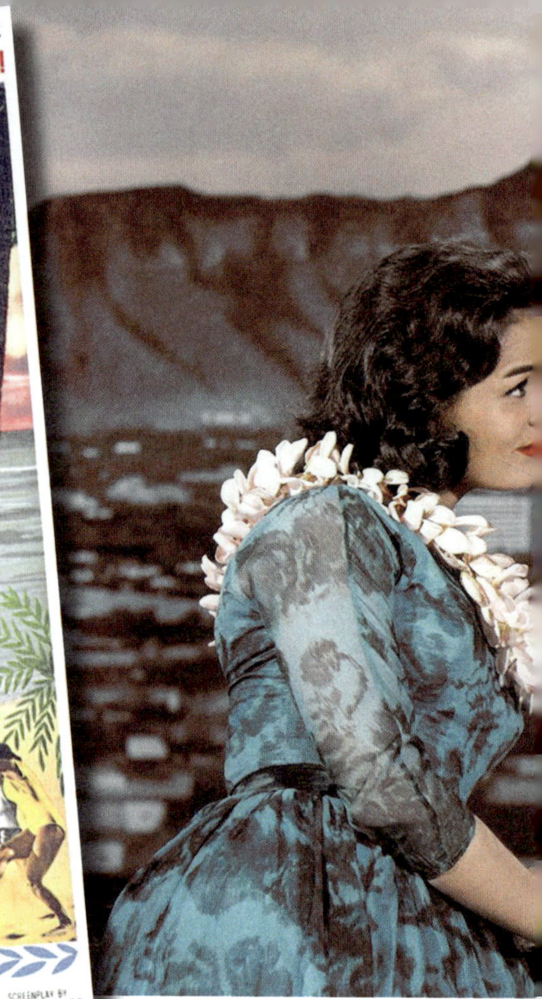

Elvis-Filmen langsam nachließ. „Flammender Stern“ hatte zudem fast keine Songs. Der Nachfolger spielte bei seiner ersten Veröffentlichung nicht mal die Produktionskosten wieder ein. Nach der Erinnerung von John Lennon sagte Tom Parker beim Besuch der Beatles in Elvis Haus am Perugia Way in Los Angeles am 27. August 1965 zu Brian Epstein, dem Manager der Beatles: „Ich habe mal die todsichere Elvis-Formel bei einem Film verlassen und prompt habe ich, erstmalig und letztmalig, Geld draufgelegt.“ Es war: „Lied des Rebellen.“ Die Macher mussten sich also ein neues Konzept überlegen, um weiterhin hohe Gagen fordern zu können und erfolgreich Platten zu verkaufen. So wurde die Idee entwickelt, Elvis nicht als mit Problemen behafteten Helden in dramatischen Filmen auftreten zu lassen, sondern exotische Kulissen auszuwählen, viele

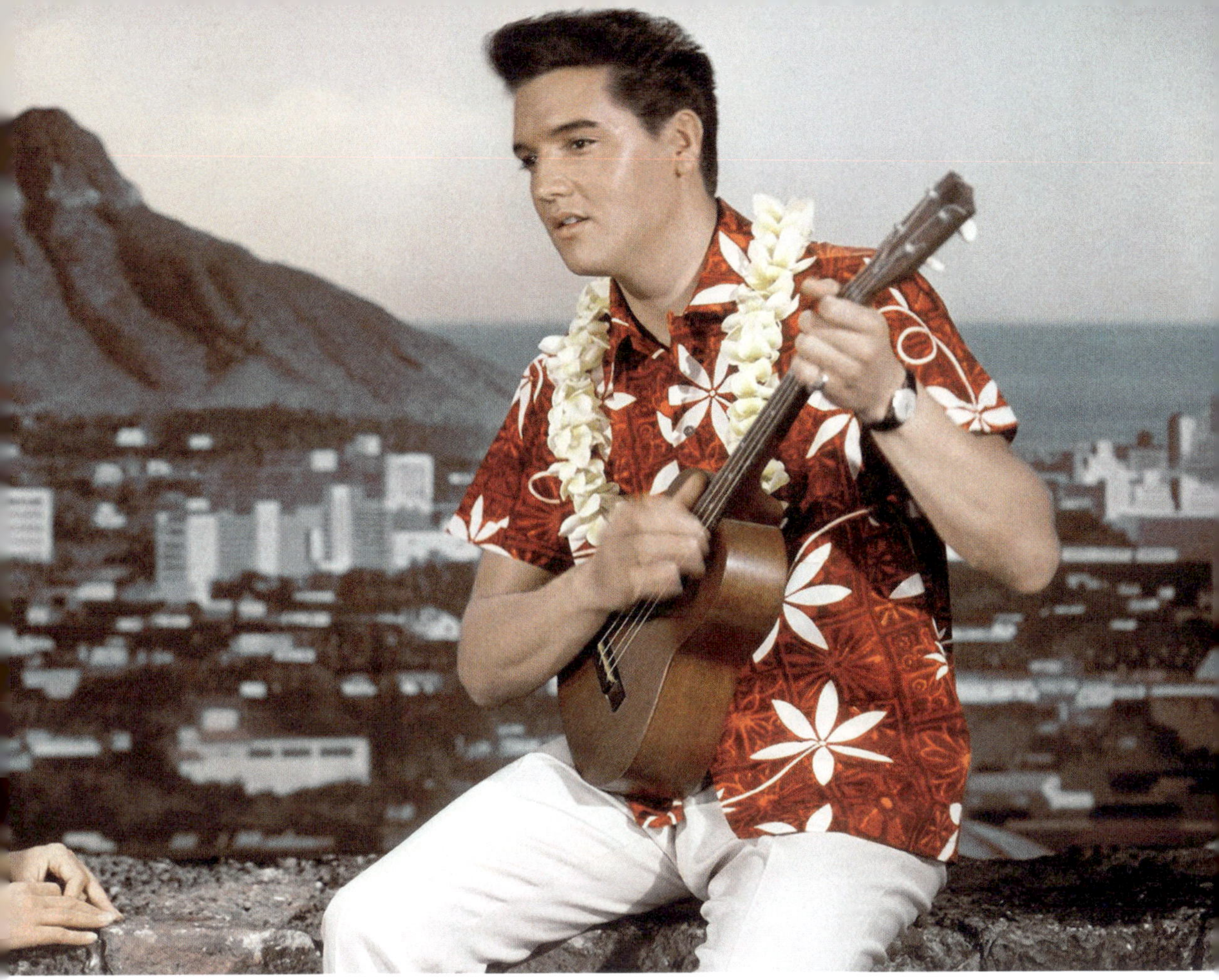

Frauen an seine Seite zu stellen und wieder sehr viele Songs zu integrieren. Das Konzept ging auf. „Blue Hawaii" (dt. Titel: „Blaues Hawaii"), vereinigte alles das. Der Film kostete zwei Millionen Dollar und spielte über 15 Millionen ein. Zwei Autos spielen auch eine wichtige Rolle – auch wenn diese ganz unterschiedlich stark präsent sind.

CAN'T HELP FALLING IN LOVE

Der erste Wagen ist ein roter MGA 1600 Mk I Roadster, der, zumindest, wenn man nach den Rücklichtern und der Front geht, aus dem Juli 1959 stammte. Vorne rechts auf der Windschutzscheibe ist allerdings deutlich ein Schild zu sehen auf dem „Hawaii 1961" steht. Gleich zu Anfang der Geschichte gerät die von Joan Blackman gespielte Maile Duval in eine Verkehrskontrolle, wird aber von dem ihr bekannten Polizisten auf der Harley zum Flughafen geleitet. Der parkt dort sogar noch ihren Wagen ein. Danach holt sie den von Elvis gespielten Chad Gates am „Honolulu International Airport" ab und schon ist

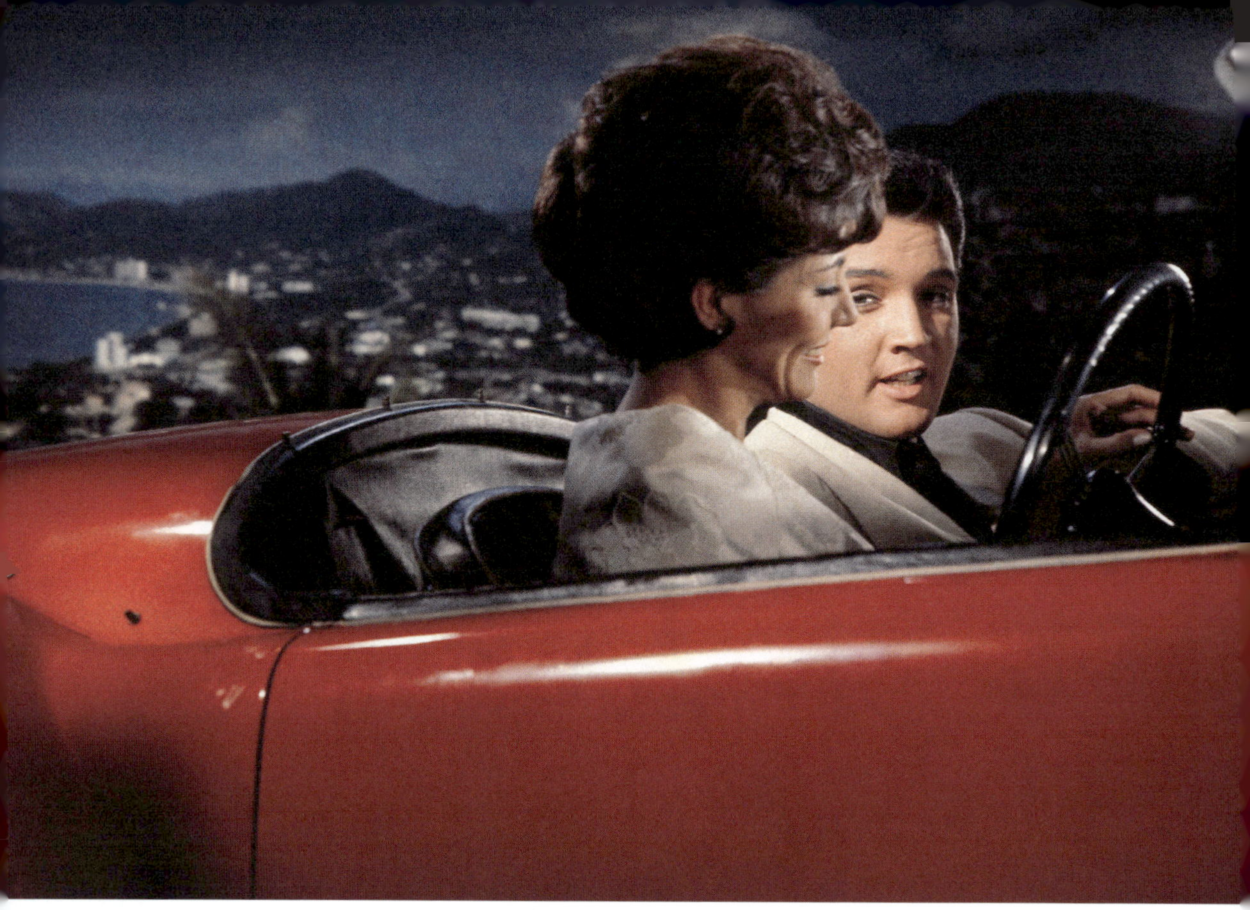

zu sehen, dass die beiden tatsächlich im Studio vor einer Leinwand agieren. Da der Mann nach acht Minuten auch schon anfängt im Auto zu singen, und es wohl zu aufwändig war, die Szene auf Hawaii zu drehen, kommt hier erneut die sogenannte Rückprojektion zum Einsatz. Gesungen wurde im Studio, der Wagen stand vor einer Leinwand. Auf den Innenspiegel verzichtete man dabei – den braucht man in den Hallen der Paramount ja auch nicht.

Der Roadster war vor allem in der ersten Hälfte des Films zu sehen. Das Ganze wirkte zuweilen wie Product-Placement. Sogar das Stück „Almost Always True", sang Elvis in dem Engländer. Er war so verliebt in den Wagen, dass er ihn (Kennzeichen A – 9846, VIN GHNL75732) nach den Dreharbeiten erwarb und in Los Angeles behielt. Dort erhielt er das Kennzeichen STS 527. Er war häufiger an seiner damaligen Adresse 525 Perugia Way in Bel Air zu sehen. Noch in den 60er Jahren überließ Elvis ihn seiner Sekretärin. Die verkaufte ihn später an einen Autohändler in Los Angeles. Der Wagen blieb im Umfeld von Elvis, denn ein Mitarbeiter der Crew des Films „Spinout" (Sag niemals ja) erwarb ihn 1966 und überraschte damit seine Tochter bei ihrer Hochzeit. Anschließend geriet

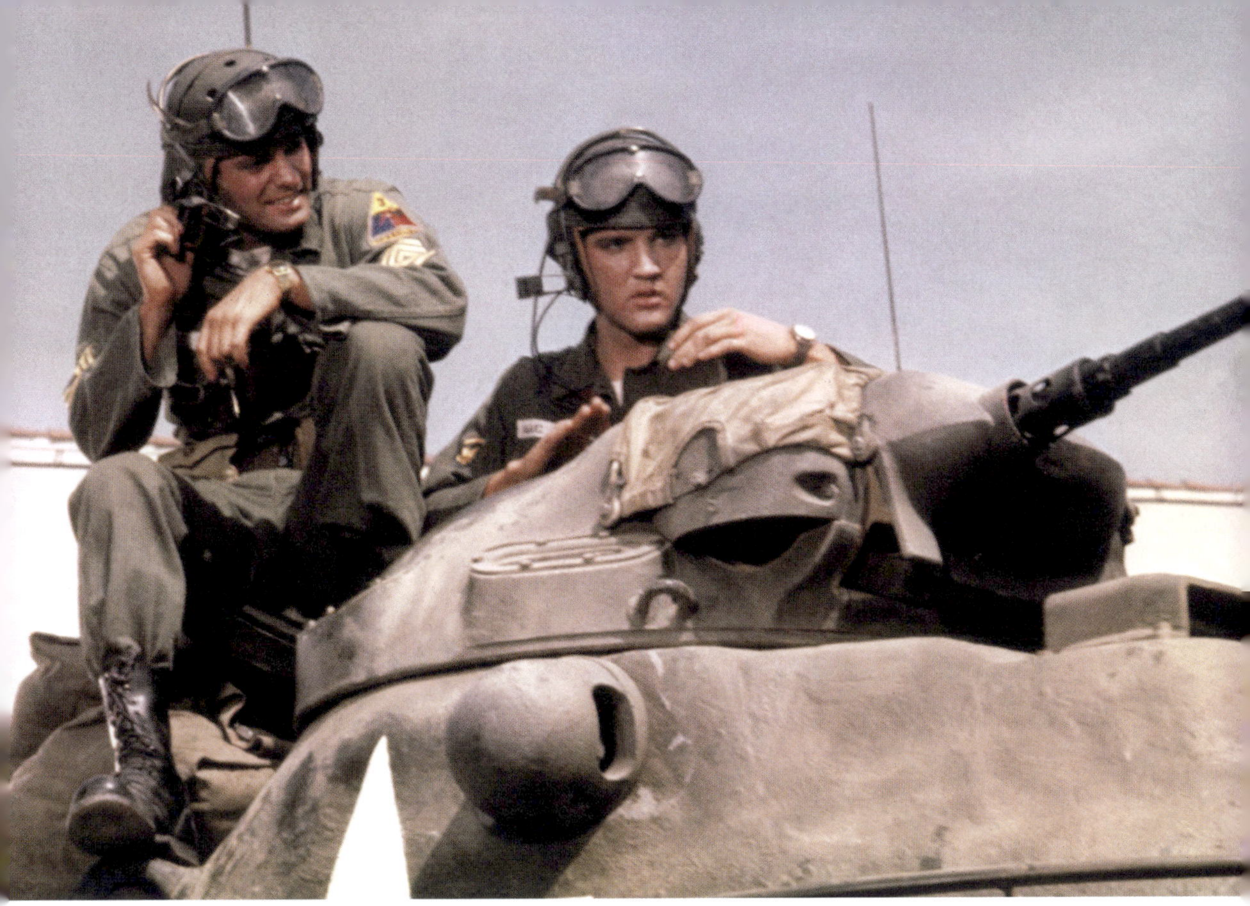

er in das Eigentum des Elvis-Freundes und Sammlers Jimmy Velvet, der ganz in der Nähe von Graceland ein eigenes Museum mit Elvis Devotionalien betrieb. Er ließ den MGA restaurieren und stellte ihn jahrelang aus. Doch Finanzprobleme zwangen ihn zum Verkauf. Bei der „Butterfield & Butterfield“ Auktion am 6./7. Oktober 1995 tauchte er als Lot 1206 auf. Der Schätzpreis von 125.00/150.000 Dollar wurde nicht erreicht, aber offensichtlich machte „Elvis Presley Enterprises“ dem Anbieter ein Angebot, das er nicht ausschlug. So erwarben die Erben den Wagen und stellen ihn seit dem 2. März 2017 auf dem Graceland Areal im jetzigen „Presley Motors Automobile Museum“ aus. Zwischenzeitlich wurde der Wagen bei Premieren und Shows in Hollywood, Little Rock, Arkansas, São Paulo, London und sogar auf Hawaii gezeigt. Warum allerdings im Museum hinter dem MGA ein Werbeplakat für einen roten MGB zu sehen ist, wissen nur die Verantwortlichen. Immerhin ist der Innenspiegel wieder dran, und ein rechter Außenspiegel kam auch dazu.

JEEPS: „G.I. BLUES“ / „BLUE HAWAII“ / „TICKLE ME“

Schon während seiner Armeezeit in Deutschland war Elvis mit einem historisch bedeutsamen Vehikel in Kontakt

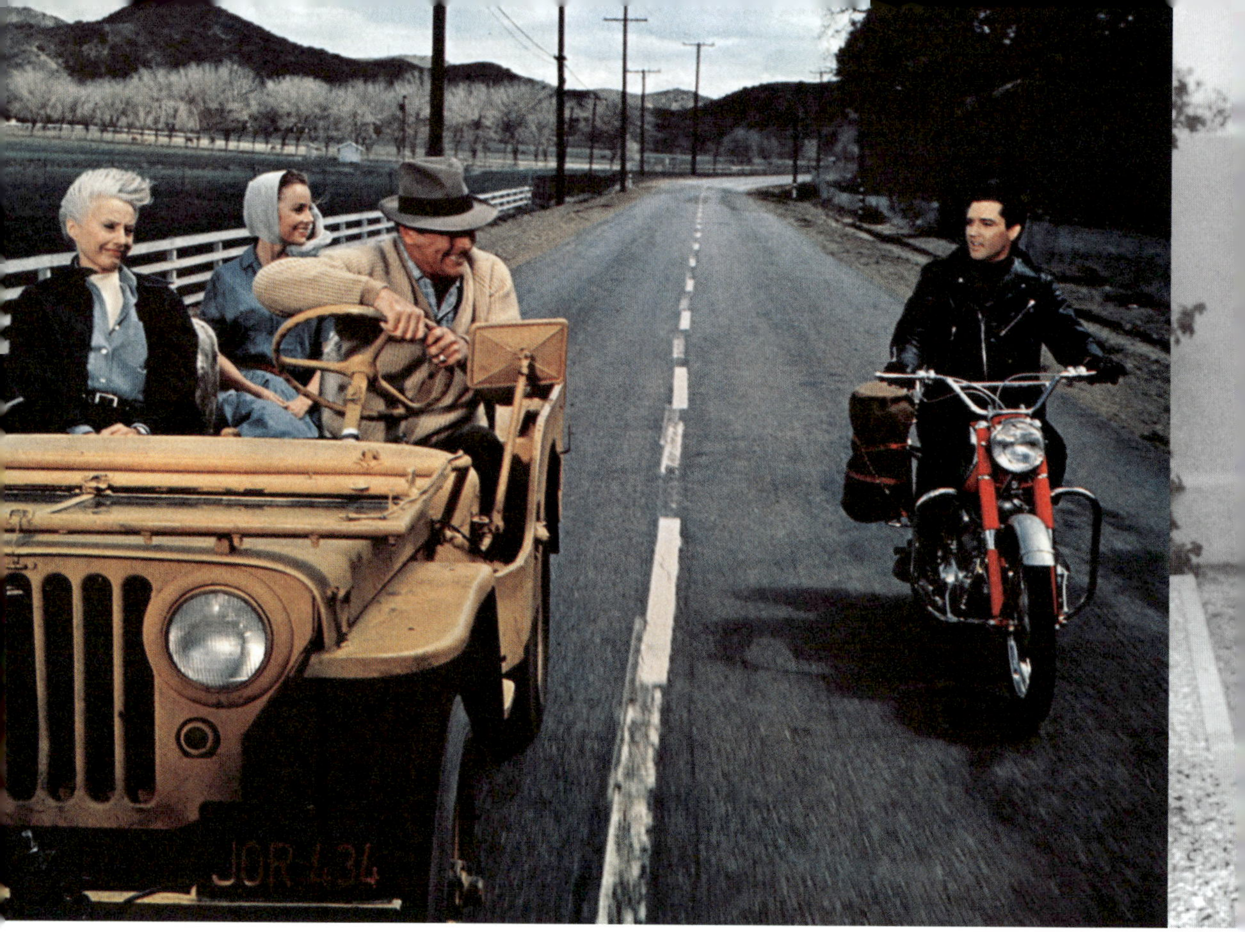

gekommen: dem Willys Jeep. Die „American Bantam Car Company" aus Pennsylvania hatte im Auftrag der Armee 1940 einen Prototyp entwickelt. Zehn Jahre später hatte die „Willys-Overland-Company" aus Ohio sich den Namen „Jeep" schützen lassen. 1958 wurde einer von den bis dahin rund 100.000 für die Armee produzierten Wagen Elvis Fortbewegungsmittel. Mit dem M38A1 Jeep, der HQ 31 genannt wurde, war er in den Ray Barracks in Friedberg und Umgebung unterwegs, denn er wurde Jeep-Fahrer bei den Scouts der Hauptquartier Kompanie. Zunächst war er drei Wochen lang Jeep-Fahrer für Captain Russell, dem Chef der D-Kompanie, doch diesen nervte die Prominenz des Sängers. Also wurde Elvis zur C-Kompanie versetzt. Die bestand aus 32 Männern und verfügte über 14 Jeeps, Späh-Jeeps und MG-Jeeps. Im Scout Platoon, 1st Medium Tank Bataillon, 32nd Armor, der 3. Armored Division war er dann als Chauffeur von Sergeant Ira Jones ein winziger Teil der 7. US-Armee. Bekannt geworden ist, dass Elvis immer der Beste sein wollte und dementsprechend auch seinen Jeep immer tadellos in Ordnung hielt. Ira Jones veröffentlichte 1992 ein Buch über seine Bekanntschaft mit dem berühmten Soldaten, dass er „Soldier Boy Elvis"

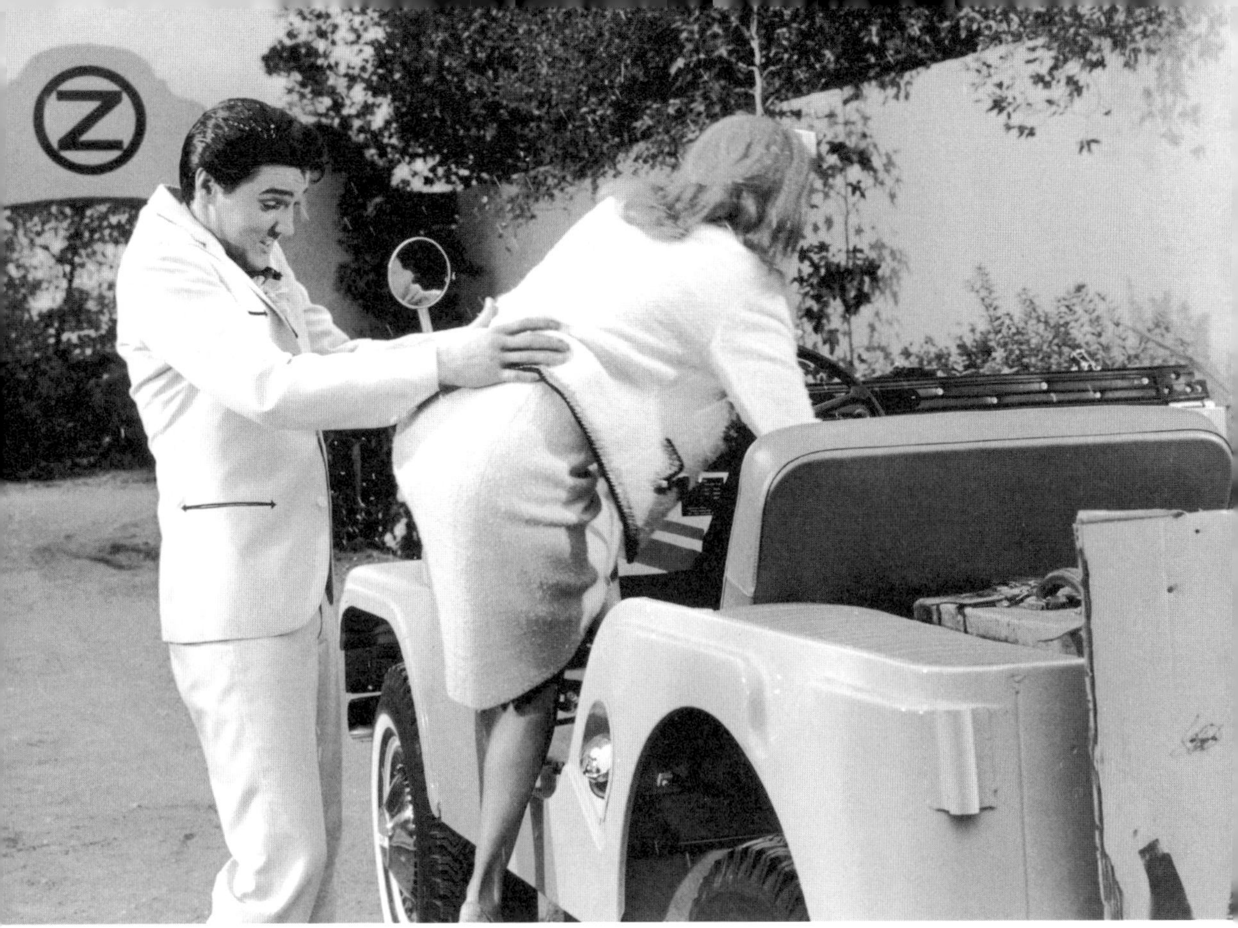

Elvis Presley ist Julie Adams in „Cowboy-Melodie“ beim Einsteigen behilflich.

nannte. Daraus geht hervor, dass der junge Elvis in seinem Jeep mehrfach bitterlich weinte, weil er sich alleine fühlte und seine kürzlich verstorbene Mutter vermisste. Auch die Nähe zur tschechoslowakischen Grenze, wo russische Soldaten stationiert waren, bereitete ihm Sorgen. Dass er während des Manövers „Winter Shield“ oft im offenen Jeep fahren musste, störte ihn sehr. So soll er zu einem Kameraden gesagt haben: „Du kannst dir gar nicht vorstellen, wie sehr ich das hasse.“ Als er im Februar 1960 zum Sergeanten befördert wurde, durfte er eine Jeep-Aufklärungsgruppe führen. Im Film „G.I. Blues“ (Café Europa) ist er zwar meist als Schütze in einem Panzer zu sehen, doch auch ein Jeep ist in mehreren Szenen präsent. Der von Arch Johnson gespielte Sergeant McGraw fährt ihn. Trotzdem erschien später in einer Sammelkarten Edition ein Bild mit Elvis am Steuer eines Willys Jeep.

Trotz der eher schlechten Erinnerungen an den Jeep kaufte sich Elvis am 12. Juli 1960 bei „Sharp Motors“ in Memphis einen Jeep mit der Bezeichnung DJ-3A in der sogenannten „Surrey“ Ausführung

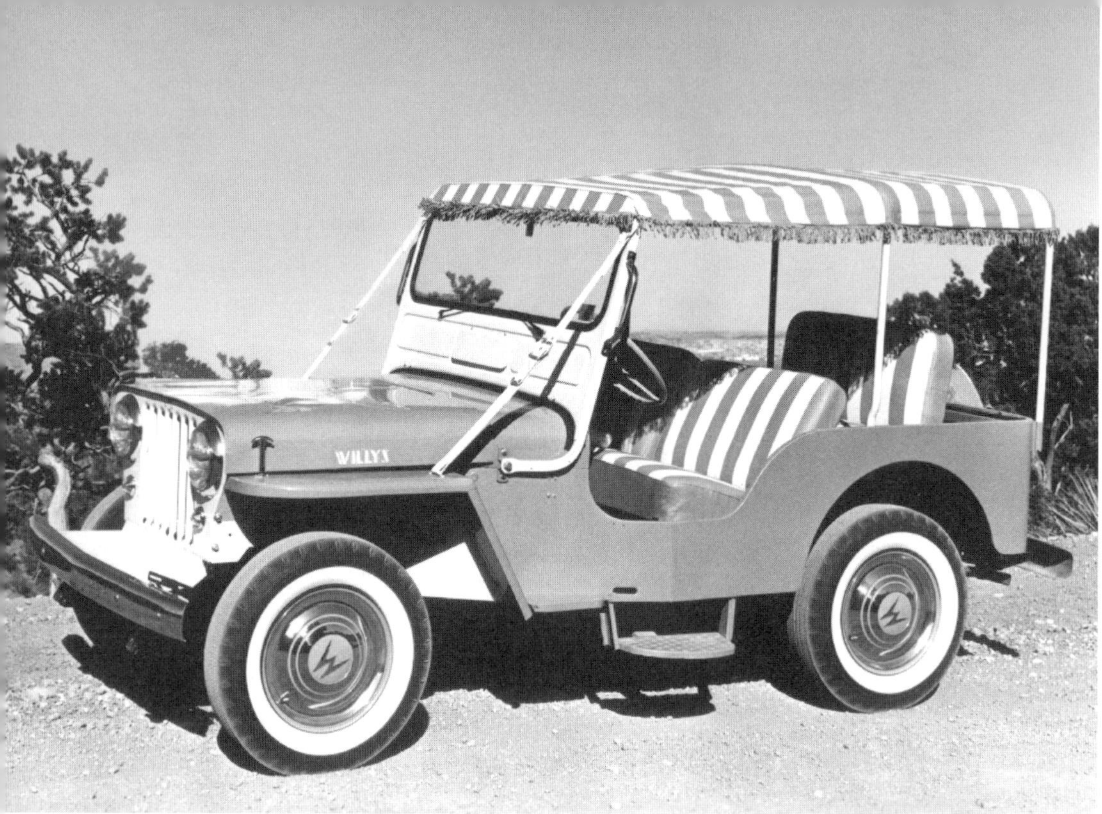
WILLYS

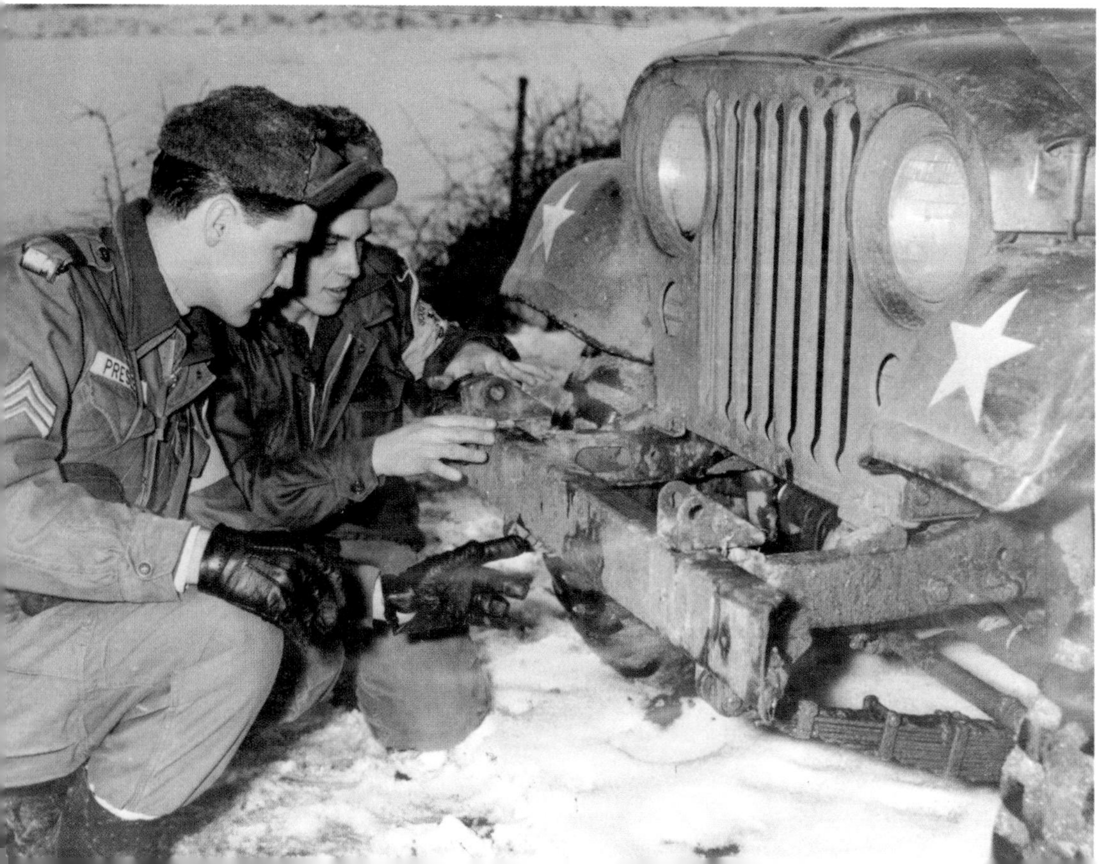

(„Gala“ außerhalb der USA). Er war in Tropical Rose und Coral Mist lackiert – also einer Mischung aus Pink und Orange. Exakt so ein Wagen (aber ein anderes Exemplar) spielte in seinem achten Film „Blue Hawaii“, der zwischen dem 17. März und 17. April 1961 entstand, eine Rolle. Den 1955 eingeführten Typ gab es ab 1959 in dieser Ausführung mit einem gestreiften Stoffdach. Er war für Urlaubsorte gedacht, passte also perfekt in die hawaiianischen Kulissen. Der Film-Jeep hatte nur einen sehr kurzen Auftritt, sein weiteres Schicksal ist nicht geklärt. Dasjenige des Jeeps von Elvis dagegen schon: Jener verfügte anfangs über einen geschwungenen „Graceland“ Schriftzug an den Seiten und war für Aktivitäten in seinem privaten Umfeld gedacht. Seine Freunde und Mitarbeiter, aber auch sein Onkel Travis Smith nutzten ihn in Graceland. Irgendwann stand neben dem Haus im Freien und

„DU KANNST DIR GAR NICHT VORSTELLEN, WIE SEHR ICH DAS HASSE.“
– ELVIS WÄHREND SEINER MILITÄRZEIT ÜBER DIE WINTERLICHEN FAHRTEN IM OFFENEN JEEP

wurde Wind und Wetter ausgesetzt. Nach Elvis Tod begann man mit der Restaurierung. Der Schriftzug verschwand und auch der weiße „Willys“ Text. Außerdem bekam er ein neues Dach. 1983 sah man ihn als hübschere Version wieder, mit neuem gestreiftem Polster, das der Originalversion nahekam, weißem Faltdach, den Fransen daran, die zur „Surrey“ Ausstattung gehörten, passenden Türen und einem Überzug über dem Ersatzrad. Vier Jahre später waren die Sitzbezüge allerdings schon wieder ausgeblichen und auch die weißen Fransen verschwunden. Ein Jahr später erschienen die Sitze in rosa. Inzwischen ist der mehrfach restaurierte Wagen bei „Elvis Presley Motors“ in Graceland zu sehen. 2015 übrigens mit rosa Fransen, vier Jahre später wieder mit weißen Fransen. Verfranst, sozusagen.

Fünf Jahre nach dem Kauf des Jeeps saß Elvis wieder beruflich in einem dieser Wagen. Im Film „Tickle Me“ (Cowboy Melodie) gibt es eine kurze Szene, in dem er on location und im Studio in einem blauen Sondermodell zu sehen ist. Es ist ein 1965er Tuxedo Parks Edition Mark IV. Filmpartnerin Julie Adams fährt ihn auch. Der Wagen vom Typ CJ-5A mit der VIN 832213079 erhielt eine Sonderausstattung. Dazu zählte ein Lenkrad in der Ausführung „Indian Ceramic“, eine verstärkte Bremse und die entsprechenden Federn, eine Dreigang-Lenkradschaltung, ein Differentialgetriebe mit Einhebelschaltung, eine klappbare Kennzeichenhalterung, Chromstoßstangen, Heck- und Rückfahrleuchten, Drehgelenken an der Windschutzscheibe und Schnappverschlüssen auf der Haube. Der Wagen wurde über die US- Webseite www.classiccars.com angeboten und verkauft. Er stand in Midland, Texas. Der alte und neue Eigentümer sowie der Preis sind nicht bekannt geworden.

ALWAYS ON MY MIND

Dafür wurde bekannt, was Elvis in ein anderes Auto investierte, das zur Werbung von „Tickle Me" eingesetzt wurde: sehr, sehr viel Geld. Am 22. Dezember 1959, noch von Deutschland aus, kaufte er bei „Southern Motors Inc." eine Cadillac Series 75 Fleetwood Limousine (Kennzeichen: 2 X 139), die eine Woche später nach Graceland geliefert wurde. Zurück in den USA begann Elvis Anfang 1960 mit den Arbeiten an dem Film „G.I. Blues" und drehte im Anschluss „Follow That Dream" in Florida. Abseits der Aufnahmen war er mit dem Cadillac unterwegs.

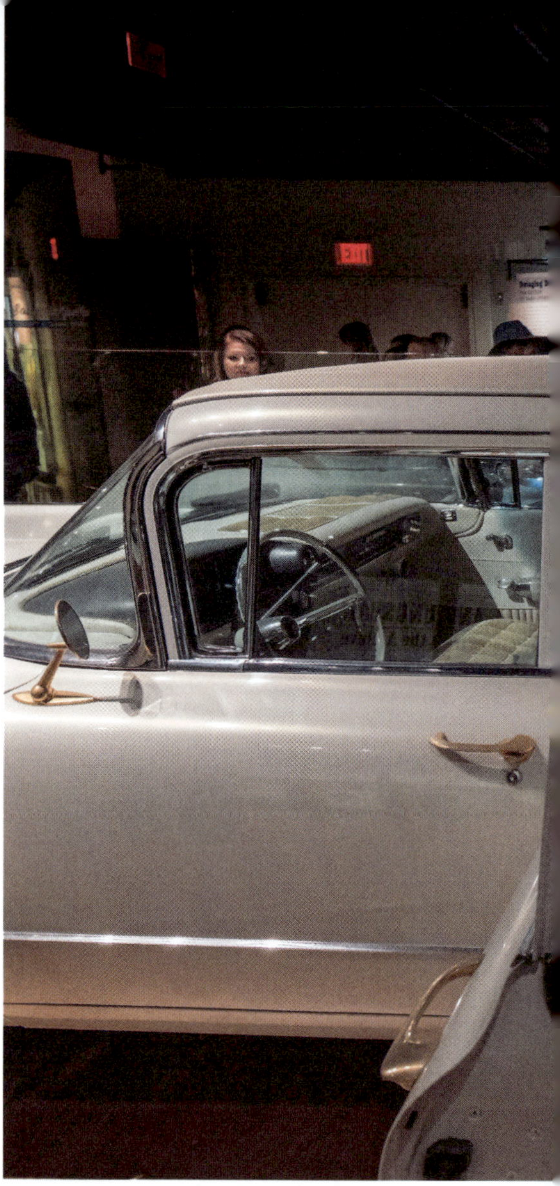

In dieser Zeit beauftragte er den Auto -Tuner und Veredler George Barris, den Wagen umzubauen. Dieser begann damit, das Dach zu erhöhen und die Fenster im hinteren Bereich durch Bullaugen zu ersetzen. Er erschuf eine spezielle Lackierung mit einer Mischung aus zerstoßenen Diamanten und Fischschuppen, die ein ganz besonderes Leuchten hervorrief. Angeblich wurden dafür 40 Schichten Farbe benötigt. Barris nannte die Farbe „Diamond Dust Pearl" und benötigte allein dafür drei Monate. Alle metallenen Teile wurden mit 24 karätigem Gold überzogen, auch die Türgriffe. In den Dachhimmel wurden sechs goldene Schallplatten eingelassen. Die Sitze bestanden aus Kunstleder, die Schafsteppiche wurden aus

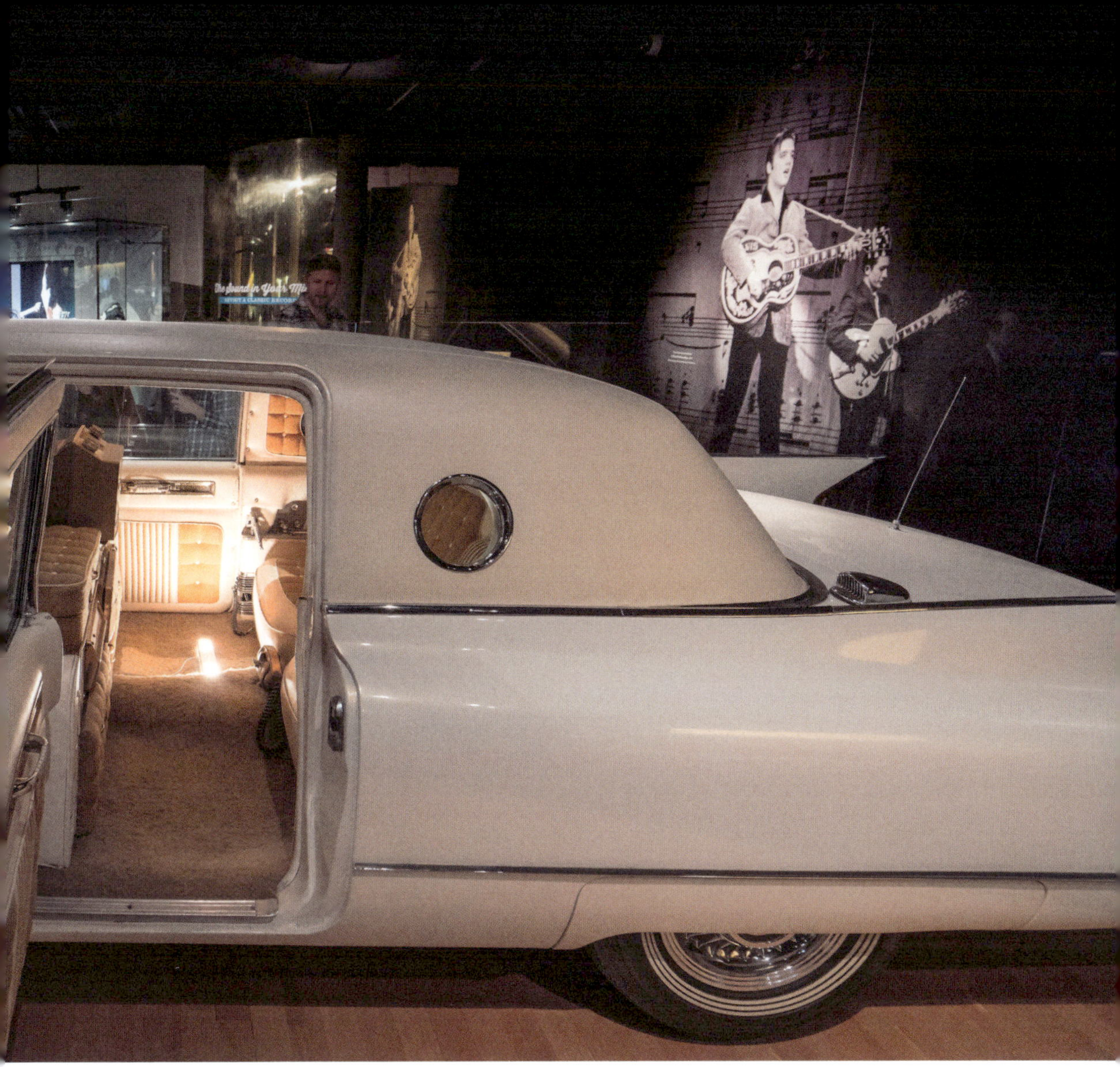

Frankreich importiert. Drinnen gab es einen goldenen Rasierer, einen Haarschneider, eine Schuhputzmaschine, einen mit Gold überzogenen Fernseher, einen automatischen Wechsler für 15 Schallplatten, ein Mikrofon, ein Telefon mit goldenen Schuppen und eine Bar mit Kühlschrank in der in zwei Minuten Eiswürfel entstanden. Dafür bezahlte Elvis über 65.000 Dollar nur an George Barris. Der gab den Wert des Wagens mit etwa 100.000 Dollar an. Das zog natürlich Neider und übereifrige Fans an, die versuchten Teile abzureißen, was dazu führte, dass der Wagen zunächst aus der Öffentlichkeit verschwand. 1963 sorgte Tom Parker dafür, dass der Wagen ausgestellt

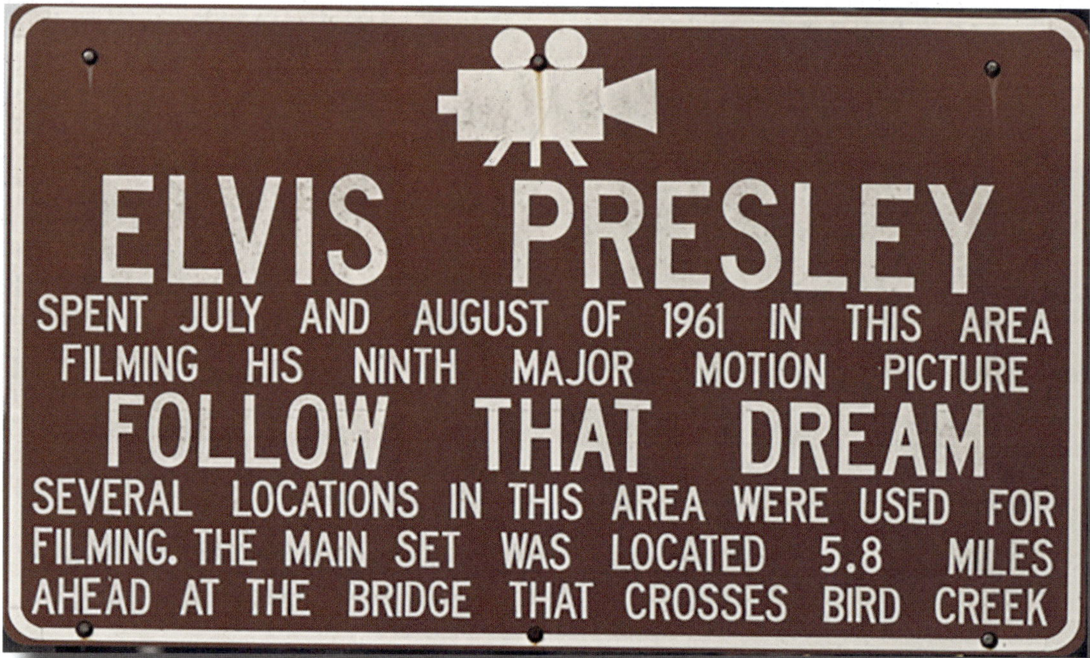

wurde. Die Tour begann in Australien, und als er ein Vehikel für die Promotion des Films „Tickle Me" suchte, kam er auf den Cadillac, sprach mit der Plattenfirma und vereinbarte einen Preis von 24.000 Dollar, einen Bruchteil des Werts. Mit dem neuen Kennzeichen 2UN-93, tourte der Wagen durch die USA. Selbst bei den Dreharbeiten von „Spinout" im Frühjahr 1966 war er noch dabei. Danach folgte eine Australien- und Neuseeland Tour, schließlich wurde er der „Country Music Hall of Fame" in Nashville zur Verfügung gestellt. Die zeigt ihn seit dem Jahr 1977 (Kennzeichen RH-5325).

> „PARKERS ZIEL WAR ES, GELD ZU MACHEN UND DAS WAR ES – ALLE ELVIS FILME BRACHTEN VIEL GELD EIN."
>
> – REX MANSFIELD

THE FOOL

„Blaues Hawaii" entpuppte sich als der erfolgreichste aller Elvis Filme und schnell gab es Bestrebungen, mit einem vergleichbaren Konzept weiterzumachen. Doch da die nächsten Filme schon in Vorbereitung waren, sollte eine gewisse Zeit vergehen, bis ein ähnlich erfolgversprechender Film umgesetzt

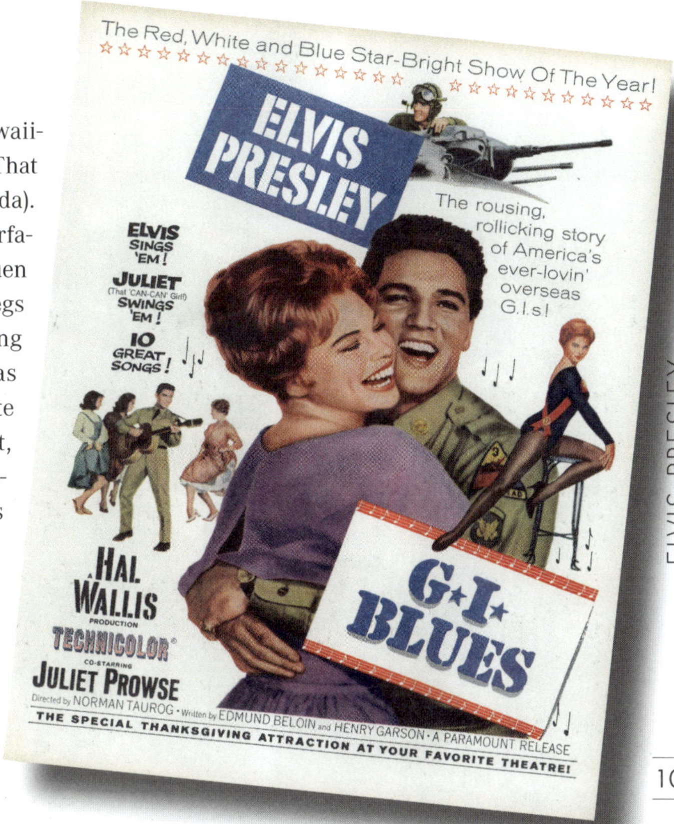

werden konnte. Nach dem Hawaii-Abenteuer folgte „Follow That Dream“ (Ein Sommer in Florida). Darin geht es um eine Siedlerfamilie, die in einem offenen grauen Ford Model A Touring unterwegs ist, dass zumindest zu Anfang eine wichtige Rolle spielt. Das von Arthur O´Connell gespielte Familienoberhaupt beschließt, illegal in Florida zu campieren. Er hält einfach an, als ihm das Benzin ausgeht und schlägt ein Lager auf, das mit der Zeit immer größer wird. Der Ärger mit den Behörden lässt nicht lange auf sich warten. Vor dem Malheur ist auch zu sehen, wie der von Elvis gespielte Sohn Toby den kompletten Wagen inklusive seines Vaters, drei Kindern und einer Babysitterin über einen Baumstamm hebt. Das erinnert schon sehr an Superman. Eine Illustration des Wagens schaffte es auch auf verschiedene Filmplakate. Darauf ist natürlich zu sehen, wie Elvis mit Gitarre in der Hand im Wagen singt und spielt. Später wurde ein Teil der Bundesstraße SR 40 zwischen Inglis und Bird Creek Beach an der Westküste Floridas in „Follow That Dream Parkway“ umbenannt. In Yankeetown erinnert eine Tafel an die Dreharbeiten im Juli und August 1961.

Nach „Follow That Dream“ folgten in kurzen Abständen die Filme „Kid Galahad“ (Harte Fäuste, heiße Liebe), „Girls! Girls! Girls!“, der unter demselben Titel auch in Deutschland in den Kinos lief, „It Happened At the World´s Fair“ (Ob blond, ob braun), „Fun in Acapulco“ (Acapulco) und „Kissin´ Cousins“ (Die wilden Weiber von Tennessee). Alle Filme einte, dass sie fast immer in vier bis fünf Wochen entstanden, eine Reihe von nicht besonders attraktiven Songs für eine EP und später auch für eine LP zum Film boten und die Produktionskosten wieder eingespielt wurden. Dennoch entstand der Eindruck, dass Elvis sich zum Narren machte, in mittelmäßigen Filmen mitzuwirken und ebensolche Songs interpretierte, die auch auf den Platten

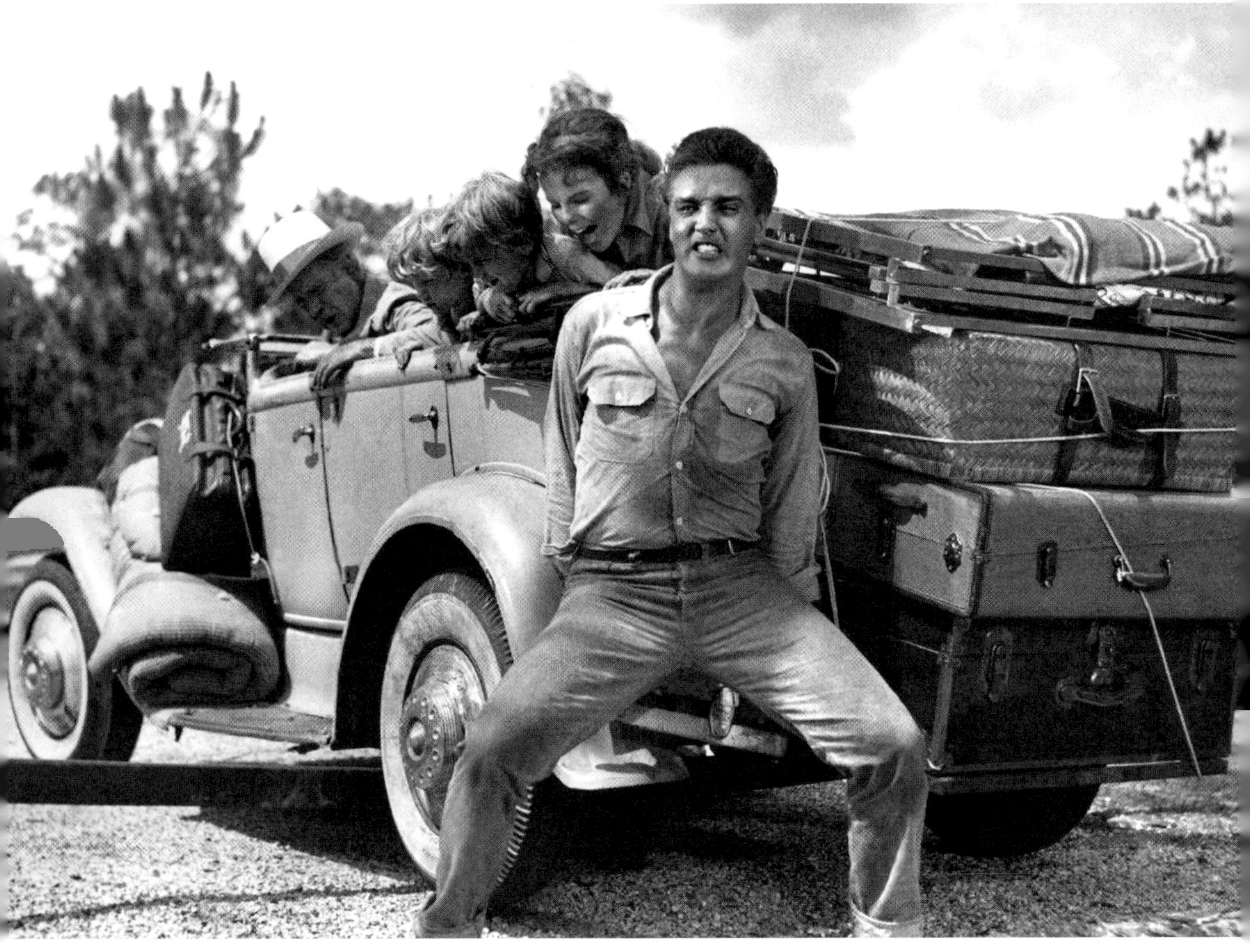

formelartig erschienen.
Auch die Einspielergebnisse waren mäßig. „Kid Galahad“ kostete 1,75 Millionen Dollar und schaffte es gerade auf Platz 37 der erfolgreichsten Filme des Jahres 1962. „It Happened At the World´s Fair“ spielte gerade mal 2,25 Millionen Dollar ein. Der Tiefpunkt war sicherlich „Kissin‘ Cousins“, der in nur drei Wochen für ca. 800.000 Dollar entstand. Darin tauchte Elvis in einer Doppelrolle auf. Als Cousin dritten Grades trägt er eine blonde Perücke ...

1963 hatte Elvis 14 Filme in sechs Jahren abgedreht, und man fing an, sich über ihn lustig zu machen. Hinzu kam, dass andere Künstler, auch aus anderen Ländern, die Spitzen der Hitparaden und Verkaufscharts belegten. Die schrieben zum großen Teil ihr Material selbst. Die Beatles erlebten 1963 ihren Durchbruch, erreichten mit der Single „She Loves You“ Platz 1 der britischen Charts und mit „I Wanna Hold Your Hand“ den 1. Platz der britischen und amerikanischen Charts. Die Rolling Stones

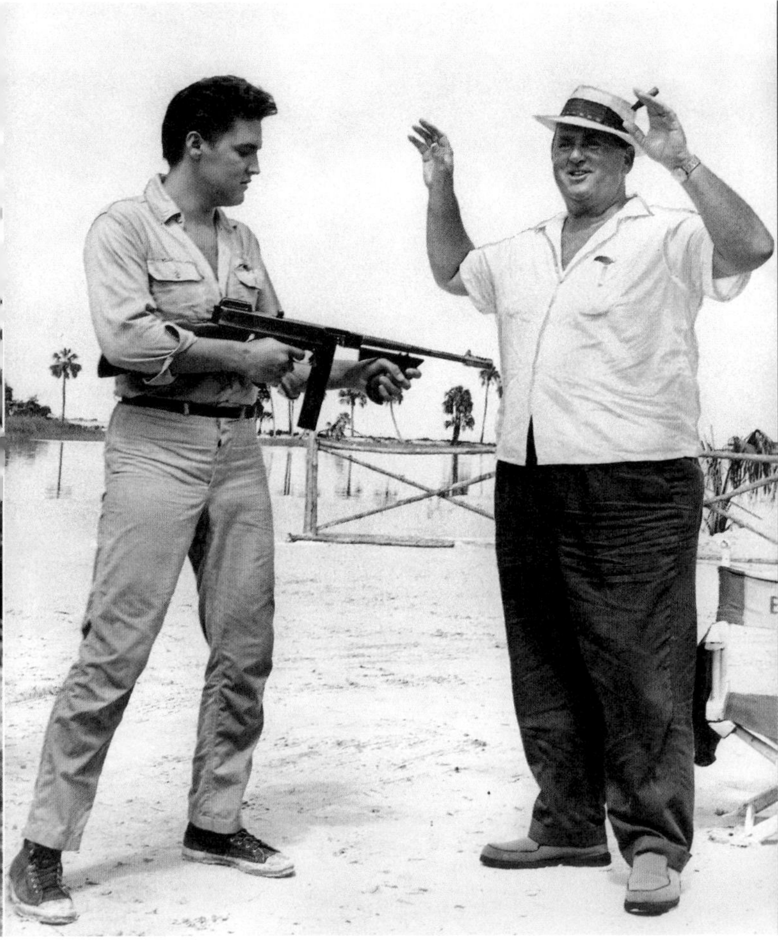

„ICH HABE MAL DIE TODSICHERE ELVIS-FORMEL BEI EINEM FILM VERLASSEN UND PROMPT HABE ICH, ERSTMALIG UND LETZTMALIG, GELD DRAUFGELEGT."

— TOM PARKER ZU BRIAN EPSTEIN, DEM MANAGER DER BEATLES

standen in den Startlöchern, feierten 1963 erste Chart-Erfolge und erzielten 1964 und 1965 Millionenverkäufe. In den USA gingen die Menschen auf die Straße und protestieren gegen Polizeigewalt, Rassismus und Vietnamkrieg. Bob Dylan wurde, unterstützt von Joan Baez, zu einer der Stimmen der Protestbewegung. Die Konkurrenten setzten sich mit selbst geschriebenen Stücken kritisch mit der aktuellen politischen Situation auseinander, nur Elvis trällerte in belanglosen Filmen belanglose Lieder.

VIVA LAS VEGAS

Das änderte sich zumindest ein wenig, als Ann-Margret (eigtl. Ann-Margret Olsson) in sein Leben trat. Die gebürtige Schwedin konnte sowohl tanzen als auch spielen, singen und Klavier spielen und hatte mit dem Musical-Film „Bye Bye Birdie" einen großen Erfolg erzielt. Als man sie neben Elvis in dem Film „Viva Las Vegas" (Tolle Nächte in Las Vegas) besetzte, war allen nach Drehbeginn sofort klar, dass es zwischen den beiden Stars kräftig funkte. Auf

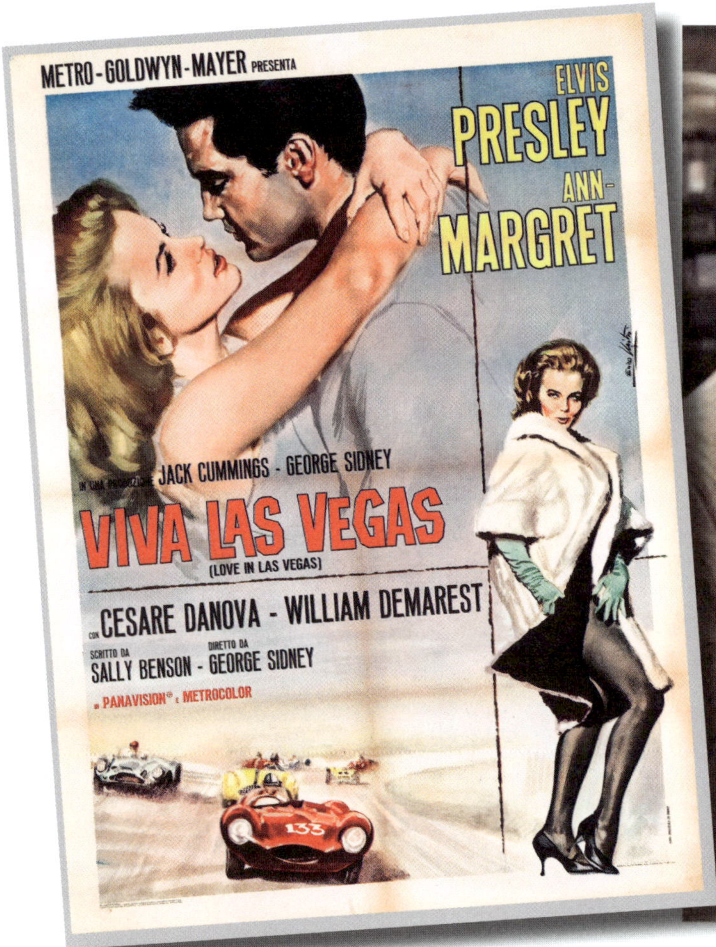

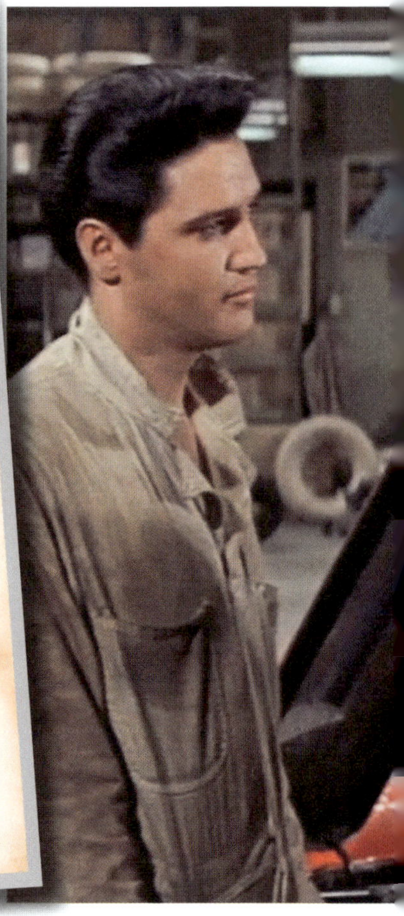

einmal hatte der Schwerenöter eine ebenbürtige Partnerin an seiner Seite, was sich sowohl positiv auf den Film als auch auf seine Leistung auswirkte. Dieses Mal nahm man sich mit der Produktion auch mehr Zeit. Gefilmt wurde zwei Monate lang (15. Juli bis 16. September 1963), Drehorte waren nicht nur Las Vegas bei Tag und Nacht, sondern auch der Hoover Damm, die Wüste von Nevada für ein Autorennen sowie, wie immer, die Studios in Hollywood – dieses Mal MGM. Regisseur George Sidney sorgte zwar dafür, dass Manager Parker nicht zu häufig präsent war, um Einfluss auszuüben, konnte aber nicht verhindern, dass der Mann dennoch hineinredete. Als ihm klar wurde, welche Präsenz Ann-Margret hatte, bestimmte er, dass ihre Leinwandauftritte und Großaufnahmen kürzer wurden als geplant. Songs mit ihr verschwanden. Nur zwei Solo Stücke blieben übrig. Zehn sang Elvis alleine. Von den drei geplanten Duetten blieb am Ende gerade eines übrig. Zwei wurden zwar aufgenommen, kamen aber nicht in den Film.

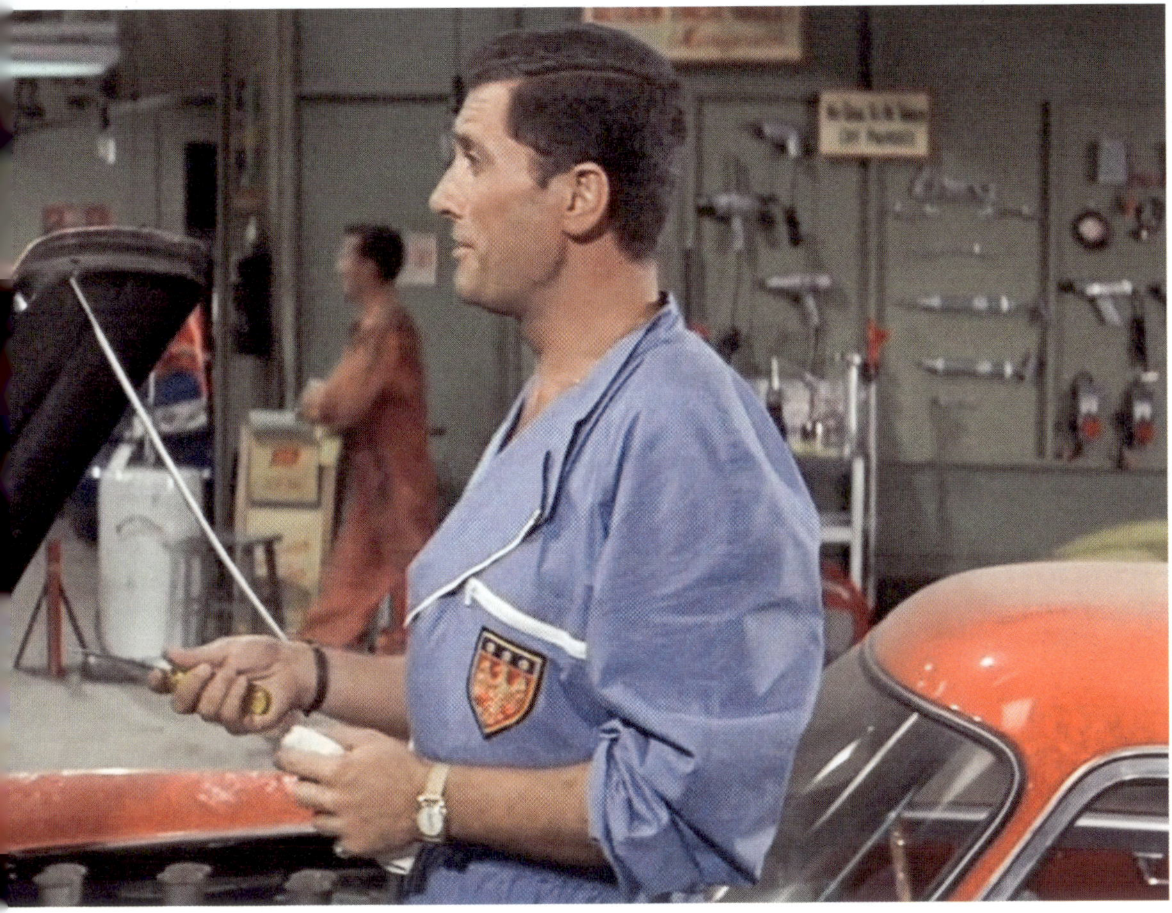

Was Parker nicht verhindern konnte, war, dass Ann-Margret neben Elvis genauso groß auf dem Werbematerial genannt wurde – zuweilen sogar an erster Stelle. Die Story war, man kann schon sagen, wie fast immer, vorhersehbar. Dieses Mal buhlen der von Elvis verkörperter Rennfahrer Lucky Jackson und der von dem Italiener Cesare Danova gespielte Rennfahrer Graf Mancini um Schwimmlehrerin Rusty – eben Ann-Margret. Raten Sie mal, wer den Grand Prix von Las Vegas und die Frau gewonnen hat?

Nicht verzichtet wurde immerhin auf eine Reihe von Sport- und Rennwagen. Rusty ist in einen weißen Triumph TR 3A unterwegs. Lucky Jackson fährt beim abschließenden Rennen, in den letzten sieben Minuten des Films, in einem rechtsgelenkten britischen Elva Mk VI mit einem Maserati Motor. In dem von Ann-Margret gesungenen Stück „My Rival" heißt es sogar: „My rival is a baby blue racing car." Genau dieser Wagen in hellblaumetallic machte während der Aufnahmen jedoch Probleme, also suchte MGM nach einem

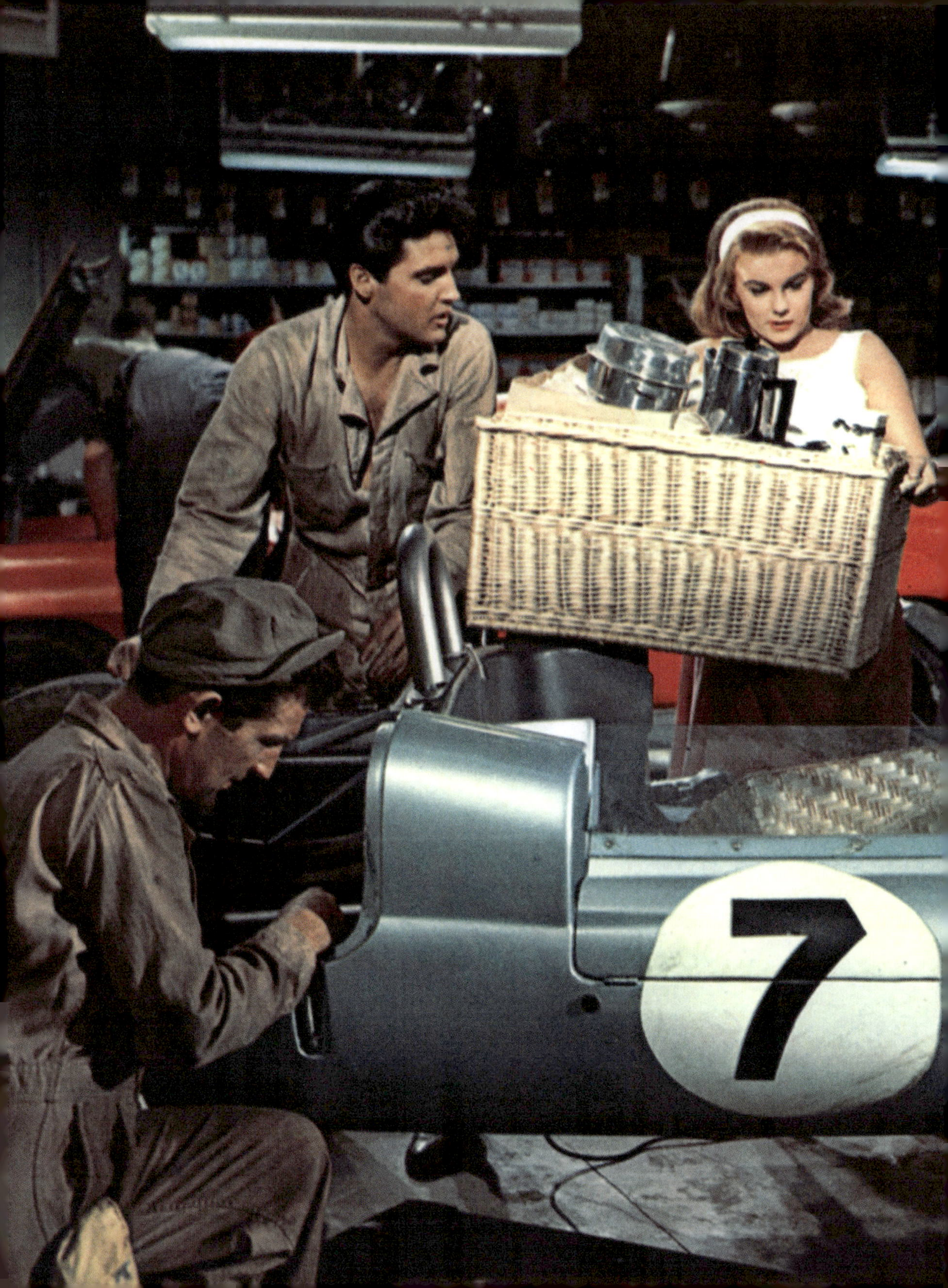
7

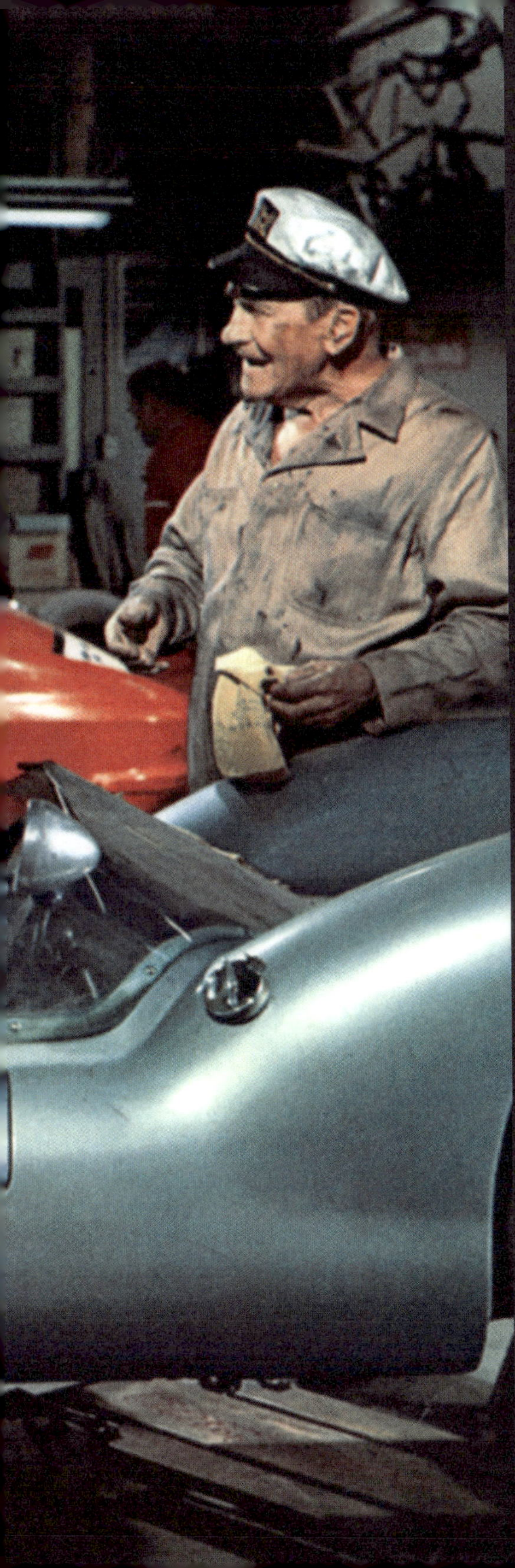

weiteren Fahrzeug und wurde bei der Firma „Hollywood Sports Cars" fündig. So kamen zwei Wagen zum Filmeinsatz. In den Szenen auf der Rennstrecke ist ein Standard Elva zu sehen, der optisch einem Rennwagen aus dem „Vinegaroon" Rennteam glich.
Der Wagen, der im Film in einer Werkstatt steht, war nicht fahrfähig. Er verfügte über keinen Motor, da der tatsächlich gerade repariert wurde. Er stammt aus der Sammlung des Schauspielers und früheren High-School-Lehrers Dan Blocker. Der war dank des Erfolges seiner Rolle des Eric „Hoss" Cartwright in der TV-Serie „Bonanza" ab 1959 zu Reichtum gekommen und ein Freund der Marke Maserati. Zwei Jahre später erwarb er ein beigefarbenes Maserati 3500 GT Coupé, das zu seinem Haus in Beverly Hills geliefert wurde. 1963 kaufte er den Elva Mk VI. Der machte jedoch bei Rennen Probleme. Also wurde er für die Filmaufnahmen an MGM verliehen. Da musste er ja nur rumstehen.

Einer der beiden Elva (Chassis Nr. 60-02) wurde 2007 vom Ingenieur und früheren Rennfahrer Tom Thinesen aus Sunnyvale in Kalifornien erworben. Der hatte eine Annonce des Wagens in einer englischen Zeitschrift entdeckt und herausgefunden, dass sich der Wagen in Illinois befand. Der Vorbesitzer hatte ihn restauriert und etwas verbreitert, um besser darin sitzen zu können. Der 1100ccm Ford-Vierzylinder war beim Verkauf nicht installiert, wurde aber nachgeliefert. Thinesen schraubte noch daran und fährt ihn seitdem bei Rennen. Äußerlich ist der Wagen seit dem Jahr 1964 fast unverändert geblieben. Auch die großen Nummern (7) auf Front und Heck sind noch dran. Inzwischen ist ein anderer Überrollbügel zu sehen, ein neuer Innenspiegel in der Mitte des Wagens und andere Felgen sind dazugekommen.

Während des Rennens liefert sich Lucky Jackson ein Duell mit einer italienischen Sportwagenikone. Graf Mancini fährt einen 1958er Ferrari 250 GT Berlinetta Tour de France Coupé mit langem Radstand (LWB) aus der vierten Serie. Der mit einem drei Liter V 12 Motor und 250 PS bestückte Ferrari, wurde von Pininfarina gestaltet und von Scaglietti gebaut. „Ich mag die Farbe", sagt Rusty einmal über den schönen roten Wagen. Nicht nur sie bewundert das seltene Stück. Es entstanden nur 77 Exemplare. Bei einem schweren Unfall innerhalb der Filmhandlung wollte man daher verständlicherweise das seltene Coupé nicht opfern. So kam ein verkleidetes Jaguar XK 120 Coupé (FHC) zum Einsatz und ging total zu Bruch. Auch irgendwie schade.

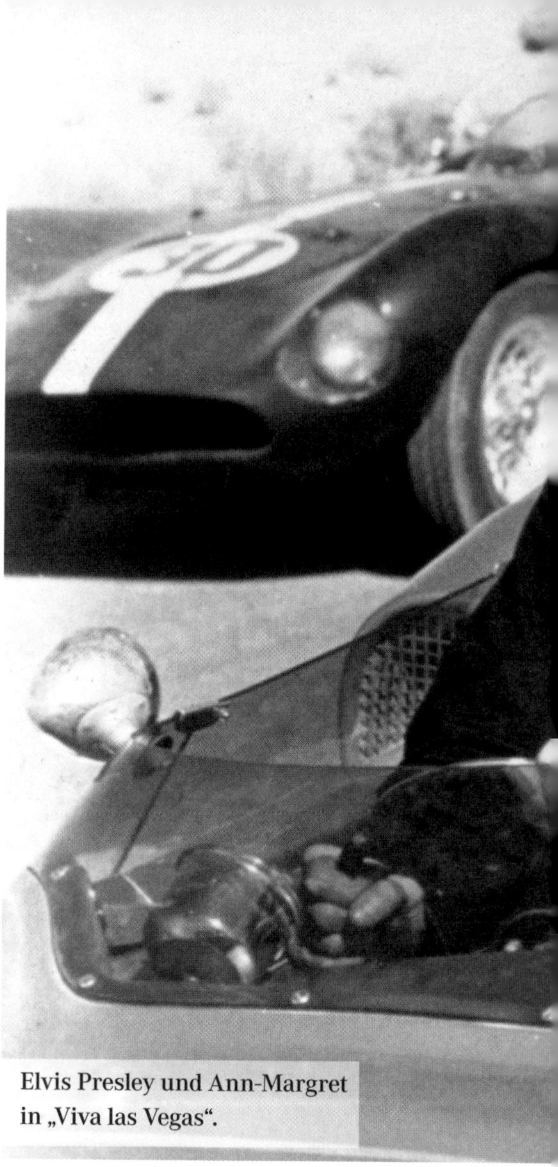

Elvis Presley und Ann-Margret in „Viva las Vegas".

THE LADY LOVES ME

Das Duett zwischen Ann-Margret und Elvis, das noch erhalten geblieben ist, war „The Lady Loves Me". Ein bezeichnender Titel, denn die beiden waren wärend der zweimonatigen Dreharbeiten tatsächlich ein Paar. Ein kurze Hochzeitsszene am Ende des Films sorgte bei Boulevardblättern zu Spekulationen, dass dies „amtlich" sei. Das war es jedoch nicht. Auf jeden Fall sorgten ihr Zusammenspiel am Set sowie die häufigen Treffen nach Drehschluss für viel Aufregung. „Als Ann-Margret auf dem Studiogelände von MGM war, sah man wie Elvis dahinschmolz", so sein Friseur Larry Geller. „Er war hin und

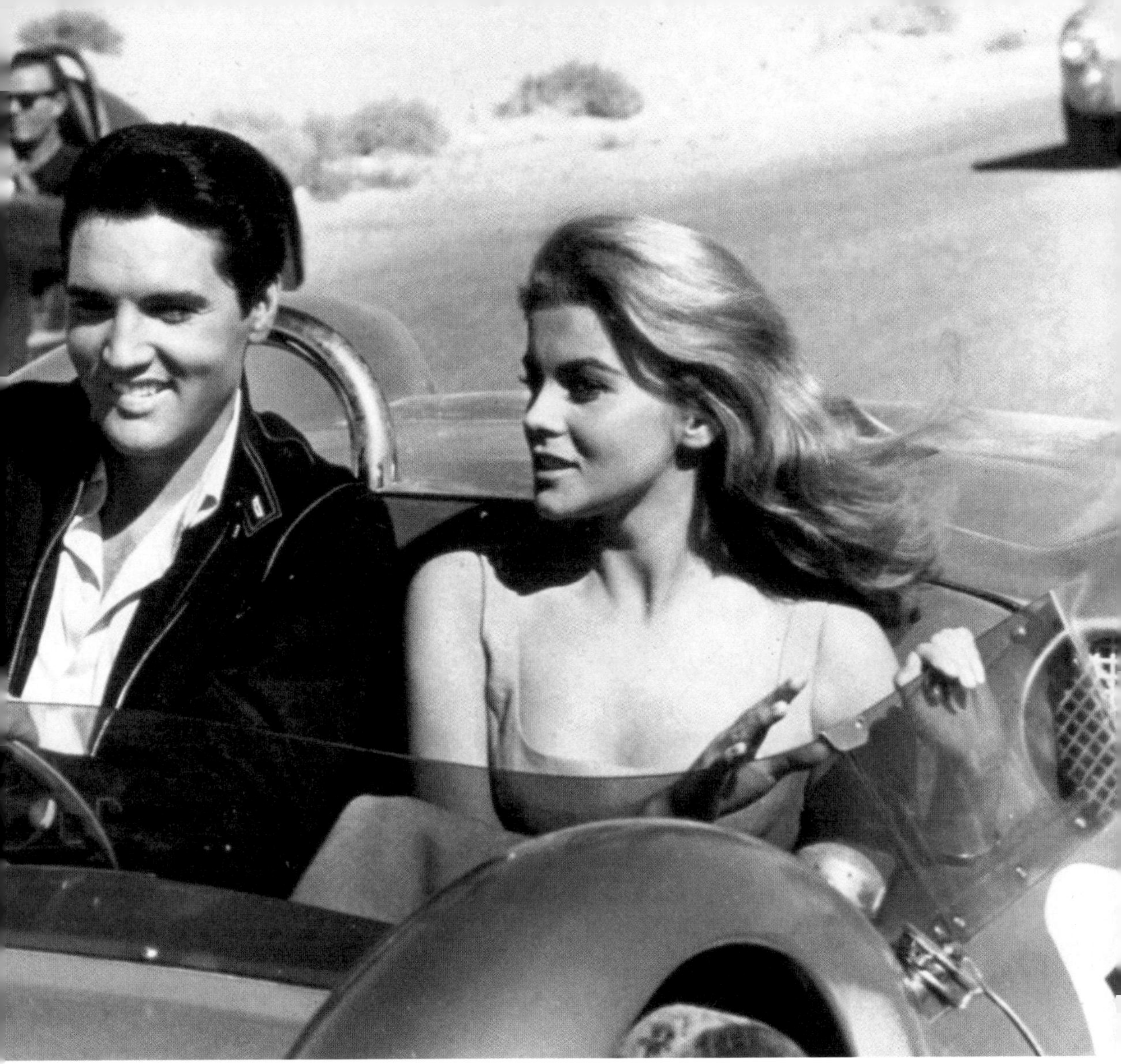

weg.“ Biografin Alanna Nash schrieb später: „Es war wie Feuerwerk. Sie konnten nicht voneinander lassen.“ Extrem eifersüchtig war dementsprechend Priscilla Beaulieu. Sie lebte seit Dezember 1962 in den USA, zum Teil in Graceland und zum Teil in einem separaten Haus in der Nähe (3650 Hermitage Drive). Zu den Dreharbeiten der Elvis Filme durfte sie nicht. Zum einen war ein Teil der Abmachung mit ihrem Stiefvater, dem aus Kanada stammenden Offizier Paul Beaulieu, dass sie eine katholische Schule in Memphis besuchte. Zum anderen erzählte ihr Elvis, dass er in Hollywood sehr viel zu tun und keine Zeit für sie habe. Sie erfuhr dennoch von der Beziehung zu

Ann-Margret und war außer sich vor Eifersucht. Nach Aussagen seines Cousin Billy Smith, „gestaltete Priscilla zunächst ihr Haar heller und versuchte Ann-Margret ähnlicher zu werden. So fertig und eingeschüchtert war sie aufgrund der Situation." Als das nicht zum Erfolg führte, stellte sie ihn zur Rede. Marty Lacker, der Mann, der sich im Team um die Einnahmen und Ausgaben kümmerte, sagte dazu: „Er hat es zuerst abgestritten, aber dann wagte er sich aus der Defensive und wurde offensiv: ´Ich habe nichts getan, aber wenn du mir nicht glaubst, dann kannst du deinen Arsch hier rausschieben`. Er war

Romantische Verwicklungen gehörten zum Standard-Repertoire: Szene aus „König der heißen Rhythmen".

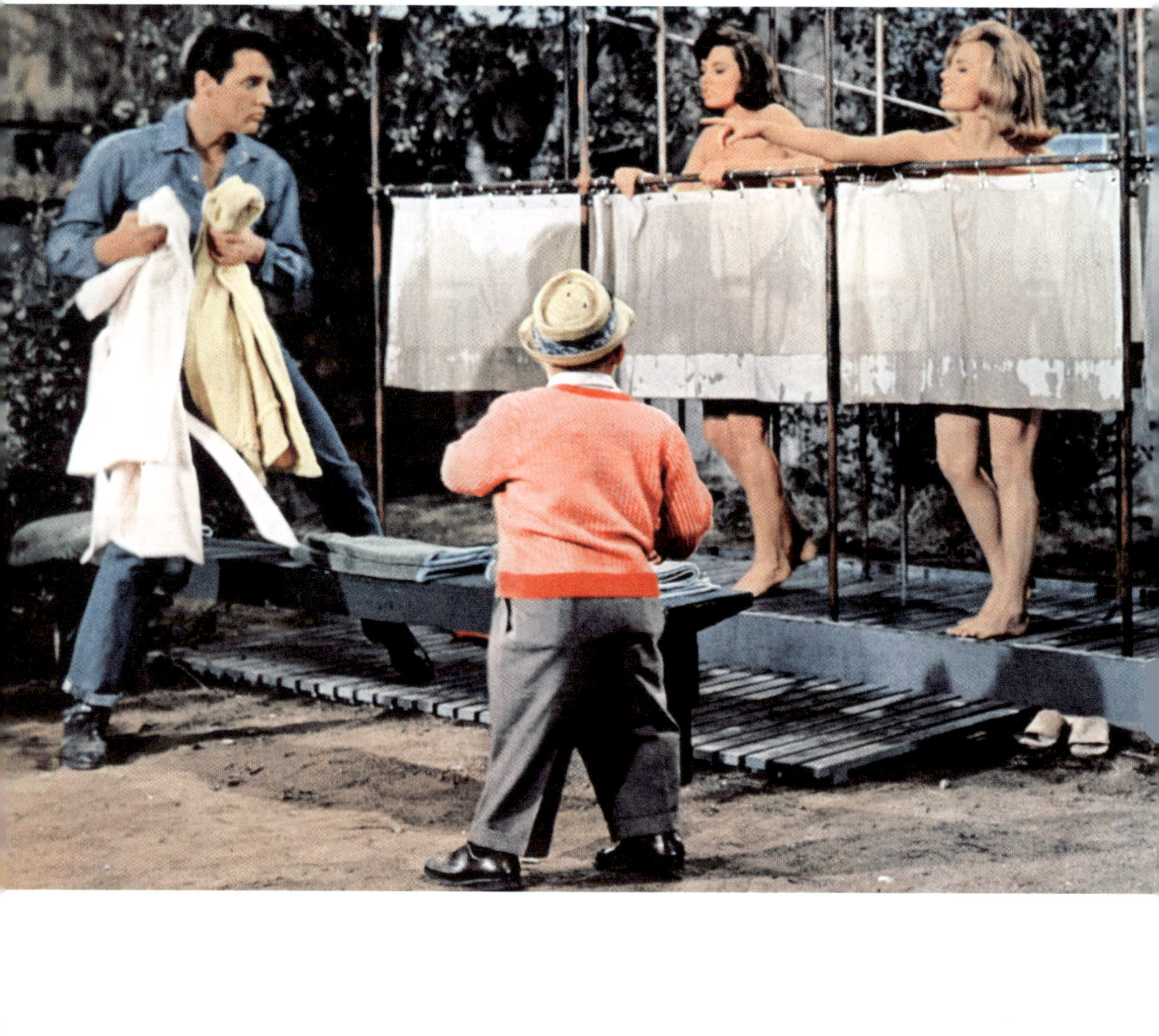

wirklich ein guter Schauspieler." Priscilla glaubte ihm das nicht. Ihr Satz: „Get this bitch an airplane and ship her ass home", (Pack diese Schlampe in ein Flugzeug und schick ihren Arsch nach Hause.) ist überliefert. Tatsächlich geschah nichts. Ann-Margret und Elvis amüsierten sich weiter in Los Angeles. Sie war selbst passionierte Motorradfahrerin und besaß eine Harley. Ihre Leidenschaft rührte daher, dass ihr Onkel Motorräder besaß, sie früher nahe der norwegischen Grenze lebte und die beiden von ihrem Dorf aus die hügelige Gegend nahe ihrer Heimat erkundeten. In LA genoss sie es, mit Elvis entweder auf seiner Harley-Davidson oder auf ihrem eigenen Motorrad zu fahren. Von Priscilla darauf angesprochen entgegnete Elvis: „Sie kommt meistens am Wochenende mit ihrem Motorrad hierher, und amüsiert sich mit meinen Jungs. Das ist alles." Das war gelogen. Die beiden Akteure unternahmen eine Reihe von Ausflügen. Ziel war zumeist die Sierra Nevada außerhalb von Las Vegas. Dabei kam es auch zu einer witzigen Situation. Bei einem der Ausflüge auf seiner Harley musste er „nach gerade mal drei Blocks vom Studiogelände entfernt", wie Ann-Margret sich erinnert, anhalten, weil sein Tank leer war. Leider hatten beide kein Geld bei sich hatten. Glücklicherweise erkannte der Tankwart Elvis und tauschte sein Benzin gegen ein Autogramm. Roadmanager Joe Esposito wurde losgeschickt und zahlte die offene Rechnung am nächsten Tag. So etwas passierte im Film natürlich nicht. In „Viva Las Vegas" gibt es jedoch eine unsinnige, gerade mal 23 Sekunden dauernde Szene, in der das Paar auf zwei roten Motorrädern fährt. Und nicht nur das. Sie fährt, balanciert und steht sogar kurz auf einer Honda C 100. Er fährt auf einer C 110 auch mal freihändig. Später wurde bekannt, dass Ann-Margret Elvis eine ganz Reihe von Botschaften zukommen ließ, die sie mit dem Wort „Scoobie" unterschrieb – dem Spitzname ihrer Honda C 100.

„RHYTHMUS HINTER GITTERN´ HAT IHN ZUM STAR GEMACHT. ER SPRACH MIT DEM CHOREOGRAFEN UND SCHLUG TANZNUMMERN VOR, DIE DANN AUCH IN DEN FILM AUFGENOMMEN WURDEN. IM HINTERGRUND SIND VIELE SEINER FREUNDE AUS MEMPHIS ZU SEHEN."

– ROADMANAGER JOE ESPOSITO

WHAT SHE´S REALLY LIKE

Letztlich spürte Elvis wohl doch, dass Ann-Margret von einem ganz anderen Kaliber war als Priscilla, die er noch so formen konnte, wie er wollte. Die Schwedin war dagegen selbstbewusst und sehr erfolgreich. Für ihn ihre Karriere aufzugeben kam für sie nicht in Frage. „Sie war ein weiblicher Elvis", formulierte Alanna Nash sehr treffend. Joe Esposito war noch deutlicher und meinte zu seinem Chef: „Sie ist Dein weibliches Ich." Und mit sich selbst würde es Elvis ganz sicher nicht aushalten. Daher trennten sich beide wieder, blieben aber für immer freundschaftlich miteinander verbunden. Vor dem Start jeder ihrer Live Shows in Las Vegas schickte Elvis ein Blumenbouquet in Form einer Gitarre. Auch jedes Jahr zu Weihnachten bedachte er sie mit Geschenken.

Am 13. März 1964 wurde „Viva Las Vegas" unter dem veränderten Titel „Love in Vegas" ausnahmsweise in London uraufgeführt. Vermutlich wollte man gegenüber den Machern des ersten Beatles Films „A Hard Day`s Night" (Yeah Yeah Yeah) Präsenz zeigen, der am 6. Juli 1964 in derselben Stadt Premiere feiern sollte. Noch bevor die Elvis-Schmonzette dann am 20. Mai erstmals in New York gezeigt wurde, gab es bereits am 30. März einen Filmstart in Schweden und Norwegen sowie kurz danach in den anderen skandinavischen Ländern. Bei allen Aufführungen wiesen die Reaktionen schon daraufhin, dass das Interesse dieses Mal tatsächlich größer war als bei den letzten Filmen des Akteurs und Sängers. Der Film wurde endlich wieder ein großer Kassenschlager für den angeschlagenen Künstler war. Am Ende stand ein Einspielergebnis von 9,442 Millionen Dollar (nach anderen Quellen sogar mehr). Das übertraf sogar „Blue Hawaii" um 450.000 Dollar. Der Beatles Film war allerdings noch erfolgreicher. „A Hard Day`s Night" spielte 11 Millionen Dollar ein. Und die US-Charts dominierten die Beatles auch. Im April 1964 standen fünf ihrer Singles auf den Plätzen 1 bis 5.

WHEELS ON MY HEELS

Elvis 15. Film „Viva Las Vegas" war also in gewisser Hinsicht etwas Besonderes und kann auch heute noch Autofreunde erfreuen, die während des „Las Vegas Grand Prix" dort rassige Sportwagen der damaligen Zeit in Aktion sehen können: Austin Healey, Jaguar XK 120, Jaguar E, Mercedes 300 SL Roadster, Maserati 450S und Triumph. Auch ein gelber Balchowsky Ol´Yeller II und ein MK III, sowie eine rote 1962er Shelby Cobra 260 sind mit im Teilnehmerfeld. Doch trotz der gelungenen Mischung aus prominentem Co-Star und Autorennen wird dieses Konzept erstmal nicht weiterverfolgt. Das liegt daran, dass Parker immer Verträge mit Produktionsfirmen über mehrere Filme abgeschlossen hatte, die schon in Vorbereitung waren. So entstanden nicht nur Filme wie am Fließband, sondern auch schon die Drehbücher für die zukünftigen. Von 1964 bis 1969 waren

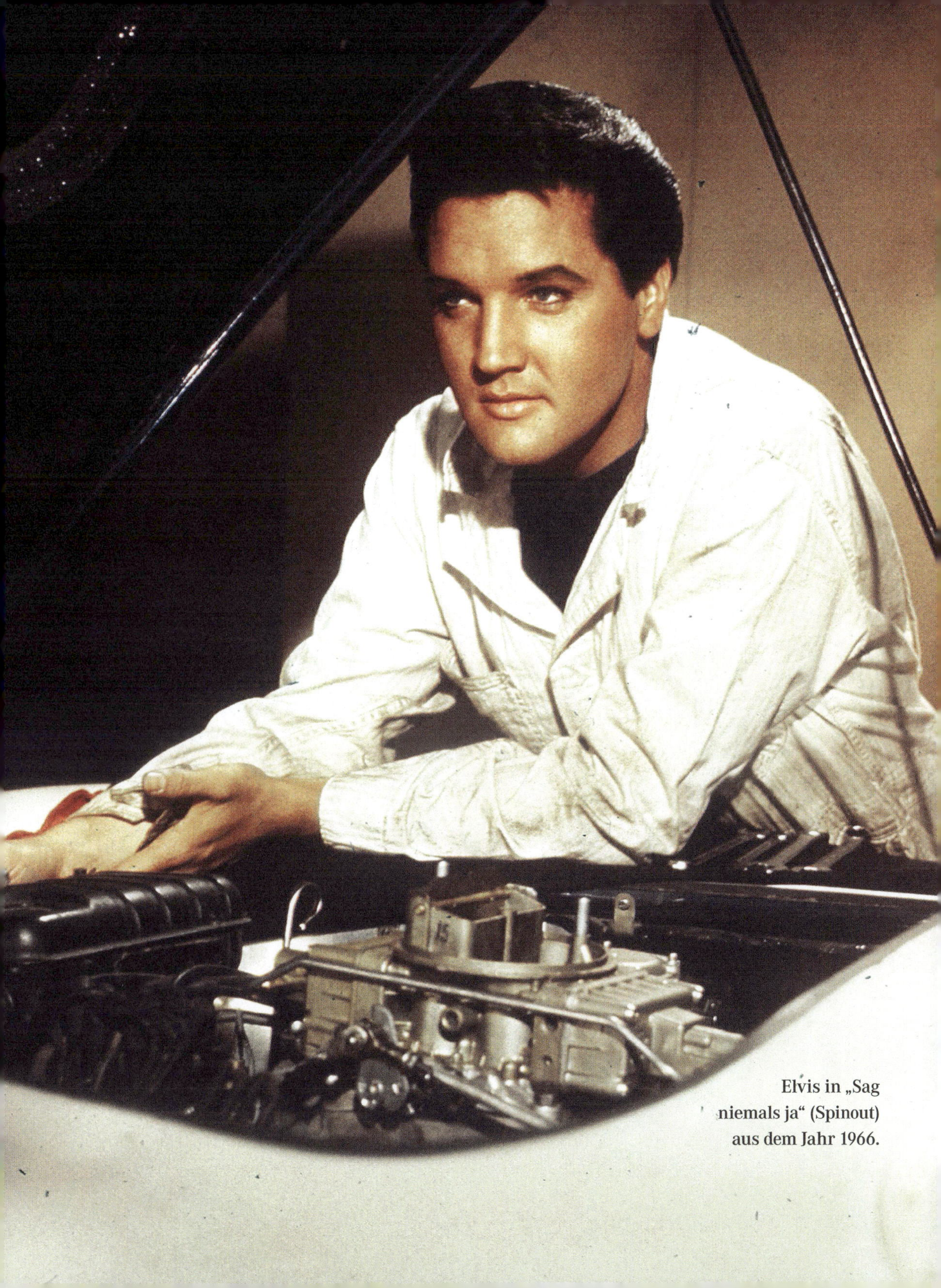

Elvis in „Sag niemals ja“ (Spinout) aus dem Jahr 1966.

das je drei Filme pro Jahr, dazu kamen die Aufnahmen der Songs für die Langspielplatten. Elvis war also sehr stark eingebunden und musste tun und spielen, was man ihm hinlegte. Dazu zählten auch weitere belanglose Geschichten wie etwa „Roustabout" (König der heißen Rhythmen). Der war schon mehrfach verschoben und frustrierte Elvis, da nicht Mae West die Hauptrolle spielte, die er favorisierte, sondern Barbara Stanwyck. In der Geschichte geht es (wieder) um einen Sänger, der Karate beherrschte (wie Elvis auch), der mehrfach mit dem Gesetz in Konflikt kommt und bei einem Schaustellerbetrieb als Handlanger arbeitet. Außerdem fährt er singend auf einem Motorrad - das Stück lautet „Wheels On My Heels" – und wird kurz danach in einen Unfall verwickelt. Schuld ist ausgerechnet der Fahrer eines Willys Jeep. Gedreht wurde all das im Potrero Valley nahe der kalifornischen Stadt Thousand Oaks. Charlie, so der Name der Hauptfigur, wird auf seiner roten Honda CB 77 Super Hawk von der Straße abgedrängt wobei sein Motorrad und seine Gitarre zu Bruch gehen. Die Honda wurde für den Film mit einem Lenker der CL 77 Scrambler, mit einer Gitarrenhalterung und mit Sturzbügeln ausgestattet. Die waren ja auch nötig. Ein Stuntman fuhr durch einen Zaun und übernahm auch den Sturz für Elvis. Dennoch trägt der zum Teil ein Pflaster am Kopf, aber die Verletzung zog er sich bei einer Prügelei im Film zu. Außerdem ist im Film eine Harley-Davidson S 125 zu sehen. Da ein Teil der Handlung

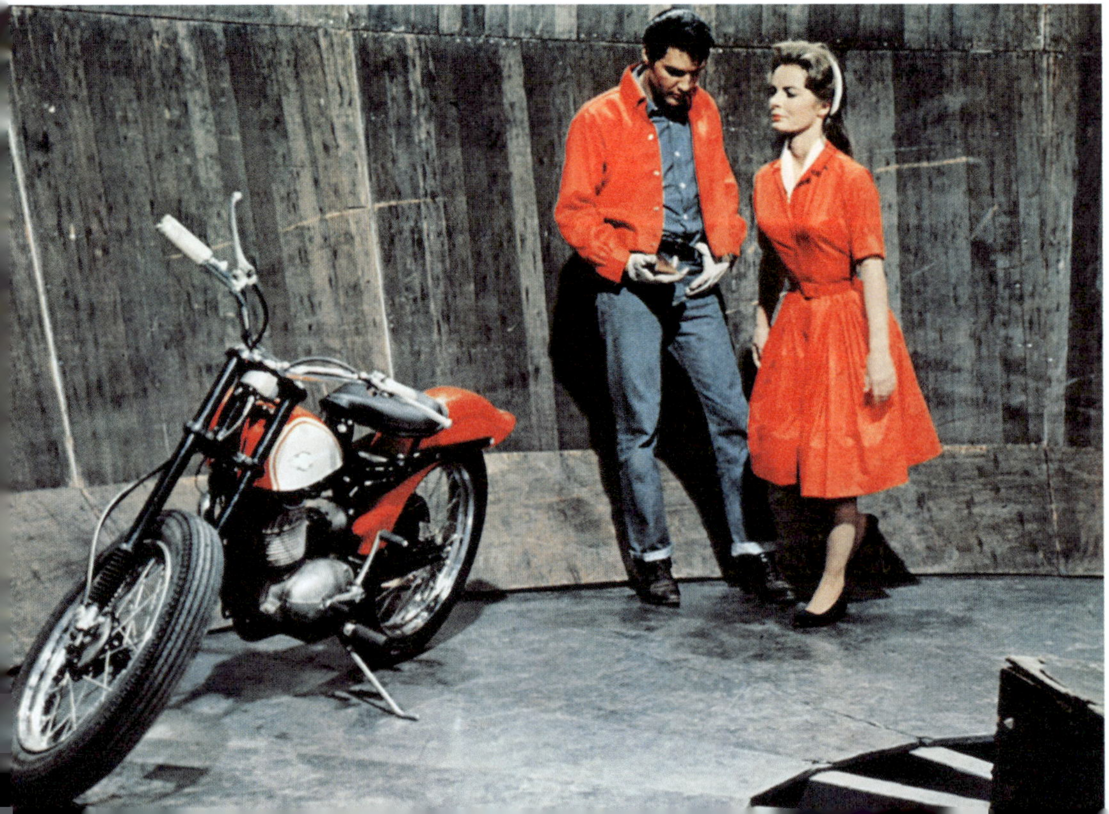

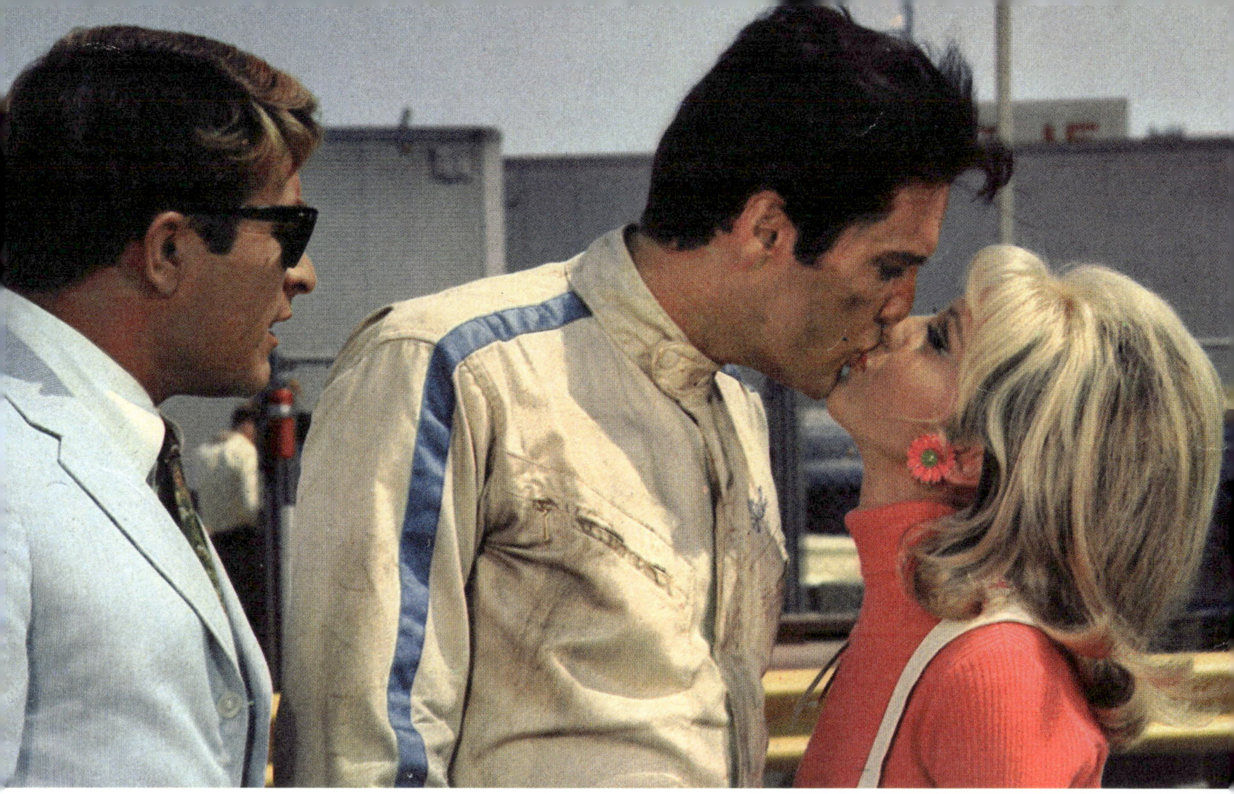

Mit Nancy Sinatra in „Speedway“ aus dem Jahr 1968.

auf dem Rummel spielt, gibt es auch Szenen in der sogenannten „Thrill Arena“ oder Todeswand, in der mutige Fahrer in einer riesigen Trommel, vor allem an der Steilwand, unterwegs sind und das Publikum ihnen von oben aus zuschaut. Der amerikanische Profifahrer Sonny Pelaquin doubelte für Elvis. Warum allerdings auf dem amerikanischen Werbematerial mal eine CB 77 in rot und mal in blaugrau zu sehen ist, wissen nur die Verantwortlichen.

FAME AND FORTUNE

Im November 1964 bekommt Elvis erstmals eine Million Dollar Gage pro Film zuzüglich Prozenten. Eine Summe, die Parker verhandelt hatte, der damit prahlte: „Mein Junge bekommt eine Million pro Film und 50 Prozent der Einnahmen des Films. Das ist das Einzige was Hollywood versteht. Wir reiten dieses Pferd, bis wir es nicht mehr reiten können.“ Dementsprechend wurde weitergeritten: In den Jahren 1965 und 1966 entstanden sechs Filme, ehe mit „Spinout“ (Sag niemals ja) eine Rückkehr in die Rennfahrer Szenerie entstand. Darin sind sogar ähnliche Sportwagen wie in „Viva Las Vegas“ vertreten. Ein blauer Balchowsky Ol´ Yeller Mk IV, ein rotes Ferrari 250 GT Cabriolet der Serie 2a aus dem Jahr 1960, ein goldener Elva M1A McLaren und eine weiße Shelby Cobra 427 sind die automobilen Hauptakteure des Films. Wie schon zwei Jahre zuvor, wollte man einige der Pretiosen nicht der Schrottpresse zuführen, sondern

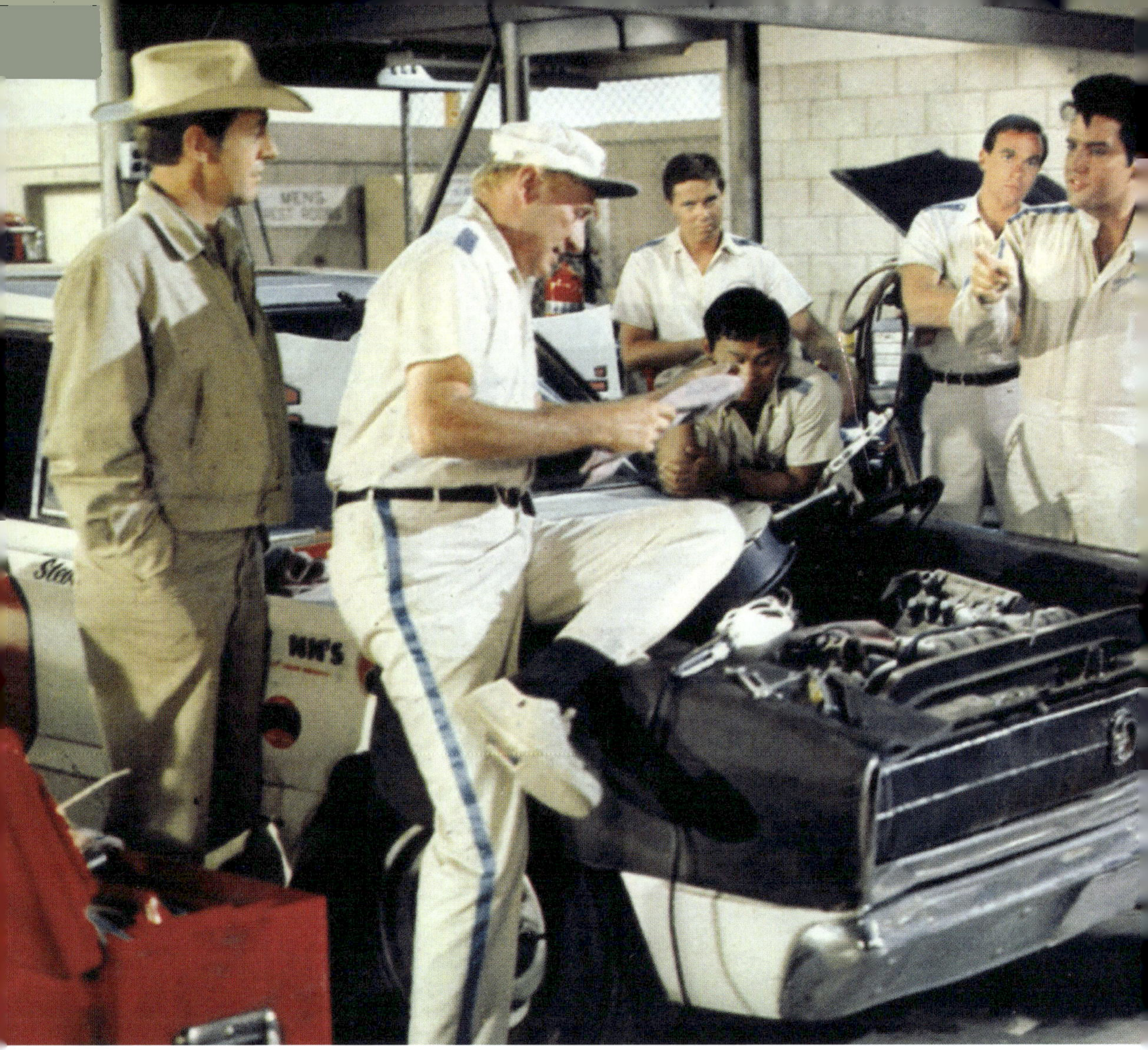

ersetzte sie bei Unfällen durch „Doubles“. Wenn etwa der Ferrari von der Straße abkommt und im Wasser landet, transformiert er auf magische Weise zu einem Triumph TR 4. Wenn die Shelby Cobra in das feuchte Nass rauscht, wird daraus plötzlich ein 1958er Austin Healey mit einer Karosserie von Mistral. Die Story wurde nur wenig verändert. Dieses Mal ging es (wieder einmal) um den Sänger einer Band, dem gleich drei Frauen hinterherlaufen – aber keine hat die Klasse von Ann-Margret. Der ursprünglich geplante Titel „The Singing Race Car Driver“, wurde noch in „Spinout“ geändert, was man mit „Auslauf“ übersetzen kann – irgendwie doppeldeutig.

Das Ganze ließ sich natürlich noch

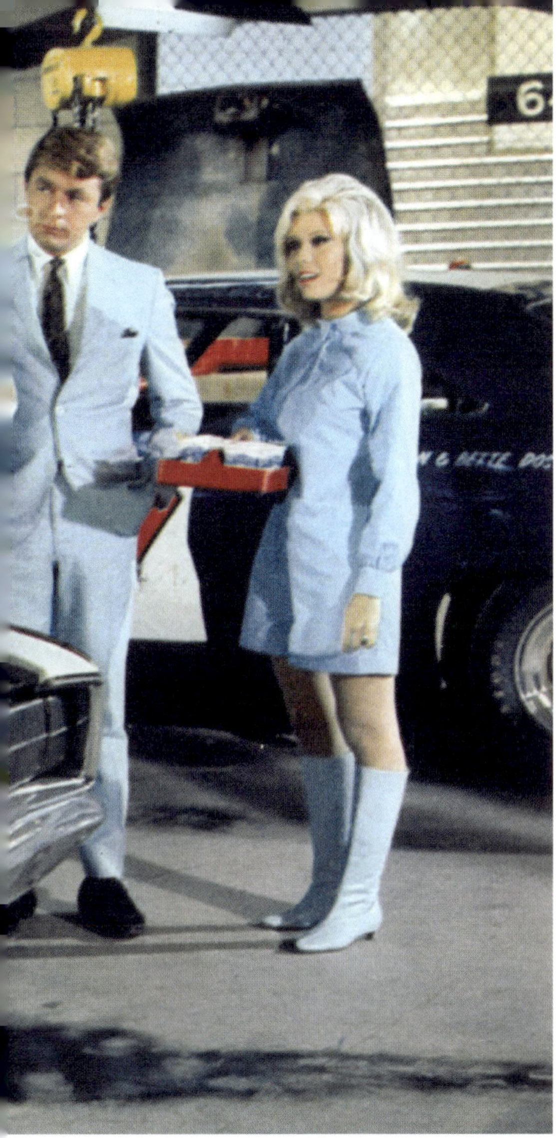

> „TOM PARKER WAR EIN GROSSARTIGER GESCHÄFTEMACHER, ABER ER KONNTE NICHT HÖREN WAS EIN HIT WERDEN KÖNNTE ODER OB EIN DREHBUCH GUT ODER SCHLECHT IST".
> – GEORGE KLEIN

steigern – leider nicht im Hinblick auf ein besseres Drehbuch. In „Tickle Me" (Cowboy Melodie) wurde die Zahl der Frauen, die Elvis anhimmelten noch erhöht. Bei den Gesangsnummern, waren es schon mal sieben oder acht. Zudem gab es sechs (!) Prügeleien. Irgendwie passend, dass ein Studioverantwortlicher treffend klagte. „Warum kümmern wir uns darum den Filmen Titel zu geben – wollen wir sie nicht einfach durchnummerieren?" Auch die Produktionszeit wurde noch kürzer. „Speedway", der Film in dem Elvis an der Seite von Nancy Sinatra zum dritten Mal einen Rennfahrer spielte, entstand in dreieinhalb Wochen. Dieses Mal spielt die Geschichte in der NASCAR Szene und Elvis nimmt in einem weißen 1966er Dodge Charger an den Rennen teil. Tatsächlich waren es mehrere Wagen, die von dem Spezialisten Everett „Cotton" Owens präpariert wurden. Elvis selbst sagte dazu, dass er einen Wagen mit einem „426er Hemi 4 Gang mit Lachgas" steuerte. „Die 67er Kotflügel wurden dank CGI in der Nachbearbeitung hinzugefügt." Außerdem sagte er, dass er „alle seine Stunts selbst ausgeführt" hat. Wer´s glaubt. Der Wagen wurde von David Pearson gefahren.

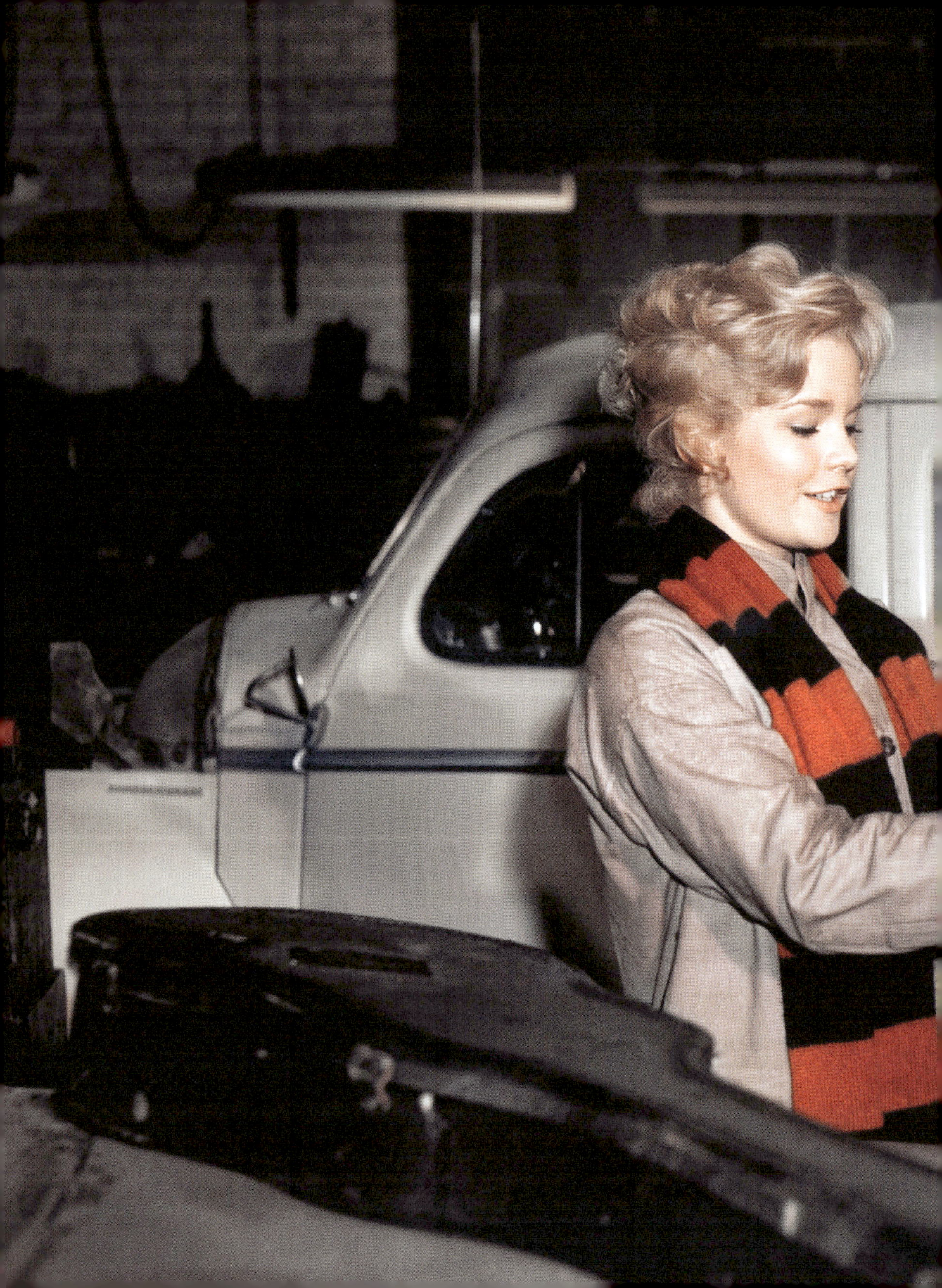

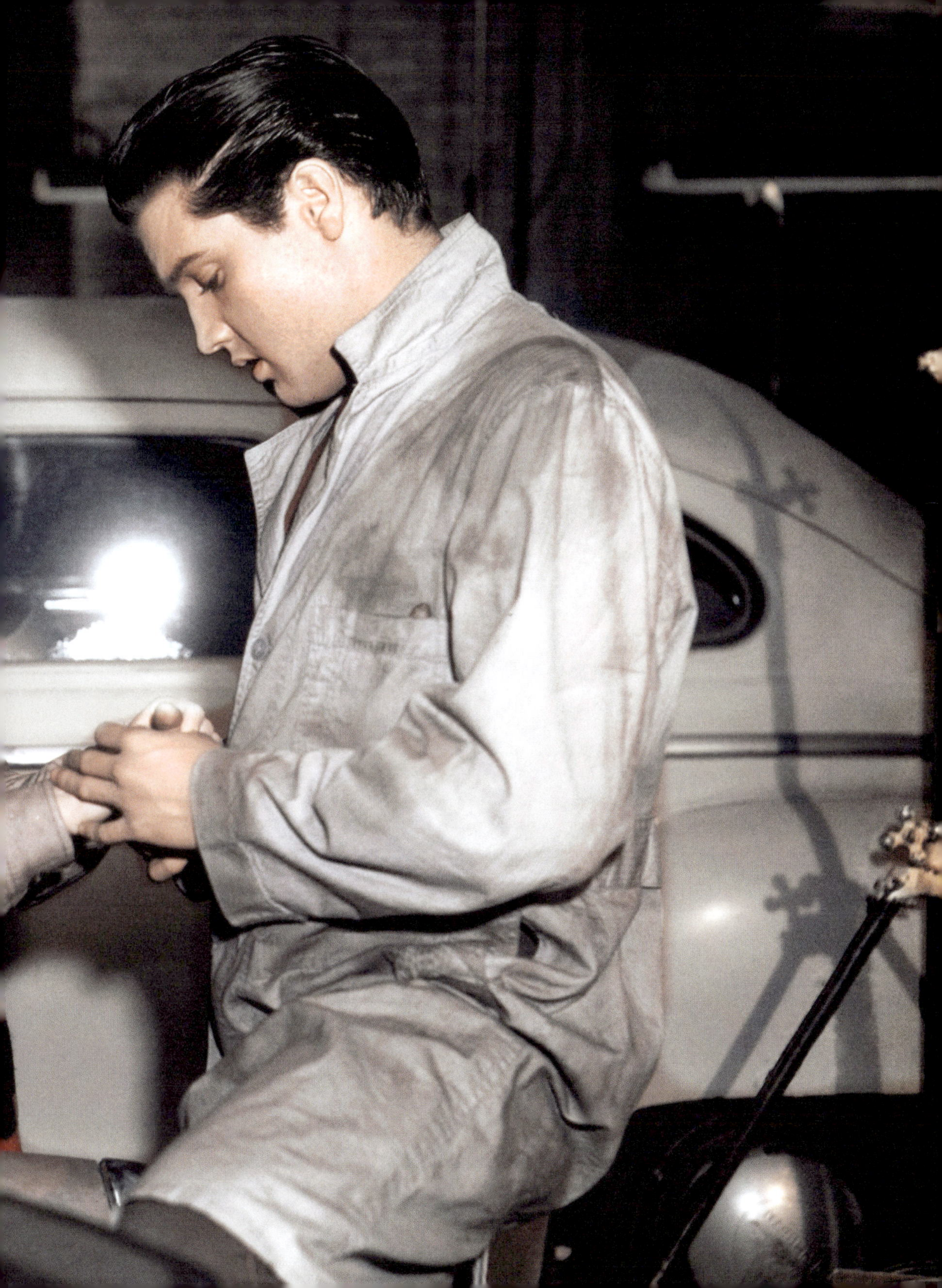

„IS HE A NEW JAMES DEAN?" TITELTE DER „DAILY SKETCH" AM 19. OKTOBER 1956 ÜBER ELVIS

Glaubhaft ist allerdings, was Angie Marchese, die Leiterin des Museums „Elvis Presley Motors" in Memphis, dazu von sich gab. Sie hat dank ihrer zahlreichen authentischen Unterlagen herausgefunden, dass Elvis abseits der Dreharbeiten mehrfach mit dem Wagen alleine auf der Rennstrecke unterwegs war, um mal ordentlich Gas zu geben. In allen Aufnahmen in denen er im Film auf der Rennstrecke hinter dem Steuer sitzt, agiert er eben nicht auf dem Charlotte Motor Speedway in Concord in North Carolina, wo mit zehn Kameras die Rennen gefilmt wurden, sondern in Kalifornien - vor einer Leinwand in den MGM Studios. Eine Reihe von bekannten NASCAR Fahrern waren übrigens neben den Schauspielern aktiv. Interessant ist außerdem, dass der von Elvis gespielte Steve Grayson auch ein großzügiger Mensch ist und generös Dinge verschenkt. In der Hinsicht glichen sich Filmfigur und reale Person.

I'M LEAVIN'

Im Laufe der Jahre wurden die Produktionskosten minimiert, allerdings gingen auch die Einspielergebnisse zurück. „Paradise Hawaiian Style" (Südsee-Paradies) kostete zwar nur zwei Millionen Dollar, spielte aber auch nur 2,5 Millionen ein. Die Hoffnung von Tom Parker im Jahr 1966 den Erfolg von „Blue Hawaii" fünf Jahre zuvor zu wiederholen, zerschlug sich. Das Gleiche geschah mit „Speedway". Er kam nicht an Elvis ersten Rennfahrerfilm „Viva Las Vegas" heran und machte sogar Verluste. Der Niedergang von Elvis als Kassenmagnet war offensichtlich. Auch die Versuche die nachfolgenden Charaktere in seinen Filmen ernster zu gestalten, misslang. Selbst von dem Western „Charro!", in dem er mal zeigen konnte, dass er auch eine Rolle ausfüllen kann, war mehr erwartet worden. Den Kosten von 1,5 Millionen Dollar stand am Ende exakt dasselbe Einspielergebnis gegenüber. So ging die Filmkarriere von Elvis Aaron Presley am 2. Mai 1969 mit dem letzten Drehtag von „Change of Habit" zu Ende.Der deutsche Titel ist da durchaus doppeldeutig. Er lautete „Ein himmlischer Schwindel". Zwar erlebten die Filme „The Trouble With Girls", „Charro!" und eben „Change of Habit" zwischen Mai und November 1969 noch ihre Premieren und zum Teil auch Kinostarts, aber einige Filme kamen z.B. in Deutschland schon gar nicht mehr ins Kino. Lediglich den beiden Dokumentationen „Elvis - That´s The Way It Is" und „Elvis On Tour" gelang das noch.
Elvis war froh, dieses Kapitel nun abschließen zu können. Er selbst drückte es so aus: „Ich hatte irgendwie keine Lust mehr, vor Schildkröten zu singen."

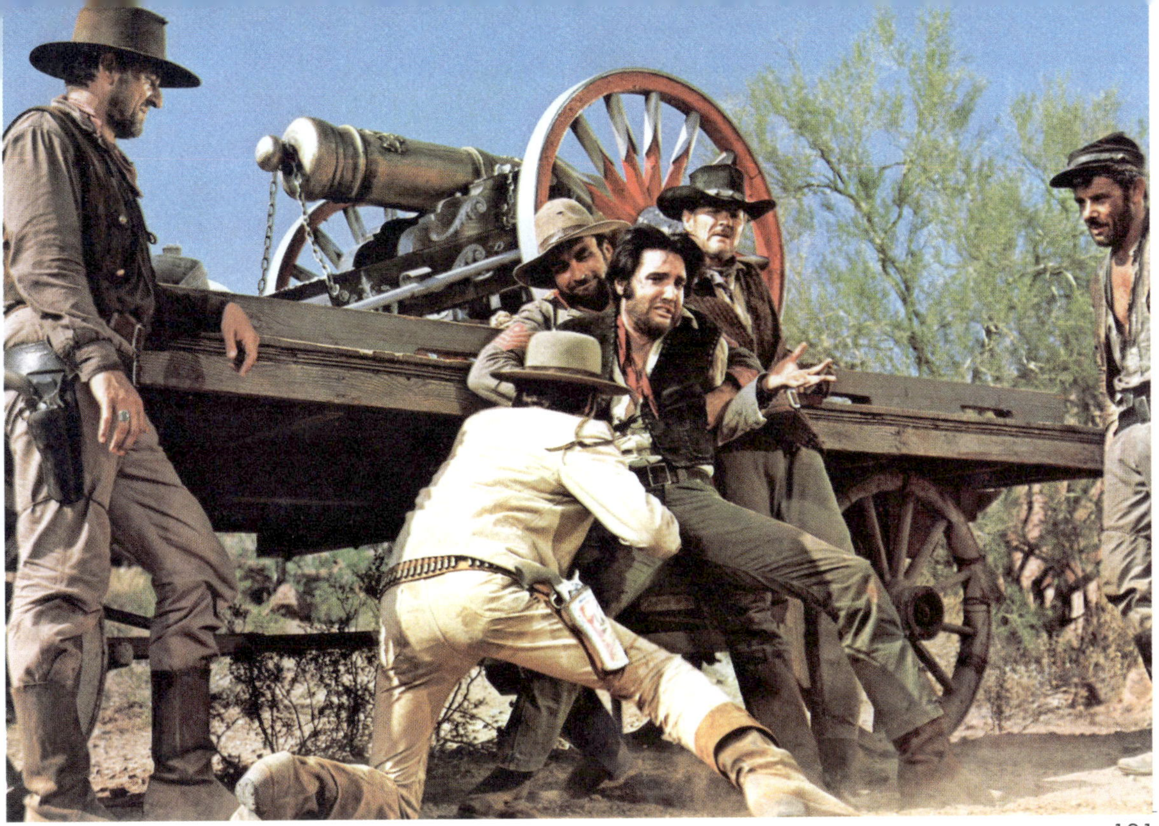

Elvis als Jess Wade in „Charro!“ aus dem Jahr 1969.

Elvis als Steve Grayson in „Speedway“ aus dem Jahr 1968.

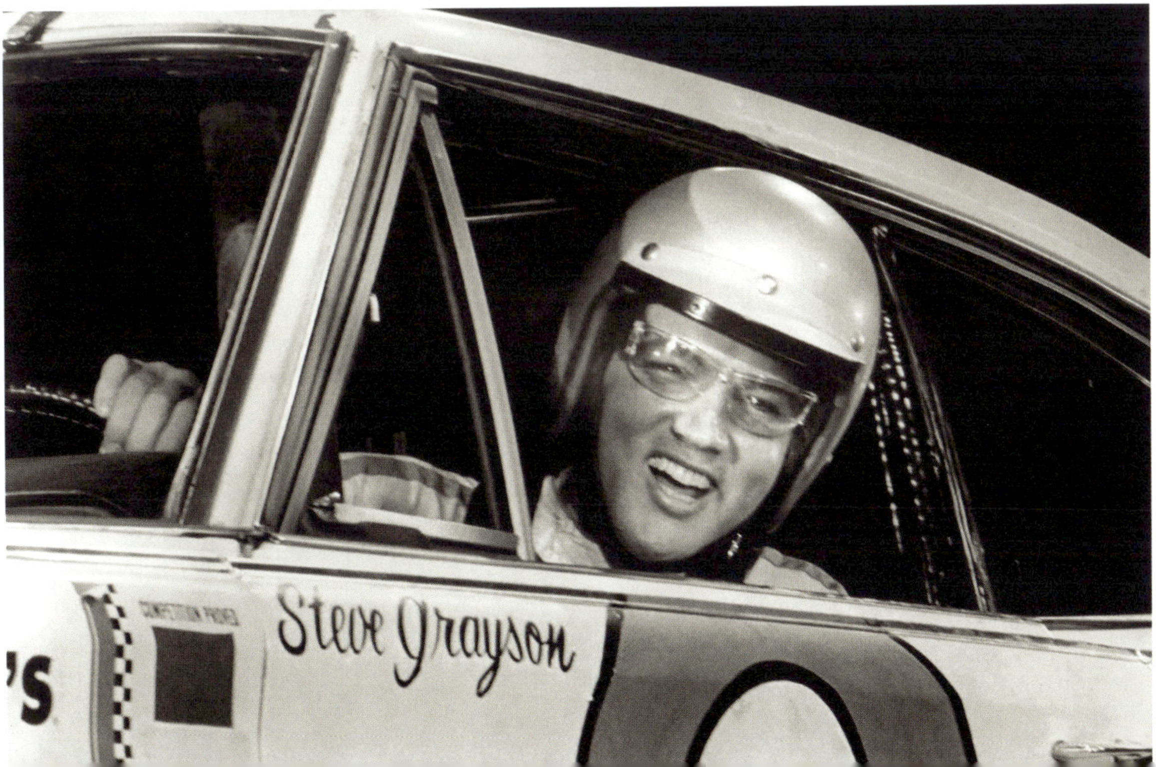

KAPITEL 7

SHOPPIN´ AROUND

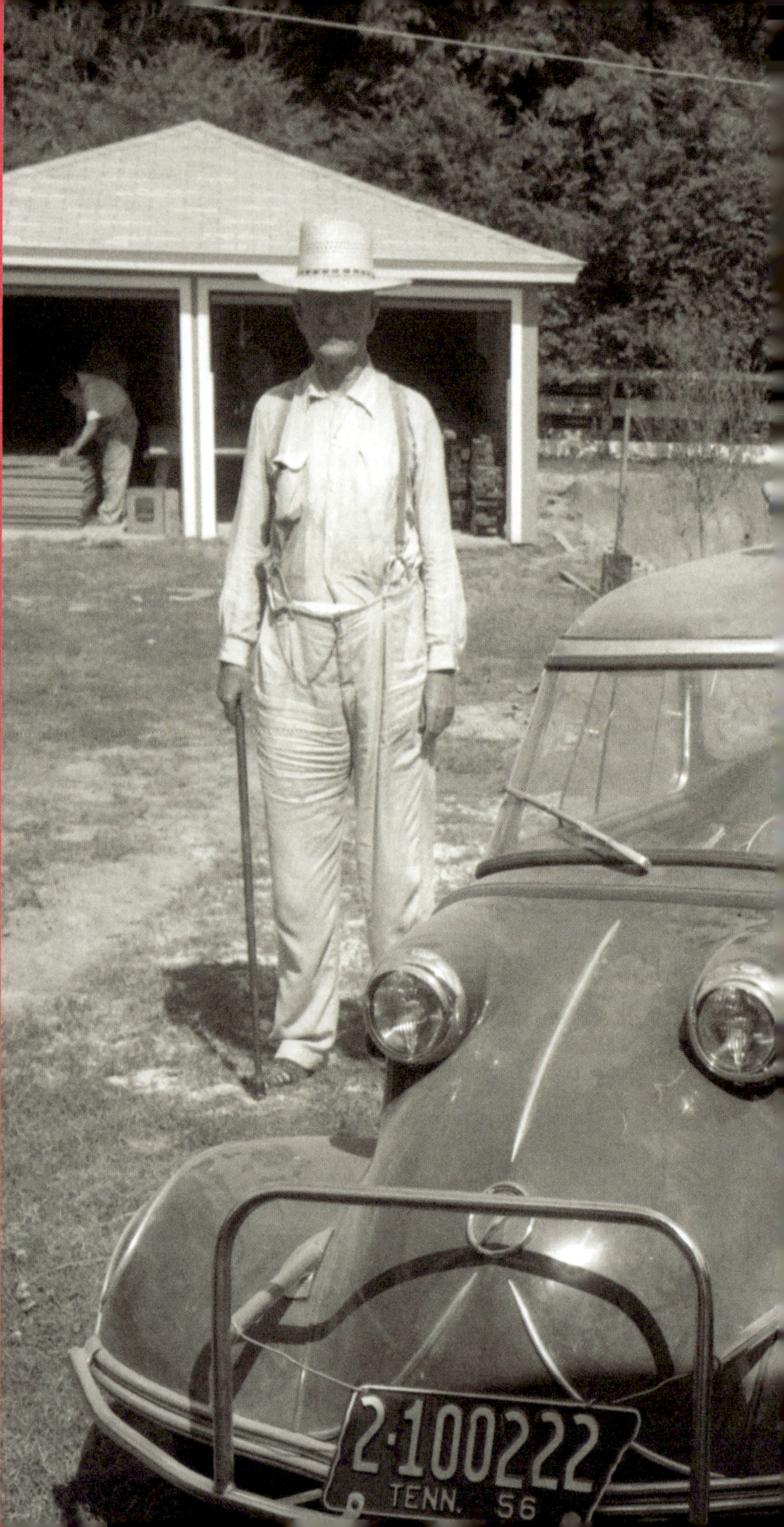

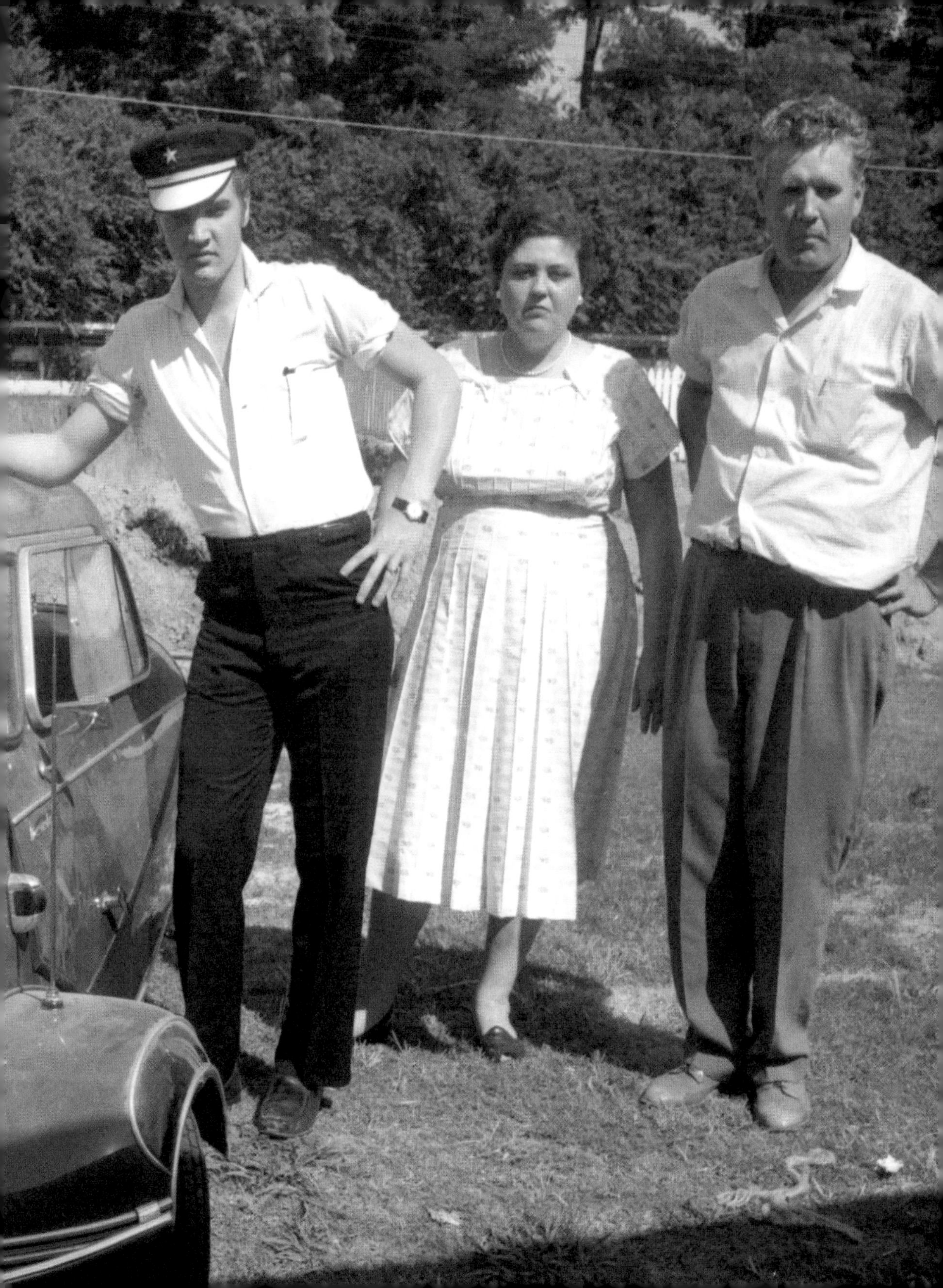

SHOPPIN´ AROUND ELVIS, DER GROSSZÜGIGE SCHENKER (1941 – 1977)

Am 27. Juli 1975 stellte Elvis einen persönlichen Geberrekord auf. An diesem Tag kaufte er bei dem Auto-Händler „Madison Cadillac“ in Memphis 14 Autos im Wert von 140.000 Dollar. Er kaufte sie für Freunde, Bekannte und für eine Fremde: Die farbige Kassiererin Mennie L. Person war zufällig in der Nähe und schaute sich den Wagen von Elvis an. Elvis fragte sie, ob ihr sein Wagen gefiele. Sie bejahte. Er bat sie in das Geschäft und sagte ihr, sie solle sich einen Wagen aussuchen. Völlig verdutzt wählte sie einen in Gold und weiß lackierten Cadillac Eldorado für 11.500 Dollar. Elvis bezahlte.

Am 17. Januar 1975 hatte er bei demselben Händler bereits elf Cadillacs gekauft, und am 23. September 1974 fünf Fahrzeuge. Die gingen unter anderen an seinen Onkel Vester Presley (goldener Coupe de Ville, VIN 6D47S5Q101075), den Bruder seines Vaters, an Gee Gee Gamble, den Ehemann seiner Cousine Patsy, Barbara Klein und Sonny West. Kurze Zeit danach überreichte der Verkäufer Bob Brown Elvis eine Plakette, die ihn als „World´s Best Car Buyer“ auswies. Auf dieser befinden sich insgesamt 31 Namen von Personen, denen er Autos geschenkt hatte. Schon 1973 hatte er in nur eineinhalb Wochen 29 Autos für 200.000 Dollar gekauft. Viele davon waren Cadillacs.

EARTH BOY

Schon als Junge wurde Elvis zum Geben erzogen. Wie sein Jugendfreund Samuel Bell jr. sich erinnerte: „Als er das Fahrrad mit Motor bekam“, so Bell, „wurde ihm gesagt, dass er auch die anderen damit fahren lassen soll.“ Das tat er sehr gerne. Bell berichtete weiter, dass Elvis immer gute Manieren hatte, höflich war und immer teilte. Auch andere charakterisierten ihn neben schüchtern, liebenswürdig und sanft auch als gütig.

Während seiner Zeit in Deutschland gab er einem Vorgesetzten heimlich Geld, damit der es an die Kameraden für freie Wochenenden weitergeben konnte. Nachdem er von Oktober 1958

> „ES MACHTE IHM SPASS, DIE REAKTIONEN DER MENSCHEN ZU SEHEN, DIE ER BESCHENKTE. ER FÜHLTE SICH GUT, WENN ER SIE ÜBERRASCHTE UND SIE ERSTAUNT WAREN.“
>
> – ROAD MANAGER JOE ESPOSITO

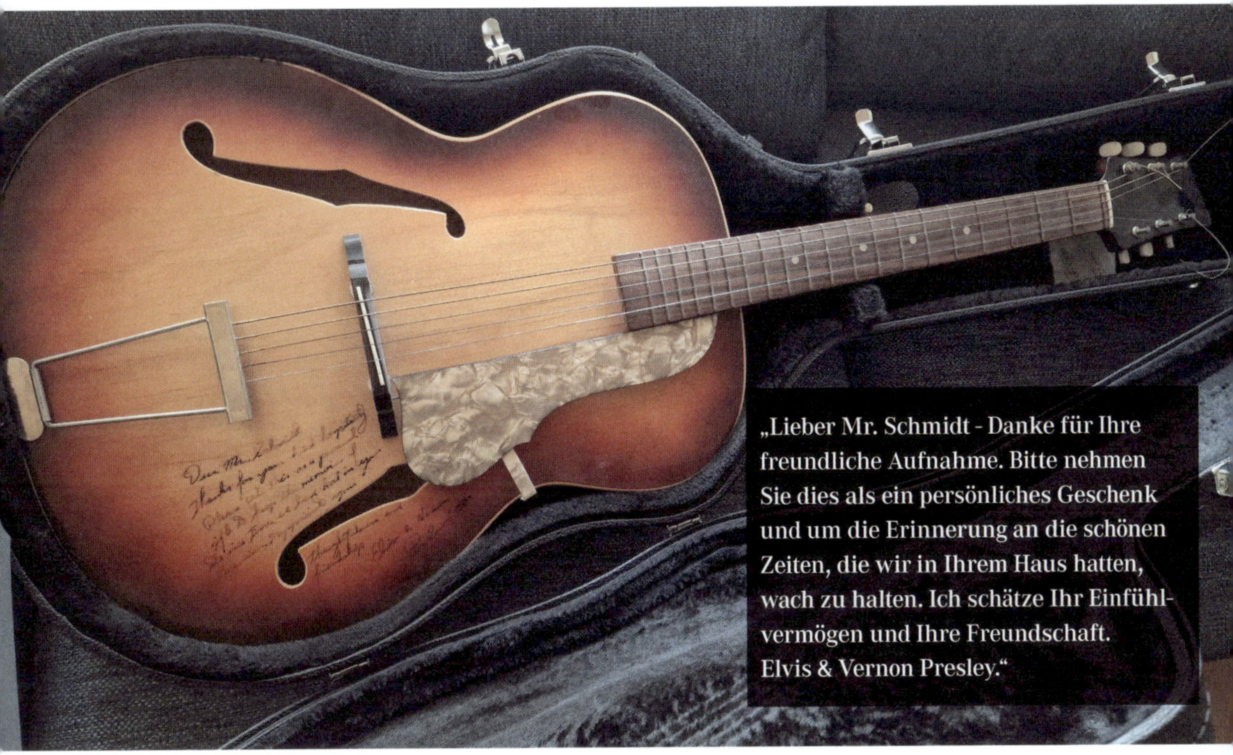

„Lieber Mr. Schmidt - Danke für Ihre freundliche Aufnahme. Bitte nehmen Sie dies als ein persönliches Geschenk und um die Erinnerung an die schönen Zeiten, die wir in Ihrem Haus hatten, wach zu halten. Ich schätze Ihr Einfühlvermögen und Ihre Freundschaft. Elvis & Vernon Presley."

bis Februar 1959 im Hotel Grunewald in Bad Nauheim wohnte, kaufte er eine Gitarre, um sich bei Herrn Schmidt, dem Eigentümer des Hotels zu bedanken. Seine Vermieterin Frau Pieper in der Villa in der Goethestraße 14 in Bad Nauheim bedachte Elvis mit einem Rasenmäher. Später bekam sie noch eine Küchenmaschine und seinen Fernseher. Bei seinem Ausflug nach München und Paris im Juni 1959 gab er seinen Begleitern täglich 100 Dollar, die sie nur als Trinkgeld verwenden sollten. Sie sollten „nicht kleinlich" sein. Er bezahlte die zweiwöchige Urlaubsreise komplett. Nach Aussagen von Rex Mansfield, der damals dabei war, kostete ihn das Ganze rund 10.000 Dollar. Einen hohen Posten bildete die Rückfahrt. Die war zwar, wie die Hinfahrt auch, mit dem Zug geplant, aber Elvis beschloss eine Nacht länger in Paris zu bleiben und stattdessen einen „großen schwarzen Cadillac" mit Fahrer zu mieten. Allein diese Rückreise schlug mit 800 Dollar zu Buche, damals waren das über 3.000 Mark.

TREAT ME NICE

Zu Weihnachten 1959 spendete er eine hohe Geldsumme an das Landjugendheim „Hubertus" in Friedberg. Auch ein deutsches Waisenhaus wurde bedacht. Auch später in den USA spendete er speziell zu Weihnachten

12 Part I—Wed., July 30, 1975 Los Angeles Times ★

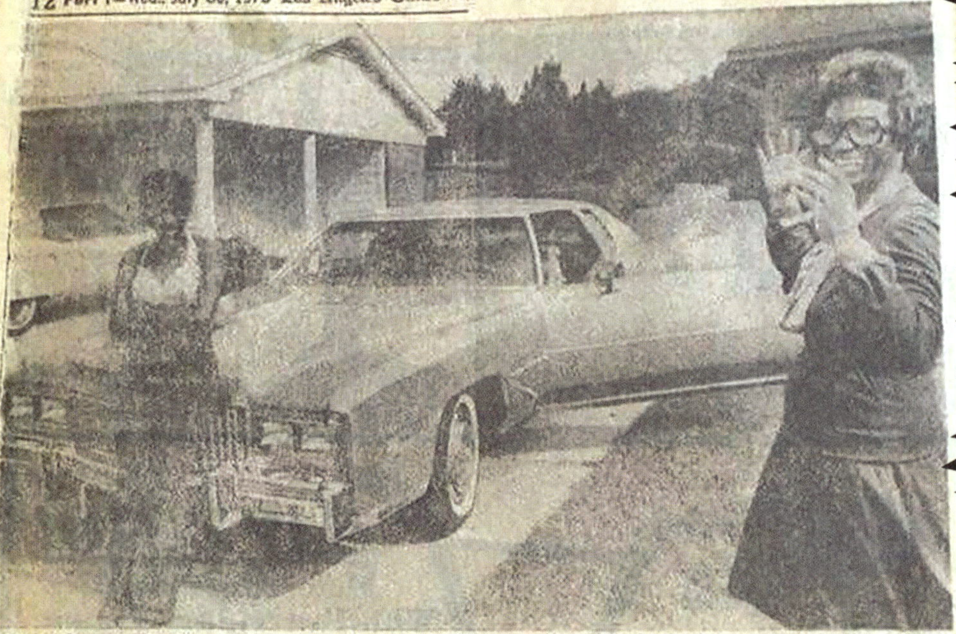

GIFT FROM ELVIS—Mennie Person and daughter Bassanta, 14, with the Cadillac presented by singer.
AP wirephoto

'LIKE MY CAR? I'LL BUY YOU ONE'

Impulsive Presley Gives $11,500 Gift

MEMPHIS, Tenn. (AP)—Mennie Person never expected to meet Elvis Presley, much less wind up on his gift list.

Mrs. Person was caught by surprise Sunday evening when she was admiring Presley's custom-made Cadillac outside a Cadillac agency.

"I had my head over in it and he came out of the back parking lot and asked if I liked it," the bank teller said.

Mrs. Person, 33, said she was "still standing there with my mouth open" but managed to compliment the singer on his car.

"He said, 'That one's mine, but I'll buy you one,'" she said. "He caught me by the arm and carried me back to the parking lot where he had come from and told me to 'pick one out.'"

The car Mrs. Person selected was a gold and white model that lists for about $11,500.

Mrs. Person said that when Presley learned her birthday was Tuesday, he handed her the keys to the car, wished her "Happy Birthday" and told an aide to write her a check "to buy some clothes to go with the car."

She did not disclose the amount of the check.

Mrs. Person said she had told Presley that she and her husband, Troy, already owned a Cadillac, a 1974 model, but she said that didn't bother Presley.

"He told me to keep it," she said. "He told me to give it to my husband or whatever we wanted to do."

Presley has been in a generous mood lately. Last weekend, he had a turboprop airplane valued at $1.2 million delivered to Las Vegas as a gift to his longtime manager, Col. Tom Parker.

gerne an Bedürftige. 1963 waren es 55.000 Dollar. Am 3. Juli 1960 heiratete sein Vater Vernon Dee Stanley. Diese brachte aus ihrer vorherigen Ehe drei Jungs (Rick, Billy und David) mit in die Ehe. Zur Hochzeit in Alabama reiste Elvis nicht an, weil er Vernon die neue Ehe zunächst übelnahm. Doch den Jungs schenkte er einen Tag nach ihrer

Ankunft in Graceland, wo sie in einem separaten Haus wohnten, drei Katzen, drei Hunde, drei Fahrräder und drei Dreiräder, „eben alles mit dem man als Kind gerne spielen würde“, so einer von ihnen. Er fuhr sie auch spazieren. „Wir bekamen eine Menge Aufmerksamkeit, als wir mit dem Pink Cadillac zur Schule gefahren wurden“, so David Stanley.

Nach Aussagen seines Road Managers Joe Esposito „machte es ihm Spaß die Reaktionen der Menschen zu sehen, die er beschenkte. Er fühlte sich gut, wenn er sie überraschte und sie erstaunt waren.“ Und Überraschungen liebte er. Vor allem seine Freundinnen, seine Gang und speziell Priscilla kamen in den Genuss. Die Mitglieder seiner Entourage wurden nicht gerade fürstlich bezahlt. Aber es gab zu Weihnachten immer einen großen Bonus,

„WIR BEKAMEN EINE MENGE AUFMERKSAMKEIT, ALS WIR MIT DEM PINK CADILLAC ZUR SCHULE GEFAHREN WURDEN.“

– DAVID STANLEY, ELVIS JUNGER STIEFBRUDER

entweder in Form von Bargeld oder Gütern wie etwa einem Fernseher. Elvis hatte auch immer offene Ohren, wenn jemand in seinem Team in finanziellen Problemen steckte. „Wenn er hörte, dass jemand traurig oder gar depressiv war, dann überraschte er die Person gerne“, so Priscilla. „Üblicherweise war das ein nagelneues Auto.“ Sie selbst bekam, zum Schulabschluss am 1. April 1963, einen roten Chevrolet Corvair. Später kamen noch ein weißes Motorrad des Typs Honda Dream 350, ein weißer 66er Oldsmobile Toronado, ein Cadillac Eldorado und am 8. Dezember 1970 ein weißer Mercedes 280 SL dazu – eine Pagode der Baureihe W113 (VIN: 021029) die 9.120,50 Dollar kostete.

Seine Sekretärin Elisabeth Stefaniak erhielt am 10. März 1960, direkt nach ihrer Ankunft in den USA, ein außergewöhnliches Präsent: „Nach seiner Rückkehr von einer Fahrt mit seinen Freunden, rief er mich zu sich, nahm meine Hand und führte mich vors Haus. In der Auffahrt stand dieser schöne, gelbe Lincoln. Elvis händigte mir die Schlüssel aus und sagte, der Wagen gehöre nun mir. Ich strahlte wie ein Weihnachtsbaum. Ich konnte nicht glauben, dass er selbst sich die Zeit genommen hatte, mir ein Auto zu kaufen. Es war kein brandneues 1960er Modell, aber für mich war es der schönste Wagen, den ich je gesehen hatte und ich war die Besitzerin! Den nächsten Tag verbrachte ich damit, stundenlang mit meinem Wagen auf dem Grundstück von Graceland hin und her zu fahren. Ich war wie ein Kind, das ein neues Spielzeug bekommen hatte, wenn ich nur daran gedacht hatte, dass Elvis mir meinen ersten Wagen gekauft hatte. Mit 16 hatte ich in Maryland meinen Führerschein gemacht. Der war nun ungültig, da ich während der vergangenen drei Jahre in Deutschland nicht gefahren war. Deshalb war ich im Fahren sehr unsicher und sagte zu Elvis, ich müsse mich im Fahren üben, damit ich in der Lage sei, meinen Führerschein neu zu machen. Nun hatte ich einen wunderschönen, neuen Wagen und keinen Führerschein. Am selben Abend, an dem er mir den Wagen gab, fuhr er in seinem Wagen mit mir zu einem großen Parkplatz nach Memphis. Wir tauschten die Plätze. Elvis ließ mich fahren und sagte mir, was ich tun solle."

> **„WENN ER HÖRTE, DASS JEMAND TRAURIG ODER GAR DEPRESSIV WAR, DANN ÜBERRASCHTE ER DIE PERSON GERNE – ÜBLICHERWEISE WAR DAS EIN NAGELNEUES AUTO."**
> **– PRISCILLA PRESLEY**

DO YOU KNOW WHO I AM?

Fast alle seine Freunde und zum Teil auch deren Frauen bekamen als Überraschung ein Auto. „Elvis hat das Wort ‚generös' erfunden", sagte sein Freund George Klein einmal. „Er hat mir zwei Cadillacs geschenkt." Am 8. Dezember 1970 wurden die Mitglieder seiner Entourage, Joe Esposito, Jerry Schilling, Charlie Hodge (blauer SL) und dessen Frau Jennifer, mit Mercedes-Fahrzeugen bedacht. Auch seine damalige Freundin Barbara Leigh, mit der er von August 1970 bis 1972 eine Affäre hatte, bekam einen (braunen) Mercedes SL und Joe Esposito zusätzlich ein Haus. Im Gespräch mit dem „Elvis Information Network" sagte Leigh: „Elvis war der großzügigste Mann, den ich je getroffen habe. Es gab kein Motiv für ihn etwas zu geben; nur Liebe. [...] Er liebte es, seine Frauen mit schöner Kleidung zu schmücken und mit Waffen, so dass wir uns sicher fühlten. Wir bekamen auch Schmuck und er überraschte uns, wenn wir es am wenigsten erwarteten. Es war ihm eine Freude, Menschen glücklich zu machen."

Nach übereinstimmenden Aussagen aller Mitglieder seiner sogenannten „Memphis Mafia", war die Einkaufstour 1970 nur eine von vielen. Linda Thompson etwa, mit der Elvis von Juli 1972 bis Ende 1976 eine Beziehung hatte, bekam drei Autos: einen blauen Lincoln, einen Cadillac Seville und einen gelben De Tomaso Pantera: „Er sagte, du siehst in diesem Wagen toll aus. Lass mich den für dich kaufen. Ich konnte aber gar nicht

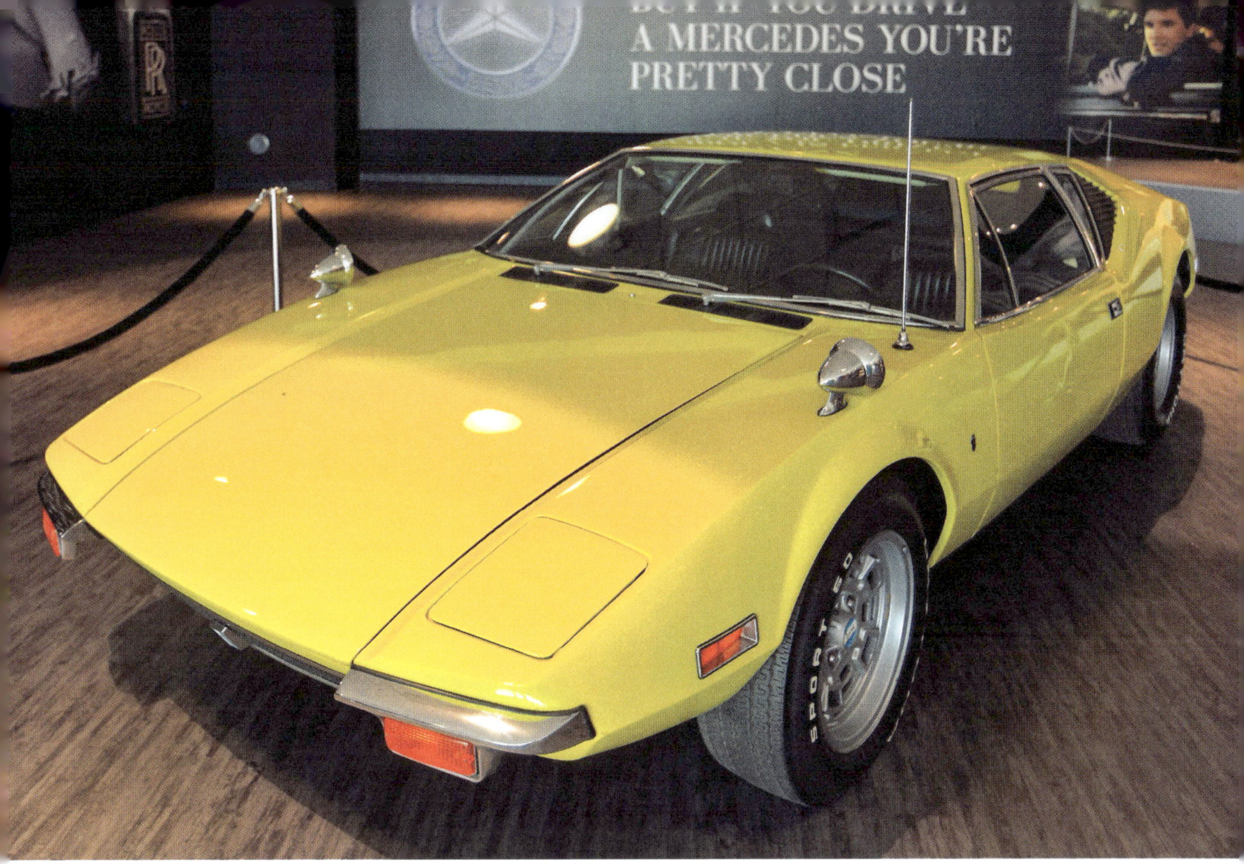

mit einem Schaltgetriebe fahren, aber er wollte es mir beibringen. Dann machten wir eine Probefahrt und er sagte, du kannst den Wagen nicht haben, darin würdest du sterben.“ Es war 1974, als er den (gebrauchten) 1971er Wagen für nur 2.400 Dollar erwarb (Kennzeichen 1-NV 245) und später auch auf ihn schoss, als er nicht ansprang. Dabei traf eine Kugel die Fahrertür, eine den Reifen und eine das Lenkrad. Als er ihn zwei Jahre später wieder verkaufte, kam er zunächst in die Sammlung von Fritts Ford in Kalifornien, dann zu verschiedenen Privatsammlern und schließlich in das Petersen Museum in Los Angeles. Inzwischen steht er in Graceland. Er ist nur 31.437 Meilen gelaufen. Von den drei Einschusslöchern ist nur noch das Loch im Lenkrad zu sehen.

Elvis schoss wohl auch auf seinen 67er Cadillac Eldorado, auf Bücher und Fernseher sowie, nach Aussagen von George Klein, auf einen Ford auf dem Weg nach Graceland, als der nicht mehr anspringen wollte. Der DJ George Klein, den Elvis schon seit 1948 kannte, wurde mit einem besonderen Präsent bedacht wurde. Kurz vor Weihnachten 1968 bekam er einen Anruf, dass Elvis darauf bestehe, ihn am späten Abend noch zu sehen. Er protestierte erst, weil er gerade auf Sendung war, ließ sich aber überreden und gab die Moderation ab. Er wurde zu einem bereits geschlossenen

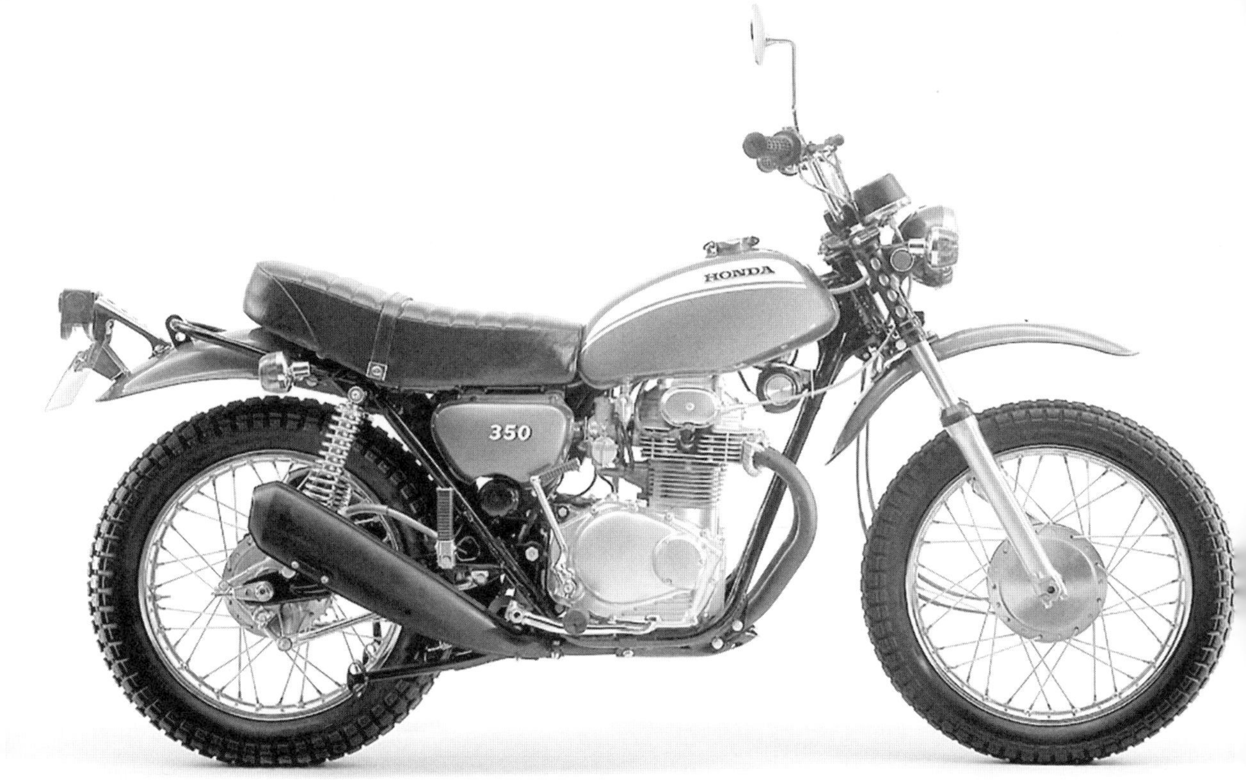

Cadillac-Händler gefahren. „Plötzlich gingen die Lichter an", so Klein, „und mitten im Raum stand ein Cadillac-Cabrio. Ich dachte, das ist das Auto, das sich Elvis bestellt hatte." Aber der reichte ihm die Schlüssel für den Wagen und sagte: „Frohe Weihnachten, GK!" Klein wollte den Cadillac erst nicht annehmen, aber Elvis ergänzte sehr überzeugend: „Was sind Ruhm und Reichtum, wenn man sie nicht mit seinen Freunden teilen kann?" Als George Klein 1970 in Las Vegas heiratete, bezahlte Elvis auch seine Hochzeit.

COTTON CANDY LAND

Warum tat Elvis das? Ein Grund war sicherlich, dass er es sich leisten und seine arme Herkunft vergessen konnte. Jeans waren für ihn und in seinem direkten Umfeld nicht erlaubt, er hatte sie als Kind aus Geldmangel tragen müssen. Auch braun und grün durfte niemand tragen. Die Farben erinnerten ihn an die Armee. Zudem erhielt er sich mit Geschenken die Loyalität seines Umfelds. Schließlich verlangte Elvis Nachtschichten und Rufbereitschaften 24 Stunden am Tag. Außerdem kommt noch ein dritter wichtiger Punkt hinzu, den die Sängerin Myrna Smith von der Begleitgruppe „Sweet Inspirations" in der Dokumentation „200 Cadillacs" so benennt: „Wenn wir uns mal gestritten haben, dann schenkte er mir danach einen Diamanten. Das war seine Art und Weise Entschuldigung zu sagen." Und einen eisblauen Cadillac Eldorado

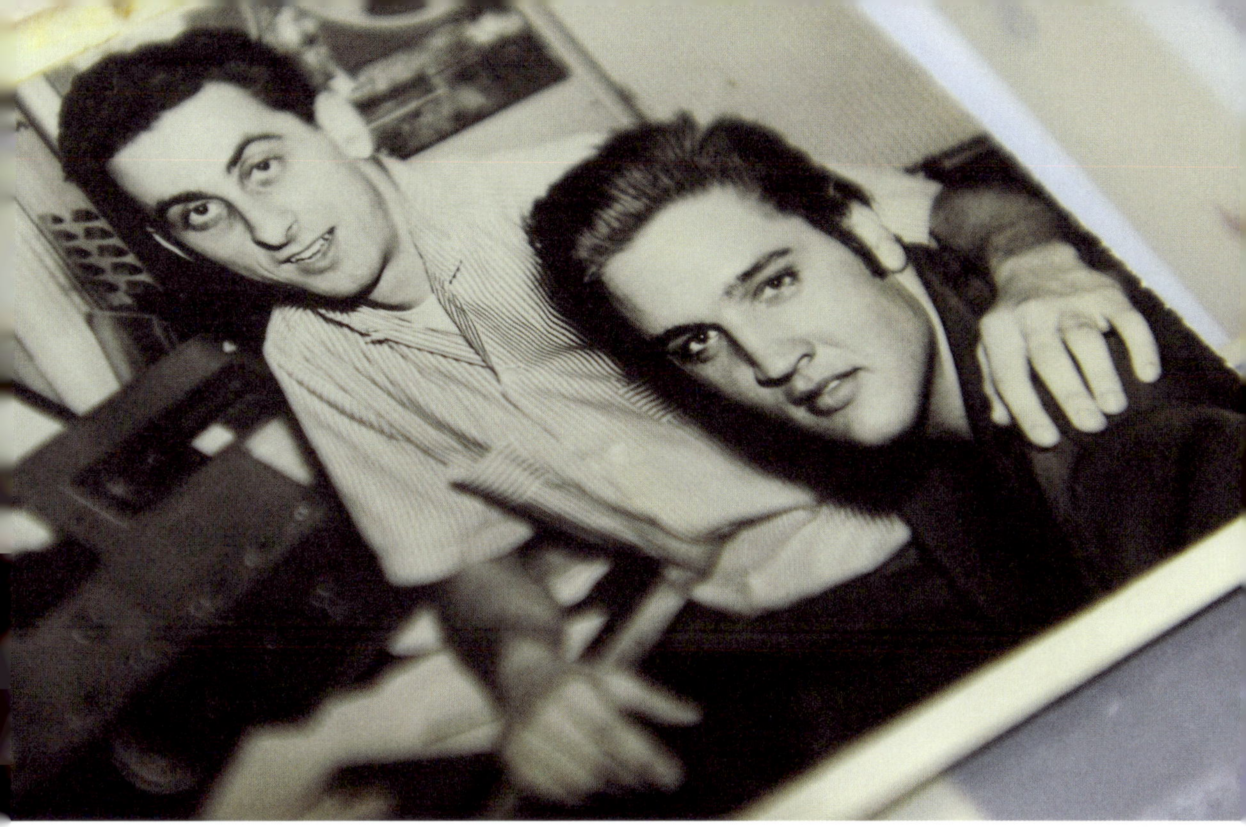

(Kennzeichen: LDY BLU) gab er noch dazu. Manchmal schlug er aber über die Stränge. Als er im Februar 1967 für 437.000 Dollar eine Ranch in Horn Lake südlich von Memphis erwarb, kaufte er kurz danach auch noch 48 Pferde für alle, Trucks für alle, Wohnwagen, Motorräder und Anhänger. Als Vater Vernon ihm daraufhin vorwarf, mit Geld um sich zu werfen entgegnete Elvis: „Es ist nur Geld. Ich muss nur rausgehen und mehr verdienen. Ich habe Spaß, Daddy. Ich mache damit, was ich will."

Elvis wollte auch aus Dankbarkeit Gutes tun und kaufte am 30. Januar 1964 sogar für 55.000 Dollar die ehemalige Präsidentenyacht U.S.S. Potomac, um sie dem St. Jude Children's Research Hospital in Memphis zu spenden. Joe Esposito beobachtete, wie Elvis wildfremden Menschen 100 Dollar Noten in die Hand drückte, damit sie sich etwas gönnen konnten. „Er fühlte sich gut, wenn er sie überraschte und sie erstaunt waren. Er sagte oft, dass er ohne seine Fans, denen er immer dankbar war, einen Lkw fahren würde."

Schenken war für ihn wie eine Droge. „Wenn ich groß bin, kaufe ich für euch ein schönes Haus und bezahle alles, was ihr dem Kaufmann schuldet", sagte er lange vor seinem Ruhm zu seinen Eltern. „Und ich kaufe zwei Cadillacs, einen für euch und einen für mich." Es wurden wesentlich mehr als zwei – nicht nur für die Familie.

KAPITEL 8

MY LITTLE FRIEND

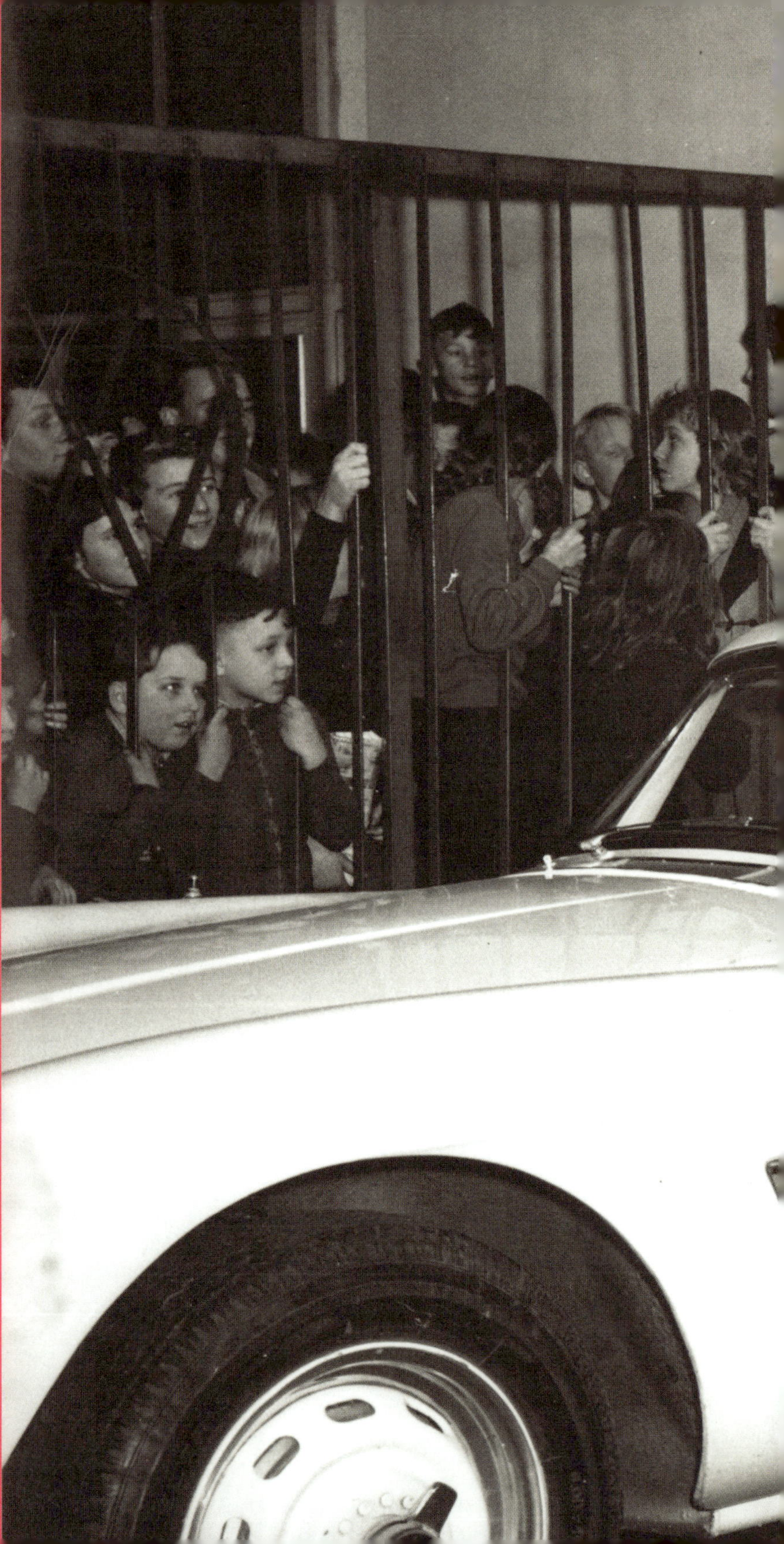

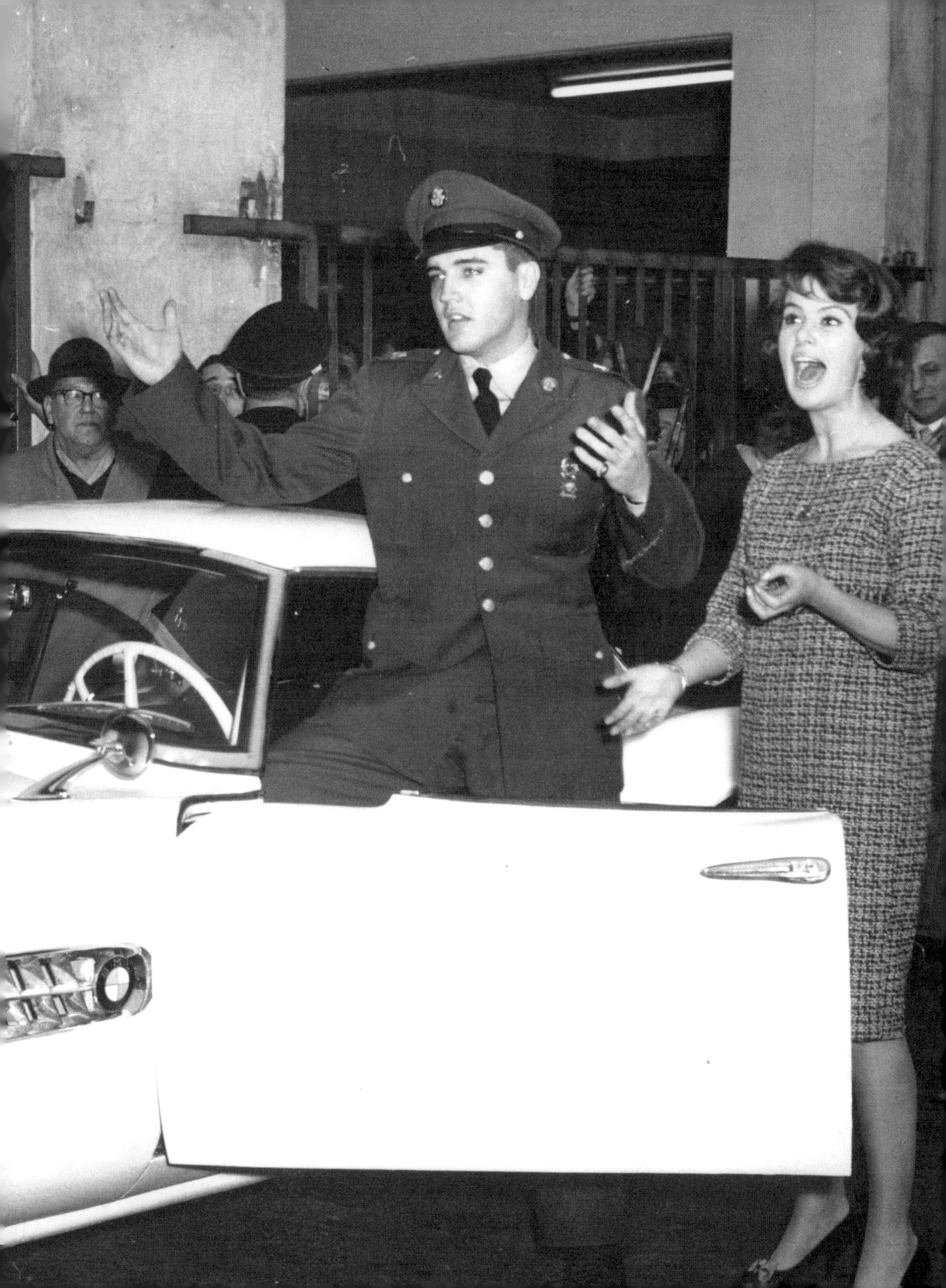

MY LITTLE FRIEND
DIE DEUTSCHEN AUTOS (1956 – 1968)

MESSERSCHMITT KABINENROLLER

Zwischen dem 28. Januar und dem 24. März 1956 war Elvis, gemeinsam mit den Musikern Scotty Moore und Bill Black, sechsmal in der „Dorsey Brothers Stage Show" zu Gast, die aus den New Yorker CBS Studios gesendet wurde. Nach dem letzten Auftritt kam er zu seinem allerersten deutschen Wagen. Es war ein dreirädriger Messerschmitt KR 200 in Rubinrot. Seine Plattenfirma RCA Victor schenkte ihm den Wagen (Fahrgestellnummer 56007), weil er bis dahin bereits über eine Million Platten verkauft hatte. Der Wagen ergänzte eine Fahrzeugsammlung, die damals schon aus drei Cadillacs und einer Harley-Davidson bestand. Die Firma Messerschmitt hatte zunächst Kampfflugzeuge gebaut. Dies wurde ihr aber nach Kriegsende verboten, stattdessen folgte ab 1953 der Kabinenroller („KR"). Ab 1955 entstand nach dem KR 175 die stärkere Variante KR 200 mit 10,2 statt 9 PS. Das reichte immerhin für 90 km/h. Die in Yonkers, im Bundesstaat New York ansässige Firma „The Gordon Motors Corporation", war der einzige US-Importeur der urigen Vehikel. Der KR kostete damals rund 1.000 Dollar.

Nach den Auftritten in den Studios blieb Elvis in New York, um noch Gespräche mit der Plattenfirma zu führen, ließ den Messerschmitt nach Hause (1034 Audubon Drive) transportieren und nahm den Zug. Der Wagen bekam eine Zulassung in Tennessee und das Kennzeichen 2 100222. Gewöhnungsbedürftig waren die besonders großen Stoßstangen der US-Ausführung. Bilder vom 29. Mai 1956 zeigen Elvis stolz neben dem Wagen, seine Eltern und Dan Shakleford, ein langjähriger Freund aus Tupelo, waren mit dabei. Angeblich hat Elvis den Wagen sogar umgebaut und etwas frisiert. Gesichert ist, dass er Fall kleinere Reparaturen daran selbst ausführte.

I'LL REMEMBER YOU

Im Laufe des Jahres 1957 verlor Elvis das Interesse an dem Kleinwagen. Als Bernard Lansky, der Miteigentümer des Kleidungsgeschäftes „Lansky Bros." in Memphis davon hörte, trafen die beiden Männer ein Abkommen. Am 27. August tauschte Elvis den Wagen gegen einen zweieinhalb Stunden dauernden Einkauf bei „Lansky Bros." an der Beale Street 126 ein. Später äußerte sich der Sänger so zu dem ungewöhnlichen Tausch: „Es gab da diesen Mann in der Stadt, der wollte seit einem Jahr unbedingt diesen Messerschmitt haben. Ihm gehört ein Bekleidungsgeschäft, und zwar eines der besten Bekleidungsgeschäfte in Memphis. Dann machten wir einen Deal. Ich sagte, ich nehme all die

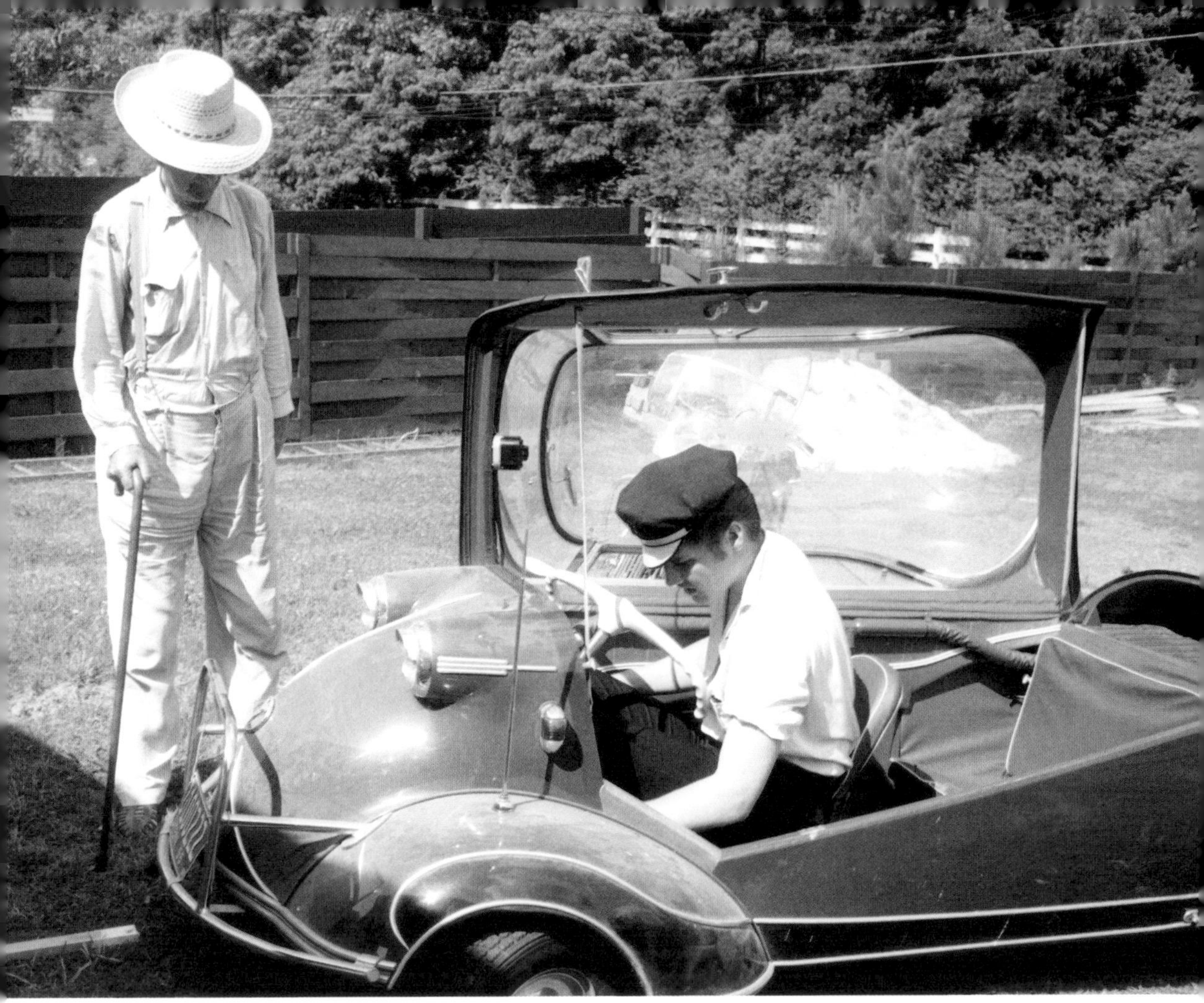

Kleidungsstücke mit, die mir in deinem Geschäft gefallen. Dann bekommst du dafür den Messerschmitt. Ich war für ungefähr zweieinhalb Stunden in dem Geschäft. Der Laden war ein Wrack, als ich ihn verlassen habe."

Bernhard Lansky war trotzdem zufrieden. „Er ist wie ein Flugzeug nur ohne die Flügel. Er hat eine durchsichtige Kuppel, die sich öffnen lässt", so der stolze Eigentümer. Nach seinem Tod am 15. Dezember 2012 übernahm Hal den KR 200 und hält ihn seitdem an einem unbekannten Ort unter Verschluss. Auf Nachfrage, ob er zu verkaufen sei, sagte Hal Lansky: „Wenn du mir 100.000 Dollar gibst ...". Seit 1959 wurde der Wagen nicht mehr gesehen.

Während seiner Zeit in Deutschland entstanden am 14. August 1959 Bilder auf denen Elvis in einem weißen Messerschmitt mit Frankfurter Kennzeichen (F - EA 272) sitzt. Dieses Mal war es allerdings ein offener KR 201. Gekauft

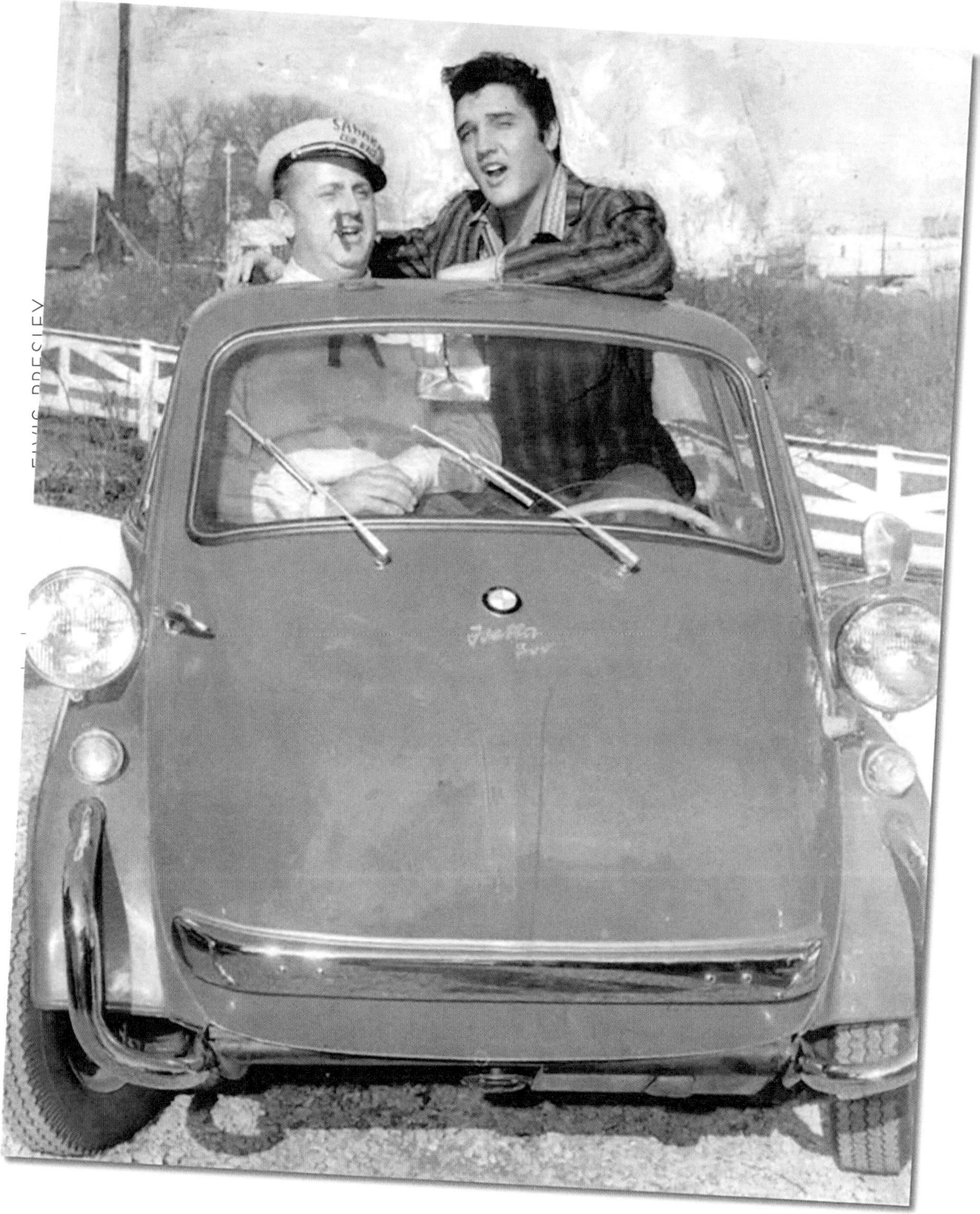

hat er den Kleinwagen nicht, sondern während eines Besuchs des Gederner Sees nordwestlich von Friedberg, nur probegesessen.

BMW ISETTA 300

Der Fuhrpark am Audubon Drive war also auf fünf Fahrzeuge angewachsen. Doch das war Elvis nicht genug. Im Februar 1957 kaufte er weiteres Land rund um das Haus. Nur einen Monat später hielt er auf dem Rückweg von einem Konzert auf dem Weg in Richtung Memphis bei einem BMW-Händler an und kaufte ein weiteres Fahrzeug: Eine 1957er Isetta. Es wurde nie klar, ob sie weiß oder gelb war. Sie wurde von Elvis und Scotty Moore mit einem gemieteten Trailer hinter der 1954er Cadillac Fleetwood Limousine transportiert. An der Isetta war zunächst die provisorische Nummer 0369008. Angeblich soll Elvis den Wagen sogar bei den Dreharbeiten von „Jailhouse Rock“ benutzt haben, die am 13. Mai 1957 begannen, doch das ist fragwürdig. Schon am 21. Dezember 1957 verschenkte Elvis den rundlichen Zweisitzer an Tom Parker. Die Übergabe in Parkers Haus in Madison, Tennessee wurde gut dokumentiert. Beide strahlen um die Wette und schauen aus dem Schiebedach heraus. Danach verliert sich die Spur des Wagens. Bei der Übergabe war er rot lackiert. Exakt ein Jahr später, am 21. Dezember 1958, saß Elvis wieder in einer Isetta – dieses Mal in Deutschland. Er holte in Frankfurt seinen weißen BMW 507 ab. Zur Freude der Fotografen nahm er in der 13 PS starken „Knutschkugel“ mit dem Kennzeichen B 9553 Platz. Danach stieg er in den 165 PS Sportwagen und fuhr davon.

> **„TATSÄCHLICH ZOG ELVIS DIE GROSSEN AMERIKANISCHEN LIMOUSINEN JEDEM AUSLÄNDISCHEN FABRIKAT VOR.“**
> **— REX MANSFIELD, ARMEEKAMERAD**

MERCEDES

Die Beziehung zwischen Elvis und der Luxusmarke Mercedes begann mit einem Wagen, den er nicht besaß. Ab Oktober 1958 wurde Elvis von Oskar Mallmann in seinem Taxi (Kennzeichen FB – M 359), einem schwarzen Mercedes, gefahren. Diese Fahrten beschränkten sich nicht nur auf Bad Nauheim und Umgebung, Mallmann chauffierte Elvis etwa auch zu den Konzerten von Bill Haley am 23. Oktober 1958 in Frankfurt und Wiesbaden. Dort wurde der Wagen für einen schnellen Aufbruch am Hintereingang geparkt. Doch auch dort wurden sie von Fans umringt und der Mercedes war „kaum noch zu sehen“, weil sich so viele Fans versammelt hatten. „Meine größte Sorge war, einen Unfall zu bauen bei dieser Fan-Verfolgungsfahrt quer durch Frankfurt“, so Mallmann. Doch letztlich kamen sie sicher in der Goethestraße 14 an.

„ICH WAR FÜR UNGEFÄHR ZWEIEINHALB STUNDEN IN DEM GESCHÄFT. DER LADEN WAR EIN WRACK, ALS ICH IHN VERLASSEN HABE.“
— ELVIS, NACHDEM ER SEINEN KABINENROLLER GEGEN EINE SHOPPINGTOUR BEI BERNARD LANSKY TAUSCHTE

Bis zum Januar 1959 war Mallmann für Elvis, dessen Familie und Freunde tätig. Auf dem Weg zur Geländeübung in Grafenwöhr teilte er mit ihnen seine Butterbrote. Auf längeren Strecken unterhielt man sich damit, mit Wortspielen Sätze zu bilden und zu scherzen. Er brachte Elvis und Vera Tschechowa zu einem Wohltätigkeitstermin im Frankfurter Tropenhaus im Zoo, holte für die Freundin Margit Bürgin eine Armbanduhr als Weihnachtsgeschenk ab und besorgte von einem Eishockspieler Gewichte für das Muskeltraining. Er war es auch, der Vernon nach Frankfurt in die Nähe des Katharinenkreisels, dem sogenannten „Opelrondell“ fuhr, als der sich dort einen schwarzen Mercedes kaufte. Dort gab es zwar das Autohaus „Georg von Opel“, aber keine Mercedes-Vertretung. Dass er den Mercedes 220 W 180 am 20. Dezember 1958 als Gebrauchtwagen beim Opel-Händler erwarb, ist eher unwahrscheinlich. Gebrauchtwagen wurden damals aber sowohl bei der Niederlassung in der Kriegkstraße 59-69 als auch an der Franken-Allee angeboten. Beide Betriebe lagen nahe des Katharinenkreisels. Vernon könnte den Wagen auch bei einer KFZ-Reparaturhalle unter amerikanischer Besatzung auf dem Grundstück Rheingauallee erworben haben, denn dort richtete die Mercedes-Benz-Niederlassung am 21. März 1958 eine provisorische Schnelldienststation mit 14 Mitarbeitern ein. Später erwarb Vernon noch zwei weitere Mercedes. Einen 220 W 186 in einer helleren Farbe und einen schwarzen Mercedes 300 W 186.

TROUBLE

Mit Vernons Mercedes 220 W 180 kam es direkt nach dem Kauf zu einer gefährlichen Situation: Vernon fuhr den neuen Wagen selbst von Frankfurt nach Bad Nauheim zurück. Elvis saß auf dem Beifahrersitz. Die beiden Leibwächter Red West und Lamar Fike saßen hinten. Wie Elvis-Rechercheur Manfred Brodträger herausfand, fuhr ein Fotograf hinter

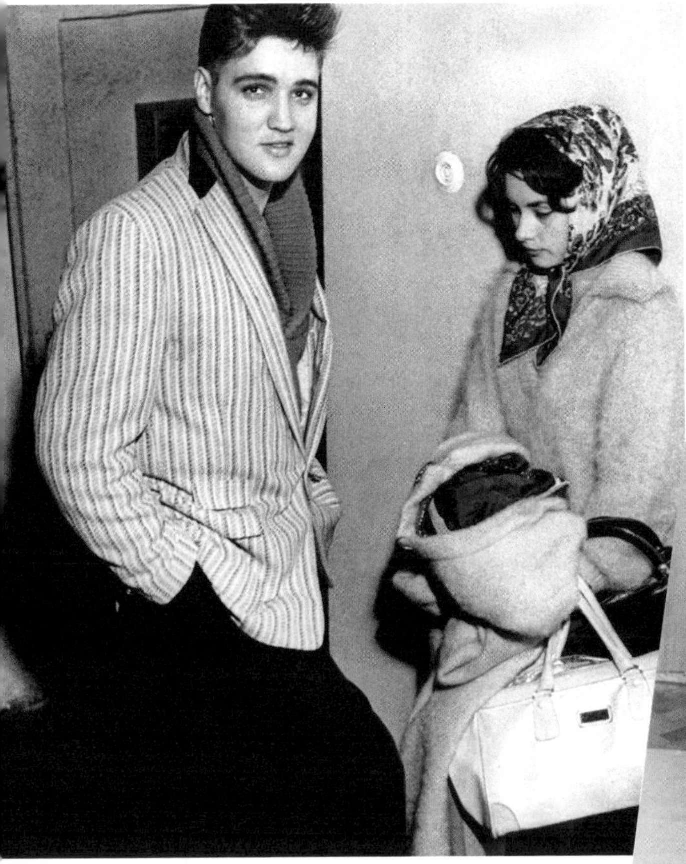

Elvis mit Vera Tschechova (links) und dem jungen Stephen Marquette (unten).

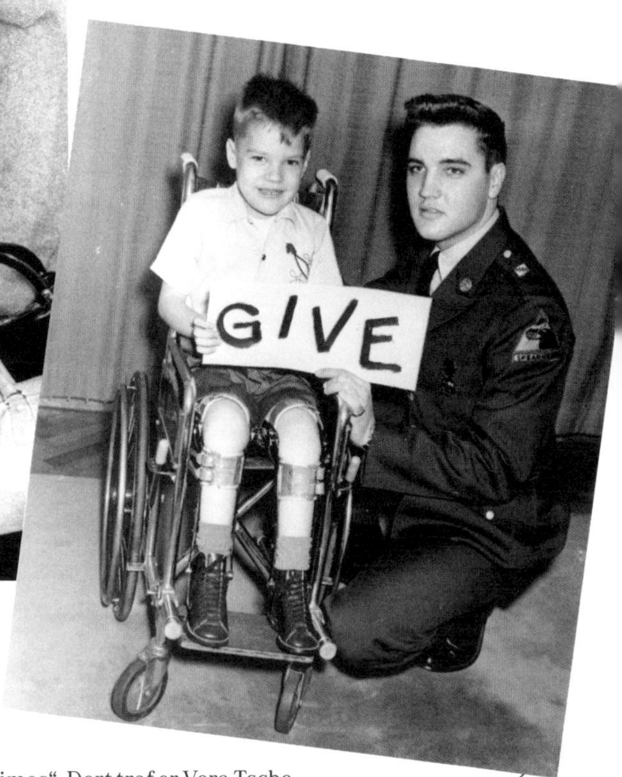

ihnen her. Als Vernon versuchte, den Abstand zu vergrößern, gelang es ihm zwar, an einem sich schließenden Bahnübergang noch an der ersten Schranke vorbeizukommen, aber vor der zweiten Schranke musste er bremsen und stand auf den Bahngleisen. Er schaffte es noch, den Mercedes parallel zu den Gleisen zu manövrieren und konnte dadurch einen Unfall verhindern, kurz danach rauschte der Zug nur knapp am Mercedes vorbei.

Am 18. Januar 1959 besuchte Elvis den an Kinderlähmung erkrankten Jungen Stephen Marquette bei der Frankfurter Wohltätigkeitsveranstaltung „March of Dimes“. Dort traf er Vera Tschechowa, die zwei Jahre zuvor in der Heinz Erhardt-Komödie „Witwer mit fünf Töchtern“ ihr Leinwanddebüt gegeben hatte. Die beiden verstanden sich gut und verbrachten auch einige Stunden im Frankfurter Zoo. Als Elvis Anfang März ein paar Tage frei hatte, fuhr er in Mallmanns Taxi gemeinsam mit Red West und Lamar Fike nach München. Dort traf er Tschechowa wieder, die damals in dem Stück „Der Verführer“

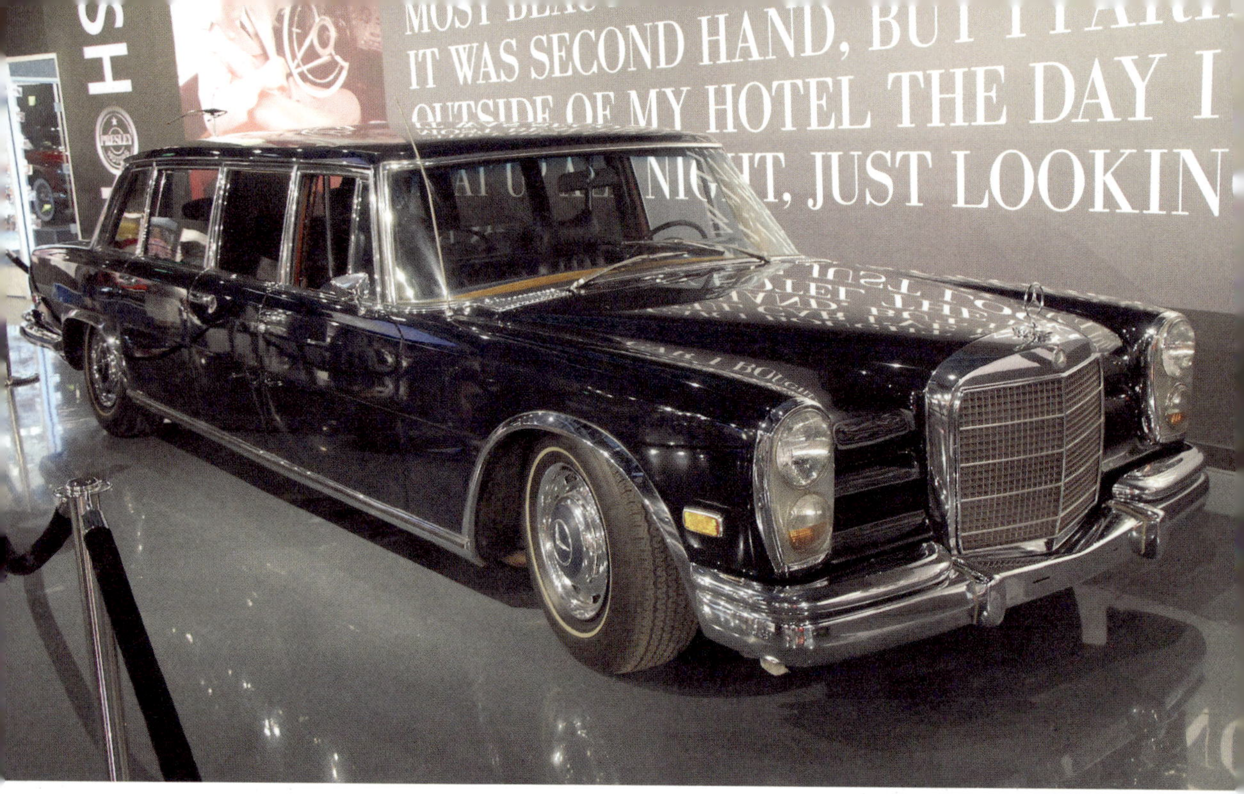

im „Theater unter den Arkaden" auftrat. Mit ihr und den Begleitern ging er auch ins Kino und schaute sich zwei ihrer Filme an: „Noch minderjährig", der auch den Titel „Unter 18" trägt, sowie das Kriegsdrama „Der Arzt von Stalingrad". Tschechowa übersetzte für ihn simultan. Am Abend fuhren sie im Mercedes in Richtung des „Moulin Rouge". Doch Elvis stieg wohl vor dem Ziel aus. Auf dem Ausflugsprogramm stand auch noch der Besuch in den Bavaria Filmstudios. Der amerikanische Schauspielkollege Jerome Courtland, den Elvis kannte, drehte dort den Film „Die Wikinger". Bekannt geworden sind zusätzlich Ausflüge in die Münchner Eve Bar und die Strip Bar Moulin Rouge – Elvis Presley sagte: „Ich will nackte Mädels sehen."

SHAKE, RATTLE AND ROLL

Am 26. März 1959, kurz vor Ostern, war Vernon mit seinem zweiten Mercedes, dem 300 W 186 in einen Unfall verwickelt, an dem er aber keine Schuld hatte. Er war mit Elvis Sekretärin Elisabeth Stefaniak, die später seinen Armeekameraden Rex Mansfield heiraten sollte, auf dem Rückweg von einem Einkauf in dem unter US-Soldaten bekannten Frankfurter Geschäft Snack Bar PX und „Commissary" an der Kreuzung Miquel-/Adickes Allee und Eschersheimer Landstraße. Das Duo fuhr auf der Autobahn Frankfurt – Kassel zurück in Richtung Bad Nauheim. Als Vernon etwa acht Kilometer vor dem Ziel gerade einen Lkw überholen wollte, scherte der Fahrer direkt vor ihm aus. Nach Angaben von Stefaniak, „riss Mister Presley

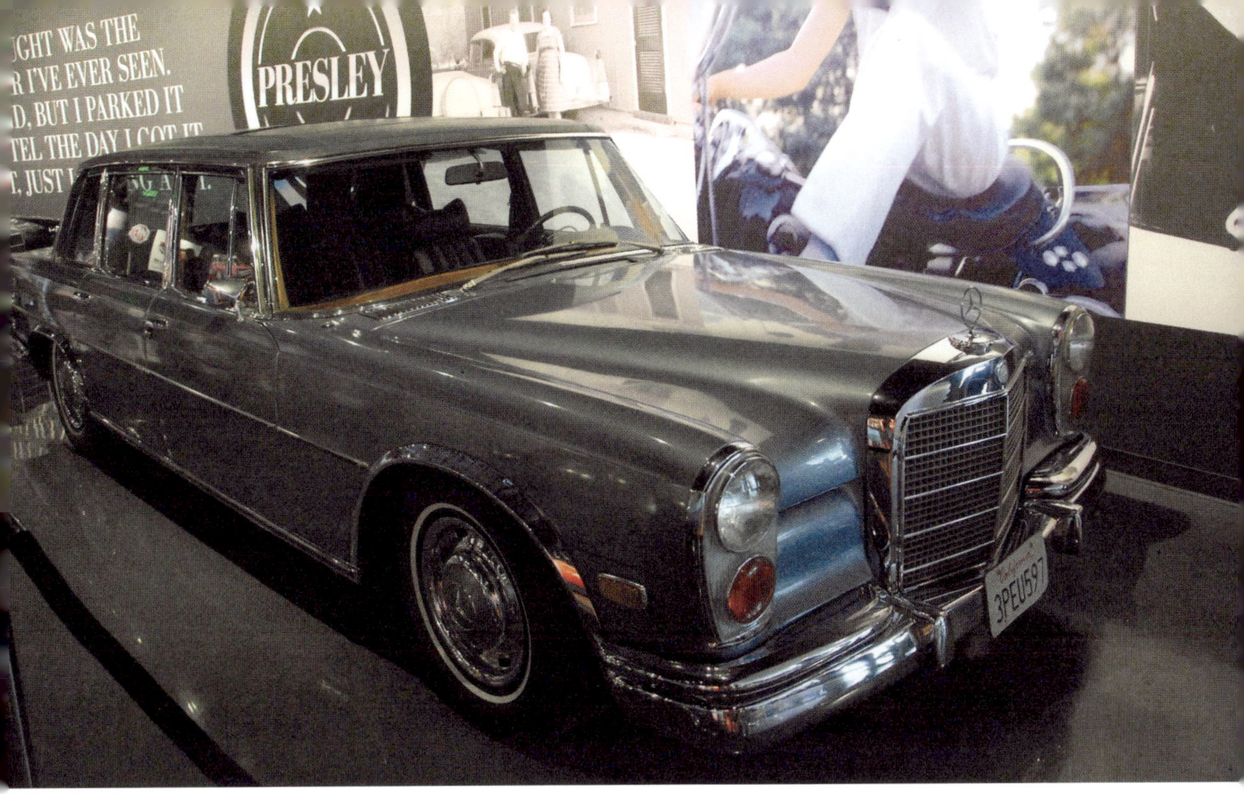

seinen viertürigen, schwarzen Mercedes nach links und trat auf die Bremse, um einen Zusammenstoß zu vermeiden, verlor aber die Gewalt über den Wagen. Wir überschlugen uns mehrere Male und blieben auf der anderen Seite der Autobahn, an einem Baum, auf dem Dach liegen. Presley war sehr besorgt um mich und half, mich aus dem Wagen zu ziehen und auf den Boden zu legen. Er war nicht verletzt, abgesehen von ein paar kleinen Quetschungen, aber der schwarze Mercedes war ein totales Wrack. Im Wagen herrscht ein absolutes Chaos, der Rücksitz war voll von Gemüse, vermischt mit Eiern. Viele Autofahrer hielten an und jemand rief die Polizei, eine Ambulanz für mich und verständigte das Presley Haus in Bad Nauheim. Es war etwa 17:00 Uhr und Elvis kam gewöhnlich um diese Zeit nach Hause. Sobald die Leute herausgefunden hatten, dass es Vernon Presley war, der gefahren war, begann die Aufregung. Ich wurde zum nächsten deutschen Krankenhaus gebracht und am ganzen Körper geröntgt. Die Aufnahmen zeigten, dass ich am Rücken und auch an anderen Körperstellen Quetschungen davongetragen, aber nichts gebrochen hatte. Ich war ziemlich mitgenommen, da ich von dem zerbrochenen Glas Schnittverletzungen am Kopf hatte. Mister Presley blieb am Unfallort. Währenddessen erhielt Elvis die Nachricht, dass sein Vater einen Unfall gehabt hatte. Elvis erzählte mir später, als er mich noch in derselben Stunde besuchte, dass sein Herz fast stehen geblieben sei, als er die Unfallszene und den Zustand des Wagens sah. Er hatte das bange Gefühl, dass er nun auch noch seinen Vater verloren habe." Nach Stefaniaks Aussagen kam nur sie in das Bad Nauheimer Hochwaldkrankenhaus. Im Widerspruch dazu stehen Teile einer Meldung der Agentur UPI über den Unfall, wonach beide in das Krankenhaus eingeliefert wurden.

Stefaniak wurde nach ein paar Stunden wieder entlassen. Als Elvis, der zur Zeit des Unfalls noch Dienst hatte, in ihr Zimmer in der Goethestraße 14 kam, erkundigte er sich zunächst nicht, wie es ihr geht, sondern fragte sie vorwurfsvoll, ob sie eine Affäre mit seinem Vater hätte („messing around with my daddy"). Das schockierte die junge Frau, die sehr in Elvis verliebt war. Dreißig Minuten später entschuldigte er sich bei ihr.

Was aus dem verunfallten Mercedes 300 wurde, ist unklar. Manche Quellen berichten von einem Schaden von rund 15.000 Mark – bei einem Neupreis 22.000 Mark. Andere melden, dass Vernon den Wagen im Dezember 1959 an einen Armeeangehörigen verschenkte. Doch warum erst neun Monate nach dem Unfall? Möglicherweise könnte ein anderer Mercedes gemeint sein, den Vernon nach dem Unfall fuhr. Dass er ein so ein teures Objekt verschenkt hat, ist unwahrscheinlich, wie eine Anekdote zeigt: Taxifahrer Oskar Mallmann besorgte im Auftrag von Elvis einen möglichst großen Kühlschrank. Bevor Elvis in die USA zurückging, wollte er

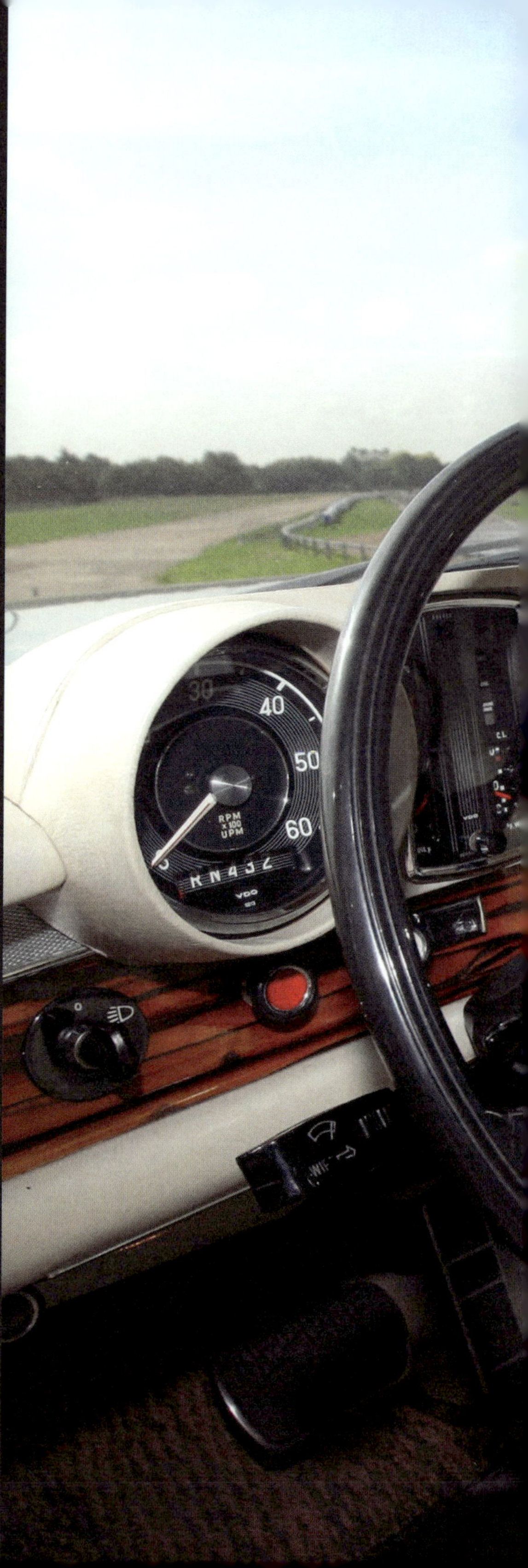

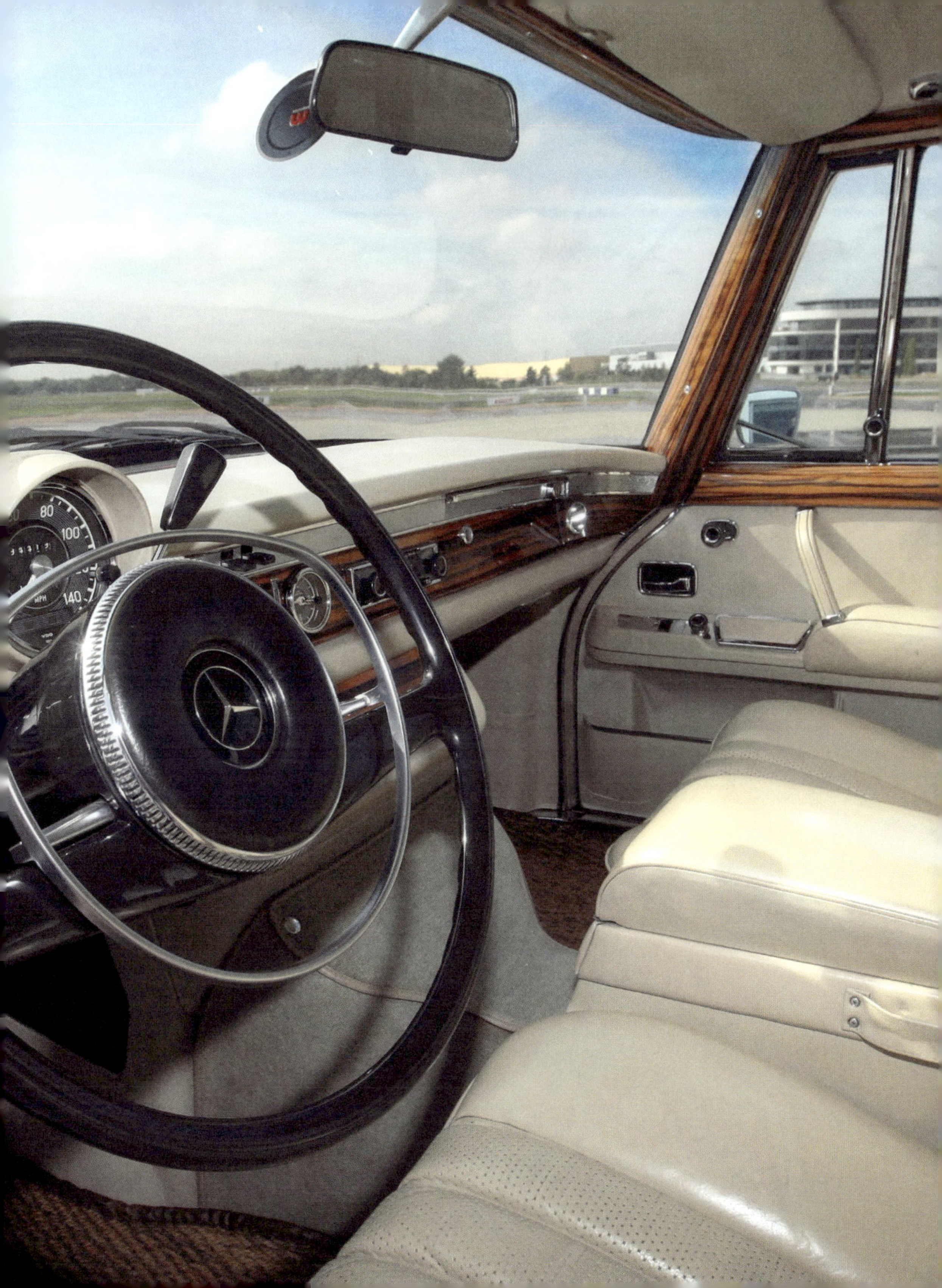

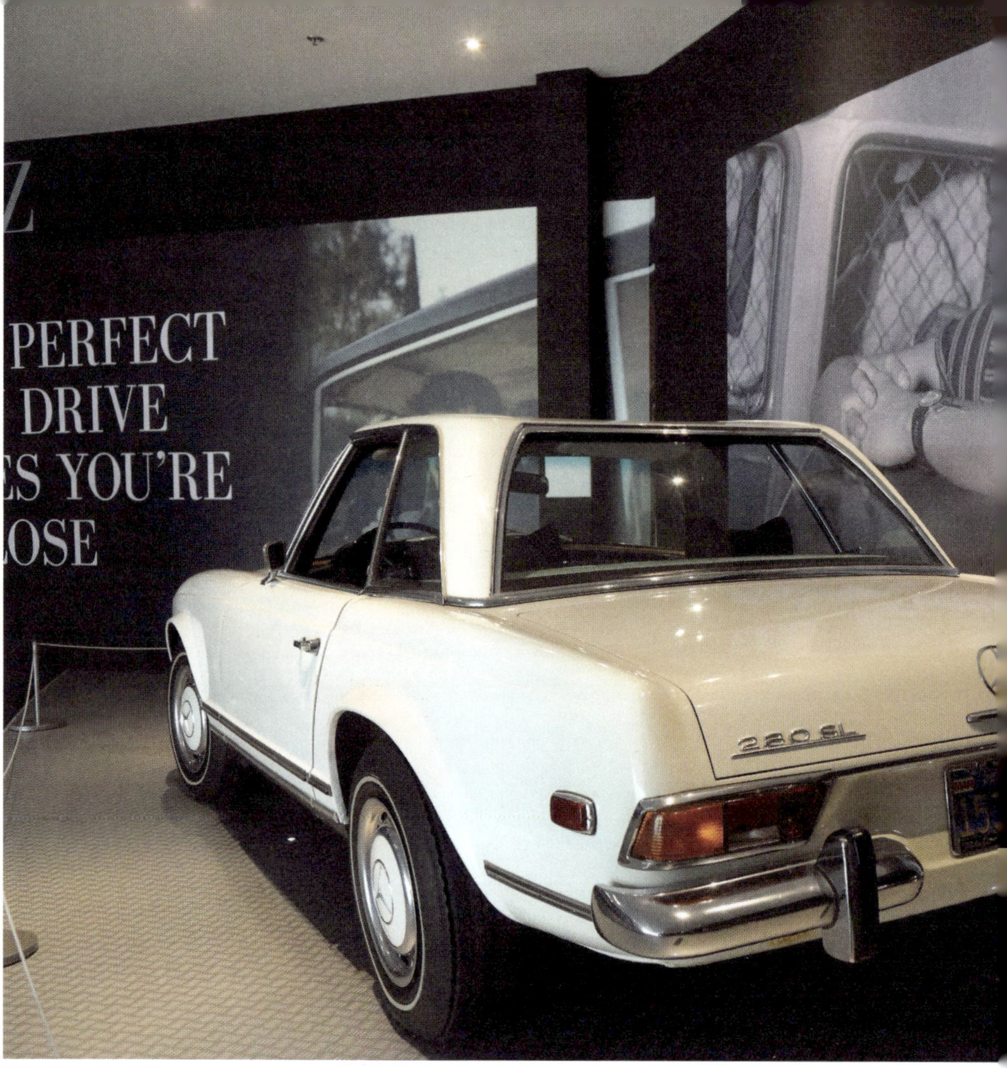

ihn Mallmann schenken. Das rief Vernon auf den Plan. Er verlangte 10 Mark dafür.

DON'T ASK ME WHY

Nach Aussagen von Rex Mansfield mochte Elvis Mercedes, weil es das „größte deutsche Auto war, das erhältlich war." Seine wahre Autoliebe galt allerdings weiterhin amerikanischen Limousinen. Es ist daher sicher kein Zufall, dass er Captain Betts, seinem Vorgesetzten bei der Armee in Deutschland, dessen alten Cadillac abkaufte, als der sich einen BMW leisten wollte. Am Rande einer Geländeübung begutachtete er im Januar 1960 im Autohaus Wies in Weiden die achte Version des jüngsten Opel Kapitän (Modellreihe P 2,6). Form und Maße des Wagens kamen einigen US-Limousinen schon sehr nahe. Dennoch entschloss er sich nicht zum Kauf. „Tatsächlich zog Elvis die großen amerikanischen Limousinen jedem

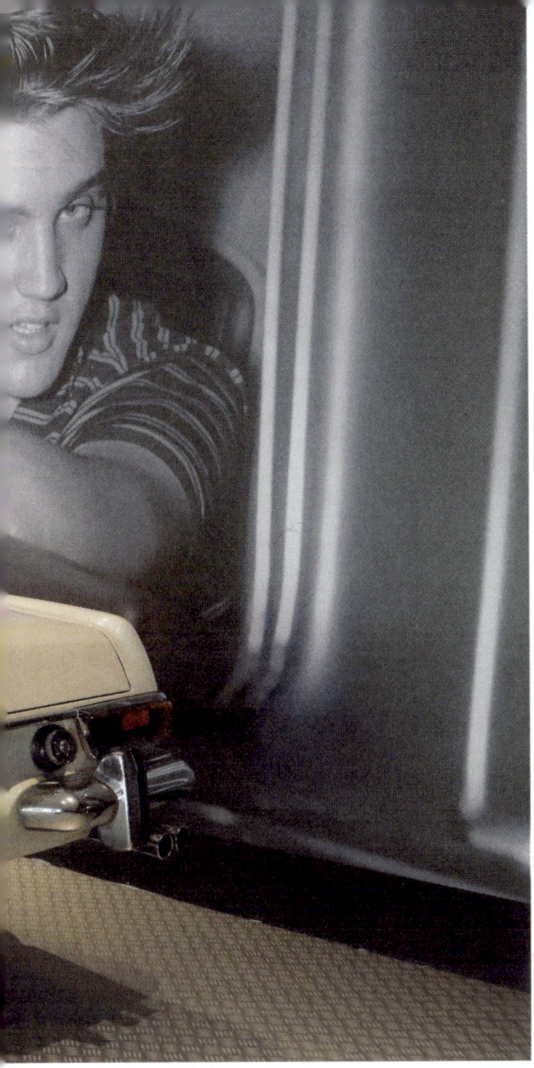

„ER LIEBTE DEN CADILLAC ELDORADO UND DEN MARK IV CONTINENTAL ALS SPORTWAGEN ABER CADILLAC UND CONTINENTAL LIMOUSINEN WAREN SEINE FAVORITEN. SEINE BEVORZUGTEN AUTO FARBEN WAREN SEINERZEIT SCHWARZ ODER WEISS.“

– REX MANSFIELD, ARMEEKAMERAD

ausländischen Fabrikat vor“, so Mansfield in seinem Buch „Elvis in Deutschland“. „Er liebte den Cadillac Eldorado und den Mark IV Continental als Sportwagen aber Cadillac und Continental Limousinen waren seine Favoriten. Seine bevorzugten Autofarben waren seinerzeit schwarz oder weiß.“

Am 8. Januar 1960 feierte Elvis seinen 25. Geburtstag im Sportheim an der Hauptstraße in Bad Nauheim mit rund 200 Gästen. Zuvor unternahm er Spritztour mit einem Fan: Der Teenager Claus-Kurt Ilge gratulierte ihm schon am Morgen gegen 7:00 Uhr. Der prominente Soldat war erfreut, nannte ihn „my little friend from Friedberg“ und lud ihn zu einer Fahrt in die Stadt ein. Also nahm der Junge im Mercedes 300 Platz und wurde von Elvis chauffiert. Ilge war begeistert und wurde zum Sammler, der von Elvis kurz vor seiner Abreise sogar dessen Plattenspieler und Tonbandgerät geschenkt bekam. Auch der Fan Markus Henfling berichtete von der Generosität des Stars. Ihn nahm er im selben Auto von Bad Nauheim nach Friedberg mit. Sie lauschten dem US-Sender AFN (American Forces Network) und am Ziel angekommen öffnete Elvis ihm sogar die Tür.

Auch wenn Elvis vor allem US-Fahrzeugen zugetan war, heißt das nicht, dass er nicht auch deutsche Autos besaß oder verschenkte. Das galt speziell und auch für die Marke Mercedes. Seine Frau Priscilla bekam einen weißen 280 SL. Später gingen an Freunde noch mehrere weitere Mercedes-Fahrzeuge. Ende der 1960er-Jahre kaufte er für sich zwei Mercedes 600 Pullman (Modelljahr 1969) mit vier Türen. Einer davon war hellblau metallic. Er fuhr ihn auch selbst (Kennzeichen: 3PEU597). Von diesem Typ wurden nur rund 2.700 Stück gebaut. Außerdem wurde ein weiterer Mercedes Pullman in dunkelblau mit sechs Türen für die Tourneen Teil seiner Kollektion – den fuhr er allerdings nicht selbst. Er erwarb den Wagen in Hollywood. Die luxuriöse Limousine verfügte über dunkelblaues Leder und Holzelemente. Darin befand sich auch ein Sony Fernseher, eine TV-Antenne auf dem Kofferraumdeckel, Vorhänge an der Heckscheibe und eine Klimaanlage. Bestandteil war auch eine Plakette mit der Inschrift: „This car was built especially for Elvis Presley“. Das exklusive Stück ist auch im Film „Elvis on Tour“ (1972) zu sehen. Dafür wurde

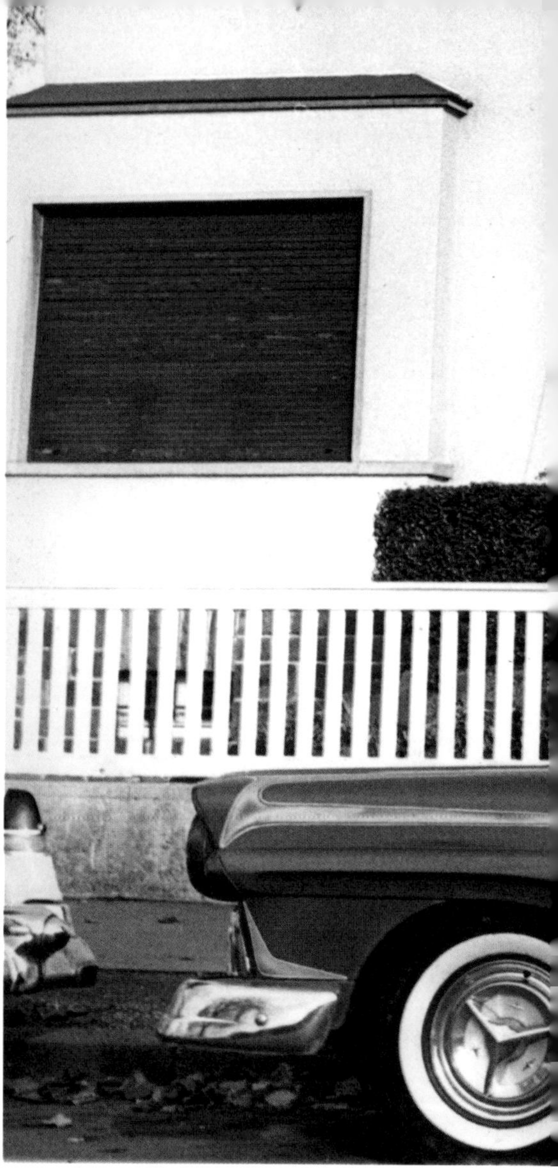

es extra nach Virginia geflogen. Elvis saß darin immer hinten rechts und schrieb aus dem Schiebedach heraus Autogramme. Zwei Jahre danach erwarb er seinen letzten Mercedes, einen goldfarbenen 1974er 450 SLC. Den gab er 1977 an seinen Arzt Dr. George C. Nichopoulos weiter. Als dieser verschiedene Elvis-Devotionalien

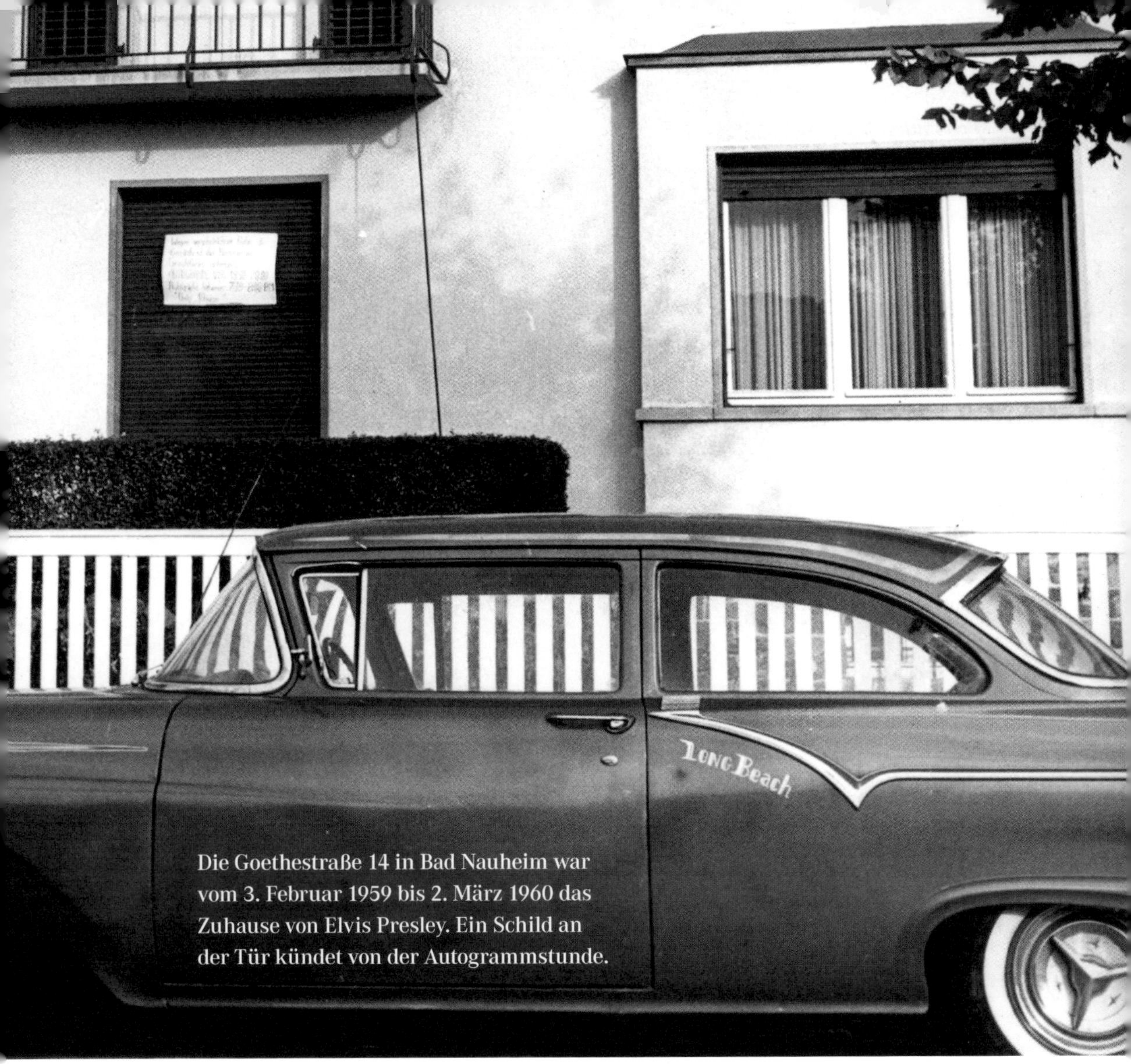

Die Goethestraße 14 in Bad Nauheim war vom 3. Februar 1959 bis 2. März 1960 das Zuhause von Elvis Presley. Ein Schild an der Tür kündet von der Autogrammstunde.

verkaufen musste, gelangte der Wagen an einen Privatmann in Florida. Zuletzt wurde das Coupé am 25. Oktober 2019 vom US-Auktionshaus Julien´s im Rahmen der „Icons and Idols" Versteigerung im Hard Rock Café in New York angeboten. Lot 504 mit 172.789 Meilen auf dem Tacho erzielte 125.000 Dollar.

BMW 507

Am 12. Dezember 1958 wurde dem Frankfurter Autohaus Wirth in der Frankenallee 98 ein weißer (Originalfarbton: Federweiß) BMW 507 geliefert. Der Wagen (Fahrgestellnummer 70079, Kennzeichen M – JX 800) hatte zu der Zeit schon eine bewegte Geschichte hinter sich. Er war am 13. September 1957

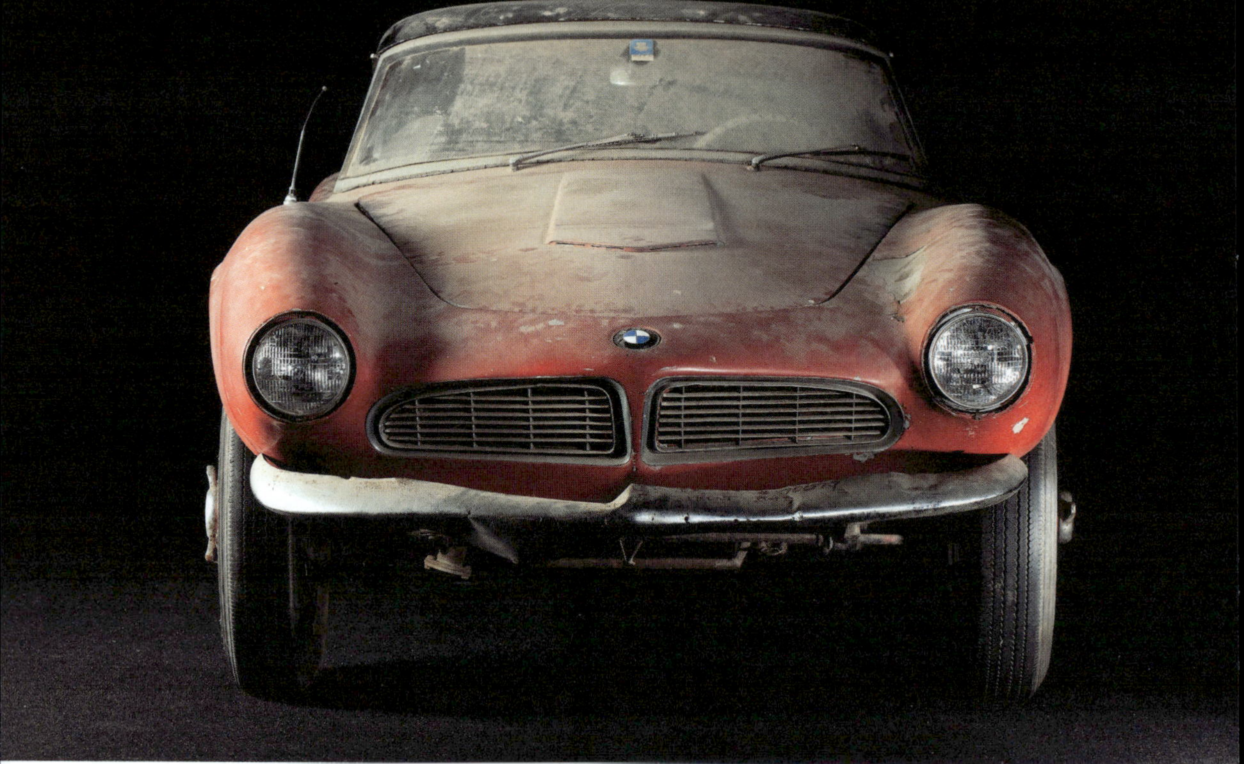

vom Band gerollt, wurde dann neben einem roten Fahrzeug derselben Baureihe auf der IAA in Frankfurt gezeigt und dort auch als Testfahrzeug verwendet. Im Anschluss an die Messe bekam ihn der Rennfahrer Hans Stuck, der ihn potenziellen Kunden vorstellte, die gewillt waren, den Kaufpreis von 26.500 Mark zu bezahlen. Auch Journalisten durften den Wagen fahren, um über seine Leistung (150 PS, spätere Versionen 165 PS) schreiben zu können. Stuck fuhr ihn auch bei mehreren Autorennen, und er fand in einigen Sequenzen der Komödie „Hula-Hopp Conny" mit Cornelia Froboess und Alexander (Rex) Gildo Verwendung, die überwiegend in den Bavaria Filmstudios in München entstanden.

Nach diesen Einsätzen, einer Motorrevision und einem Getriebetausch wurde er in das Frankfurter Autohaus Wirth geliefert, wo er von Elvis entdeckt, Probe gefahren und danach gekauft wurde. Tatsächlich hatte sich Elvis zunächst für einen Porsche 550 Spyder interessiert, das Fahrzeug in dem James Dean sich zu Tode fuhr, doch diesen Wagen fuhr der Juniorchef des Autohauses selbst. Er war nicht zu verkaufen. Die Übergabe wurde am 21. Dezember 1958 vor Journalisten und Kunden zelebriert. Uschi Siebert, die ehemalige Miss Hessen, übergab die Schlüssel. Das Händlerkennzeichen F-04071 wurde durch A-1499, ein Kennzeichen der US Force, ausgetauscht. Nach verschiedenen Quellen ging Elvis wohl davon aus,

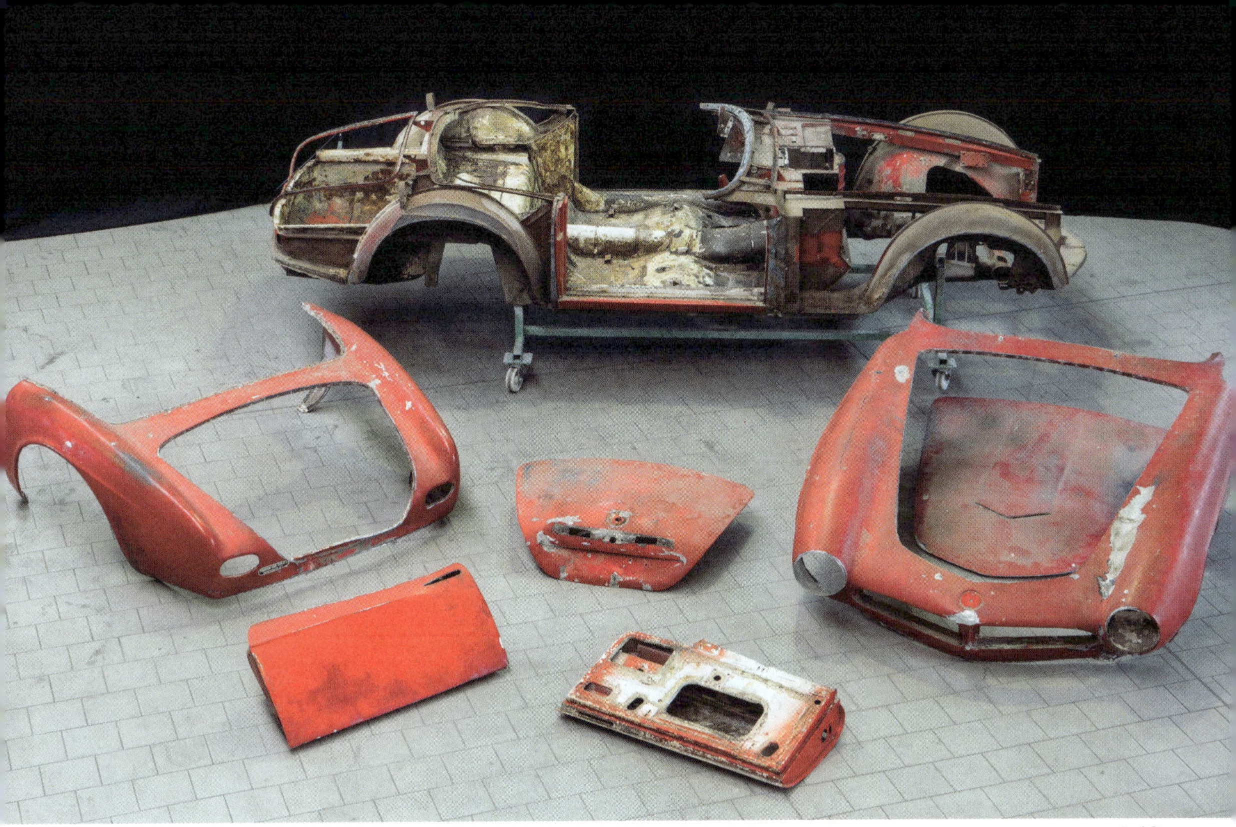

dass er den Wagen leaste oder zur Verfügung gestellt bekam. Der BMW-Händler wird mit Aussagen wiedergegeben, dass er ihm den Wagen für 3.750 Dollar verkauft hat, anstatt der 7.500 Dollar für einen Neuwagen. Tatsächlich war es ein gebrauchtes Fahrzeug. Nach verschiedenen Quellen wurde der für Hans Stuck eingebaute Rennmotor durch einen „normalen" Motor ersetzt. Also doch keine Motorrevision?

CATCHIN´ ON FAST

Verwirrend sind die Angaben von Armeekamerad Rex Mansfield. In dessen Erinnerungen heißt es: „Die bayerischen Motorenwerke in München ließen einen brandneuen BMW-Sportwagen nach Bad Nauheim bringen und überreichten Elvis die Schlüssel. (...) Es war damals wahrscheinlich Deutschlands teuerster und bester Sportwagen, der auf dem Markt war. Ich nehme an, dass BMW auf die Publicity aus war, wenn Elvis einen Wagen aus ihrer Produktion fuhr; ich weiß nicht mehr genau, wie lange Elvis den BMW behielt, glaube aber, es waren etwas weniger als sechs Monate. Es geschah etwas im Zusammenhang mit diesem Wagen, was ich nie ganz erfuhr. Ich glaube, BMW wollte, dass Elvis den Wagen kaufte und er wollte den hohen Preis nicht bezahlen. Egal wie, der BMW wurde unter nicht allzu erfreulichen Umständen zurückgegeben. Das Ganze war Anfang 1959."
Tatsächlich ließ Elvis den BMW in die USA verschiffen als er im März 1960

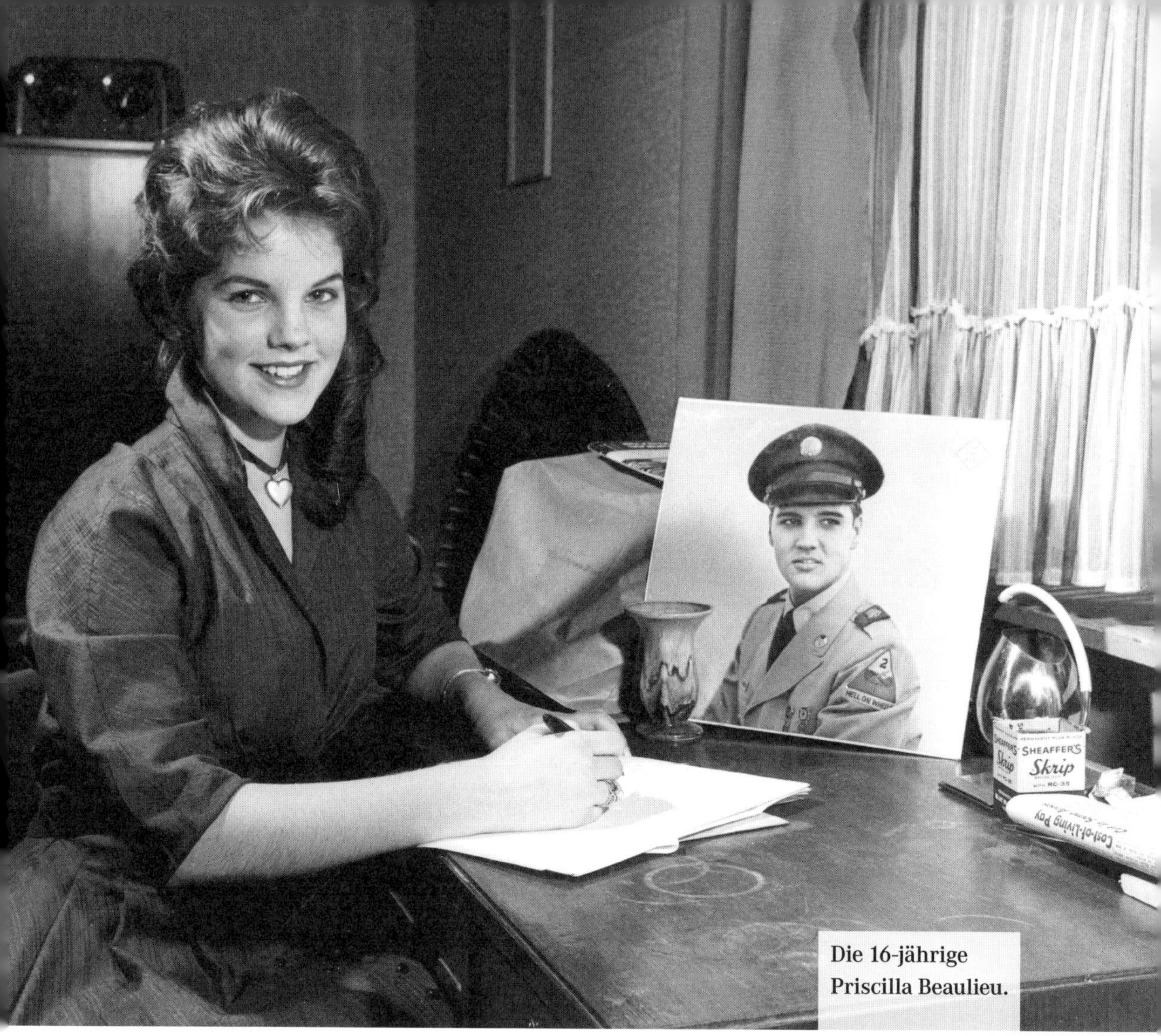

Die 16-jährige Priscilla Beaulieu.

Deutschland verließ. Zuvor geriet Elvis mit dem Wagen in einige ungewöhnliche Situationen. Als der Soldat in Uniform am 13. Februar 1959 die Kaserne verlassen wollte, kam es aufgrund einer spontanen Autogrammstunde vor dem Gebäude zu einem Verkehrsstau. Schließlich wurde die Polizei gerufen und regelte den Verkehr. Über eine Stunde lang schrieb der prominente Mann Autogramme. Zehn Tage zuvor wurde an dem Wagen ein Service durchgeführt. Da das Kennzeichen der amerikanischen Streitkräfte in Deutschland jährlich wechselte, wurde es in dem Zuge durch G-1620 ersetzt. Dem englischen Magazin „Mirabelle" verriet Elvis in einem Interview, dass er „gerne mit dem BMW 507 eine Spritztour" unternehme. Auch zur Kaserne und zurück fuhr er mit dem Wagen. Dabei kam es zu einer ärgerlichen Situation für Elvis,

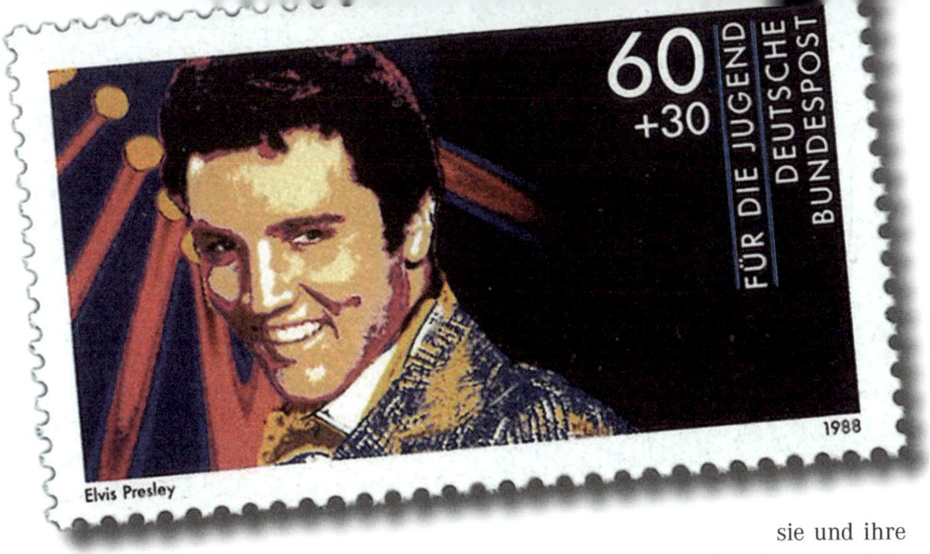

an die sich sein Leibwächter Red West erinnert. Ein MP Posten am Tor beanstandete, dass sein Nummernschild verdreckt war. Nach Hause fahren durfte er aber dennoch. Als der verärgerte Elvis das erzählte, stellte Red den Mann in einer Kneipe zur Rede und brachte ihn zu Elvis in sein gemietetes Haus. Nach einer Aussprache zog der Mann mit einem Lappen wieder ab und reinigte das Nummernschild. Ob es nur an der Aussprache lag? Nach Reds Meinung nicht: „Eigentlich glaube ich, dass Elvis ihm 100 Piepen gab, und ihn dann rausgehen und das Nummernschild putzen ließ. Was Elvis dann als souverän in der Handhabung solcher Probleme erscheinen ließ.“

Wenn der Wagen vor dem Haus in der Goethestraße parkte, war er auch mal offen, sehr zur Überraschung einer jungen Frau namens Ingrid Tesch. Unterwegs zu Elvis, um nach einem Autogramm zu fragen, schaute sie sich den Wagen genau an, öffnete die Tür und lernte Elvis sogar kennen. Der wollte mit seinen Freunden gerade in der Nachbarschaft Football spielen und lud sie und ihre Freundin dazu ein. Im November fuhren Vater und Sohn im BMW 507 nach Wiesbaden, um Priscilla Beaulieu zu besuchen, die damals mit ihren Eltern im Hotel Helene wohnte.

GOING HOME

Als der 507 die Reise in die USA antrat, war der Wagen nicht mehr Federweiß, sondern rot – wegen der vielen mit Lippenstift geschriebenen Texte und Telefonnummern verliebter Teenager. Im Januar 1959 erkundigte sich Elvis was eine neue Lackierung kosten würde. Es waren 420 Mark. Fotos beweisen, dass der Wagen im Juni 1959 bereits rot war. Im August tauchte er mit dem roten Wagen auf dem Johannisberg in Bad Nauheim und am Gederner See, nordöstlich von Friedberg, auf. Glücklicherweise gab es keine weißen Lippenstifte.

Warum Elvis den Wagen im März 1960 schon wieder verkaufte, ist bislang ungeklärt. Ein Chrysler-Händler in New York erwarb das exklusive Stück. Es wurde in der New York Times angeboten – inzwischen aber in schwarz.

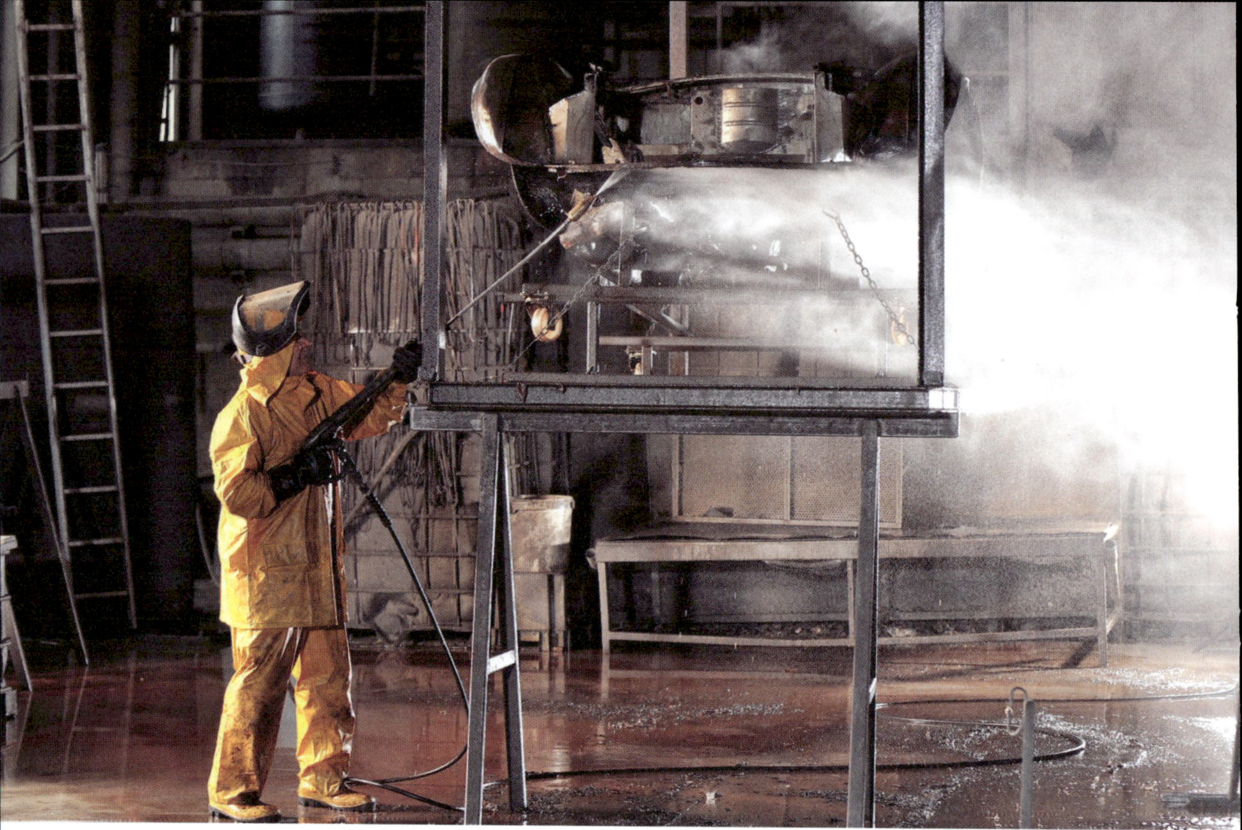

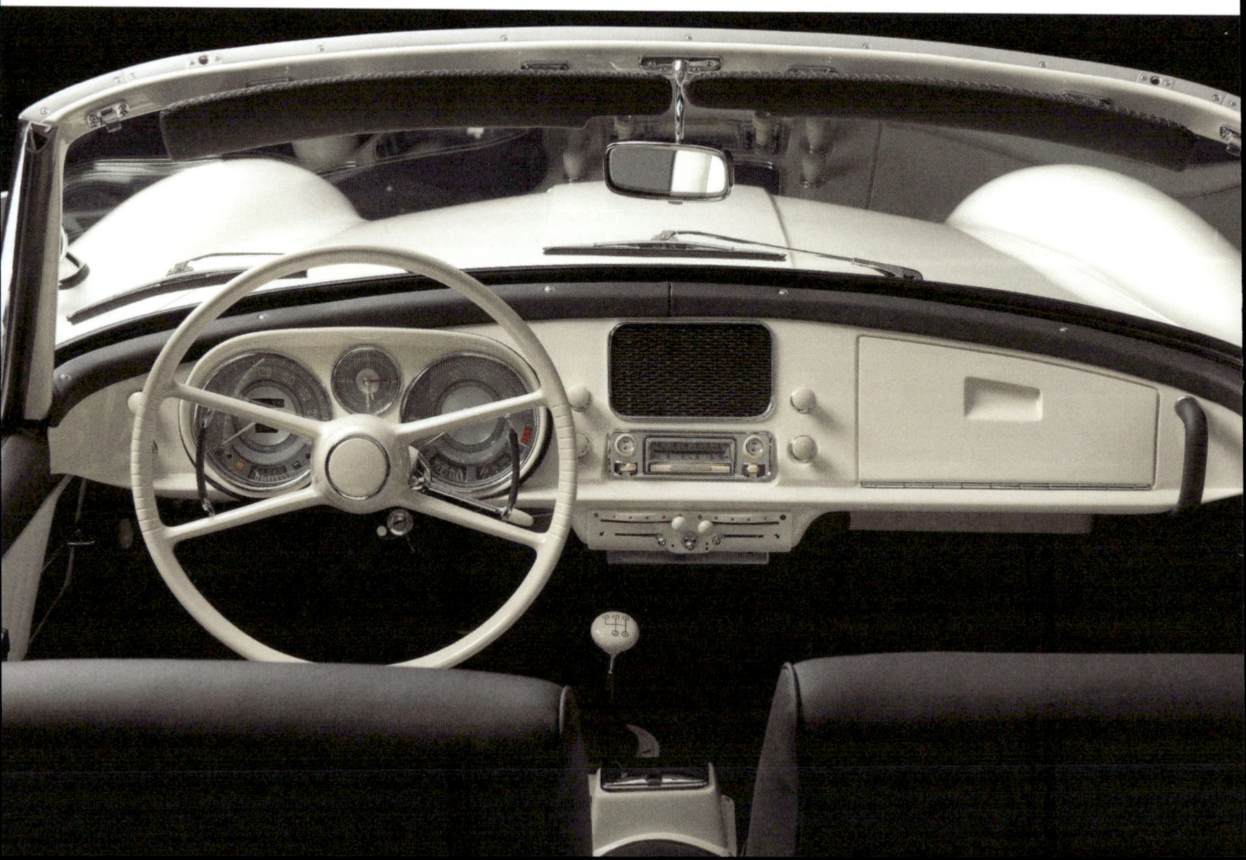

Der nächste Besitzer war der Radiokommentator Tommy Charles, der 4.500 Dollar dafür bezahlte. Der brachte den Wagen nach Birmingham in Alabama und baute ihn für Renneinsätze um. Der Frevel begann damit, dass er einen Teil des vorderen Rahmenträgers heraussägte, damit darin ein Chevy V8-Motor Platz fand. Außerdem installierte er die Hinterachse eines Chevrolets, ein Borg-Warner-Getriebe sowie andere Instrumente. Ein sogenannter Axial Super Charger sorgte für eine Leistungssteigerung auf rund 400 - 450 PS. Mit dem hochgezüchteten Boliden nahm er an Rennen, etwa in Daytona Beach teil, verkaufte den Wagen aber 1965 wieder. Nach Informationen der US-Journalistin Jackie Jouret, die 2019 ein Buch über ihre Recherchen veröffentlichte, und des österreichischen Website-Betreibers Manfred Brodträger, verkaufte Charles den umgebauten 507 an den Handwerker C.K. Thompson aus Birmingham für gerade mal 1.800 Dollar, der ihn zwar neu zuließ (A-8816) aber schon im selben Jahr an den BMW-Händler RBM Motors in Atlanta veräußerte. Tatsächlich fand sich mit Lloyd Cottle am 14. November 1966 ein neuer Käufer. Er zahlte sogar 2.000 Dollar und gab dafür einen Ferrari in Zahlung, der mit 3 500 Dollar bewertet wurde. Die überschüssige Summe bekam er ausgezahlt. Allzu viel Freude hatte der Kampfpilot wohl nicht an seinem BMW. Ernüchternd mag wohl auch eine Reparatur der Bremsen für 400 Dollar gewesen sein. Auf jeden Fall bot er den Wagen 1968 im Magazin

„ICH WOLLTE, DASS DER WAGEN RESTAURIERT UND VON DEN MENSCHEN GESEHEN WERDEN KANN. DAS IST MIR WICHTIGER ALS EIN PAAR MILLIONEN ZU VERDIENEN.“

— JOHN (JACK) CASTOR, BESITZER DES BMW 507

„Auto Week / Competition Press“ für gerade mal 1.500 Dollar. Das Autohaus Barrett-Jackson sagte aufgrund der zahlreichen Modifikationen sofort ab, aber der Raumfahrtingenieur John (Jack) Castor hatte Interesse, denn er suchte Ersatzteile. Cottle bot Castor eine Besichtigung an, und einen kostenlosen Rückflug von Arizona nach Kalifornien, falls ihm der Wagen nicht gefiel. Am 15. Juni 1968 erwarb Castor den 507. Er fuhr ihn auf eigener Achse nach Hause nach San Francisco, bewegte ihn dort und in der Umgebung auch immer wieder und begab sich auf die Suche nach weiteren Teilen, um ihn eines Tages zu restaurieren. Er bot ihn zwischenzeitlich sogar mal in Graceland an, aber die Verantwortlichen hatten von dem 507 noch nie etwas gehört ...

Schließlich parkte Castor ihn in einer Lagerhalle in Pescadero, etwas 75 Kilometer südlich von San Francisco. 1974 wurde er nahe des Ortes Half Moon Bay, knapp 25 Kilometer weiter nördlich, in einer Halle, in der früher Kürbisse verarbeitet wurden, abgestellt und erst gut 40 Jahre später wiederentdeckt. Die amerikanische Journalistin Jackie Jouret hatte sich auf die Suche nach Elvis BMW begeben und in der im Dezember 2006 erschienenen Ausgabe des „Bimmer" Magazins davon berichtet. Im September 2008 erhielt sie ein Schreiben von Castor. Sie nahm Kontakt zu Manfred Grunert, Leiter Archiv und Sammlung der BMW Group Classic auf und berichtete ihm von dem Fund. Daraufhin reisten Klaus Kutscher, der Leiter der Fahrzeugrestaurierung und Ulrich Knieps, der Leiter von BMW Group Classics, in die USA und schauten sich den „Edelschrott", wie der Restaurator Klaus Kutscher von BMW die „Sensation" nannte, an. Bei der Begutachtung stellte sich heraus, dass die automobile Schönheit im Laufe der Jahrzehnte sehr gelitten hatte. Motor und Getriebe waren verschwunden, der Lack blätterte ab, die Hinterachse war ersetzt worden, das Armaturenbrett fehlte. Von den Sitzen nach Entwürfen des Designers Albrecht Graf von Goertz war nur noch ein Gerüst vorhanden, ebenso von der Bodengruppe. Sie stellten aber auch fest, dass der Hupenknopf mit Leder überzogen war, ein Detail, über das nur dieser Wagen verfügte, und die Fahrgestellnummer stimmte auch: 70079. Der

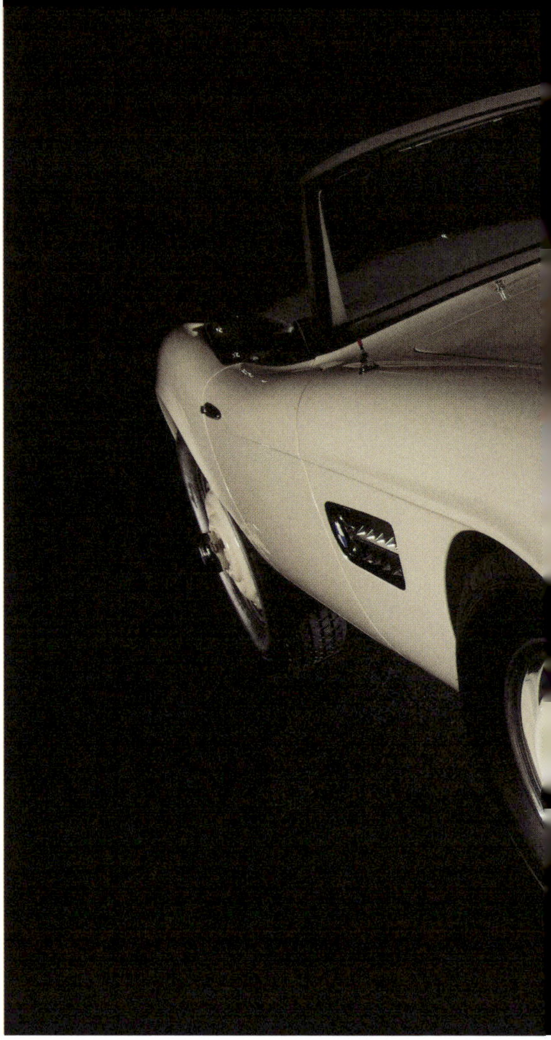

Eigner war dem Verkauf nicht abgeneigt: „Ich wollte, dass der Wagen restauriert und von den Menschen gesehen werden kann. Das ist mir wichtiger als ein paar Millionen zu verdienen", so Castor.

Man einigte sich im Frühjahr 2014, und so wurden der 507 von Elvis und der blaue 507 von Castor nach Deutschland gebracht und restauriert. Aufgrund des fehlenden Achtzylinder Originalmotors mit 3.168cm^3 verbaute BMW ein

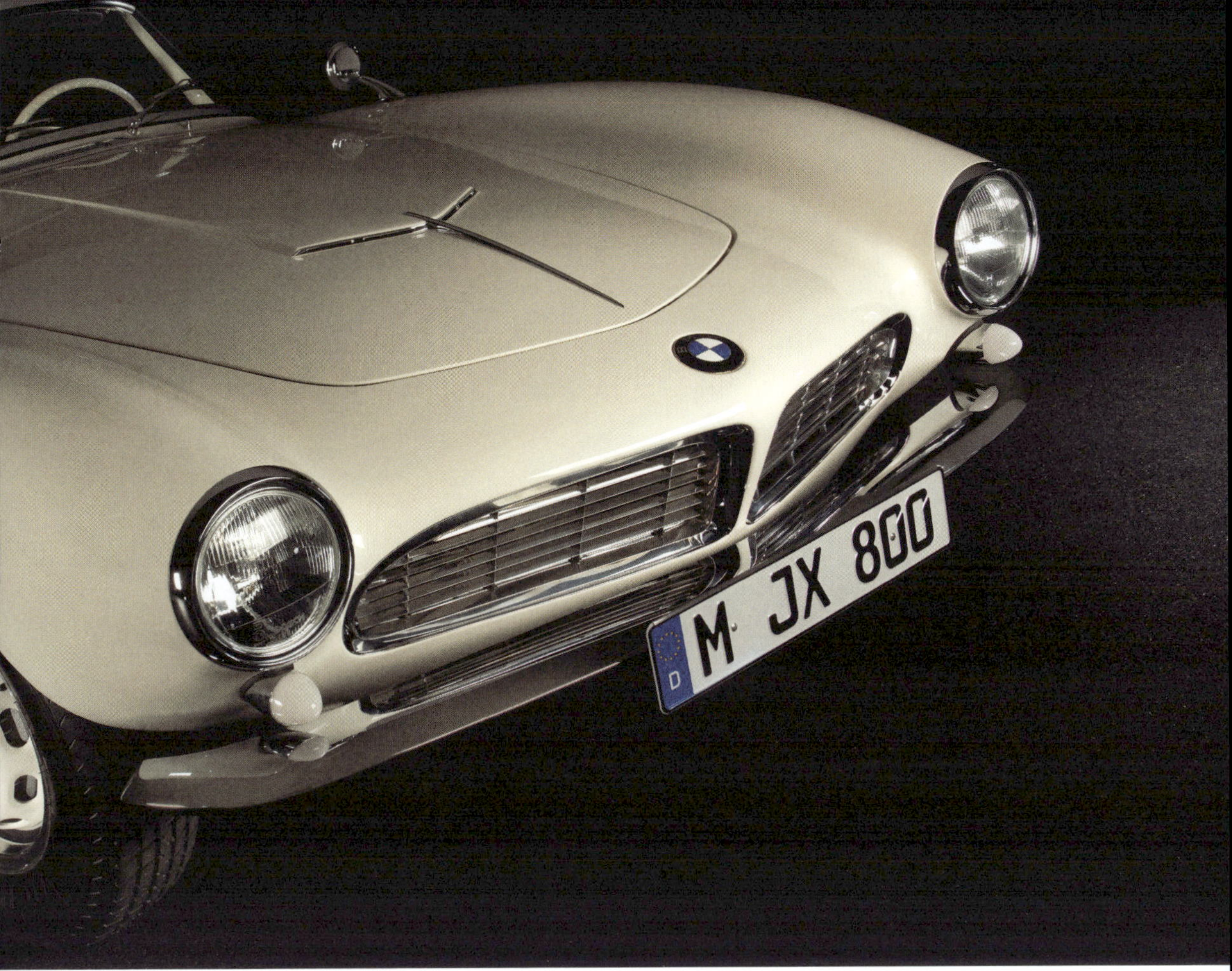

Aggregat, das das Unternehmen selbst als eine „Mischung aus Alt- und Neuteilen“ bezeichnete – ohne eine Motornummer. Was erhalten werden konnte, erhielt man, aber einiges wurde auch neu angefertigt, etwa die Radhäuser. Während der Restaurierung fand man neun verschiedene Farben auf der Aluminiumkarosserie. Man entschied sich für Federweiß. 2016 brachte man ihn in die USA zurück, um ihn am 21. August beim „Concours d´Elegance“ im kalifornischen Pebble Beach erstmals zu präsentieren. Danach wurde er noch in anderen Orten in den USA gezeigt und schließlich nach München, zur BMW Group Classic, zurückgebracht. John Castor erlebte das leider nicht mehr. Er verstarb am 4. November 2014.

VW KÄFER + KARMAN GHIA

Auch ein Volkswagen gesellte sich zu dem Fuhrpark von Elvis in Deutschland. Allerdings gibt es unterschiedliche Quellen zu Anschaffung und Herkunft des Wagens. Zum einen soll Elvis den Wagen am 20. Dezember 1958 im Zuge des Kaufs des BMW 507 und des Mercedes 220 W 180 gleich mitgekauft haben. Zum anderen gibt es Unterlagen, nach denen er im Januar 1959 auf eine Autoanzeige stieß, in der jemand einen roten 1958er Käfer anbot. Er schaute ihn sich an und kaufte ihn am 22. Januar

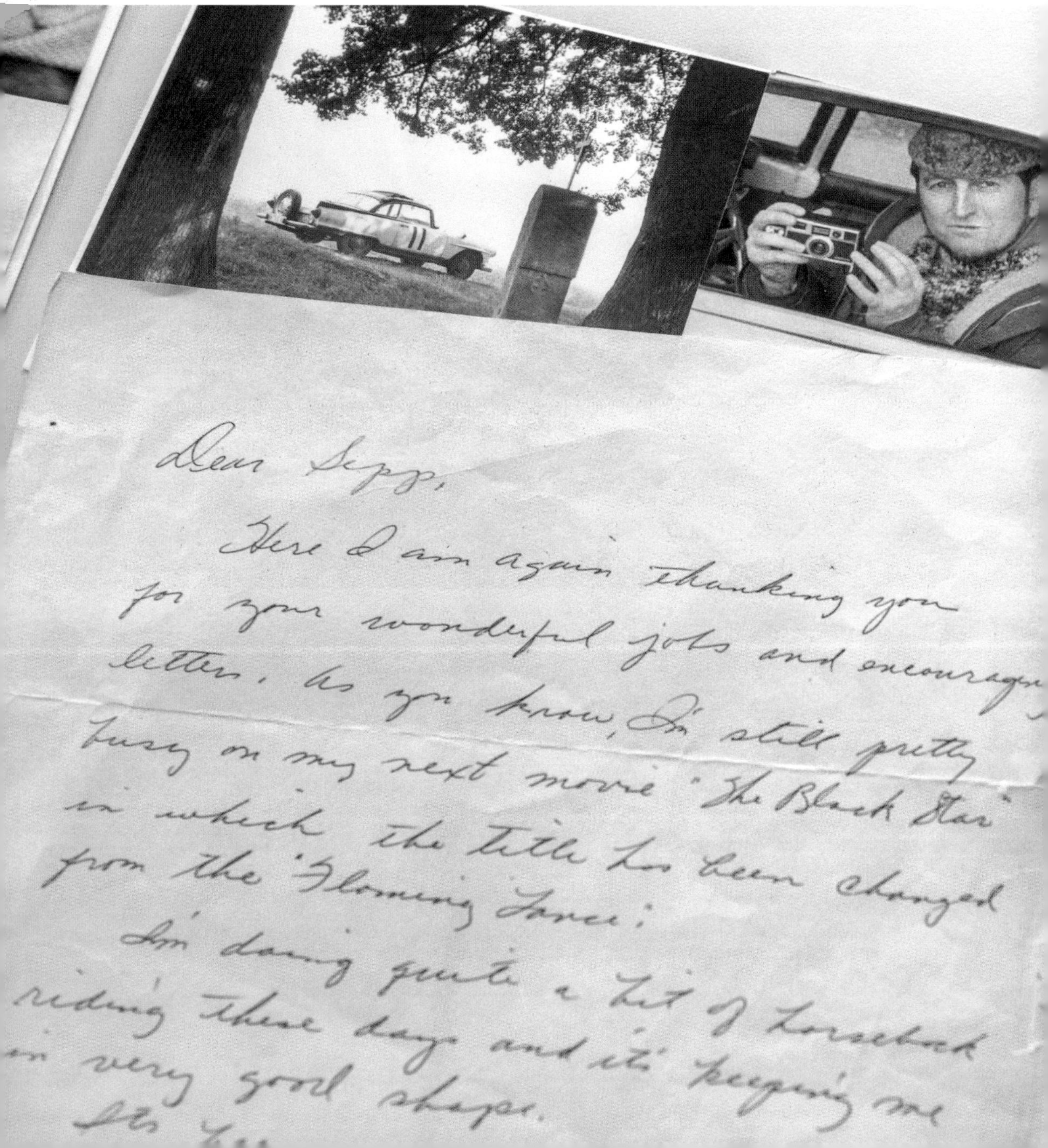

Dear Sepp,
Here I am again thanking you for your wonderful jobs and encourage- letters. As you know, I'm still pretty busy on my next movie "The Black Star" in which the title has been changed from the "Flaming Lance";
I'm doing quite a bit of horseback riding these days and it's keeping me in very good shape.
Its ...

für umgerechnet 750 Dollar. Elvis, der in Kleinanzeigen stöbert? Der Wagen war für seine Freunde und Leibwächter gedacht, also Lamar Fike und Red

Der Lokalreporter Josef „Sepp" Andreas Müller traf am 5. Februar 1960 in Hirschau in der Oberpfalz auf Elvis Presley.

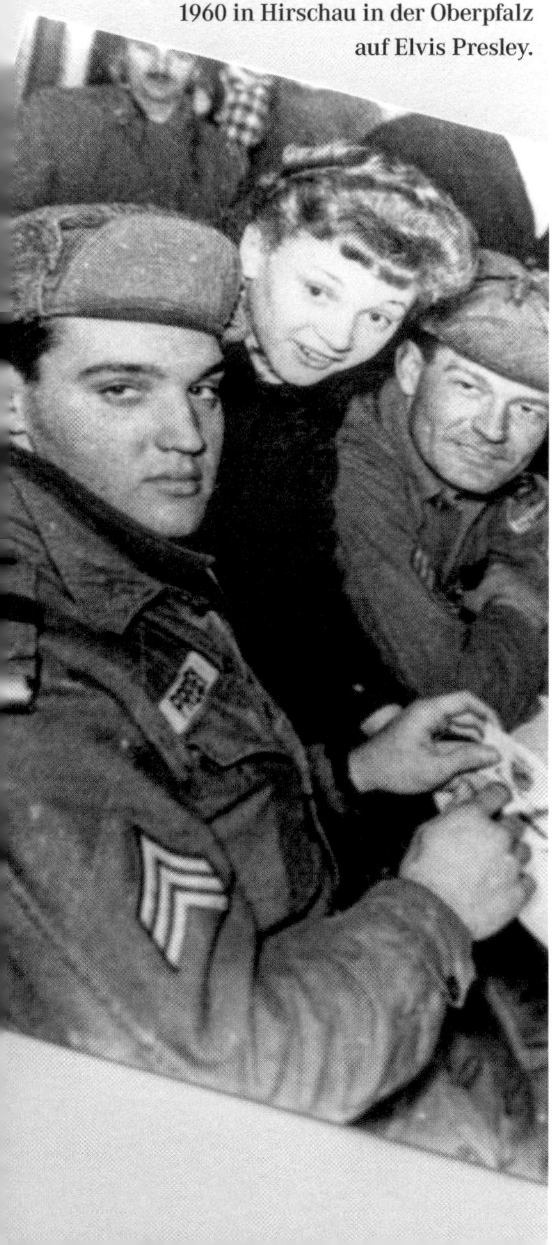

West, die ihn begleiteten. Er verfügte über ein braunes Rolldach und wurde fortan immer wieder vor dem gemieteten Haus in der Goethestraße 14 in Bad Nauheim gesichtet. Dort stand er zusätzlich zu dem weißen BMW 507 und dem schwarzen Mercedes, den Vernon fuhr. Das Interesse an Elvis zu der Zeit war so groß, dass er draußen an der Tür des Hauses ein Schild anbringen ließ auf dem stand: „Autogramme von 18.00 – 19.00 Uhr". Als er Anfang März 1960 das Land verließ, um in die USA zurückzukehren, schenkte er den Wagen seinem Karatelehrer Jürgen Seydel. Den hatte er gemeinsam mit seinem Armeekameraden Rex Mansfield im Mai 1959 erstmals in Bad Usingen besucht. Ab Dezember 1959 kam Seydel auf Wunsch von Elvis auch nach Bad Nauheim und gab ihm dort zweimal wöchentlich je drei Stunden lang Unterricht. Seydel behielt den Wagen mehr als 40 Jahre lang und verkaufte ihn erst wenige Jahre vor seinem Tod im Jahr 2008. Der neue Eigentümer ist nicht bekannt geworden.

Doch mit Elvis Rückreise in die USA ist die Beziehung zwischen ihm und der Marke VW noch nicht zu Ende erzählt. Als er im März 1959 Vera Tschechowa in München besuchte, fuhr er zeitweise in einem VW Karman Ghia. Tschechowas Mutter Ada hatte den beiden den Wagen ausgeliehen, damit sie damit zum Starnberger See fahren konnten. Als der Haar-Stylist Larry Geller im Frühjahr 1964 in Elvis Leben trat (er frisierte ihn nicht nur, sondern brachte ihn auch mit Spiritualität und Meditation in Kontakt), fuhr er mit einem verbeulten Käfer vor. In der Dokumentation „200 Cadillacs" (2004) berichtete er von dem folgenden Dialog: „Ich hatte zu der Zeit auch einen Mercedes. Elvis sagte daraufhin: Du bist Jude. Wie kannst du nur so einen Nazi-Wagen fahren? Ich möchte, dass du ihn loswirst. Jetzt bekommst du einen Cadillac."

DKW ROADSTER

Beinahe wäre zur Autosammlung auch noch ein weißer DKW Roadster dazu gekommen. Am 5. Februar 1960, als Elvis noch in Deutschland diente, hielt er (unfreiwillig) in Hirschau in der Oberpfalz. Elvis war nur auf der Durchreise, auf dem Weg zum Truppenübungsplatz in Grafenwöhr. Da sich die Fahrt seiner Einheit verzögerte, musste er drei Stunden lang auf dem örtlichen Marktplatz warten. Die Nürnberger Nachrichten erfuhren davon und schickten ihren Lokalreporter Josef „Sepp" Andreas Müller. Der hatte von dem amerikanischen Sänger noch nie etwas gehört. Dennoch kamen die beiden Männer ins Gespräch, obwohl Elvis kein Deutsch sprach und Müller kein Englisch. Was Elvis aber sofort interessierte, war Müllers Auto, ein ockerfarbener DKW Roadster mit schwarzen Applikationen. Er war begeistert und streichelte angeblich sogar dessen Karosserie. „Wir waren geistesverwandt", sagte Müller später, und obwohl er verstand, dass Elvis den Wagen gerne kaufen würde, wurde nichts daraus. Immerhin kam es trotzdem zu einem Austausch zwischen Elvis und Sepp. Der hatte vor Ort fotografiert und wurde von Elvis gebeten ihm doch ein paar Abzüge zu schicken. Sepp tat wie geheißen, Elvis bedankte sich in einem Brief und legte auch noch ein paar Autogrammkarten dazu. Viele Jahre später wurde der DKW Roadster doch noch verkauft, an einen Fan, der dachte, dass Elvis daringesessen hatte. Doch Wolfgang Houschka, damals Chefreporter von „Der neue Tag" in Weiden und ein profunder Elvis Kenner, tut das als Märchen ab.

„DU BIST JUDE. WIE KANNST DU NUR SO EINEN NAZI-WAGEN FAHREN? ICH MÖCHTE, DASS DU IHN LOSWIRST. JETZT BEKOMMST DU EINEN CADILLAC."

– ELVIS ZU SEINEM FRISEUR STYLIST LARRY GELLER, DER EINEN MERCEDES FUHR

VW DUNE BUGGY MEYERS MANX

Der Auslöser muss wohl der Film „Live

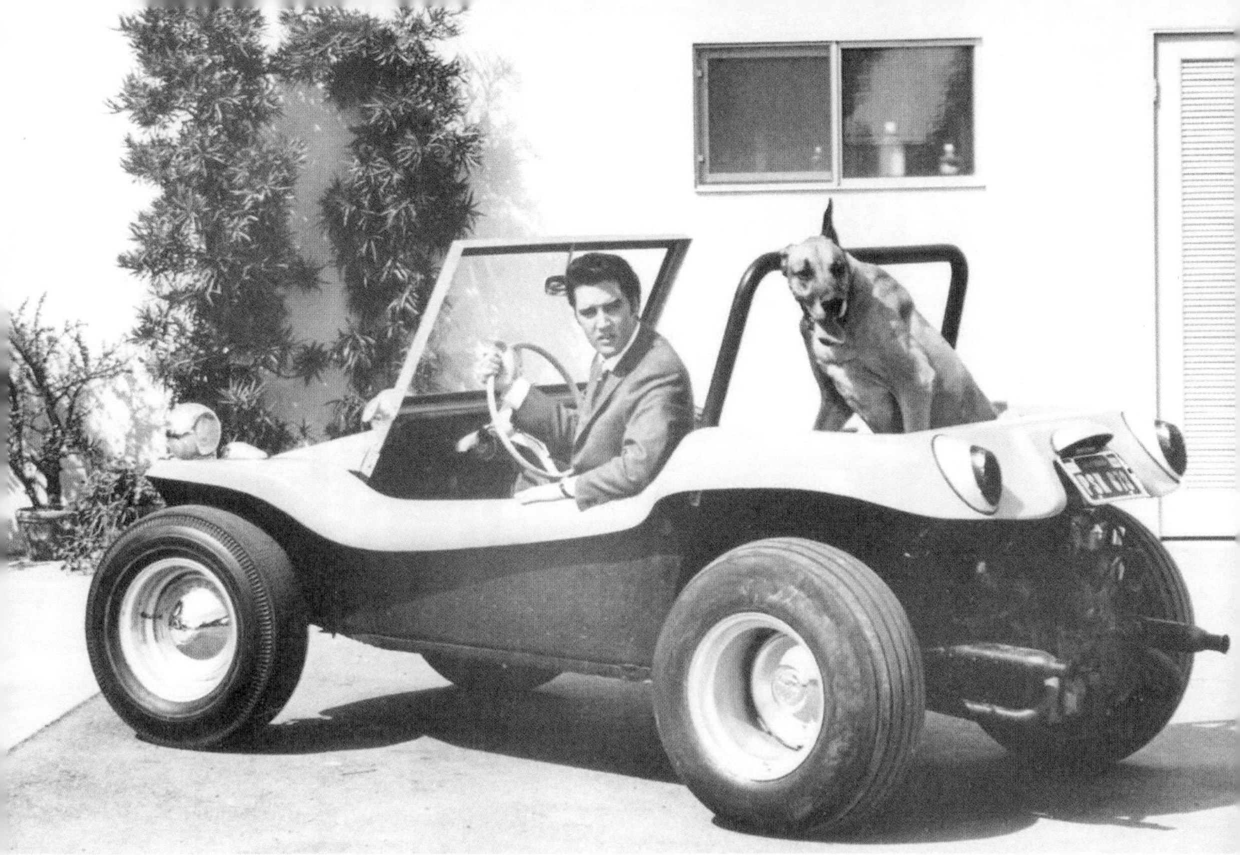

a little, Love a little“ (Liebling lass das Lügen) aus dem Jahr 1968 gewesen sein. Darin fuhr Elvis knapp dreieinhalb Minuten lang einen orangefarbenen Dune Buggy der Marke Meyers Manx mit weißem Lenkrad und schwarzem Überrollbügel. Die Szenen entstanden auf dem Pacific Coast Highway und in Malibu. Wie schon beim MGA im Film „Blue Hawaii“ war Elvis fasziniert von seinem Filmgefährt. Die Erfindung des amerikanischen Bootsbauers, Ingenieurs und Surfers Bruce Meyers hatte es ihm sofort angetan. Der hatte die Bodenplatte eines VW Käfers verwendet und darauf eine selbstentwickelte Kunststoffkarosserie aus GFK montiert. Nachdem die Dreharbeiten im Mai 1968 zu Ende waren, kaufte sich Elvis in Kalifornien auch so einen Wagen. Er entschied sich für einen schwarzen Meyers Manx, der über rote und schwarze Sitze sowie ein Holzlenkrad verfügte. Auch die Teppiche waren rot und schwarz. Zwei Wochen nach dem Kauf waren schon Reparaturen in einer Höhe von 700 Dollar notwendig; Elvis und seine Freunde strapazierten den Wagen sehr. Das Fahrzeug ist etwas über 46.600 Meilen gelaufen und steht heute im „Presley Motors Automobile Museum“ in Graceland. 2013 gab es auch ein Modell des orangefarbenen Meyers Manx im Maßstab 1:25 zu kaufen, dessen Verpackung ein Filmmotiv zeigte – 36 Jahre nach Elvis Tod und 45 Jahre nach dem Film.

KAPITEL 9

LONG BLACK LIMOUSINE

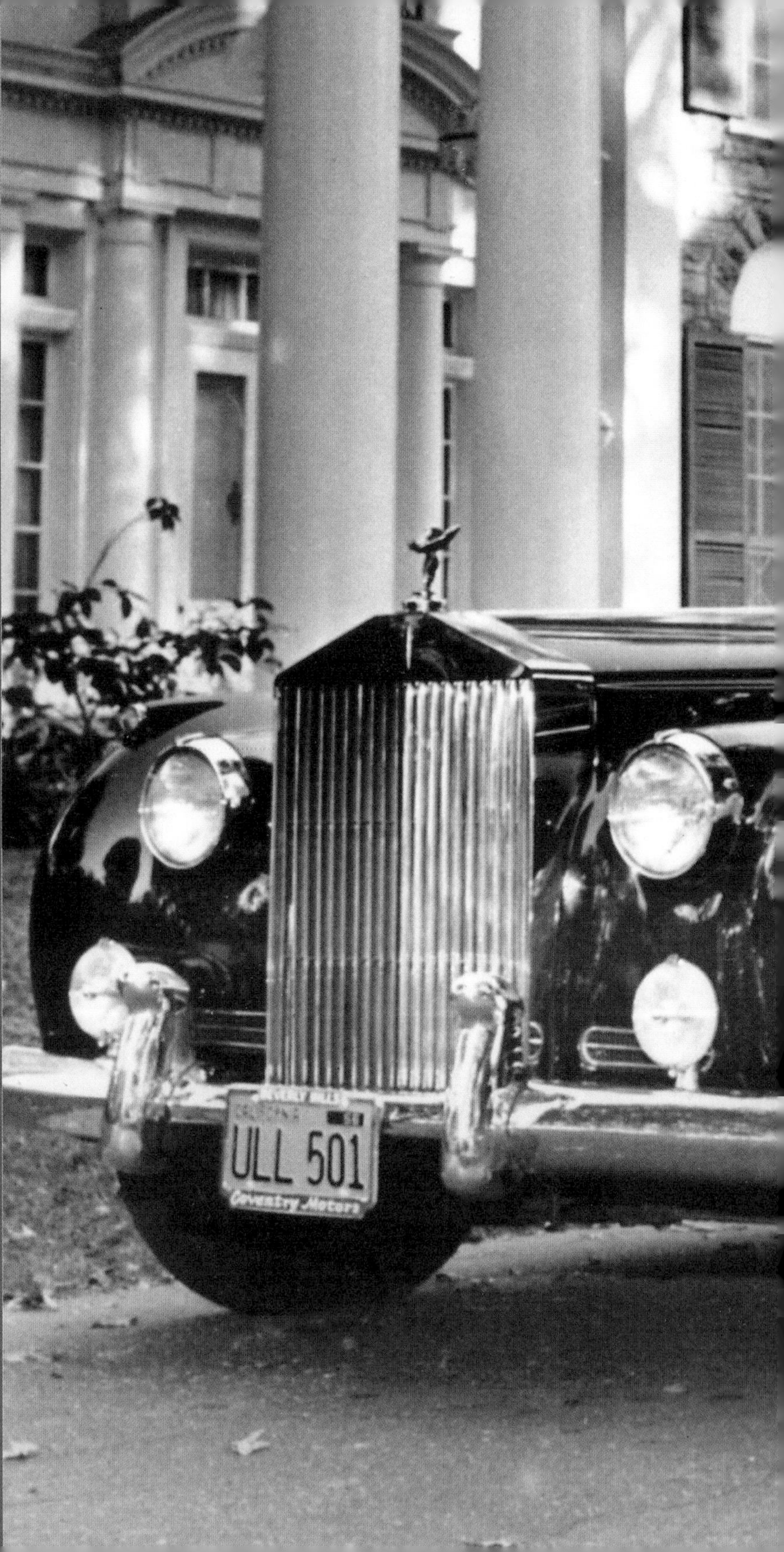

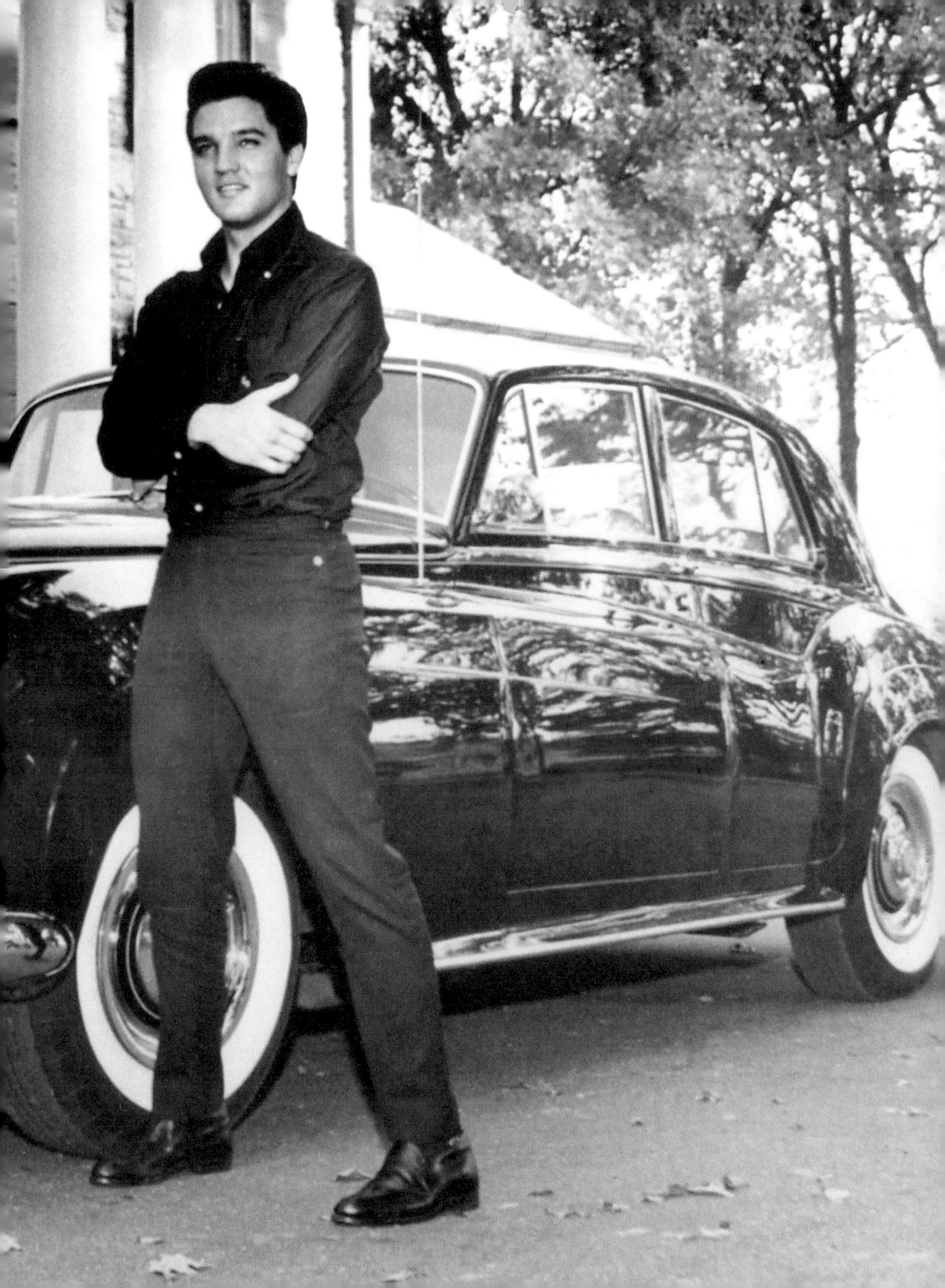

LONG BLACK LIMOUSINE
DIE ENGLISCHEN AUTOS (1960 – 1968)

Nach dem Ende der Dreharbeiten seines achten Films „Blue Hawaii“ am 23. Mai 1961 kaufte Elvis den roten MGA Roadster, der darin auch eine Rolle spielt (siehe: Kapitel 6). Doch das war nicht das einzige englische Fahrzeug, das er sich zulegte. Er besaß außerdem noch drei Rolls Royce. Einen davon fuhr er schon vor dem MGA. Doch der Reihe nach.

Am 16. August 1960 begannen die Dreharbeiten von „Flaming Star“ (Flammender Stern), unter der Regie von Don Siegel. Drei Wochen später, am 3. September, erwarb Elvis bei Coventry Motors in Beverly Hills, 9334 Wilshire Boulevard für 20.000 Dollar seinen ersten Rolls Royce, ein Wagen des Typs Silver Cloud II (VIN: LSWC88, Kennzeichen: ULL 501). Er ziert das Cover dieses Buchs und wenn man Elvis Gesichtsausdruck genau betrachtet, spürt man puren Stolz. Sechs Jahre zuvor quälte er sich noch mit dem unzuverlässigen Lincoln herum, und nun: Luxus auf Rädern, außen schwarz, innen beigefarbenes Leder, Holzarmaturenbrett. Während der Dreharbeiten lieh er den Wagen auch mal Don Siegel, um sich dafür zu entschuldigen, dass er eine komplizierte Szene nicht gut hinbekam. Der Regisseur nutzte den Wagen für zwei Wochen. Noch vor Ende der Dreharbeiten fuhr Elvis in der Neuanschaffung zu einer Sondervorführung seines fünften Films „G.I. Blues“ am 12. September. Als er am 24. Oktober in Graceland eine Ehrung entgegennahm,

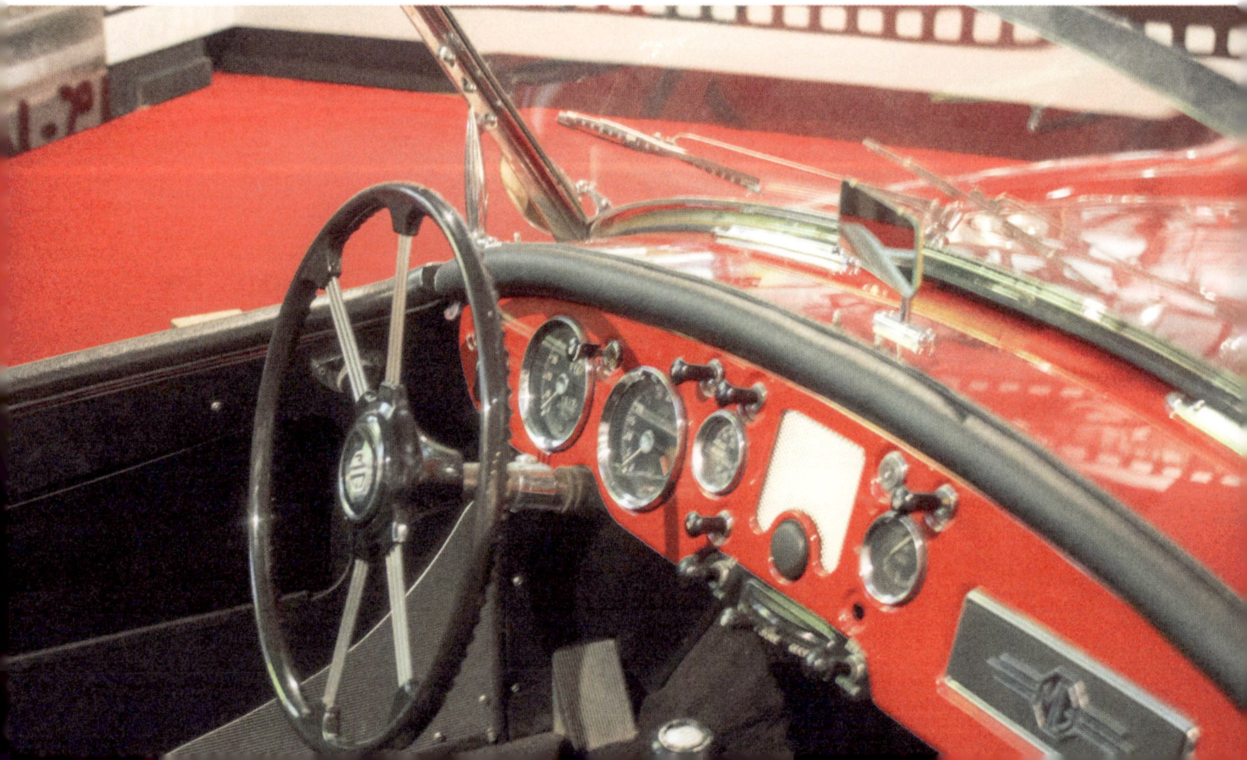

berichtete er davon, dass sein Dienstmädchen von dem englischen Luxus auf Rädern nichts hielt. Nach verschiedenen Überlieferungen bezeichnete sie ihn als einen „alten schwarzen Wagen". Elvis Friseur Larry Geller lehnte es nach eigener Aussage sogar ab, damit eine Probefahrt zu machen. Als Elvis und er bei den Aufnahmen für den Film „Roustabout" (König der heißen Rhythmen) im März/April 1964 in den Paramount Studios zusammenarbeiteten, bot Elvis ihm den Wagen für eine Spritztour an. Doch Geller befürchtete, sich lächerlich zu machen.

Nach einem weiteren öffentlichen Auftritt am 8. März 1961 in Nashville verliert sich leider für lange Zeit die Spur des Wagens. Mehrere Jahre ist er in dem im November 1999 von Eigner Chris Davidson eröffneten „Elvis-A-Rama Museum" zu sehen, aber das wurde am 1. Oktober 2006 wieder geschlossen. Schließlich tauchte der Wagen in Graceland wieder auf und wird dort seit März 2009 ausgestellt.

Im Jahr 1962 gönnte sich Elvis erneut eines der Fahrzeuge aus Coventry. Bei dem US-Händler Peter Satori bestellte er über Rolls-Royce Inc. in New York einen Phantom V Touring mit dem Coachwork von James Young (Chassis Nummer: 5LVA55, Motor Nummer: A27PV). Am 15. Januar 1963 wurde der Wagen an die Firma James Young Coach Builders geliefert. Die linksgelenkte US-Ausführung wurde vom Rolls Royce-Werk am 21. März 1963 komplettiert und auf Elvis Wunsch mit einigen Extras versehen. Es wurden ein Blaupunkt Radio Köln, Firestone Weißwandreifen, Parklichter, elektrische Fensterheber an

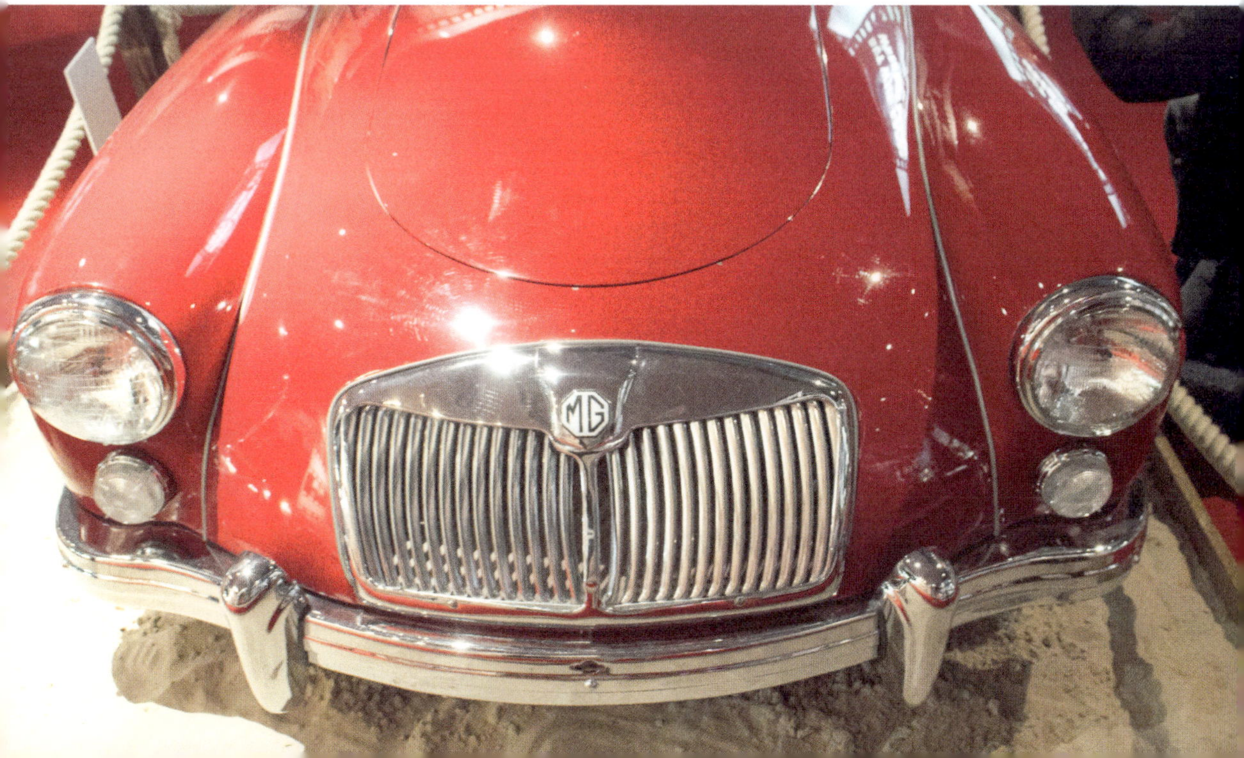

allen Türen, ein rotes Telefon, ein Mikrofon und eine Klimaanlage installiert. Die hintere Armlehne enthielt eine Ablage auf der man schreiben konnte, einen Spiegel und eine Bürste, um die Kleidung zu reinigen. Ein kleines Fach enthielt Kristallgläser und einen Dekanter. Der Wagen wurde am 11. Februar 1963 getestet und von Adams Brothers On the Loch Loyal nach Los Angeles verschifft. Geliefert wurde er an Elvis damaliges Anwesen in Los Angeles: 525 Perugia Way in Bel Air. Die Außenfarbe war Midnight Blue (Mitternachtsblau), innen gab es ein graues Stoffinterieur. Der Phantom V Touring war eines von nur 516 gebauten Exemplaren (Kennzeichen: I OR 103).

SUCH A NIGHT

Als die Beatles Elvis am 27. August 1965 in seinem Haus in Los Angeles besuchten, ist auch der Rolls Royce Gesprächsthema. Nach Aussagen seines Friseurs Larry Geller sagte Elvis: „Hallo Leute, ich möchte euch gerne was zeigen", was den sichtlichen Stolz des neuen Rolls Royce-Eigentümers beschrieb. Der fand heraus, dass John Lennon sich im Juni selbst einen Phantom V in der Farbe Valentine Black gekauft hatte. So tauschten sich die beiden Musiker über die britische Luxuskarosse aus.

Von Elvis Wagen profitierte auch sein Schimpanse Scatter, der seit 1963 zu Elvis Entourage gehörte. Er durfte nicht nur in den Hollywood Studios dabei sein, sondern trank bei Partys auch aus den Gläsern der Gäste, was zu Verstimmungen führte. Und nicht nur das. Da er während der Filmaufnahmen Geräusche machte, musste er immer solange

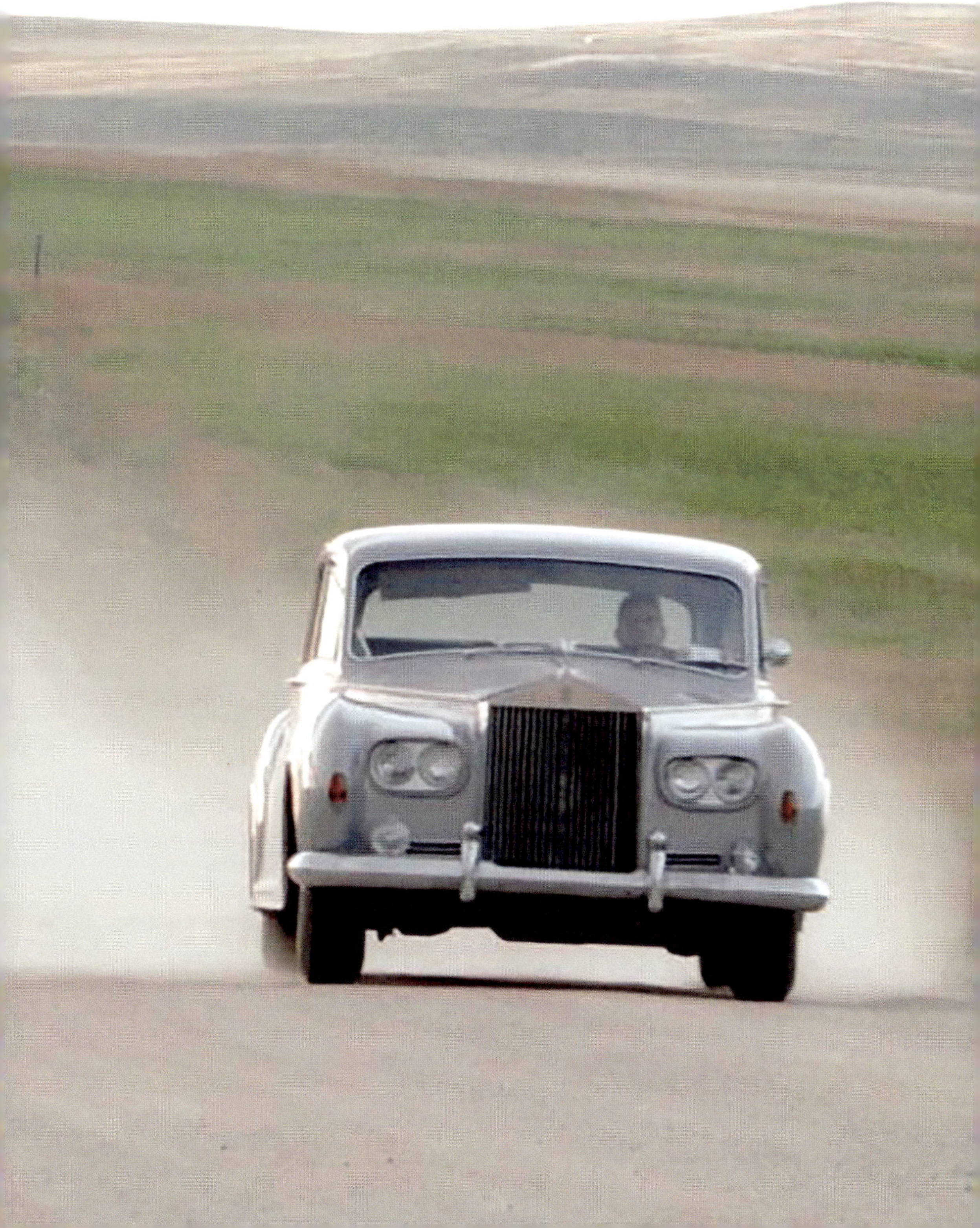

in der Garderobe warten. Als es ihm gelang wegzulaufen, und er plötzlich im Büro von MGM Studioboss Sam Goldwyn aufkreuzte, was seine Sekretärin viele Nerven kostete, wurde ihm ein weiterer Aufenthalt auf dem Gelände untersagt. Also wurde er stilecht von Bodyguard Alan Fortas im Rolls Royce nach Hause gebracht. Doch nicht nur er kam in den Genuss der Limousine. Als Priscilla Beaulieu und ihr Vater im März 1963 Hollywood besuchten, wo Elvis gerade „Acapulco" drehte, fuhr Elvis sie entweder im Rolls Royce oder in seinem goldenen Cadillac herum. Auch mit seiner damaligen Freundin Ann-Margret war er häufiger darin unterwegs.

Der Rolls war aber nicht nur in LA und Umgebung zu sehen, sondern auch in Memphis, was jedoch Ärger mit sich brachte und eine neue Lackierung: Die Hühner seiner Mutter wurden immer mal wieder von den Reflektionen im Lack angezogen und pickten dagegen. Kratzer aller Art mochte Elvis überhaupt nicht, also wählte er ein helleres

„MICH HAT NICHTS BEEINFLUSST, BIS ICH ELVIS GEHÖRT HABE. OHNE ELVIS GÄBE ES KEINE BEATLES."
— JOHN LENNON

Silver Blue (Silber Blau) aus, das die Hühner nicht irritierte. Falls sie doch wieder loslegten, konnte man die Kratzer wenigstens nicht so gut sehen.

1968 gab Elvis den Wagen wieder ab. Da er sozial eingestellt war, und vermutlich auch die werbewirksame Wirkung erkannte, stiftete er den Rolls Royce, der gerade mal 17.000 Meilen gelaufen war, am 4. Juli 1968 der Wohltätigkeitsorganisation SHARE zur Unterstützung von geistig behinderten Kindern. Er wurde im Santa Monica Civic Auditorium versteigert, und erzielte 35.000 Dollar. Die beiden Schauspielerinnen Janet Leigh und Barbara Rush posierten hierfür mit dem Luxusvehikel.

Über die nächsten 20 Jahre ist nicht viel über den Verbleib des Rolls Royce bekannt. Letztlich wurde er 1986 bei einer „Rock´n´Roll Memorabilia" Auktion bei Sotheby´s in London angeboten und erzielte 330.000 Mark. Danach, wann genau ist nicht bekannt, wurde er restauriert, bis er sowohl optisch als auch mechanisch in einem guten Zustand war. Der Käufer zeigte den Wagen in einem privat betriebenen Museum und nutzte ihn nur wenig. In den letzten Jahren wurden mechanische Arbeiten von dem englischen Rolls Royce-Restaurierungsbetrieb Frank Dale and Stepsons in Camberley, südwestlich von London, ausgeführt. Dazu gehörte eine komplette Motor Überarbeitung mit einem neuen Zylinderblock und ein genereller Service. Der Original Zylinder Block

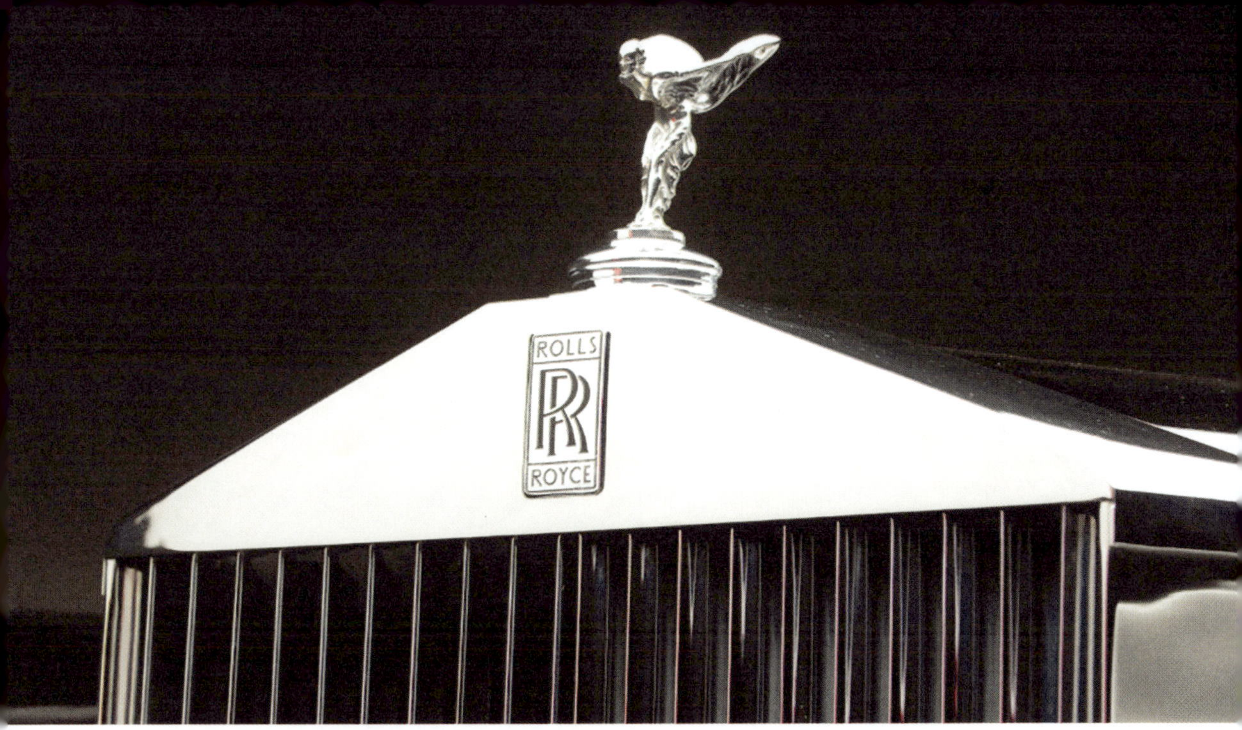
ROLLS
RR
ROYCE

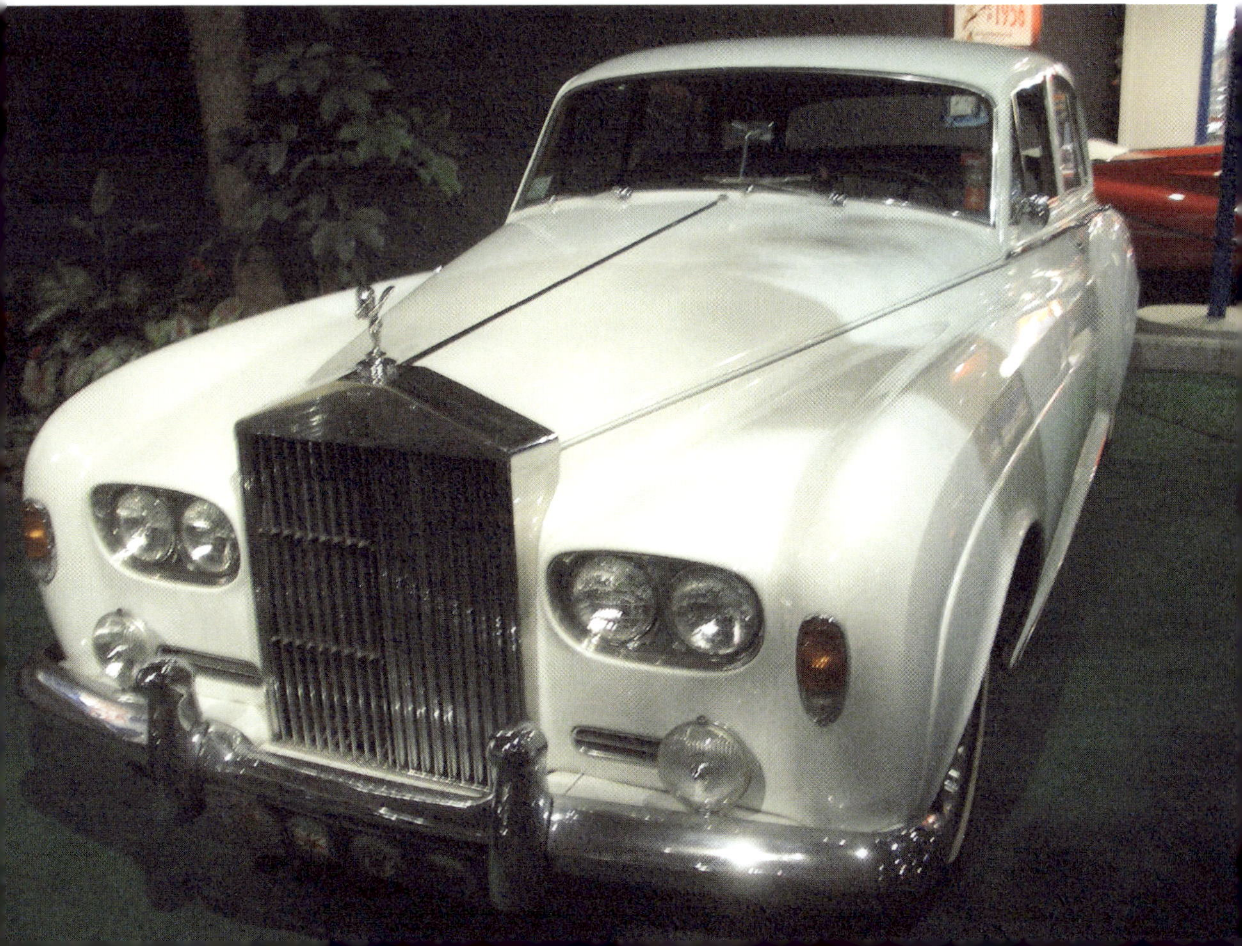

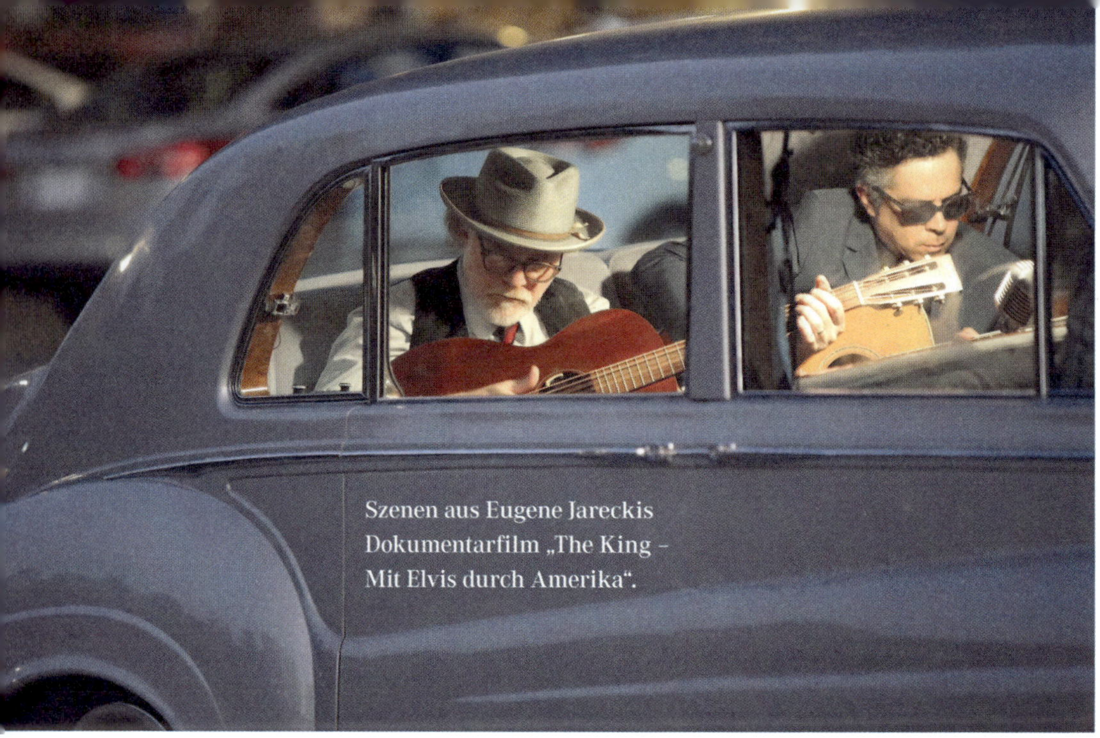

Szenen aus Eugene Jareckis Dokumentarfilm „The King – Mit Elvis durch Amerika".

(Nummer: 438CB9) war inklusive, als der Wagen am 15. August 2014 bei der „Quail Lodge Auction" von Bonhams in Carmel für 396.000 Dollar versteigert wurde. Danach wurde ihm eine ganz besondere Ehre zuteil, denn die neuen Eigentümer, eine amerikanische Filmproduktionsfirma, machten den Wagen im Jahr 2017 zum automobilen Hauptdarsteller der Dokumentation „The King – Mit Elvis durch Amerika". Regisseur Eugene Jarecki lud dazu Wegbegleiter, Zeitzeugen und Prominente wie etwa Alec Baldwin und Ethan Hawke ein, um im Auto über Elvis zu sprechen (Kennzeichen: 2 C 9279). Interessant ist die Aussage von Sängerin Emmylou Harris, die sagte: „Ich dachte, dass Elvis nur amerikanische Autos fuhr." Nach den Dreharbeiten wurde der

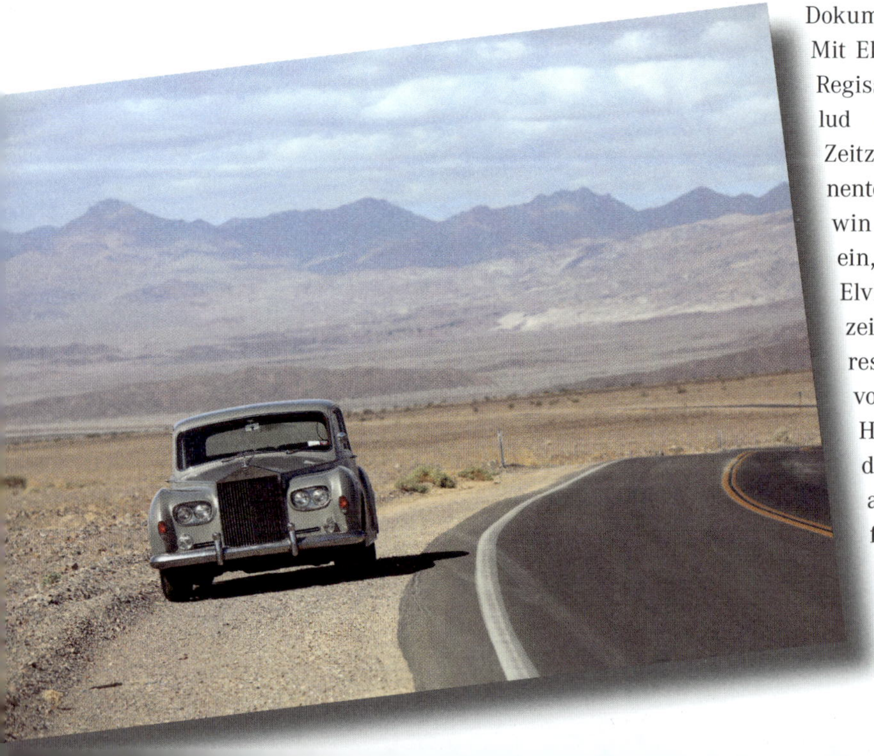

„WIR WAREN IN PANIK. ER IST UNSER IDOL. ICH ERINNERE MICH DARAN, DASS ER DASASS UND BASS SPIELTE. ICH DACHTE MIR: ES IST ELVIS. ES IST TATSÄCHLICH ELVIS! ER SAH GUT AUS, NICHT ZU VIEL GEWICHT."

— JOHN LENNON NACH DEM BESUCH DER BEATLES BEI ELVIS AM 27. AUGUST 1965

Wagen weiterverkauft und ist seit dem 28. Juni 2018 im Hard Rock Hotel & Casino in Atlantic City ausgestellt.

Der amerikanische Schauspieler Michael Landon wurde durch TV-Serien wie „Bonanza", „Unsere kleine Farm" und „Ein Engel auf Erden" weltbekannt. Noch während der Produktion der Westernserie, kaufte er im Jahr 1966 einen weißen Rolls Royce vom Typ Silver Cloud III mit blauer Lederausstattung und Walnussholzinterieur (VIN: LSHS 242). Er wohnte, wie Elvis zum Teil auch, in Beverly Hills, wo sie sich beim sonntäglichen Football Spiel im De Neve Square Park in Holmby Hills begegneten. 1970 erwarb der Sänger den Wagen von Landon (Kennzeichen: SMA 542). Sechs Jahre später verkaufte er ihn an den Country-Musiker Charlie Rich, der ihn an den Kollegen Charlie McClain weiterreichte. Der nächste Käufer war in den 80er Jahren Sänger Jimmy Velvet, ein Freund von Elvis, der mit dessen Genehmigung am 1. Juni 1978 gegenüber von Graceland ein ihm gewidmetes Museum eröffnete. Als das schließen musste, wurde der Rolls vom Auktionshaus „Butterfield & Butterfield / Bonhams" am 6./7. Oktober 1995 angeboten. Doch für die geschätzten 275.000/300.000 Dollar fand sich kein Käufer. Offensichtlich einigten sich die Erben von Elvis dann aber doch im Nachhinein mit dem Einlieferer, so dass der Wagen in den Bestand von Graceland zurückkehrte, wo er immer noch zu sehen ist.

Ob der Autoschlüssel sich auch dort befindet, ist derzeit unklar. Er wurde auch vom Auktionshaus angeboten und erzielte immerhin 2.070 Dollar. Wesentlich teurer war am 8. Januar 2019 übrigens Elvis kleine Hommage an die englische Marke. Er hatte sich von einem Juwelier eine 18karätige Gürtelschnalle in Form des RR-Kühlergrills anfertigen lassen. Bei einer Auktion in Graceland legte ein Fan dafür 12.500 Dollar hin. Das hätte auch für einen Kleinwagen gereicht.

KAPITEL 10

SEE SEE RIDER

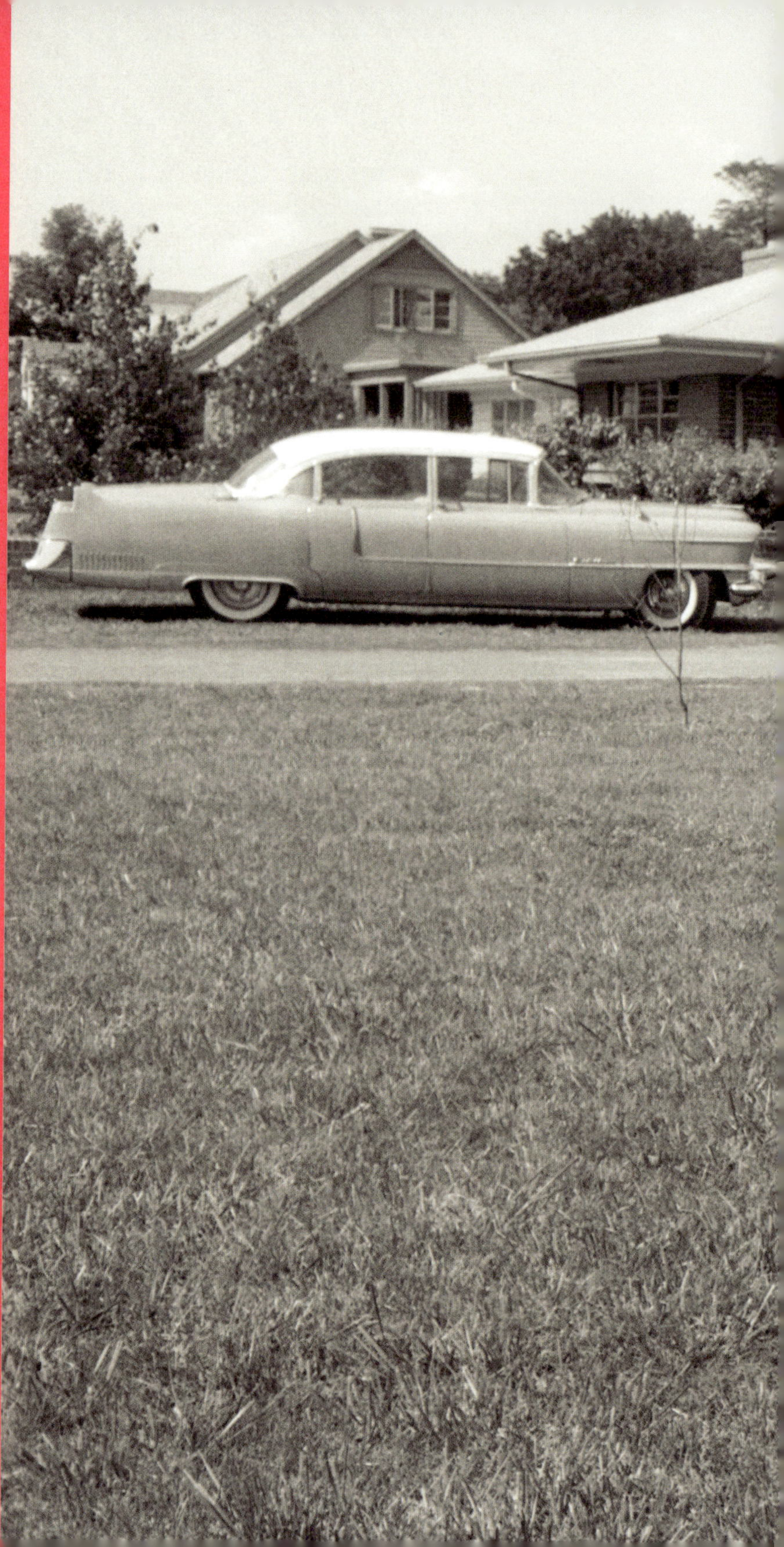

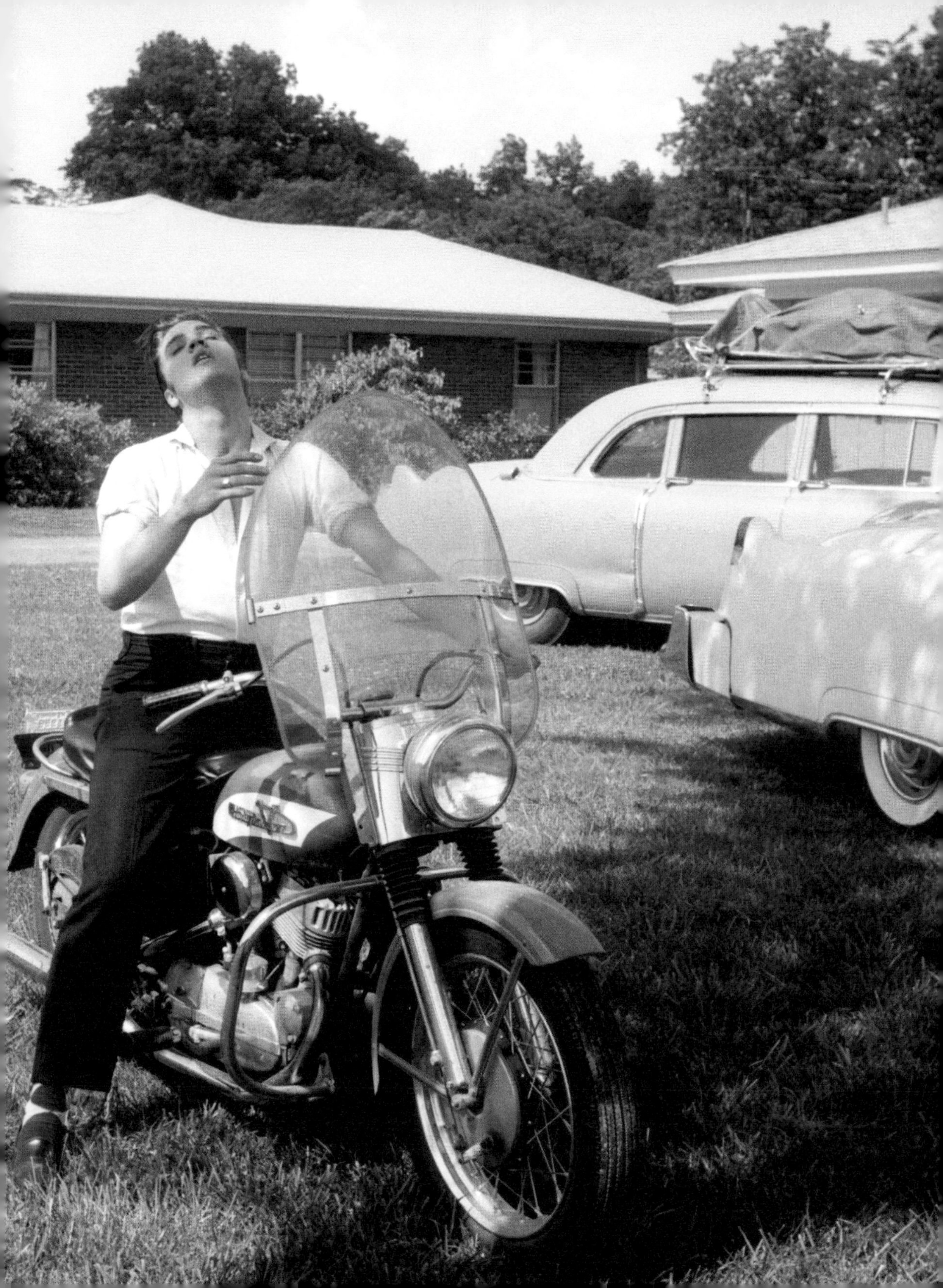

SEE SEE RIDER
DIE MOTORRÄDER
(HARLEY-DAVIDSON – TRIUMPH – TRIKES 1955 – 1977)

Als der australische Regisseur Baz Luhrmann 2013 mit seinen Recherchen für einen Film über Elvis Presley begann, führte ihn seine Reise auch nach Tupelo und dort zum ersten Haus der Familie. In der Nachbarschaft traf er auch Samuel Bell jr., der in den 40er Jahren mit Elvis befreundet war und vielfach mit ihm ins Kino ging. Der erzählte Luhrmann, dass Elvis nicht nur das Fahrrad besaß, von dem bereits die Rede war (siehe Kapitel 3), sondern auch eine ganz besondere Erweiterung daran: „Wir hatten Fahrräder mit kleinen Körben dran, damit wir etwas ausliefern konnten. Sein Vater gab ihm ein Fahrrad mit einem kleinen Motor darin und einer Kette, die es antrieb." Also einen Hilfsmotor mit Kettenantrieb. Das ist insofern erstaunlich, wenn es denn stimmt, da es bis zu dem Zeitpunkt der Veröffentlichung des Gesprächs im Dezember 2021 keine einzige Quelle gibt, die davon berichtete. Davon abgesehen wäre es auch eine Parallele zu James Dean, einem der schauspielerischen Vorbilder von Elvis, der als 13-jähriger einen Whizzer-Hilfsmotor für sein Fahrrad bekam. Wann Elvis seinen Motor bekam, erzählte Sam Bell leider nicht. Glücklicherweise war Elvis nie so geschwindigkeitsbesessen wie James Dean, sondern eher ein Cruiser. Das sieht man bei der Auswahl seiner Motorräder.

Mitte August 1955 kaufte sich der 20-jährige Elvis sein erstes Motorrad. Zuvor war es finanziell nicht machbar. Er erwarb beim örtlichen Harley-Davidson Händler in Memphis in der Poplar Avenue 235 eine ST 165 mit einem 165ccm Motor und einer Leistung von 5,5 PS. Damit schaffte sie gerade mal 50 Meilen pro Stunde. Es gab dieses Modell nur in rot, gelb, blau und orange. Welche Farbe seine Maschine hatte ist unklar. Bereits am 14. Januar 1956 kaufte er sich von Harley-Davidson Verkäufer Tommy Taylor in Memphis ein stärkeres Modell, eine KH mit 883ccm und 38 PS (Motornummer: KH561459, Kennzeichen: Z 447). Sie schaffte nun schon 95 Meilen pro Stunde. Dafür gab Elvis seine erste Harley in Zahlung, investierte weitere 903 Dollar und vereinbarte eine monatliche Ratenzahlung von 47 Dollar. Die Farbe war Rot (Pepper Red) mit weißen Applikationen auf dem Tank. Es handelte sich um die Deluxe Ausführung mit Extras wie einem Windschild sowie einem Beifahrersitz – wichtig für die weibliche Begleitung. Aber nicht nur junge Frauen durften auf dem Sozius Platz nehmen. Als ihn der befreundete Schauspieler Nick Adams besuchte, nahm Elvis auch ihn auch auf der Harley mit, um mit ihm den örtlichen Vergnügungspark zu besuchen, den Memphis Fairground.

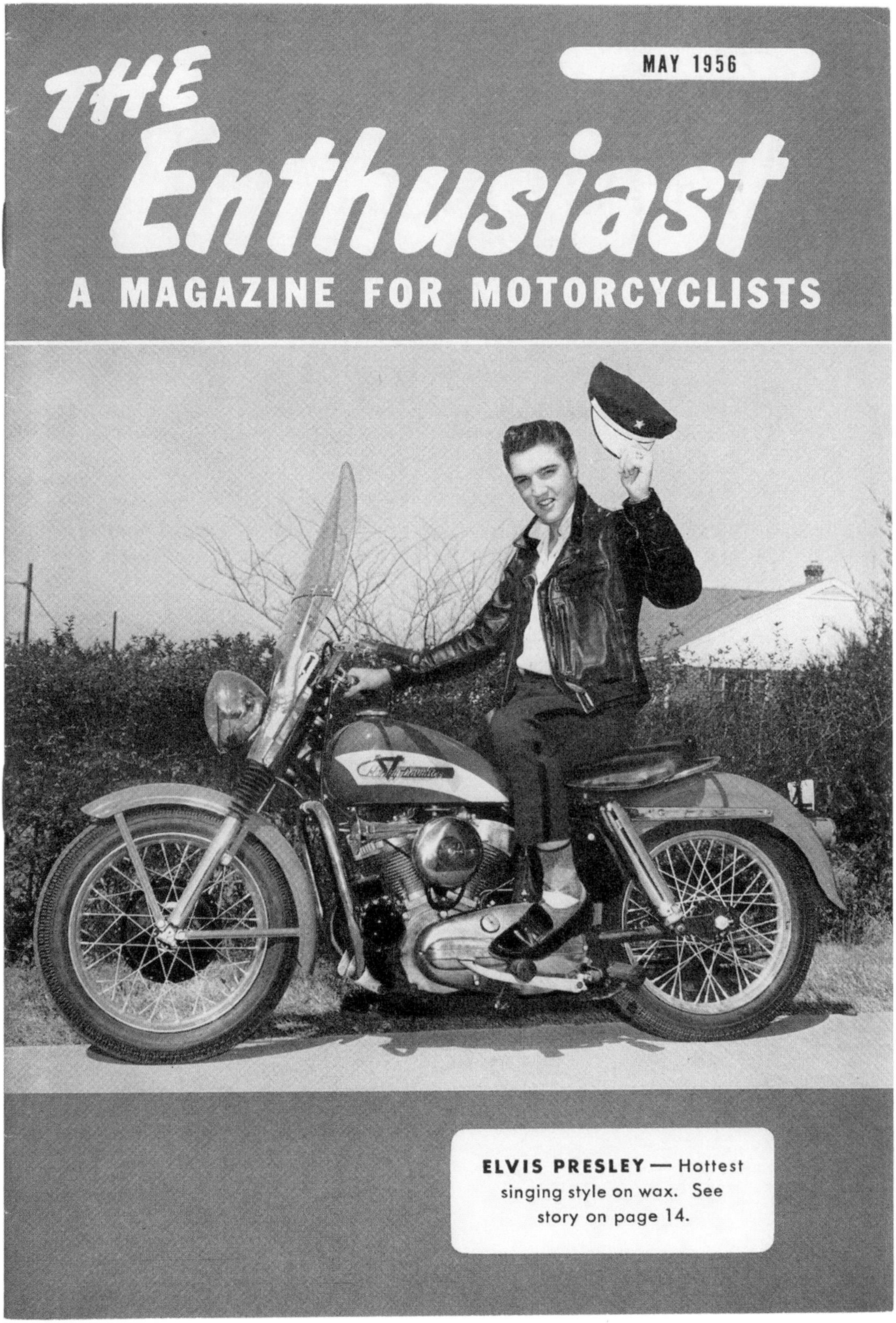
MAY 1956

THE Enthusiast

A MAGAZINE FOR MOTORCYCLISTS

ELVIS PRESLEY — Hottest singing style on wax. See story on page 14.

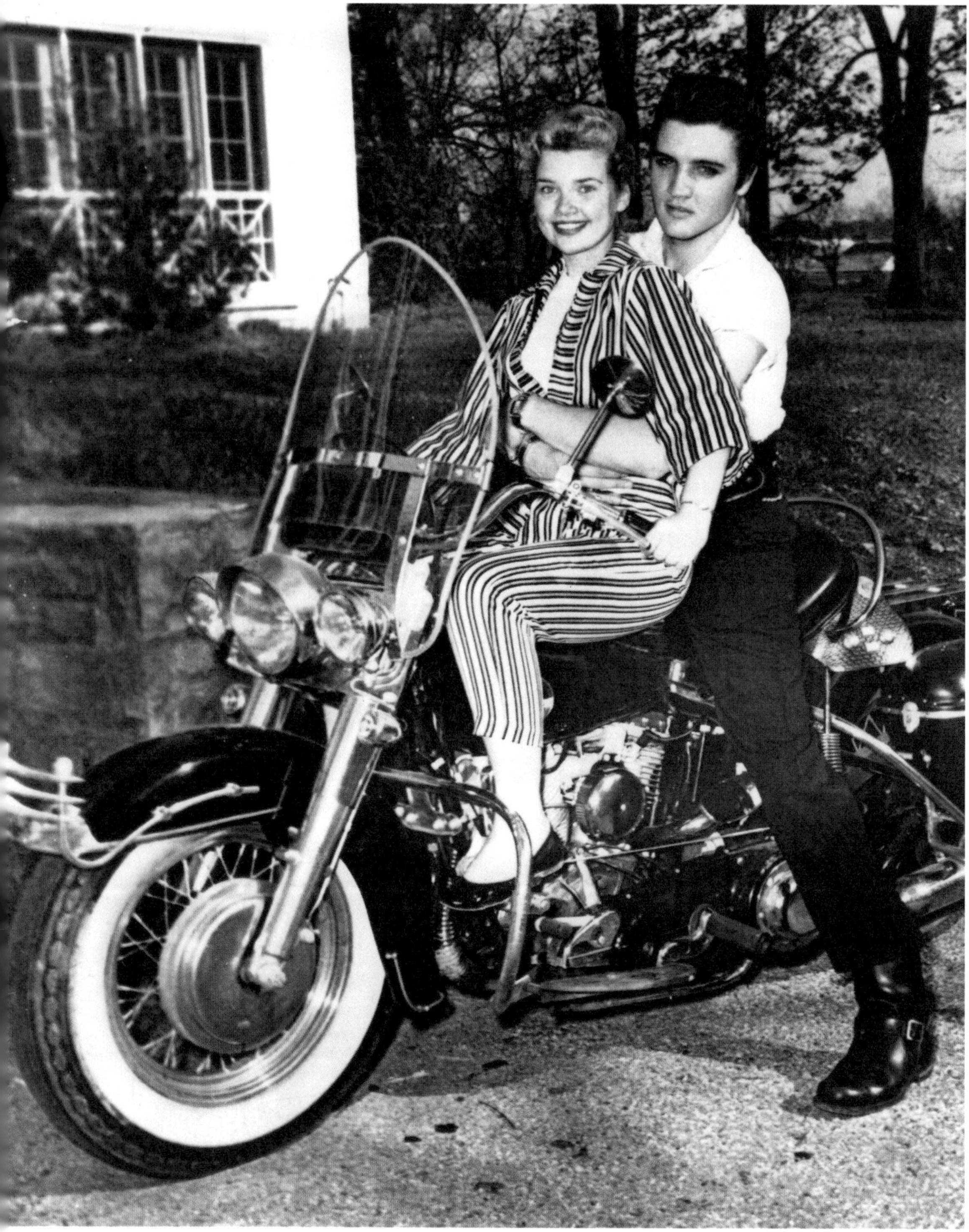

> „EINES TAGES BESCHLOSS ER, ALLEN VON UNS MOTORRÄDER ZU KAUFEN. WIR WURDEN ´EL´S ANGELS` GENANNT."
> — ELVIS ROAD MANAGER JOE ESPOSITO

FEVER

Im Mai 1956 posierte Elvis auf dem Cover der Motorrad Zeitschrift „The Enthusiast". Dort bezeichnete man ihn als „the hottest singing style on wax". Im selben Jahr kaufte er zusätzlich eine Triumph Tiger, die er seinem Cousin Gene Smith schenkte. So konnten sie gemeinsame Ausfahrten machen. Es war nicht die einzige Triumph, die er verschenkte. Doch dazu später mehr. Dass Elvis ein leidenschaftlicher Motorradfahrer war, bemerkt man auch an der folgenden Aussage aus diesem Jahr: „Immer, wenn ich Zeit habe, fahre ich nach Hause, sehe meine Familie und fahre z.B. Motorrad." Eine ganz spezielle Ausfahrt unternahm Elvis mit mehreren Freunden im November. Elvis war seit langem Fan des Gospel Sängers Roy Blackwood, der gemeinsam mit seinen Brüdern Gesangserfolge hatte. Gemäß seiner Aussage: „Ich wollte meinen Freunden aus Hollywood zeigen, wo mein Held R.W. Blackwood lebt", fuhr Elvis mit Nick Adams, Natalie Wood und weiteren zu dessen Haus in Memphis. Schauspielerin Natalie Wood war wie Presley ein leidenschaftlicher Motorradfan. Sie hatte auch mit James Dean eine Affäre. Im selben Monat war Wood allein bei Elvis zu Gast und übernachtete in seinem Haus am Audubon Drive. Für gemeinsame Ausflüge mit ihr kaufte er am 1. November extra ein neues Motorrad. Er war der KH überdrüssig und erwarb beim Harley-Davidson Händler in Memphis eine neue schwarze 1957er FLH Hydra-Glide mit 55 PS für 1.243 Dollar - natürlich mit Soziussitz (Kennzeichen: 2 1063). Bei der etwa dreistündigen Ausfahrt saß sie hinten drauf. Dass sie sich dabei „eng an ihn schmiegte" blieb den Zeitungen nicht verborgen. Er stellte sie auch ihren Eltern vor, doch die große Aufmerksamkeit, die ihr und Elvis zu Teil wurde, empfand sie als schockierend. Nach ihren Erinnerungen zerstörte seine besitzergreifende Mutter Gladys eine mögliche Beziehung, so dass das Paar sogar auf seiner Harley aus dem Haus flüchtete. So verschwand Natalie Wood schon nach zwei Tagen, obwohl sie vorhatte eine Woche zu bleiben. Später nannte sie das Ganze einen „Zirkus". Elvis tröstete sich schnell. An Ostern 1957 war er mit Schauspielkollegin Yvonne Lime unterwegs, mit der er den Film „Loving You" (Gold aus heißer Kehle) drehte. Beide posierten außerdem für Paramount auf der Maschine, um den Film zu bewerben.

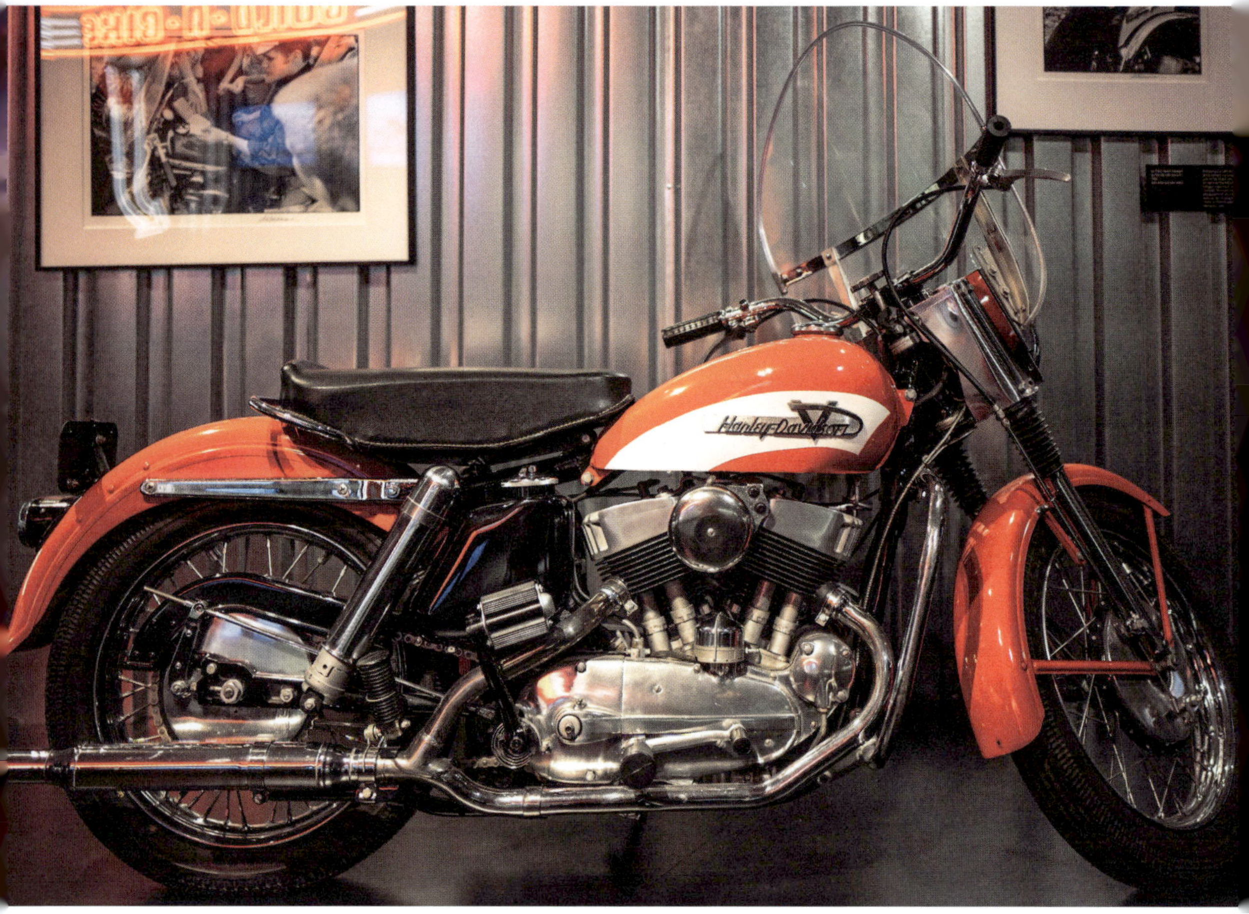

Für seinen Freund und Leibwächter Lamar Fike kaufte er in diesem Sommer eine Harley-Davidson KH, um gemeinsame Ausfahrten zu machen. Dabei kam es auch zu einer gefährlichen Situation, während sie sich auf dem Highway 51 ein Rennen lieferten. Als plötzlich vor ihnen ein Bus bremste, konnte Elvis noch rechtzeitig ausweichen, aber Fike rutschte unter den Bus und wurde eingeklemmt. Letztlich musste schweres Gerät gerufen werden, um den Bus hinten hochzuheben und Fike zu befreien. Er kam glimpflich davon. Im selben Jahr fuhr Elvis dann noch mehrfach mit seiner neuen Freundin Anita Wood, ehe er sich im März 1958 eine Harley-Davidson Duo Glide kaufte. Was aus seiner schwarzen 1957er FLH Hydra-Glide wurde, ist unklar. Nach verschiedenen Quellen ging sie an seinen Freund George Klein, der 1962 einen so schweren Unfall mit ihr hatte, dass sie nicht mehr zu reparieren war. Sicher ist, dass Ron und Lew Elliott, die Eigentümer der Firma Super Cycle in Memphis, 1983 eine fast exakte Replik der FLH Hydra-Glide für einen Kunden bauten, der

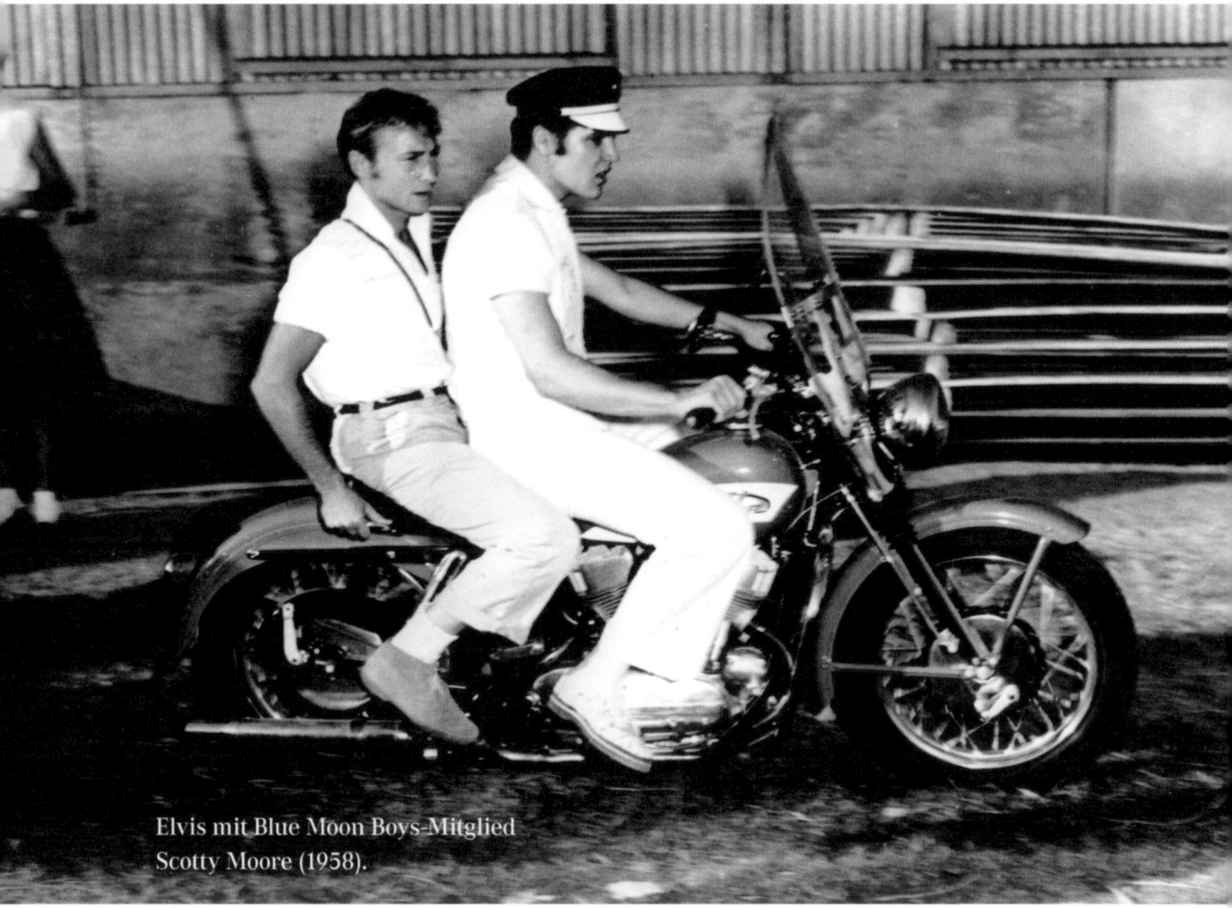
Elvis mit Blue Moon Boys-Mitglied Scotty Moore (1958).

dieses Motorrad für Ausstellungen auslieh – auch in Graceland. 2007 wurde, 30 Jahre nach Elvis Tod, eine Repliken Sonderserie (Signature Collection Bike) der FLH Hydra-Glide von 30 Stück aufgelegt, die alle über ein stilisiertes Elvis Autogramm und eine Nummerierung verfügten.

Die Harley-Davidson KH gab Elvis an Gene Smith weiter. Der veräußerte sie nach ein paar Jahren an einen Freund namens Fleming Horne, der sie wiederum mit allen Unterlagen 1995 an Harley-Davidson verkaufte. Seit dem Jahr 2008 wird sie im Harley-Davidson Museum in Milwaukee ausgestellt.

RIDING THE RAINBOW

Eine weitere Beifahrerin auf seiner Harley war seine Sekretärin und Geliebte Elisabeth Stefaniak. Sie erinnerte sich später an einen besonderen Ausflug am 8. März 1960: „Am Abend wollte er aus seinem Luxus heraus, um spazieren zu fahren. Er sagte: Nebelhorn! (Ein Spitzname den er mir wegen meiner tiefen Stimme gegeben hatte.) Ich möchte dich

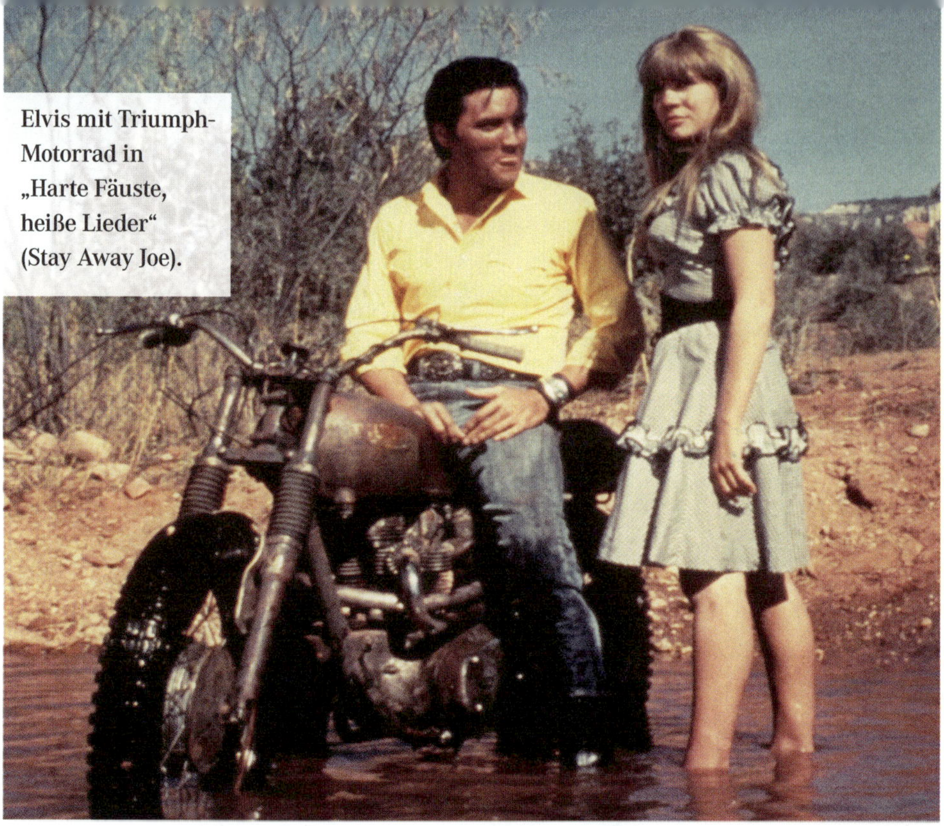

Elvis mit Triumph-Motorrad in „Harte Fäuste, heiße Lieder" (Stay Away Joe).

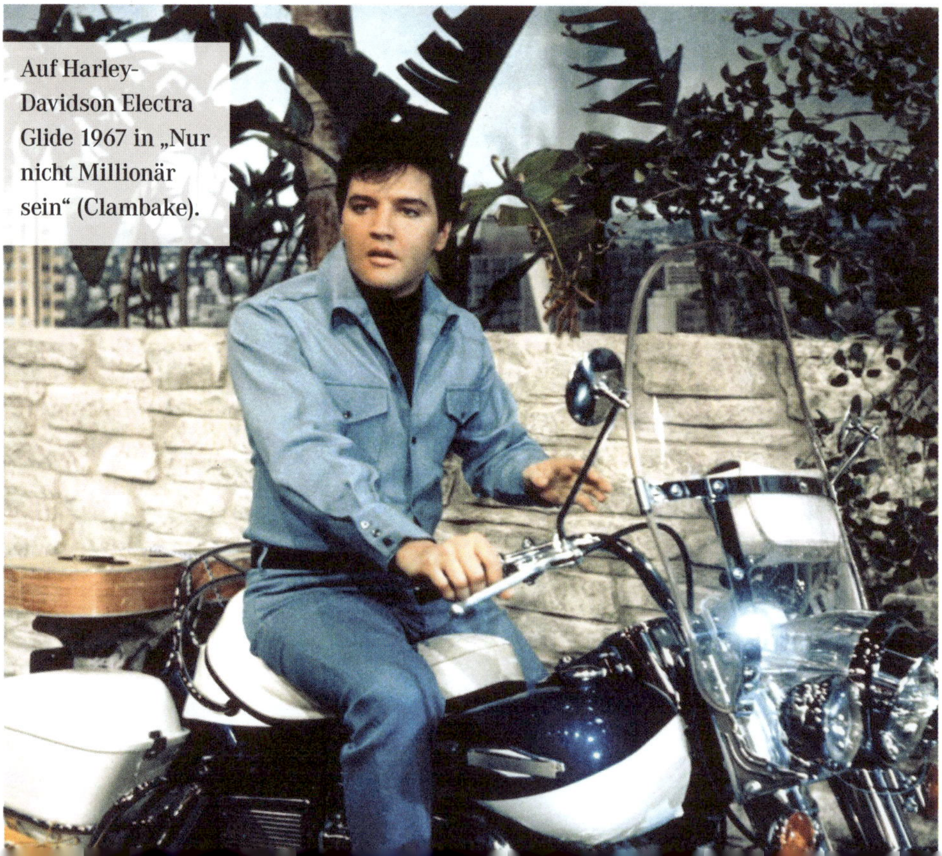

Auf Harley-Davidson Electra Glide 1967 in „Nur nicht Millionär sein" (Clambake).

zu einer Motorradfahrt mitnehmen! Es war eine rasante Fahrt, als wir durch das Haupttor hinausfuhren. Es waren immer noch eine Menge Fans am Tor und mehrere Autos fuhren uns nach, aber Elvis schüttelte sie schnell ab. Es macht ihm großen Spaß, Motorrad zu fahren, weil es ihn an die alten Zeiten erinnerte, bevor er zur Armee musste. Die Tatsache, dass Elvis zu dieser Motorradfahrt eingeladen hatte, machte mich glücklich; es waren genug andere da, die er hätte mitnehmen können. Unbewusst hatte ich gedacht, jetzt wo Elvis zu Hause ist und alle seine Freunde um sich hat, sei ich nicht mehr sehr wichtig für ihn. In Bad Nauheim waren wir schließlich nur eine kleine Gruppe, und alles war anders. Am nächsten Tag stand ein großer Artikel darüber in einer Zeitung in Memphis, dass man Elvis bei einer Motorradfahrt mit einem unbekannten Mädchen gesehen habe. Es war ein großartiges Gefühl, zu wissen, dass ich dieses unbekannte Mädchen war."

In den 60er Jahren war Elvis immer mal wieder mit Frauen, zumeist mit Schauspielerinnen oder Filmsternchen, auf zwei Rädern unterwegs. Am bekanntesten wurden die Ausflüge mit Kollegin Ann-Margret (siehe Kapitel 6), die selbst ein großer Harley-Fan war. Aber auch mit seiner späteren Ehefrau Priscilla fuhr er spazieren. Ihr, und selbstverständlich sich selbst auch, kaufte er, vermutlich 1965, von „Al's Cycle Shop" in Memphis zwei 1965er Honda Dream 350 Motorräder: eine weiße für sie und

„SEIN VATER GAB IHM EIN FAHRRAD MIT EINEM KLEINEN MOTOR DARIN UND EINER KETTE, DIE ES ANTRIEB."
— JUGENDFREUND SAMUEL BELL JR. ÜBER ELVIS

eine schwarze für sich (Kennzeichen ZE 3365). Das zu der Zeit noch nicht verheiratete Paar fuhr damit ausschließlich in Memphis und Umgebung, wenn auch eher selten. Was aus der weißen Honda wurde, ist unklar. Die Maschine von Elvis war nur 1.071 Meilen gelaufen, bevor sie in Graceland ausgestellt wurde. Sie erhielt noch einen zusätzlichen Sturzbügel, aber wann das geschah, ist ungewiss.

RUN ON

Im April 1966 gönnte sich Jerry Schilling, einer seiner Leibwächter, eine Triumph 650 und zeigte sie Elvis. Der war begeistert und beschloss, dass alle aus seinem engsten Kreis ein Motorrad haben sollten. Nach Aussagen von Red West kaufte Elvis, der in dem Film „Stay Away Joe" („Harte Fäuste, heiße Lieder") aus dem Jahr 1968 eine kurze Szene mit einer Triumph hatte, „zwölf in einem Abwasch. Der Händler war

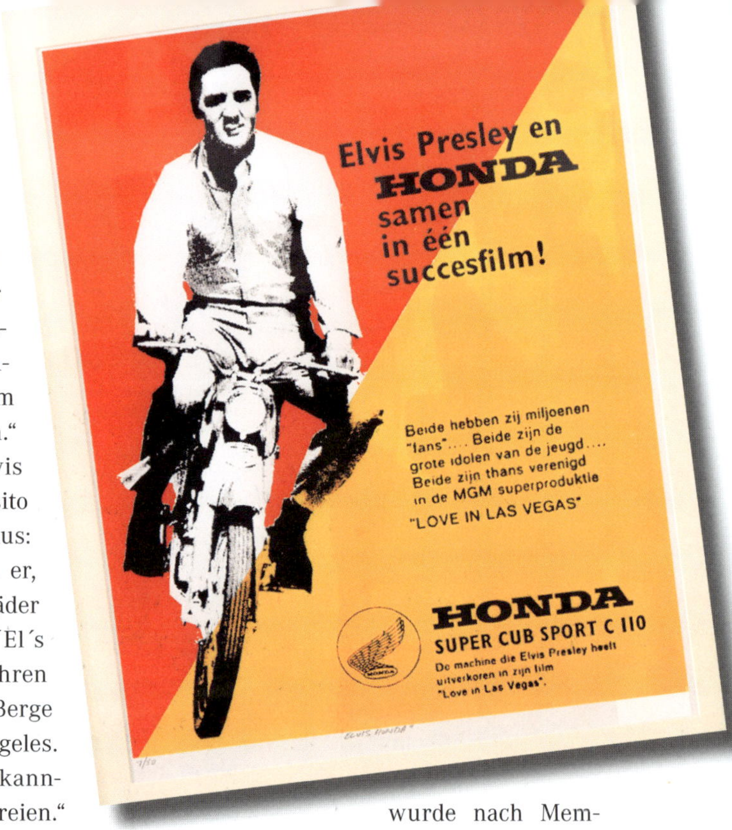

so überrascht, dass er die Telefonnummer verlangte, um sich mit einem Rückruf von der Richtigkeit des Auftrages überzeugen zu können. Er befürchtete, einem Schwindel aufzusitzen.“ Doch es war wahr. Elvis Road Manager Joe Esposito drückte das Ganze so aus: „Eines Tages beschloss er, allen von uns Motorräder zu kaufen. Wir wurden ´El´s Angels` genannt. Wir fuhren am Wochenende in die Berge und rund um Los Angeles. Wenn die Leute Elvis erkannten, fingen sie an zu schreien.“ Stress gab es mit den vielen Maschinen allerdings auch. Den Nachbarn des Hauses am Perugia Way ging ihr Lärm gehörig auf die Nerven, während Elvis sich wie eines seiner Vorbilder kleidete. Mit schwarzer Lederjacke, dunkler Sonnenbrille und Helm sah er aus wie Marlon Brando in „Der Wilde“.

Ende der 60er Jahre bestellte Elvis bei Ron Elliott von der Firma Super Cycle in Memphis auch einen Harley Chopper. Er war wie so viele damals von den beiden Motorrädern aus dem Film „Easy Rider“ beeinflusst. Die Maschine war rot und schwarz, hatte selbstverständlich eine längere Gabel, wenn auch nur etwa 10 cm, wie sich Elliott erinnert, einen hohen Lenker sowie eine tiefe Sitzbank mit hoher Sissy-Bar. Sie wurde nach Memphis geliefert und von ihm eher selten vor allem in Memphis und Umgebung gefahren. Nach seinem Tod wurde sie rein zufällig entdeckt. Als Elliott und andere mehrere seiner Fahrzeuge für eine reisende Ausstellung mit dem Titel „Elvis On Tour“ zusammenstellen wollten, erinnerte sich sein Onkel Vester an den Chopper. Der stand, gemeinsam mit 30 Fahrrädern, in einer der Garagen von Graceland. Da Lack und Motor etwas gelitten hatten, wurde die Harley von Elliott restauriert. Dabei stellte er fest, dass sie weniger als 500 Meilen gelaufen war. Inzwischen sollen es 644 sein.

In den 70er Jahren, kamen noch weitere Harley-Davidson zu Elvis Fahrzeugsammlung hinzu. Am 30. Juni

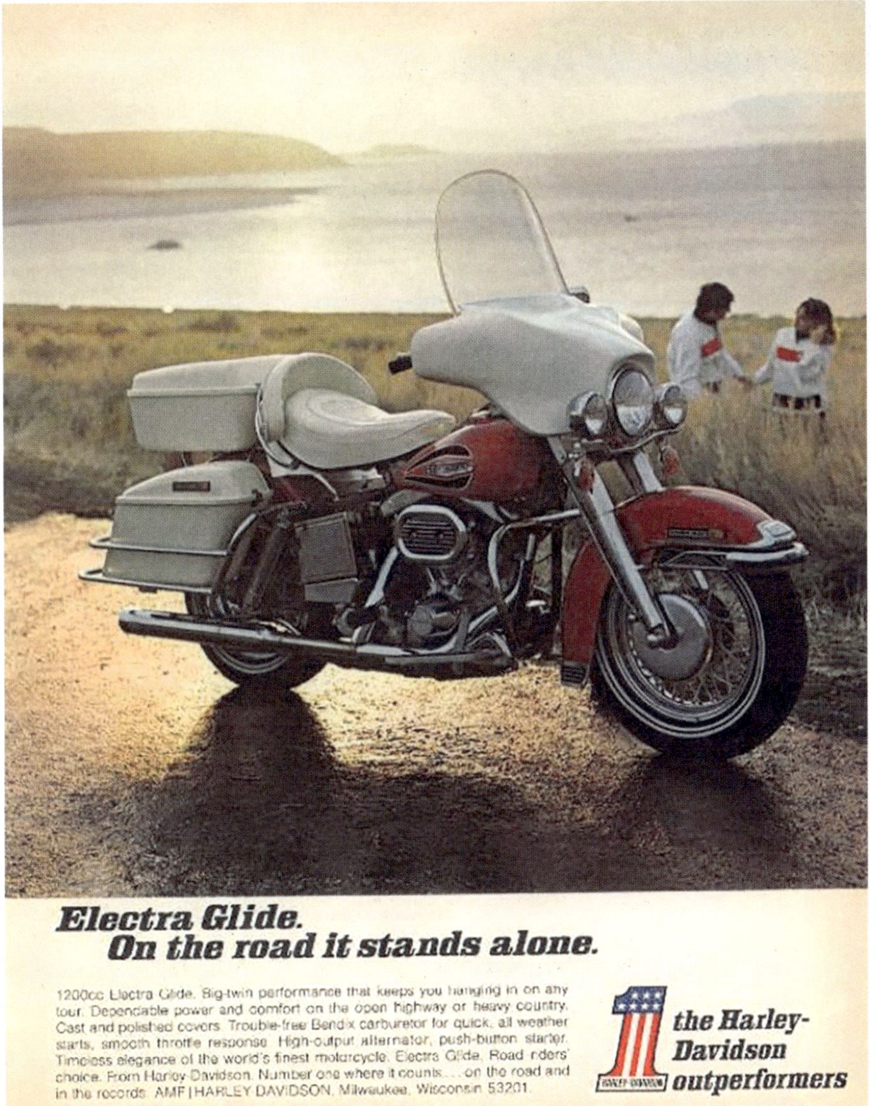

1972 ist Elvis mit Mary Kathleen Selph, die sicher nicht zufällig Priscilla sehr ähnlich sah, auf einer weißen Harley in Memphis zu sehen. Tragischerweise starb sie 18 Tage später bei einem Verkehrsunfall. Als Elvis und Priscilla am 15. August 1972 die Scheidungsunterlagen unterzeichneten, fiel ihr, neben einem 69er Cadillac Eldorado, einem 71er Mercedes-Benz und 100.000 Dollar

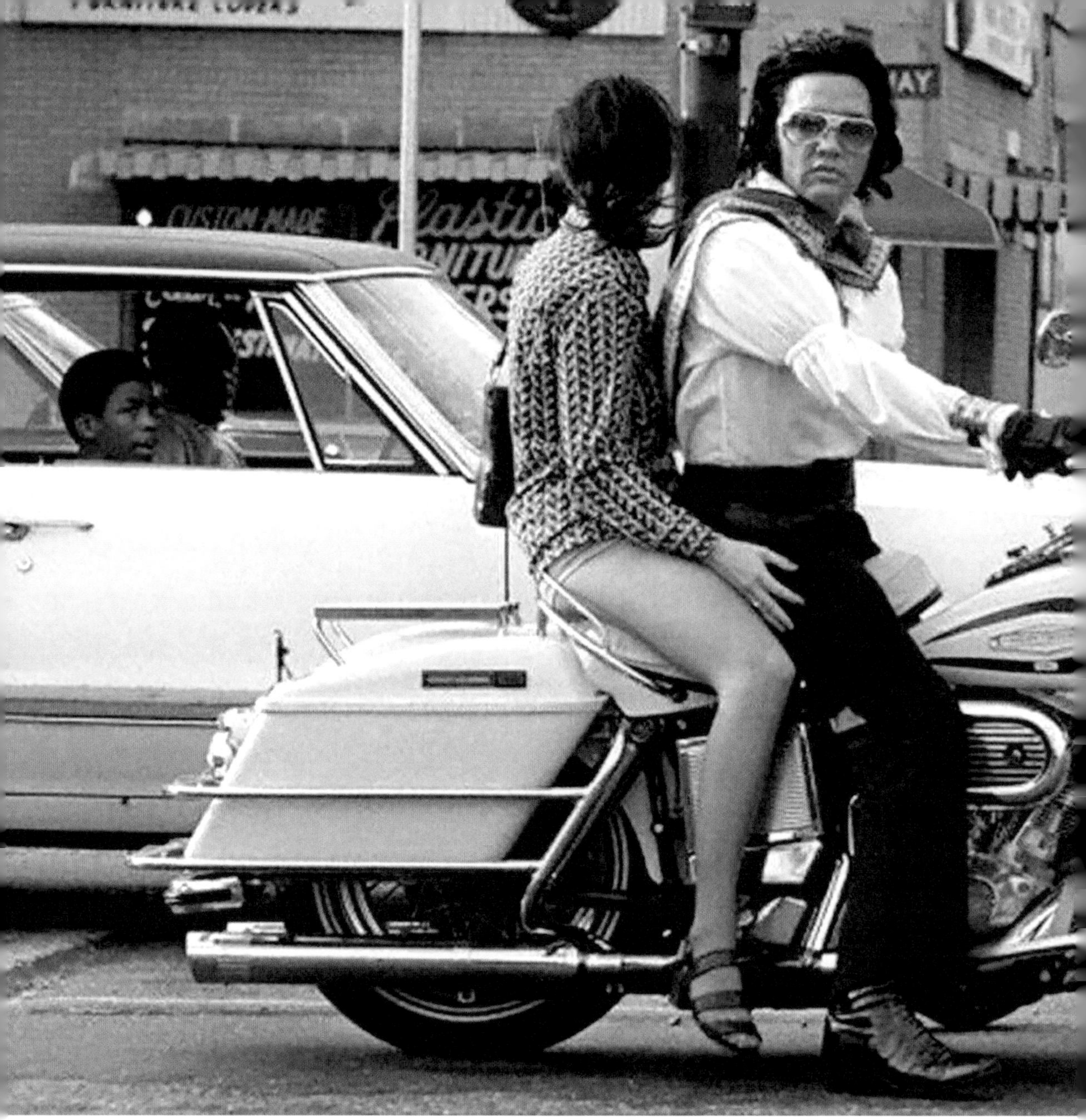

in bar, auch eine 71er Harley zu. Welche das war, ist unklar. Was daraufhin mit der Maschine geschehen ist, ist ebenso ungewiss. Sehr klar ist dagegen der Verbleib von drei anderen Motorrädern: Am 22. Oktober 1974 kaufte Elvis eine schwarze 75er Harley (VIN: 2A 108 68H5) mit weißem Sitz und weißen Packtaschen. Die Maschine, die nur 2.982 Meilen lief, wurde eine Zeitlang im Bekleidungsgeschäft Lanskys ausgestellt.

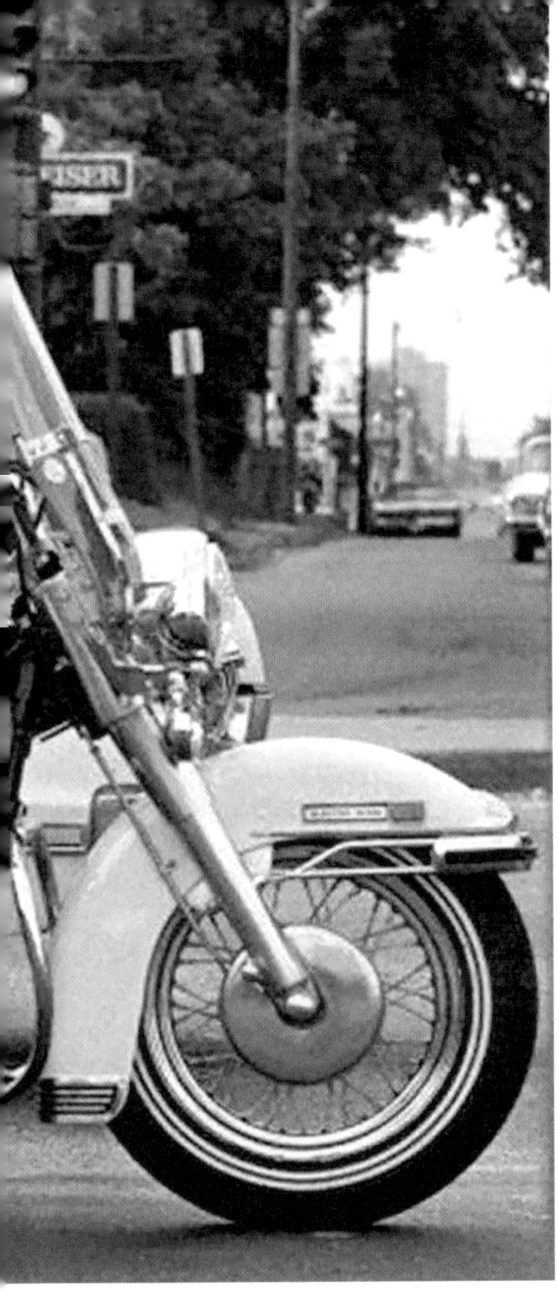

Er besaß eine 1976er Harley-Davidson Electra Glide 1200 Liberator in schwarz mit gelb/weißen Applikationen an der Frontverkleidung und vier Scheinwerfern nebeneinander (Kennzeichen: ZE 3367). Es war ein Umbau speziell für ihn, möglicherweise von AMF. Ihm gehörte außerdem eine rote Harley-Davidson Electra Glide mit weißem Sitz (ZE 3366), die bis heute weniger als 1.000 Meilen auf dem Tacho hat. Unter dem Sitz dieser beider Maschinen und des Choppers gibt es jeweils eine Tafel mit dem Hinweis, dass die Motorräder extra für Elvis Presley angefertigt wurden. Alle gehören den Erben und werden in Graceland ausgestellt.

Die letzte Harley-Davidson, die Elvis am 11. August 1976, also knapp ein Jahr vor seinem Tod erwarb, ist eine FLH 1200 Electra Glide in schwarz/grün. Am selben Tag kaufte er auch noch eine Harley-Davidson Sportster, die er verschenkte. Die Electra Glide wurde nach Graceland geliefert und später an einen örtlichen Harley-Händler veräußert. Ein Hotelbesitzer in Wildwood, New Jersey erwarb sie, ehe sie 1983 von Tony Rakowski aus Frankfort in Indiana für einen 1957er Ford Thunderbird eingetauscht wurde. Ein Jahr später kaufte Dave Geisler aus Wisconsin die Harley, der sie später dem „Pioneer Auto Museum" im amerikanischem Murdo in South Dakota zwecks Ausstellung zur Verfügung stellte. Als sie am 31. August 2019 vom Auktionshaus Kruse im Rahmen ihrer „Artifacts of Hollywood & Music" angeboten wurde, hatte sie nur 1.261 Meilen auf dem Tacho. Das Höchstgebot von 800.000 Dollar war dem Einlieferer allerdings nicht genug. Daher ist sie weiterhin im Museum zu sehen.

TRIKES

Zusätzlich zu seinen zahlreichen Motorrädern kaufte Elvis ab dem Jahr 1974 auch mehrere Trikes. Das erste war ein Modell der US-Firma Rupp, die auch ATV´s, Geländemaschinen und Schneemobile anbot. Er erwarb es auch aufgrund seiner angeschlagenen Gesundheit zu der damals schon ein grüner Star und ein Reizdarm zählten, wie Zeitzeugen berichteten. Auf einem Trike fühlte er sich wohler. Sein rotes Rupp Centaur verfügte über einen 340ccm Kohler Zweitaktmotor aus einem Schneemobil. Es gab allerdings immer mal wieder Motorprobleme. Nachdem auch alle 500 Meilen ein Service notwendig war und die Kunststoffverkleidung schnell Risse zeigte und Elvis noch mit anderen Dingen unzufrieden war, erkundigte er sich schon bald nach einer Alternative. Die Produktion der Rupp Trikes endete bereits im Frühsommer 1974 – nach gerade mal 1.200 verkauften Exemplaren.

Schon im Sommer 1975 erschien Elvis mit seiner Freundin Linda Thompson auf dem Rupp Centaur bei der in Memphis ansässigen Firma Super Cycle von Ron Elliott und erkundigte sich nach einem verlässlicheren Motor. Elliott verwies auf den 1,6 Liter VW-Motor in seinem Modell Super Cycle Stinger, der Elvis ansprach. Bei dieser Variante war der Motor komplett von einem Kunststoff Kit umgeben. Elvis kaufte dieses Modell am 16. August 1975 für 3.112,50 Dollar. Es war schwarz mit rot/weißen Applikationen, breiten Reifen und einer sehr langen Gabel. Aber auch das neue Trike hielt nicht lange, sogar kürzer als das davor. Am Tag der Abholung, kam Elvis zwar mit dem Vorderrad noch durch das Eingangstor von Graceland, doch mit einem der hinteren Kotflügel blieb er an einem großen Stein hängen. Das Resultat: Der Crashpilot bestellte und kaufte nur wenige Tage oder Wochen später (die Quellen variieren) ein drittes Trike. Dieses war das Modell Super Stallion VW Trike der in Los Angeles ansässigen Firma „Trikes By Stires“ mit weißen Sitzen. Ed Roth hatte das Design entworfen. Ron Elliott von Super Cycle in Memphis baute es nach Elvis Wünschen zusammen und lackierte es in der Farben Gold, integrierte rote, schwarze und weiße Streifen sowie das Elvis-Logo „TCB“ (Taking Care of Business). Das Trike war länger und breiter als das Vorige. Hinter Elvis konnten zwei Personen sitzen. Damit war Elvis 1975 häufiger in Memphis und Umgebung mit Cousin Billy Smith,

„IMMER, WENN ICH ZEIT HABE, FAHRE ICH NACH HAUSE, SEHE MEINE FAMILIE UND FAHRE Z.B. MOTORRAD.“

– ELVIS

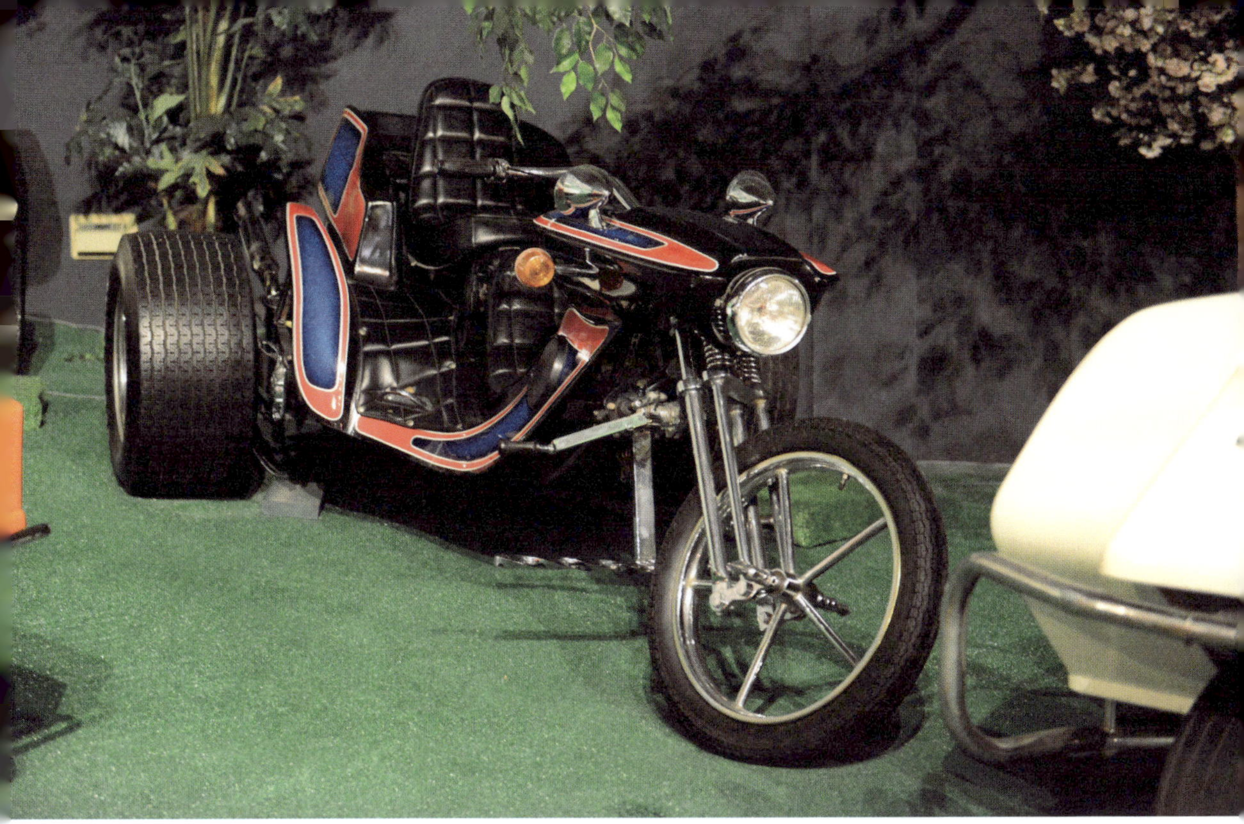

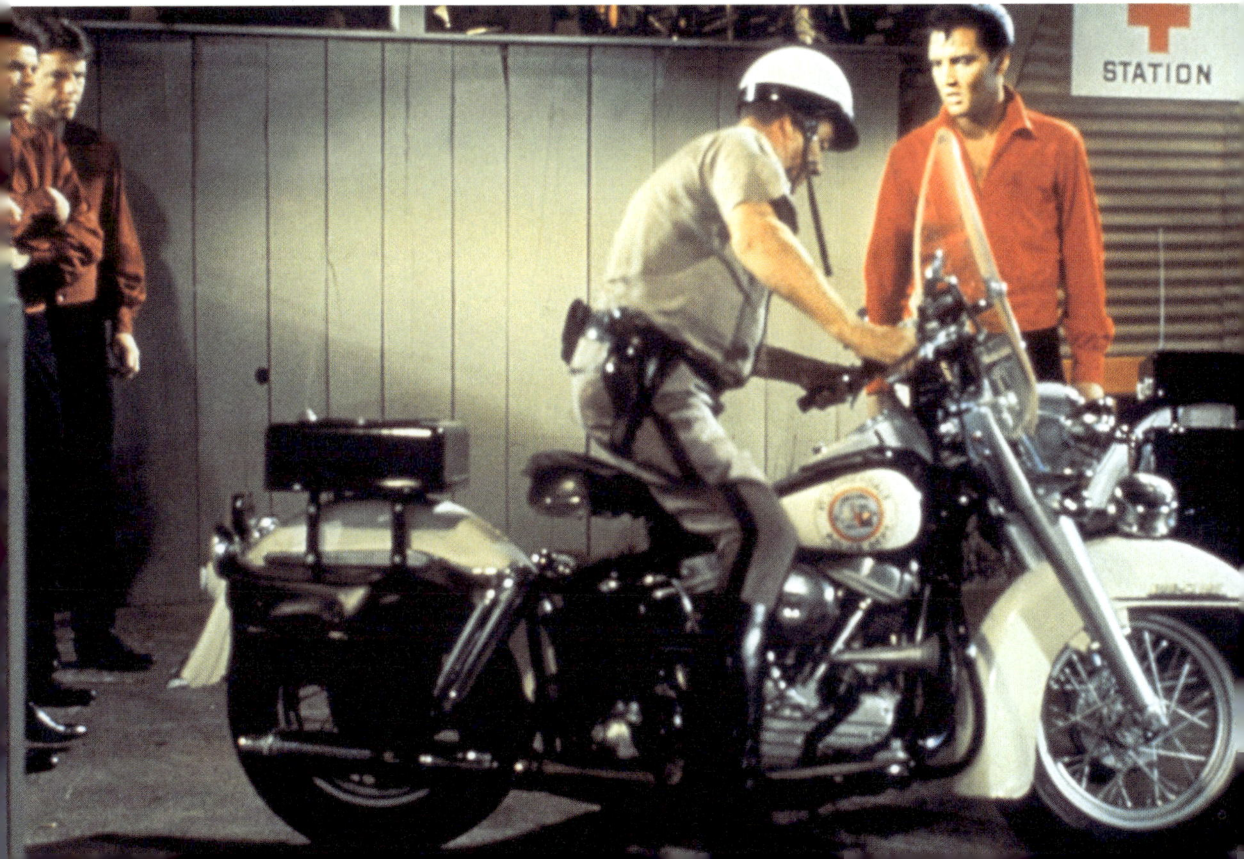
STATION

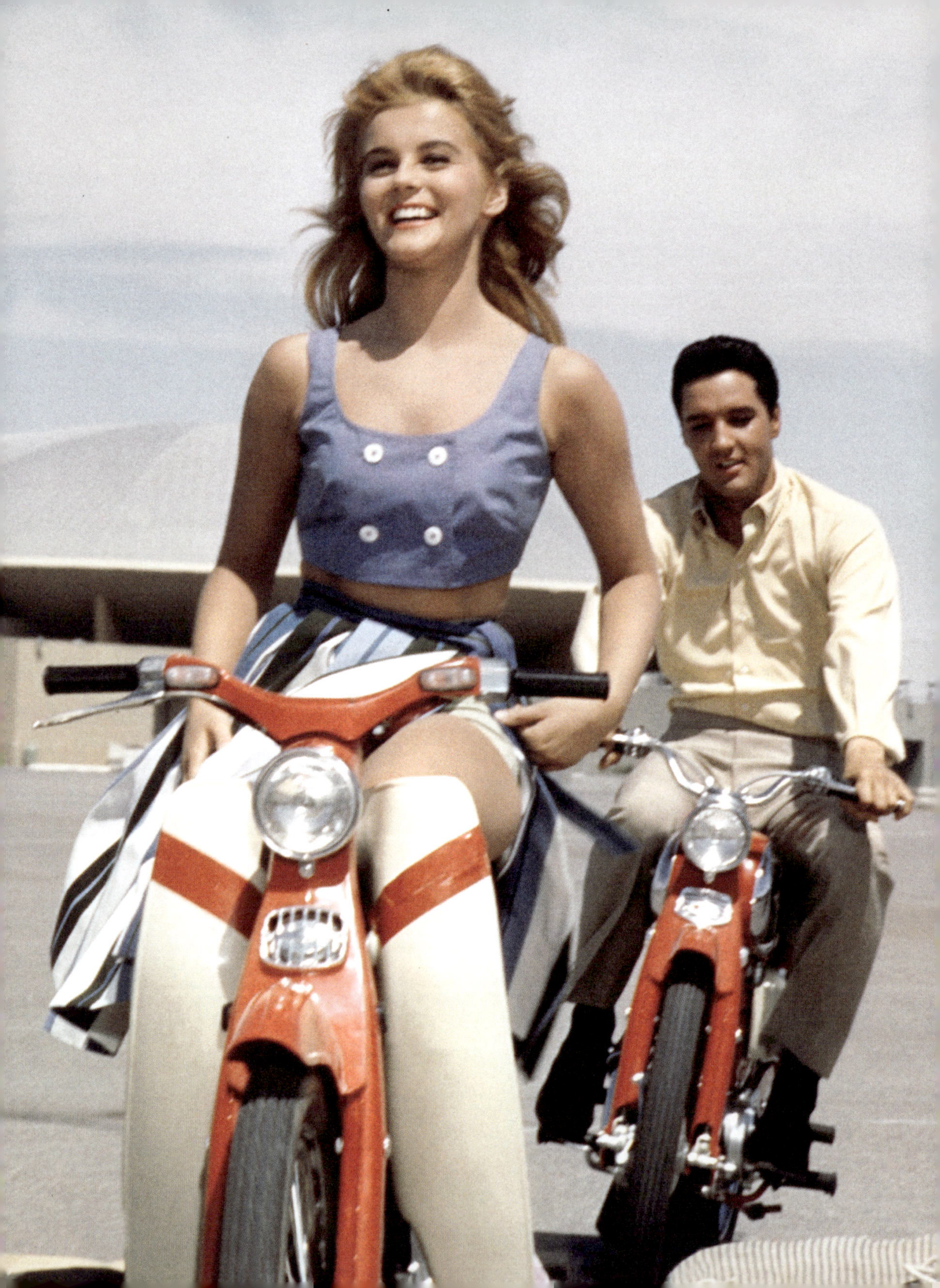

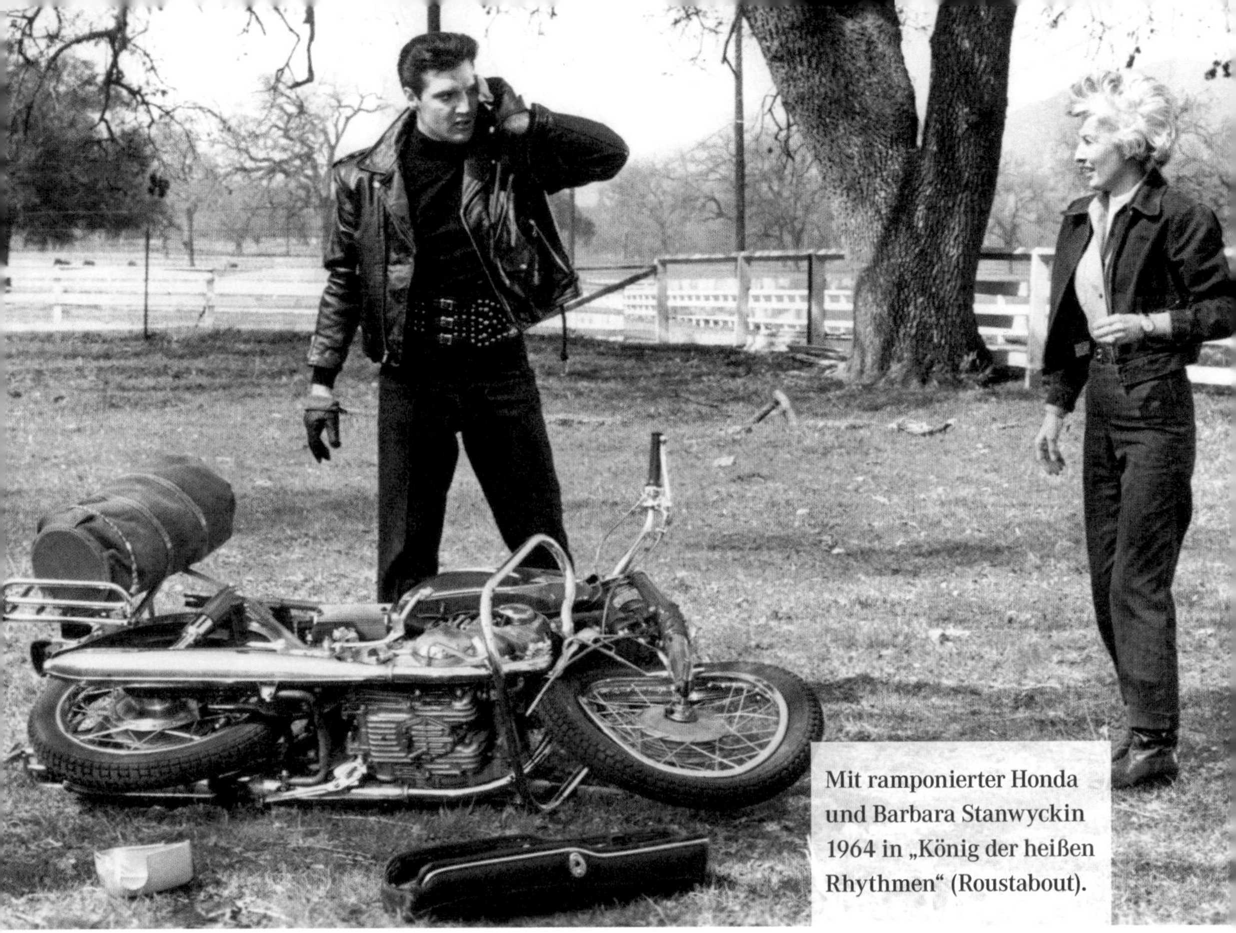

Mit ramponierter Honda und Barbara Stanwyckin 1964 in „König der heißen Rhythmen“ (Roustabout).

einem von Dee Stanleys Söhnen und seinen Freundinnen Linda Thompson und Ginger Alden unterwegs. Weil er ohne Helm fuhr, wurde er deshalb auch von der Polizei angehalten.

Das rote Rupp Centaur Trike war nur 476 Meilen gelaufen, als es 2012 auf dem Hinterhof eines Einwohners in Memphis entdeckt wurde. Der Fund wurde 2013 in der TV-Serie „Raiders of Rock“ dokumentiert, restauriert und am 31. August 2019 vom Auktionshaus Kruse im Rahmen ihrer „Artifacts of Hollywood & Music“ Versteigerung angeboten. Das Trike erzielte 23.000 Dollar. Die anderen beiden Trikes wurden von den Erben Anfang der 80er Jahre zu Ron Elliott zurückgebracht, um sie für eine reisende Ausstellung namens „Wheels On Tour“ zu präparieren. Nachdem beide mehrere Jahre in Graceland standen, wurde das Super Stallion VW Trike an die „Rock'n'Roll Hall of Fame“ in Cleveland, Ohio ausgeliehen. Es verfügt über eine Tafel mit dem Namen „Arthur Fulmer“, dem Hersteller eines 8-Track Kassettenspielers. Auf der linken Seite befindet sich der Schalthebel. Rechts und links an der Gabel sind Lautsprecher – damit der Sänger auch unterwegs Musik hören konnte.

KAPITEL 11

DOUBLE TROUBLE

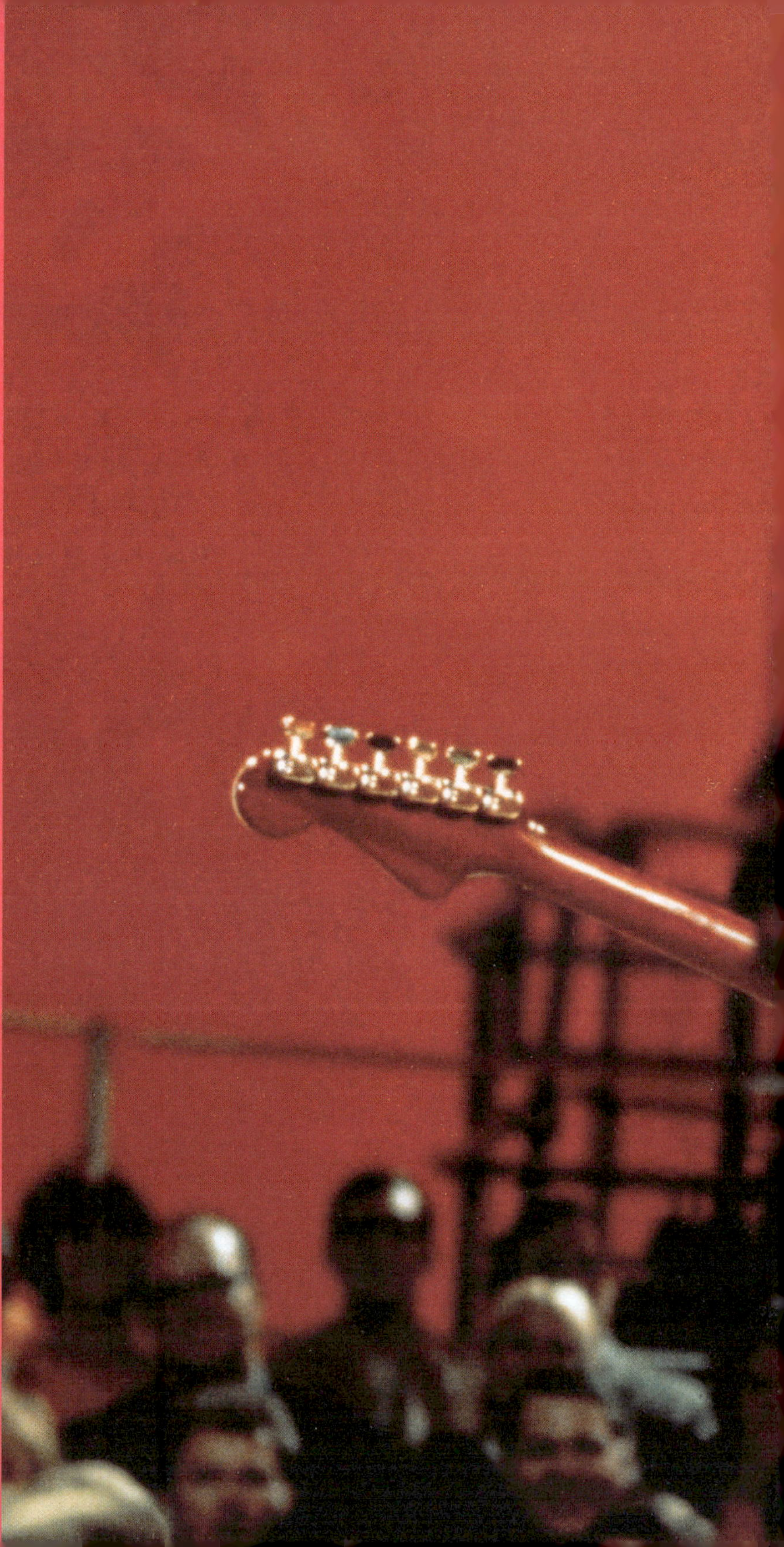

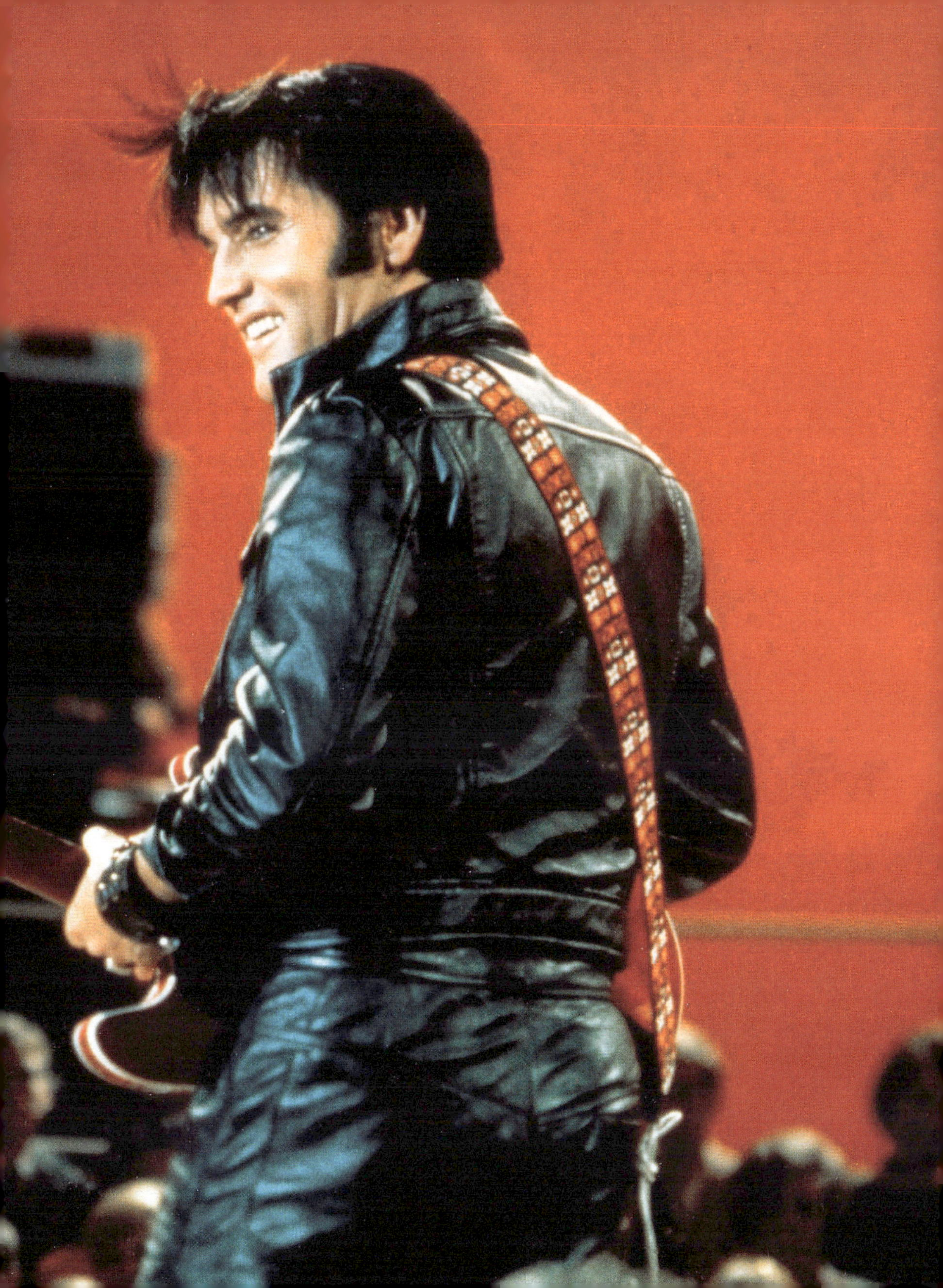

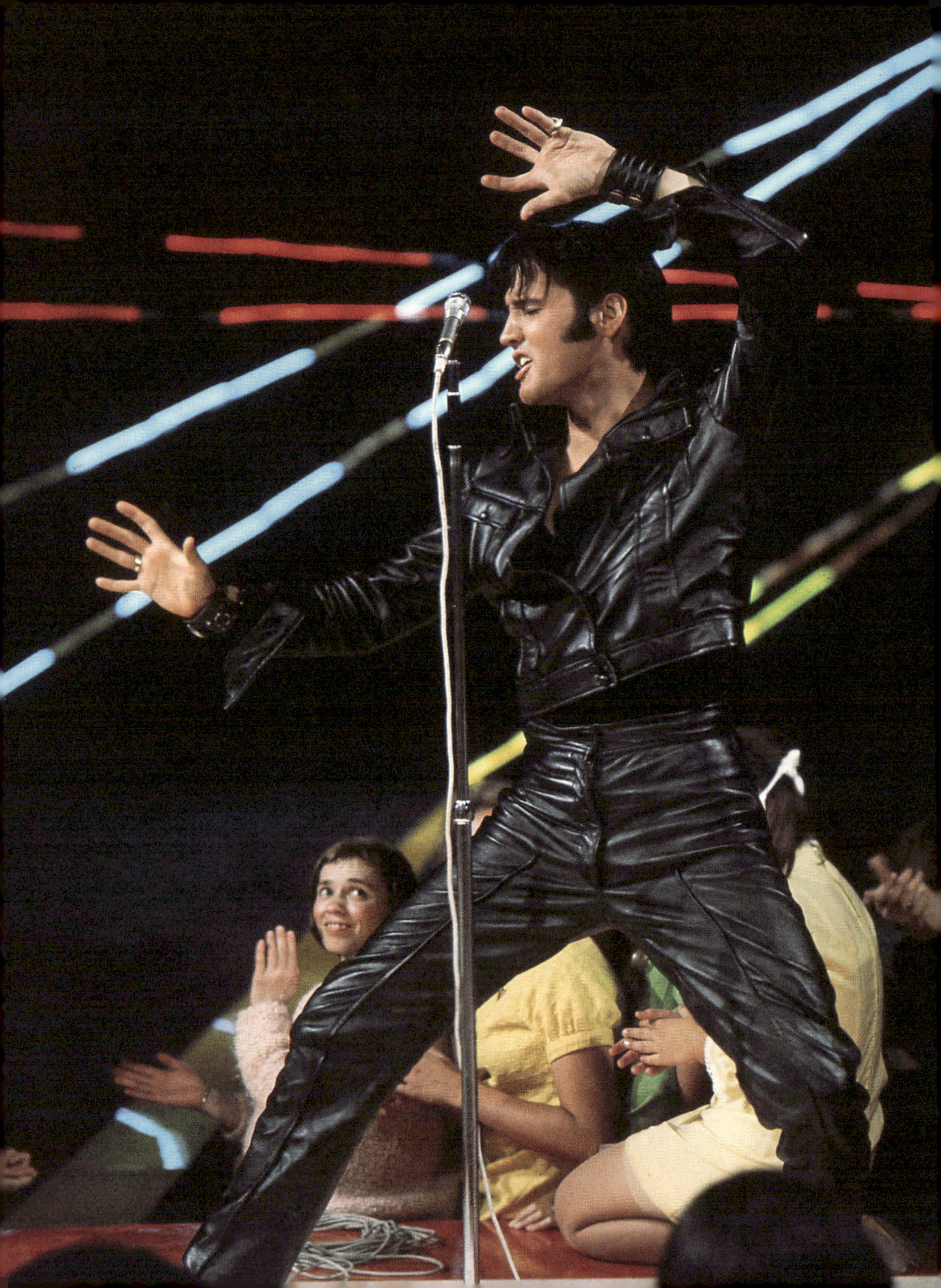

DOUBLE TROUBLE
TV, TOURNEEN, TRENNUNGEN (1968 – 1976)

Singen wollte Elvis auf jeden Fall – nur nicht vor Schildkröten. Am 3. Dezember 1968 wurde beim TV-Sender NBC ein Konzert ausgestrahlt, das im Laufe der Zeit als das sogenannte „Comeback Special" bekannt wurde. Davor war er extrem nervös, denn schließlich war es der erste Gesangsauftritt seit dem 25. März 1961 auf Hawaii. Würde das Publikum ihn und die TV-Zuschauer ihn noch sehen wollen? Das waren die Fragen, die ihn und Manager Parker bewegten. Damit das Ganze gelang, hatten Elvis und ein umfangreiches Produktionsteam lange gearbeitet. Unter der Leitung von Produzent Bob Finkel und Regisseur Steve Binder begann Elvis bereits Anfang Juni zunächst in Hollywood und dann in den NBC Studios in Burbank mit den Proben. Auch ein Choreograph und der Kostümdesigner Bill Belew wurden hinzugezogen. Aus vier Stunden Material wurden schließlich 50 Minuten extrahiert. Die Ausstrahlung am 3. Dezember 1968 um 21.00 Uhr war ein Quoten- und Kritikerhit. 42 Prozent der US-Bevölkerung sahen zu. Das Album dazu wurde vergoldet. Elvis war wieder da und teilte seinem Manager Parker mit, dass er wieder Konzerte geben und auf Tournee gehen wolle. Elvis und der Film gingen, mit Ausnahme von zwei Dokumentationen ab sofort separate Wege.

SEPARATE WAYS

Unmittelbar nach dem Erfolg führte Parker Gespräche mit Kirk Kerkorian, dem Eigentümer des noch im Bau befindlichen „International Hotel" in Las Vegas. Man kam überein, dass Elvis im dortigen Show Room auftreten würde, und zwar vier Wochen lang, zwei Mal an jedem Abend mit Ausnahme von Montag. Die Premiere war am 31. Juli 1969. Es folgten 58 Shows, die 101 500 Zuschauer sahen. Aufgrund des Erfolges wurde der Vertrag erweitert und Elvis stand nicht nur für einen Monat im Jahr in Las Vegas auf der Bühne, sondern in zweien (Januar und August). Sein letzter Auftritt war der 12. Dezember 1976. In den 70er Jahren gab er fast wieder so viele Konzerte wie zu Anfang seiner Gesangskarriere.

„VON DEM ERSTEN TAG SEINES RUHMS, AUCH WÄHREND DER EHE MIT PRISCILLA HAT ER AFFÄREN MIT ANDEREN FRAUEN GEHABT."
– ELVIS COUSIN BILLY SMITH

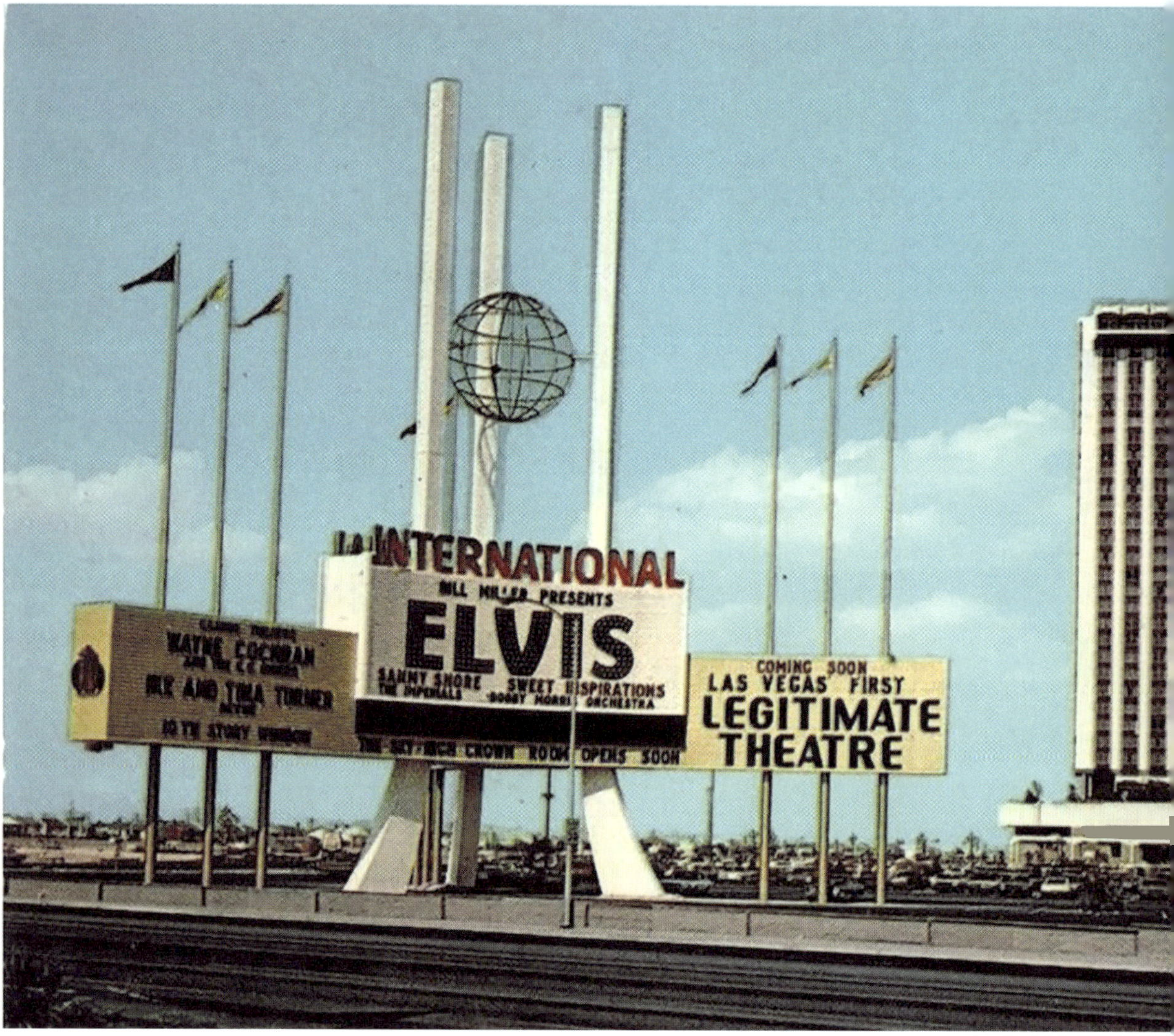

Was allerdings zu Beginn seines Erfolges nicht geschah, passierte bereits zu Anfang, verstärkt aber Mitte der 70er Jahre. Elvis begann sich zu langweilen. In Zeiten wie diesen, unternahm er zumeist Shopping Touren und gab

1956 GAB ELVIS 143 KONZERTE IN 79 STÄDTEN

1969 gab Elvis 30 Konzerte
1970 gab Elvis 137 Konzerte
1971 gab Elvis 82 Konzerte
1972 gab Elvis 97 Konzerte
1973 gab Elvis 168 Konzerte
1974 gab Elvis 158 Konzerte
1975 gab Elvis 108 Konzerte
1976 gab Elvis 129 Konzerte.
1977 gab Elvis 55 Konzerte.

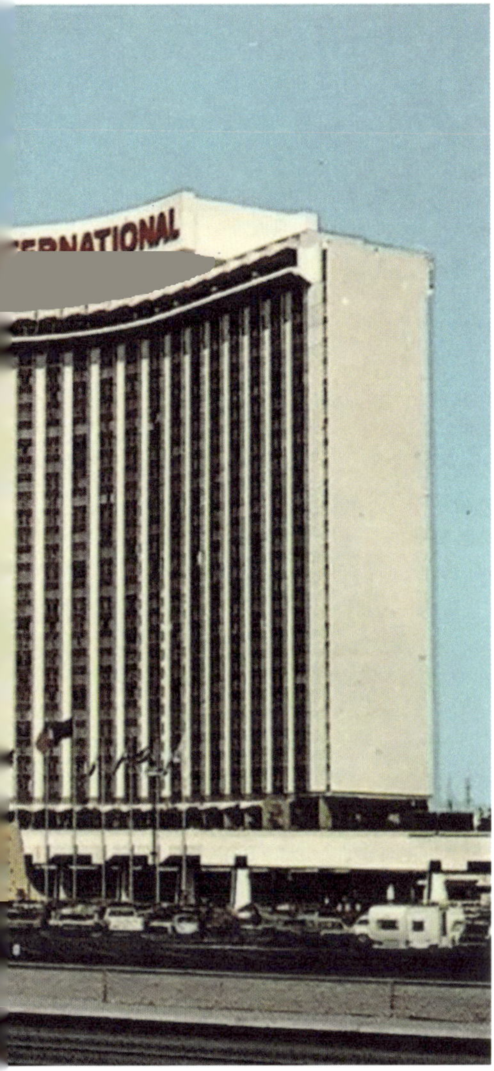

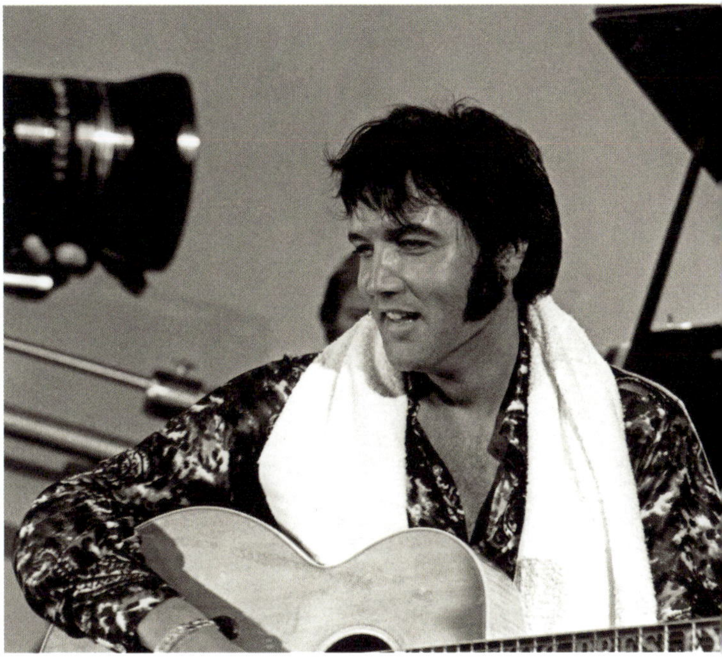

viel Geld für Luxusgüter wie Schmuck, Kleidung und Autos aus. Beginnend mit dem 9. Oktober 1970 kaufte Elvis in den folgenden Jahren fünf Autos der Firma Stutz. Seine erste Anschaffung, die ihm, nach ein paar Modifikationen von Auto Tuner George Barris, drei Tage später zum International Hotel geliefert wurde, war der erste jemals ausgelieferte Wagen und der zweite Prototyp (VIN: 276579 P 330858), der im Gegensatz zur Serie über ein größeres Heckfenster verfügte. Ursprünglich war der für Frank Sinatra gedacht, doch Elvis gelang es, Jules Meyer, den Präsidenten von „Stutz Motor Car of America", zu überzeugen, ihm den Wagen zu verkaufen und sagte zu, auch für ihn zu werben. Das hatte Sinatra abgelehnt. Nach einer Präsentation des Wagens auf der 48. „Annual International Auto Show" im Pan Pacific Auditorium in Los Angeles lieferte Meyer Elvis den Wagen Anfang November und ließ sich mit ihm vor dem Haus 1174 Hillcrest Drive in Beverly Hills fotografieren. Der Preis betrug 26.500 Dollar (Kennzeichen: 1971 Stutz).

Allzu viel Freude hatte Elvis an dem Wagen nicht, denn am 1. Juli 1971 verursachte ein Angestellter der Firma, der ihn waschen sollte, einen Totalschaden, so dass ihm Meyer trotz oder gerade wegen des „sentimentalen Werts" lediglich 1.000 Dollar für das „Wrack" bot. Elvis lehnte ab und ließ ihn restaurieren, wenn auch nicht im Originalzustand, denn man verwendete andere Frontscheinwerfer. Elvis kaufte sich danach noch drei weitere Stutz. Einen bekam sein Arzt Dr. Elias Ghanem. Der zunächst schwarze Wagen wurde später weiß lackiert und schließlich doch wieder schwarz. Danach erwarb Elvis einen weißen 72er Stutz (VIN 2K 57Y 2A 105281), der auch innen weiß war. Nach verschiedenen Quellen trug Elvis auch weiße Kleidung, wenn er ihn fuhr. Der Wagen wurde später von Bryan Lamp erworben und tauchte in einer grünmetallic Lackierung wieder auf. Im September 1974 erwarb Elvis seinen fünften, einen 73er Stutz (Modell Blackhawk III) wiederum in schwarz (VIN: 2K 57Y 3A 176619, Kennzeichen: ABV 759). Das Fahrzeug hatte eine schwarze Lederausstattung sowie Holzarmaturen. Er bezahlte dafür etwas mehr als 20.000 Dollar und ließ ihn umbauen. Zu den „Verschönerungen" zählten vergoldete Ringe um die Instrumente sowie ein vergoldeter Automatik-Schalthebel. Das schwarze Leder ließ er gegen rotes austauschen. Hinzu kam ein Nardi-Holzlenkrad - und er ließ sich dafür extra einen goldenen Schlüssel anfertigen.

Elvis besaß den Wagen bis zu seinem Tod am 16. August 1977. Später wurde er restauriert, erstmals beim Charlotte Motor Speedway in North Carolina gezeigt und von dem bekannten NASCAR-Fahrer Dale Earnhardt jr. pilotiert. Der Wagen hat nur 8.500 Meilen auf dem Tacho und wurde, zusammen mit anderen Objekten, ab April 2015 im Westgate Hotel (dem früheren) International, ausgestellt. Aufgrund von rechtlichen Auseinandersetzungen wurden alle Stücke im Februar des folgenden Jahres vom Hotel beschlagnahmt - auch der Stutz. Der weitere Verbleib ist unklar.

CITY BY NIGHT

Trotz der nicht gerade positiven Erfahrungen mit dem De Tomaso Pantera (siehe Kapitel 7), leistete sich Elvis 1975 einen weiteren italienischen Sportwagen, allerdings einen reinrassigen und keinen mit einem Ford V8-Motor wie der zuvor. Der Ferrari Dino 308 GT 4 wurde zwischen 1974 und 1980 gebaut und leistete 255 PS. Elvis erwarb seinen schwarzen Wagen 1975 gebraucht für 20.000 Dollar (andere Quellen: 24.500) und ist nach verschiedenen Aussagen damit auch mal „etwas" schneller gefahren als erlaubt. Nachdem er 1968 abseits der Dreharbeiten von „Speedway" seinem weißen 1966er Dodge Charger

„ICH LEBTE EIN DOPPELLEBEN. EIN SCHULMÄDCHEN AM TAG, EINE FEMME FATALE IN DER NACHT."
– PRISCILLA PRESLEY

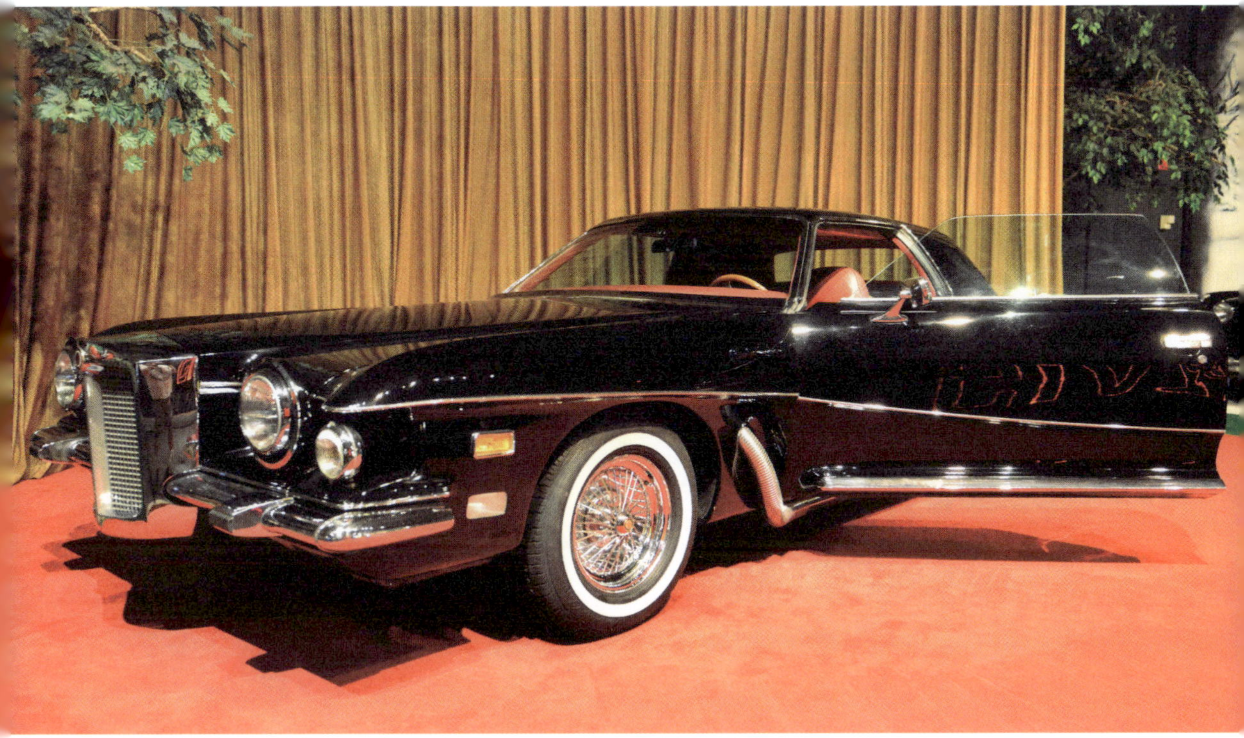

Seinen fünften Stutz ließ Elvis mit rotem Leder, goldgefassten Instrumenten und einem edlen Nardi-Holzlenkrad aufhübschen.

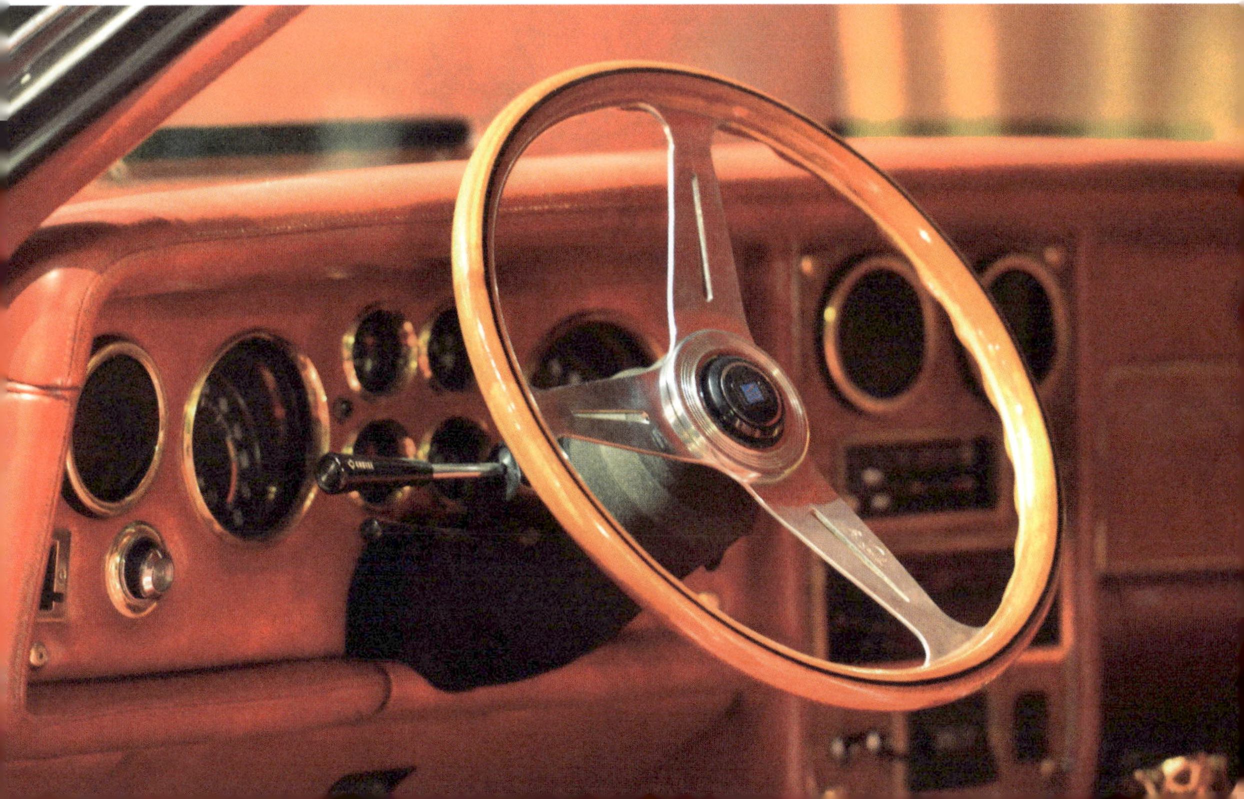

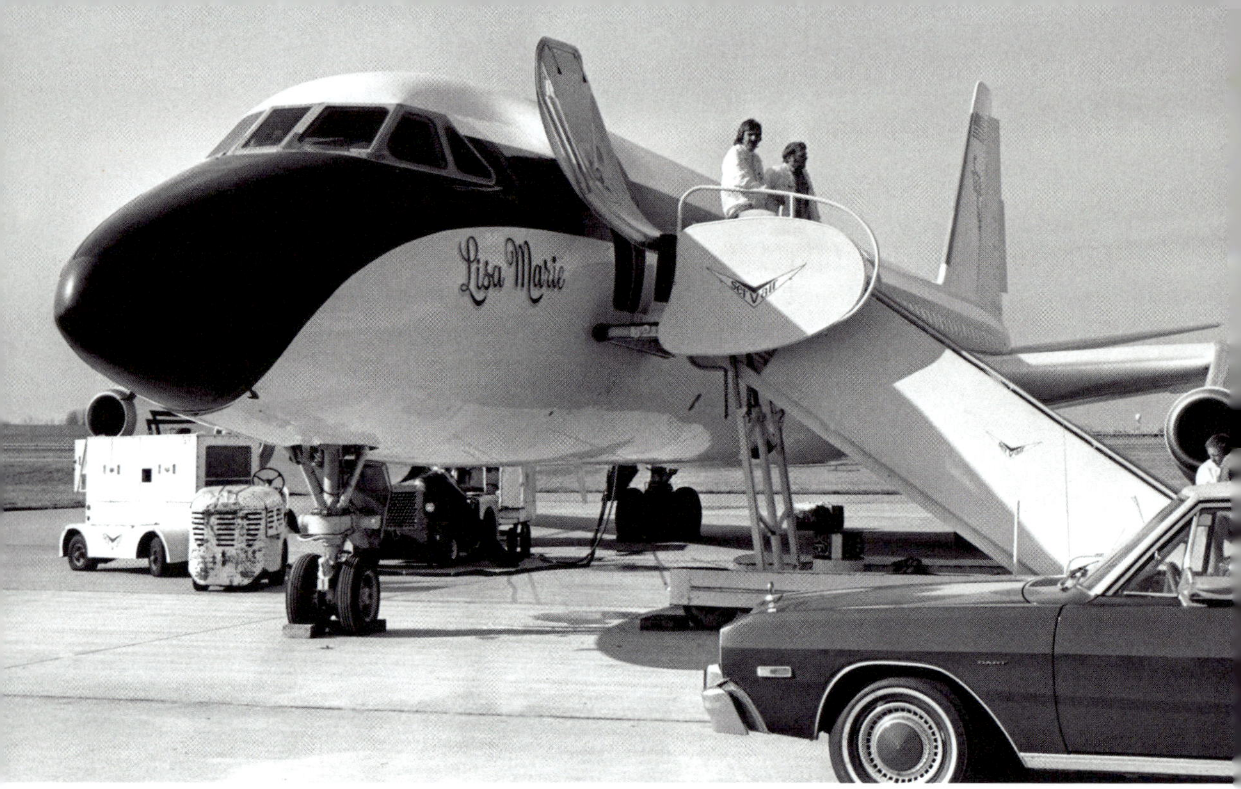
Lisa Marie

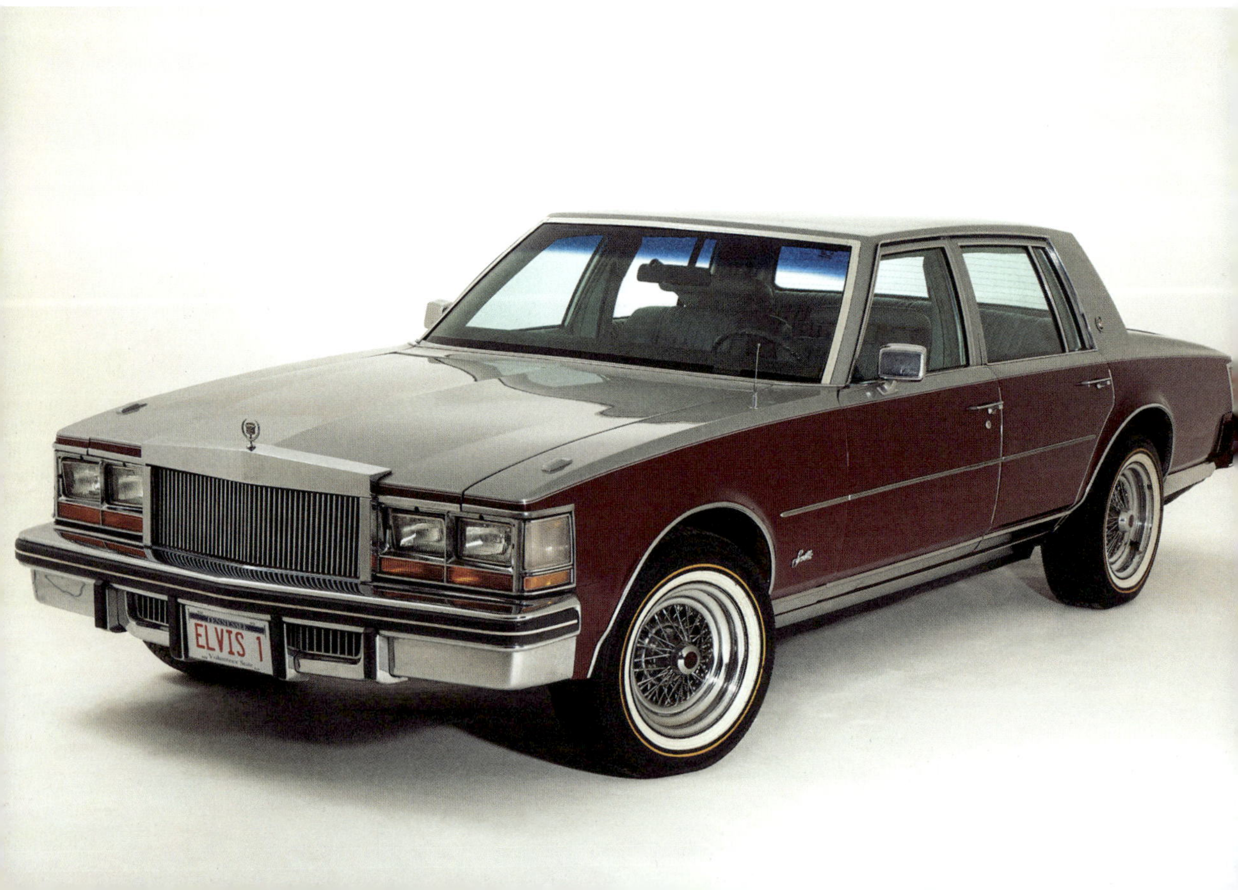
ELVIS 1

schon mal die Sporen gab (siehe Kapitel 6) wenn dort auch nur auf der Rennstrecke, so wiederholte er dies jetzt mit dem 308 GT 4 (Kennzeichen: 1-DA 482). Bekannt geworden ist, dass er mindestens einmal um 3.00 Uhr nachts auf dem Elvis Presley Boulevard in Memphis unterwegs war, um zu sehen, wie schnell der Wagen fahren könne. Er ist insgesamt übrigens nur 14 774 Meilen gelaufen und steht in Graceland. Warum er vorne zwei Nebelscheinwerfer hat, und ob Elvis die eventuell nachts auch gebraucht hat, wird ein Rätsel bleiben.

MEMORIES

Trotz der vielen neuen Anschaffungen behielt Elvis einige seiner früheren Fahrzeuge. Dazu zählt auch der weiße Lincoln Continental Mark II, den er am 4. August 1956 erworben hatte. Es war eines der Autos, das er am längsten besaß, auch wenn es immer mal wieder für längere Zeit unter einem Carport in Graceland stand. Erst am 11. November 1976 änderte sich das. Der Autosammler und Händler Kenneth E. Mausolf aus Englewood in Colorado, den Elvis von früher kannte, fragte nach dem Wagen und durfte ihn für 8.000 Dollar erwerben. Ende Oktober 1977 ließ er den Wagen in Kansas City versteigern und warb damit, dass er 40.000 Dollar dafür erzielte, doch tatsächlich hatte er den Wagen auch im nächsten Jahr noch und stellte ihn in Einkaufszentren aus.

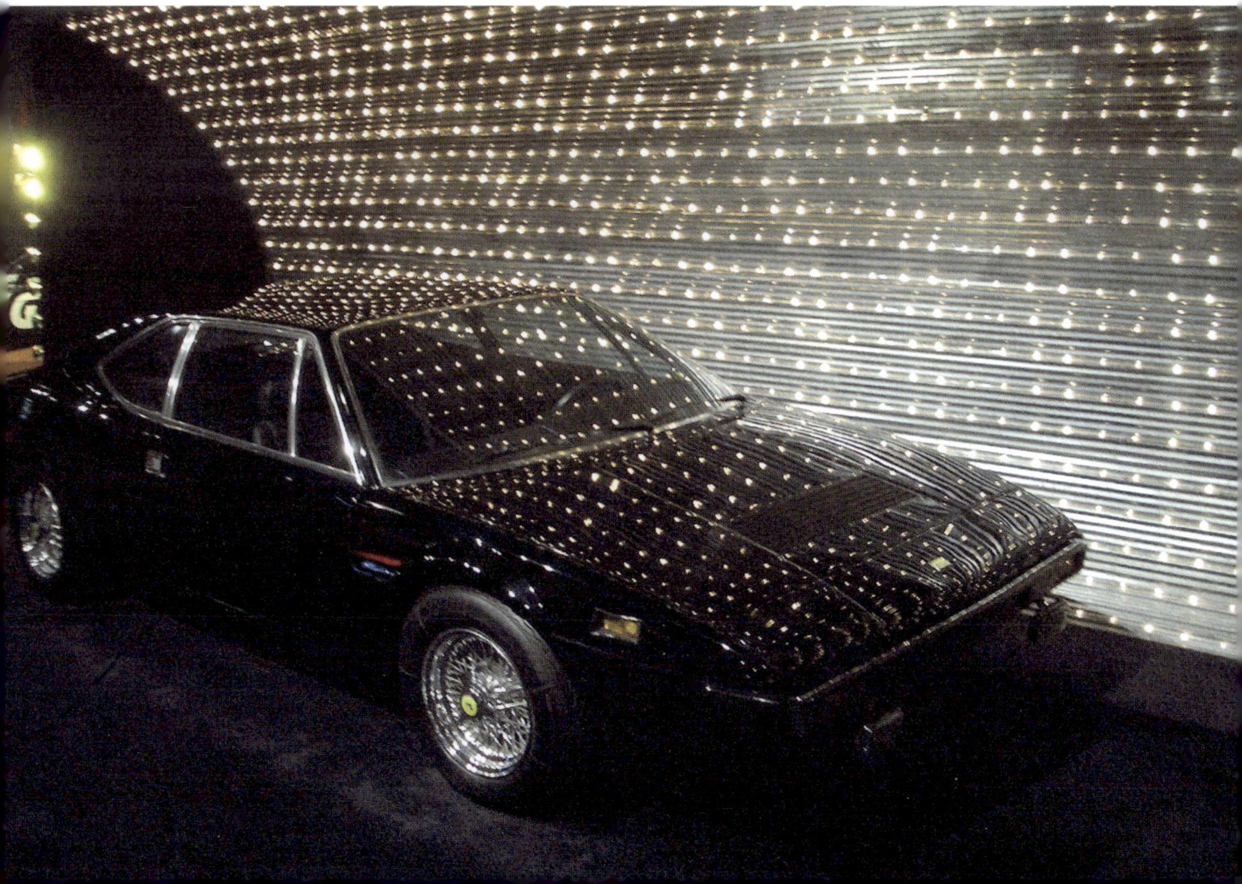

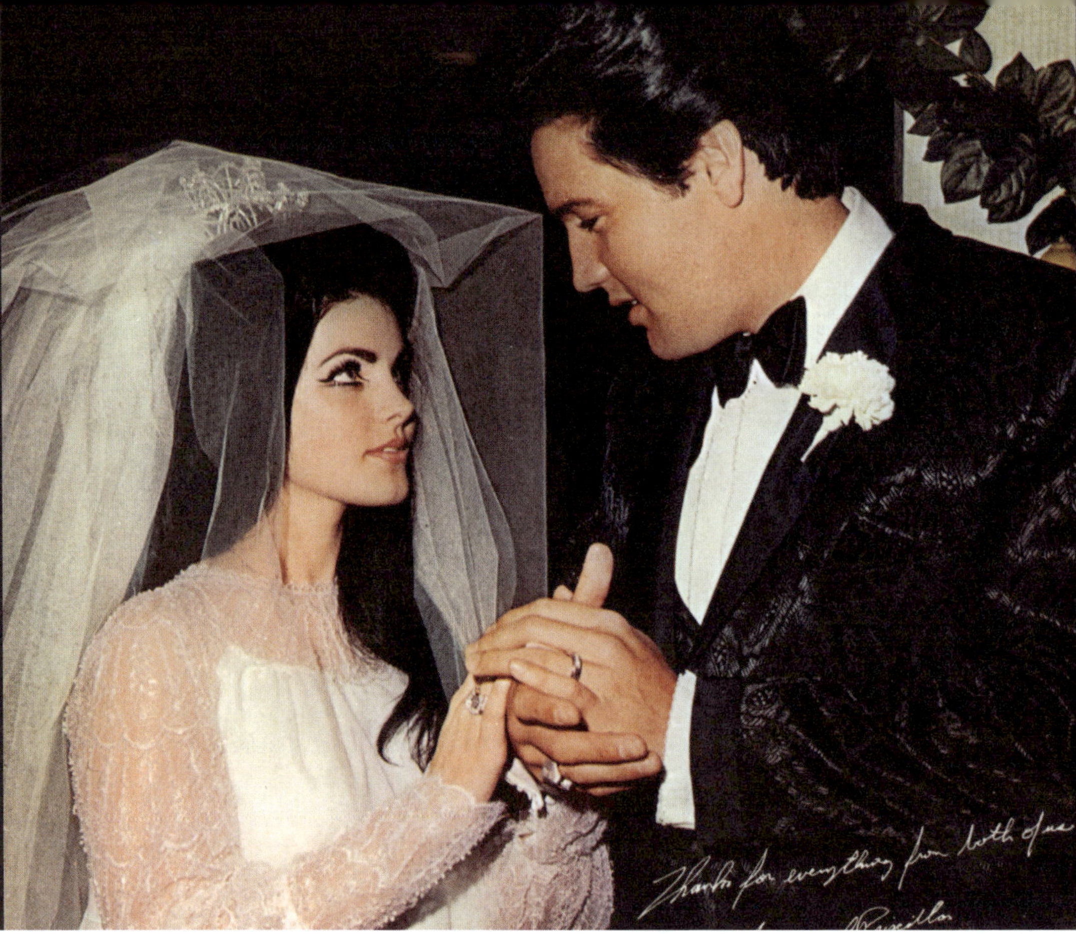

Schließlich ließ er ihn erneut bei einem Auktionshaus einliefern, wo ihn Jack Henson aus Pasadena am 13. April 1979 erwarb, um ihn im Basin Park Hotel in Eureka Springs Arkansas auszustellen. Dort blieb er bis 1984. Nach einem weiteren Besitzerwechsel, fand der Wagen am 12. Juni 1998 seinen Weg in das „Elvis Presley Automobile Museum" in Memphis. Dort blieb er für mehr als zehn Jahre, wurde aber am 8. Oktober 1999 im Rahmen der „Archives of Graceland" Auktion im MGM Grand Hotel & Casino in Las Vegas erneut versteigert. Warum die Erben von Elvis das taten ist ungewiss. Der Möbelhändler und Elvis-Fan Jim McIngvale kaufte den Wagen für 250.000 Dollar. Er behielt ihn für zehn Jahre und stellte ihn in seinem Showroom in Houston aus. 2010 überzeugte ihn dann der Australier Greg Page ihm den Lincoln und seine Elvis Sammlung zu verkaufen. Page ließ ihn nach Stockland Baulkham Hills in Australien bringen, um ihn dort zu präsentieren. Offensichtlich einigte er sich dann später mit den Elvis Erben. Ab April 2012 war der Wagen wieder zurück in Graceland, wurde aber auch nochmal woanders ausgestellt: in North Carolina und in der O2 Arena in London. Dort war selbst Priscilla zu Gast.

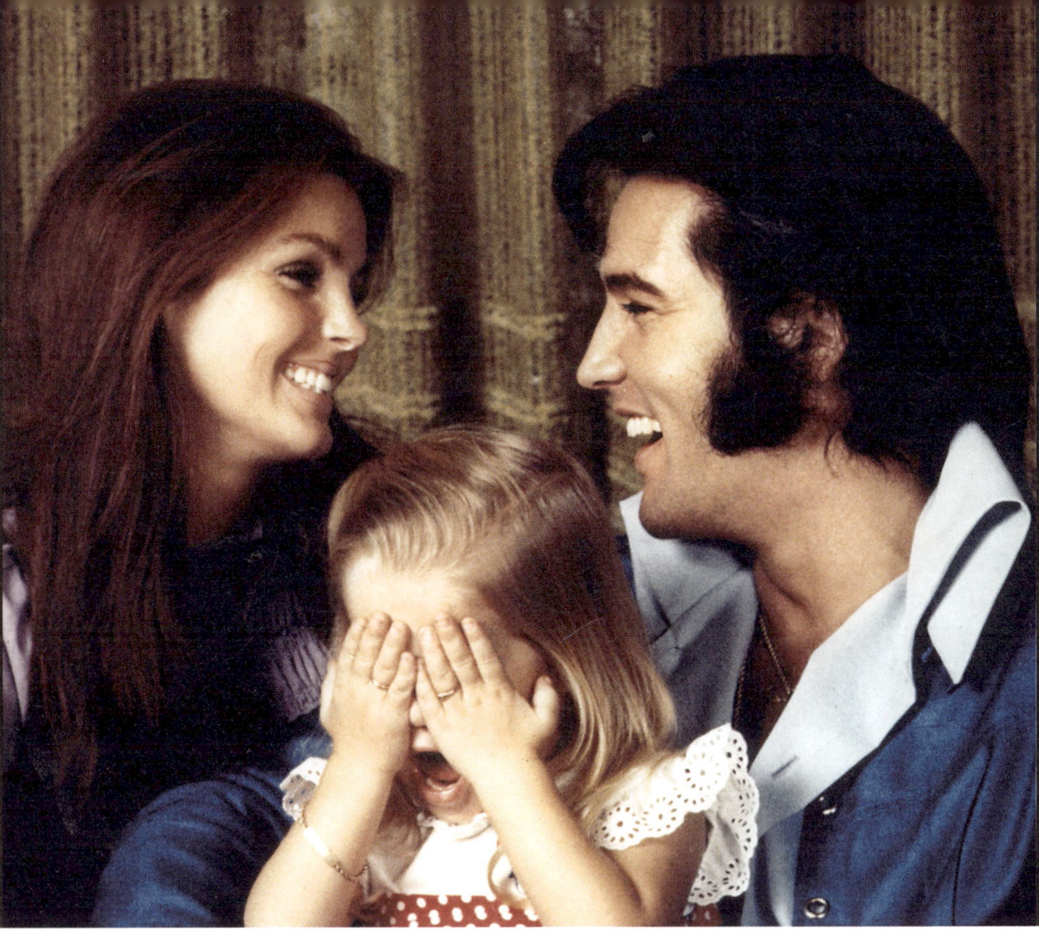

PUPPET ON A STRING

Die Ehe mit Priscilla wurde offiziell am 9. Oktober 1973 geschieden. Sie hielt nach der Hochzeit am 1. Mai 1967 in Las Vegas also nur sechs Jahre und fünf Monate. Nach Aussagen von Wegbegleitern ist es erstaunlich, dass sie überhaupt so lange hielt. Elvis hat währenddessen niemals seine Affären aufgegeben, Priscilla permanent belogen und sie auch andauernd nach seinen Wünschen geformt. „Von dem ersten Tag seines Ruhms, auch während der Ehe mit Priscilla hat er Affären mit anderen Frauen gehabt", so Cousin Billy Smith. Als sie Anfang der 70er Jahre eine Affäre mit ihrem Karatelehrer Mike Stone begann, verletzte das Elvis so sehr, dass er Stone sogar umbringen lassen wollte. Priscilla, und auch die Frauen der Mitglieder seiner Entourage, waren zwar zu seinen Konzertpremieren willkommen und manchmal auch zur letzten Show seines Engagements, aber von einem „traditionellen" Familienleben kann man sicher nicht sprechen. Selbst die Geburt von Tochter Lisa Marie am 1. Februar 1968 änderte nichts. Viele Geschenke ersetzten eben nicht den Vater. „Ich war seine Puppe", schrieb Priscilla später in ihrer Autobiografie. Er suchte die Farben ihrer Kleider für

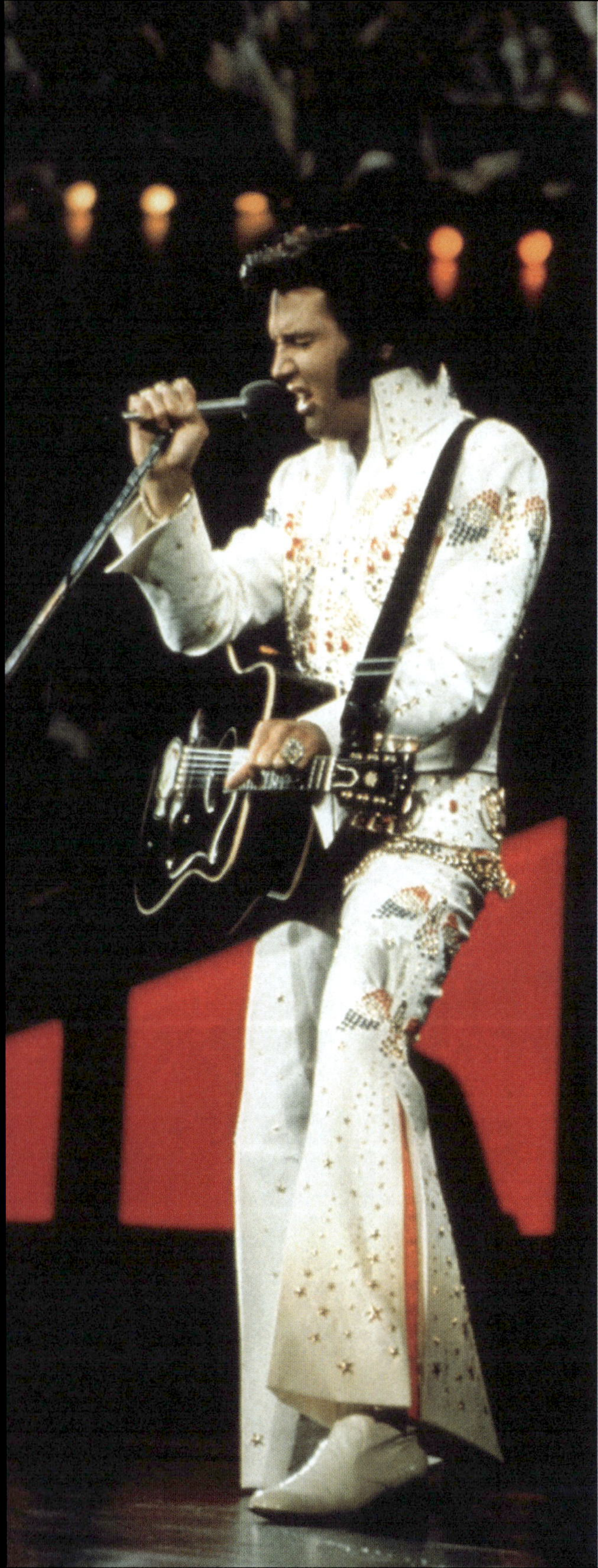

sie aus und kritisierte ihre Pediküre. Er forderte, dass sie lange schwarze Haare tragen solle und als ihm ihr Gang nicht gefiel, ging sie mit einem Buch auf dem Kopf um das Haus. „Ich lebte ein Doppelleben. Ein Schulmädchen am Tag, eine femme fatale in der Nacht", so Priscilla. Als sie ihn verließ, verletzte dies Elvis und sein Ego zwar, aber er sagte ebenso: „Ich ändere mich nicht."

DON'T LEAVE ME NOW

Wenn es ein Beispiel für die Maßlosigkeit von Elvis zu der Zeit gab, dann dies: Einmal rief er um 1.00 Uhr nachts Elwood David, den Piloten seines Flugzeugs „Lisa Marie" an, und sagte ihm, dass er Flugzeug und Crew in einer Stunde brauchte. Die Entourage wurde versammelt, alle flogen nach Denver, landeten und bekamen dort Peanutbutter Sandwiches ins Flugzeug geliefert. Danach flogen sie zurück. Die 1,5 Millionen Dollar teure Abfindung für Priscilla, seine weiterhin verschwenderischen Einkäufe und Geschenke sowie seine nachlassende Kondition forderten Mitte der 70er Jahren ihren Tribut: Elvis vergaß bei Konzerten seinen Text. Einige Auftritte mussten abgesagt werden. Der rücksichtlose Manager Tom Parker setzte ihn unter Druck und als sein Vater Vernon darauf bestand, die Kosten zu senken und Leute zu entlassen, kam es zu heftigen Streitigkeiten. Die Entourage litt unter seinen „Stimmungsfahrstühlen", wie Lamar Fike es nannte. Sein weiterer Bodyguard Jerry Schilling, der mal sagte, dass Elvis aufgrund seiner Tablettensucht „unvorhersehbar war, nett an einem Tag, schräg am nächsten", kündigte am 20. Januar 1976. Knapp sieben Monate später wurden die Brüder Red West und Sonny West entlassen. Am 4. August erschien auch noch das Buch „Elvis: What Happened?" von dreien seiner früheren Mitarbeiter. Sie bezeichneten das Buch als „Warnung". Elvis befürchtete zurecht in einem schlechten Licht zu erscheinen. Versuche, die Veröffentlichung zu verhindern, schlugen fehl und auf einmal konnte jeder lesen, wie bedenklich es um seine Tablettensucht stand. Da wird wohl selbst ein neues Auto nicht geholfen haben, denn es ist bekannt geworden, dass Elvis im Oktober 1976 seinen letzten Wagen kaufte: einen zweifarbigen Cadillac Seville in Dunkelrot und Silber mit grauer Lederinnenausstattung.

„ER WAR UNVORHERSEHBAR , NETT AN EINEM TAG, SCHRÄG AM NÄCHSTEN."
– BODYGUARD JERRY SCHILLING ÜBER ELVIS UND DESSEN TABLETTENSUCHT

Burning Love für Cadillacs eben, aber als sich Linda Thompson im Dezember 1976 nach viereinhalb Jahren auch aufgrund seiner zahlreichen Affären von ihm trennte, war Elvis nicht nur körperlich, sondern auch seelisch am Ende.

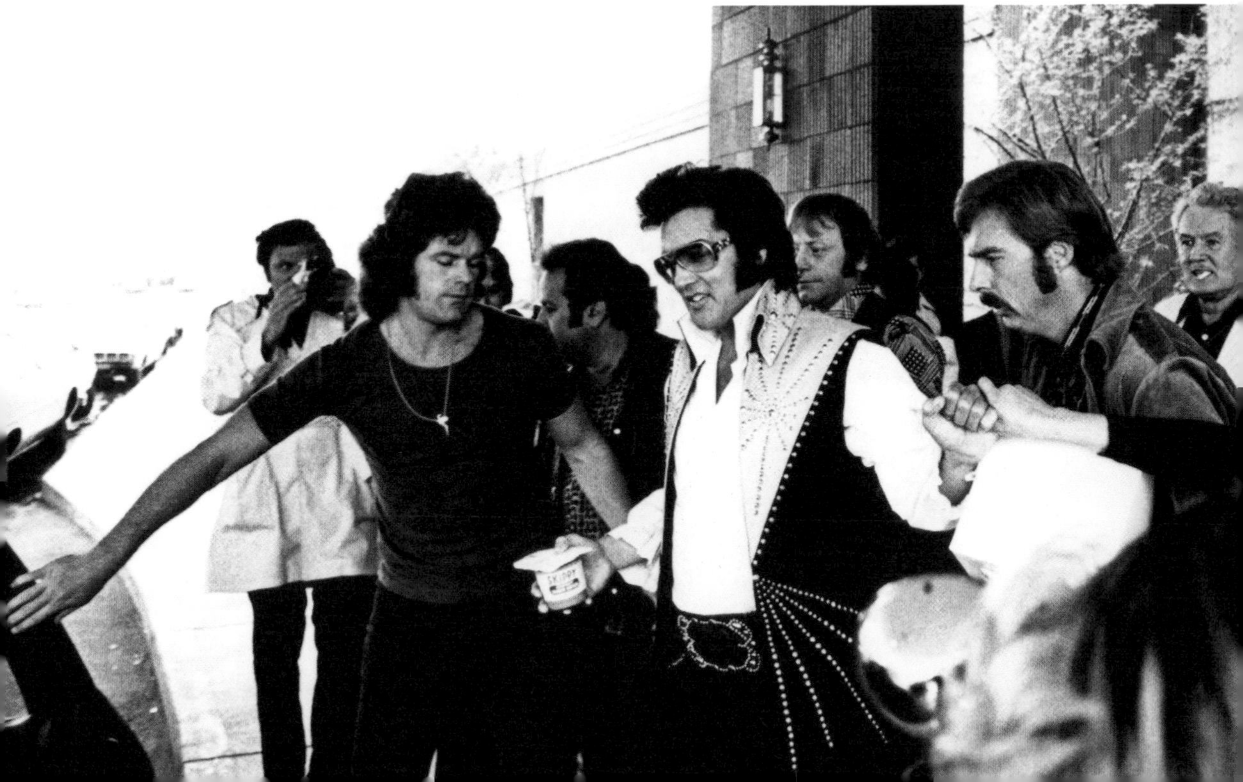

KAPITEL 12

HELP ME MAKE IT THROUGHT THE NIGHT

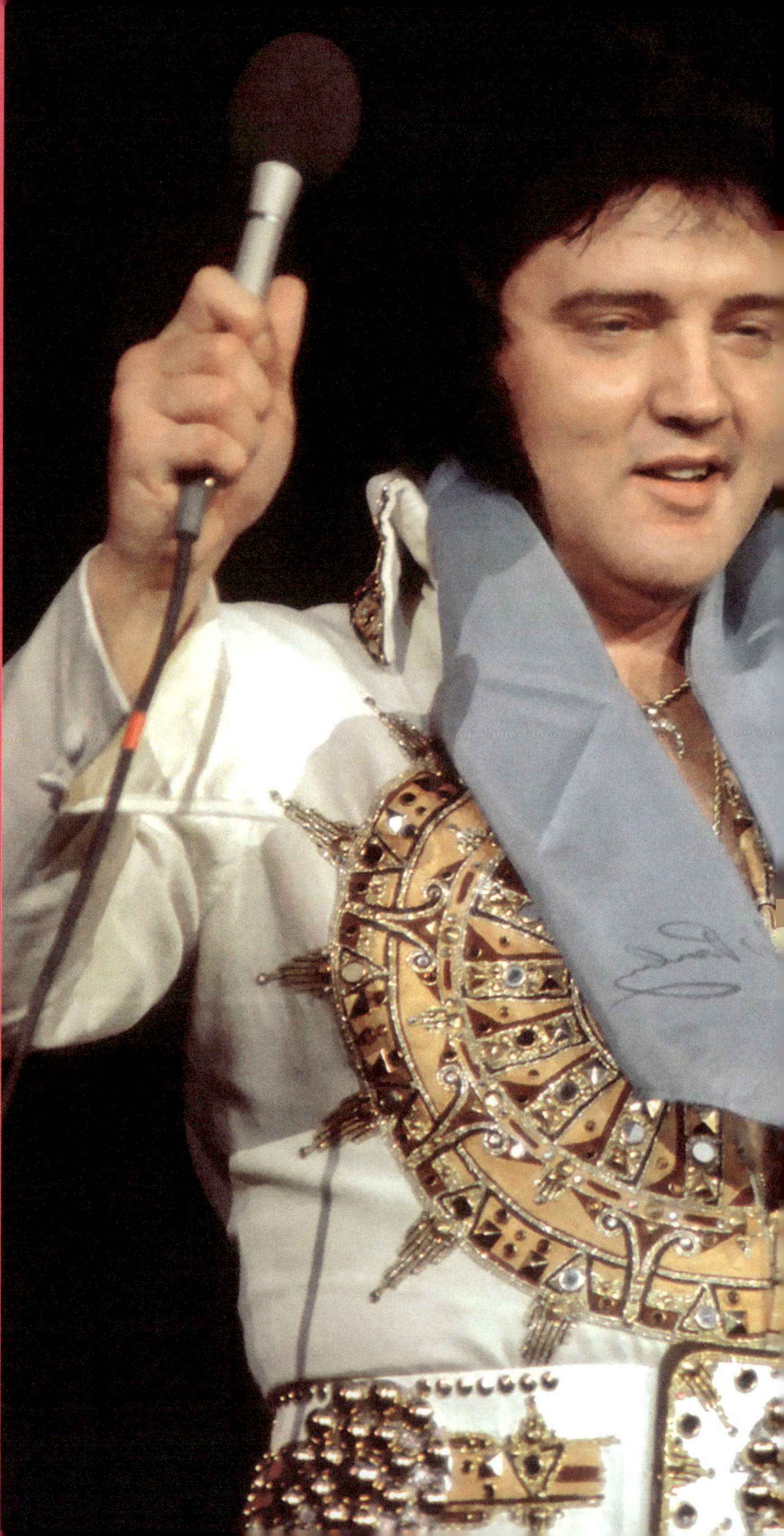

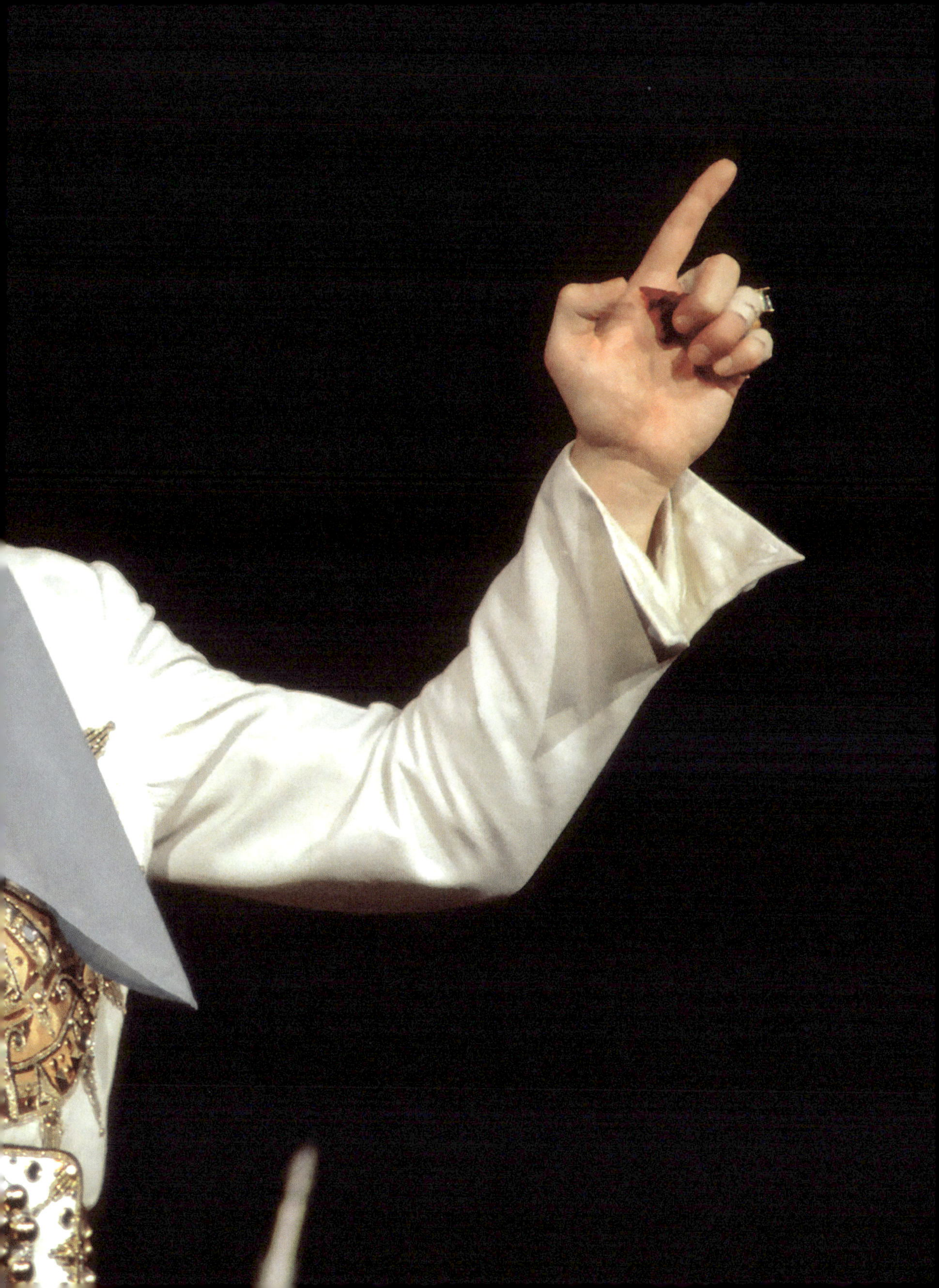

HELP ME MAKE IT THROUGH THE NIGHT
DAS ENDE (1977 – HEUTE)

Als den Anfang vom Ende könnte man bereits die Zeit als Soldat in Deutschland zwischen 1958 und 1960 bezeichnen. Schon damals berichteten Armeekameraden davon, dass Elvis Tabletten nahm, um seine Nachtdienste zu überstehen und wachzubleiben. Kurz nachdem er Priscilla Beaulieu im September 1959 kennenlernte, bot er ihr „kleine weiße Pillen" an, die sie zwar annahm aber zunächst nicht schluckte. Sie fand heraus, dass es Dexedrin war; ein Aufputschmittel. Später nahm er zusätzlich Schlaftabletten und nicht nur die. „Ich schaute zu einer Flasche voller Pillen neben dem Bett und wusste, dass ich im Wettbewerb bin", schrieb Priscilla später in ihrer Autobiographie. Seine letzte Freundin Ginger Alden sagte dazu: „Es hat Schlaftabletten gegeben, vor allem vor Tourneen war er oft so aufgeregt, dass er nicht schlafen konnte. Und sie haben ihm nicht gutgetan. Aber er hatte einen Leibarzt, Dr. Nichopoulos, und ich habe darauf vertraut, dass der ihn richtig behandelt. Als ich merkte, dass Elvis sich mit seinem Verhalten selbst schadet, habe ich versucht, ihn ein bisschen zu erziehen." Aber das funktionierte nicht. Elvis hörte weder auf sie, noch seine engsten Freunde, noch auf den Rat von irgendjemandem. „Er war seit seiner Jugend der größte Rockstar des Planeten", so Ginger Alden. „Er war es nicht gewohnt, dass Menschen ihm widersprechen." Er erkannte zwar, dass sich etwas ändern musste, aber er handelte nicht entsprechend. Hinzu kamen die ungesunde Ernährung sowie der permanente Stress auf den Tourneen. 1960 soll Elvis 85 Kilo gewogen haben. In den letzten beiden Lebensjahren waren es zwischen 130 und 175.

I SLIPPED, I STUMBLED, I FELL

Auf die Frage der „Süddeutschen Zeitung" nach den Ursachen für Elvis frühen Tod nennt Ginger Alden „viele seelische Ursachen. Ich glaube, es begann, als seine Mutter starb. Später mögen ihn die manchmal nichtssagenden Filme bedrückt haben. Ganz sicher war die Scheidung von Priscilla ein wirklicher Tiefschlag für Elvis. Auch die menschliche Vereinsamung, die der gigantische Starkult mit sich brachte, hat Elvis gewiss seelisch belastet. All dieser seelische Druck musste sich letztendlich

„AUS MEINER SICHT, IST ELVIS NICHT TOT. ER HAT NUR DAS GEBÄUDE VERLASSEN."
— EX-FREUNDIN BARBARA LEIGH NACH ELVIS TOD

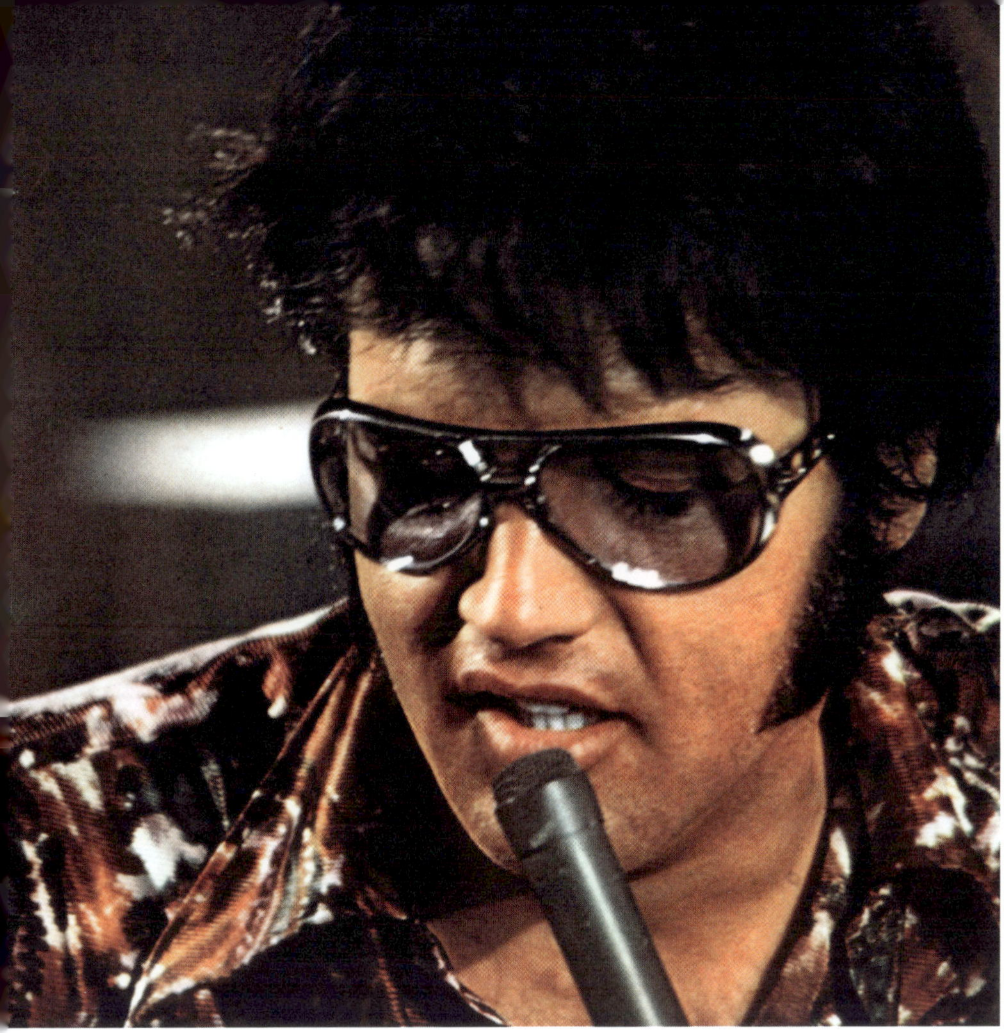

natürlich auch physisch auswirken." Hinzu kam das ungesunde Essen. Nach Aussagen seines Bodyguard Lamar Fike, aß er vorzugsweise „gebratenen Speck, geschnittene Tomaten, zerstampfte Kartoffeln, Bratensoße und Sauerkraut. Das mischte er alles zusammen." Nach Linda Thompson nahm er das sogar mal ein Jahr lang ununterbrochen zu sich.

Am 26. Juni 1977 gab Elvis sein letztes Konzert in der „Market Square Arena" in Indianapolis. Weitere Konzerte waren am 17. und 18. August in Portland in Maine geplant. Danach standen Stopps in Utica, in New York, in Syracuse, in Hartford in Connecticut und in Kentucky an. Doch dazu kam es nicht mehr. Am 14. August wurde Elvis gesehen, wie er Graceland auf einer seiner Harleys verließ, um eine Runde zu drehen und am 15. August fuhren Elvis, Ginger Alden, ihre Nichte Amber und Lisa Marie am letzten Tag ihrer Schulferien auf den weißen Golf Carts auf dem Gelände herum. Danach kümmerte sich Elvis um eine Privatvorführung des

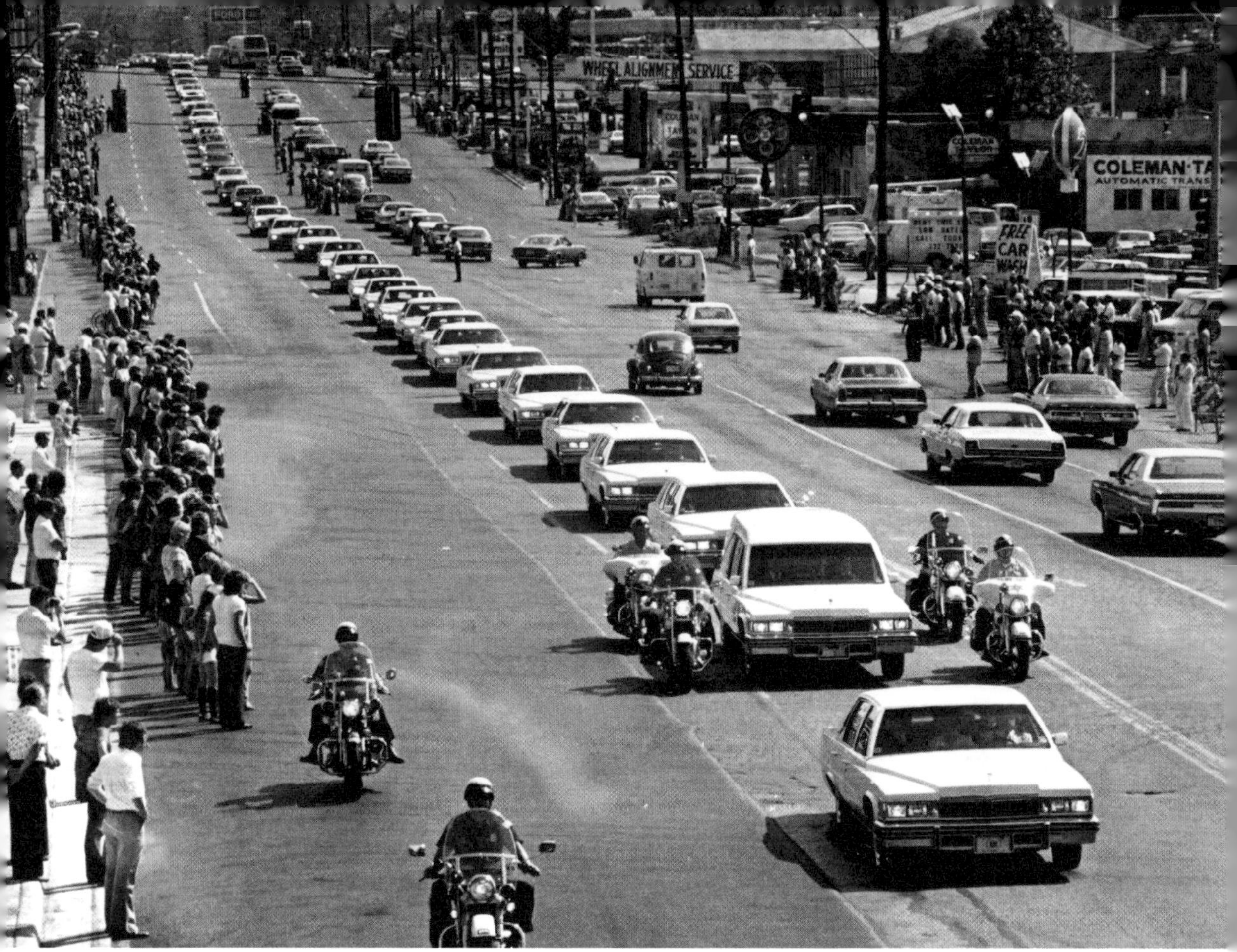

Films „MacArthur – Held des Pazifik" mit Gregory Peck im „Memphian Theatre". Als ihm ein Stück Zahn abbrach, setzte er sich in seinen schwarzen Stutz Blackhawk III und besuchte seinen Zahnarzt Dr. Lester Hoffman. In dieser Nacht wurde Elvis das letzte Mal lebend außerhalb von Graceland gesehen, denn er wurde gegen 0.30 Uhr vor dem Anwesen fotografiert. Da er unter Schlafbeschwerden litt, nahm er mehrere Tabletten. Am frühen Dienstagnachmittag, dem 16. August 1977, fand Ginger Alden ihn gegen 14.20/14.30 Uhr leblos im Badezimmer von Graceland. Er wurde in das „Baptist Memorial Hospital" in Memphis gebracht. Dort wurde Elvis Aaron Presley um 15.30 Uhr für tot erklärte. Nach Recherchen des Autors Peter Guralnik, fanden sich 14 verschiedene Mittel in seinem Körper, zehn davon waren besonders hoch dosiert.

IT´S OVER

Am Tag seines Todes berichteten TV-Nachrichtensender widersprüchlich über seine Erfolge. Vielerorts wurde die Zahl von 400 Millionen verkauften Platten genannt. Eine Filmfirma profitierte umgehend von seinem Ableben.

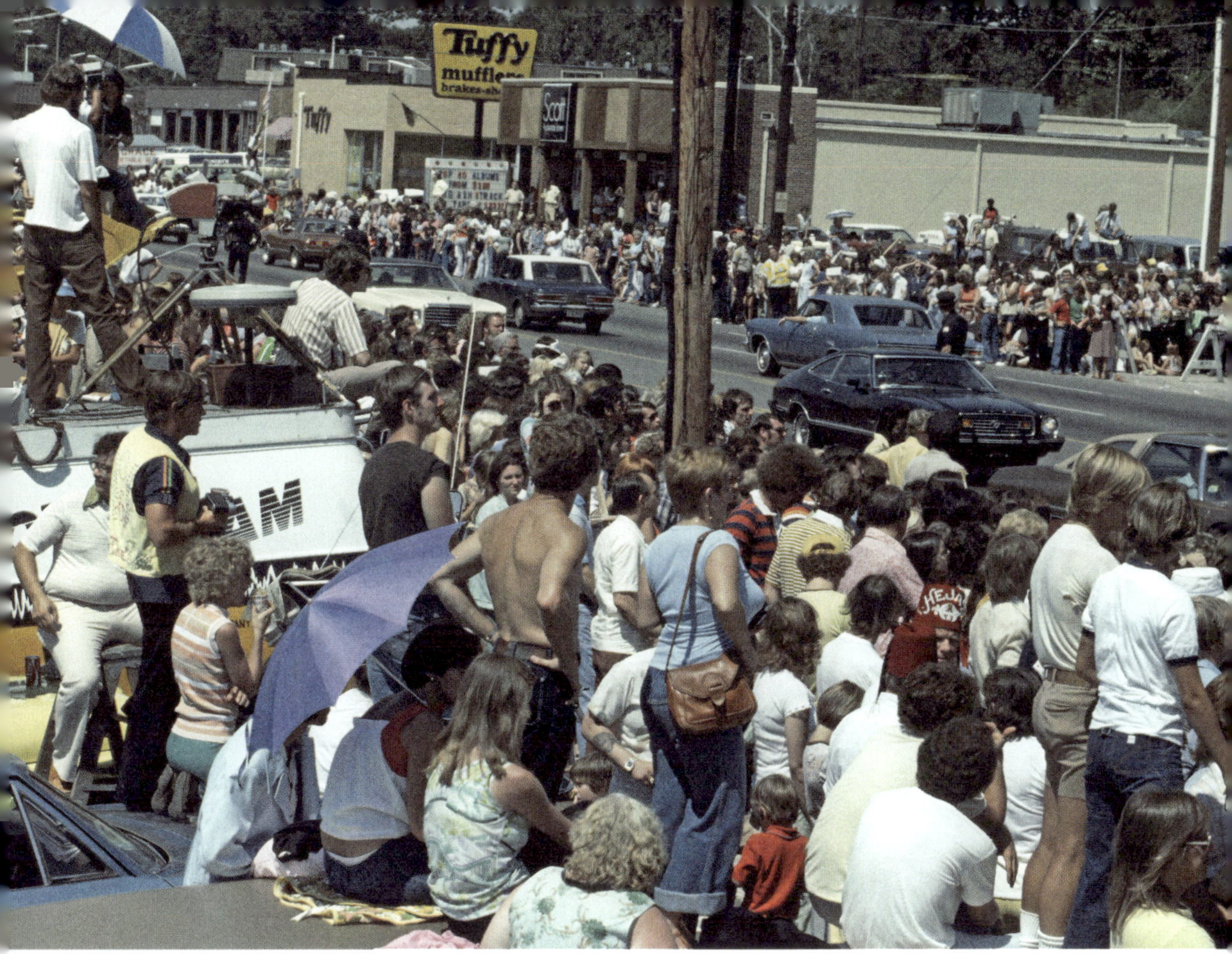

Der größte 16 mm-Filmverkäufer der USA erlebte den Todestag von Elvis als den lukrativsten seiner Firmengeschichte. Die Fans kauften seine Filme. Kurze Zeit später kletterte „Way Down“, sein letzter Song, den er am 29. Oktober 1976 aufgenommen hatte, auf Platz 1 der US-Country Charts und der englischen Charts

Elvis Beerdigung wurde für den 18. August angesetzt. In der Zwischenzeit reisten Familienmitglieder, Freunde und Bekannte nach Memphis, um ihm die letzte Ehre zu erweisen. Bernard Lansky, der ihn seit dem Jahr 1954 mit Kleidung versorgte, kleidete ihn auch für seinen letzten Weg ein. Auch sein langjähriger Friseur Larry Geller reiste an, um ihm die Haare zu machen. Es war das erste Mal, dass er einen Toten frisierte. Am Nachmittag des 17. August kam der Leichenwagen, ein weißer 1977er Miller-Meteor Landau Traditional Cadillac. Die Freunde hatten „Madison Cadillac“ in Memphis beauftragt, sich darum zu kümmern nur weiße Cadillacs zu finden. Sie schafften innerhalb eines Tages Cadillacs aus mehreren Bundesstaaten für den Korso herbei, der den Leichenwagen zum Friedhof eskortierten sollte. Nach verschiedenen Quellen waren es zwischen 16 und 22 weiße Cadillacs in einem Tross aus insgesamt 49 Fahrzeugen.

Der Fahrzeugkorso fuhr von Graceland zum Forrest Hill Friedhof. Nach Beobachtungen des „Spiegel“ blockierten „Hunderte kreischend die Ausfahrt aus dem Presley-Park und verzögerten die Abfahrt des Cadillac-Konvois. Ein Mädchen versuchte, sich vor den Leichenwagen zu stürzen, hysterische Fans rissen ein Tor des Forest Hill Cemetary nieder.“ Zwischen 80 000 und 100 000 Menschen säumten die Straßen, rund 300 Frauen und Kinder kollabierten, und es kam auch noch zu einer furchtbaren Tragödie. Während der Trauerfeierlichkeiten raste der 18-jährige Treatise Wheeler in einem weißen 1963er Ford Fairlane 500 Sedan (Kennzeichen: IFC 366) gegen 16.00 Uhr am Nachmittag mit 55 Meilen pro Stunde (88,5 km/h) in die Menschen in der Nähe des Eingangs von Graceland. Zwei Mädchen starben, ein drittes wurde schwer verletzt. Der Täter flüchtete, wurde aber gefasst und wegen Trunkenheit am Steuer und Drogeneinfluss angeklagt. Den Friedhof schmückte ein Blumenarrangement in Form einer 1,82 Meter langen Gitarre. Bei der Beerdigung selbst waren nur 200 Personen zugelassen. Zu den Trauernden zählten außer der Familie und Freunden auch Prominente wie John Wayne, Caroline Kennedy, Burt Reynolds, James Brown, George Hamilton,

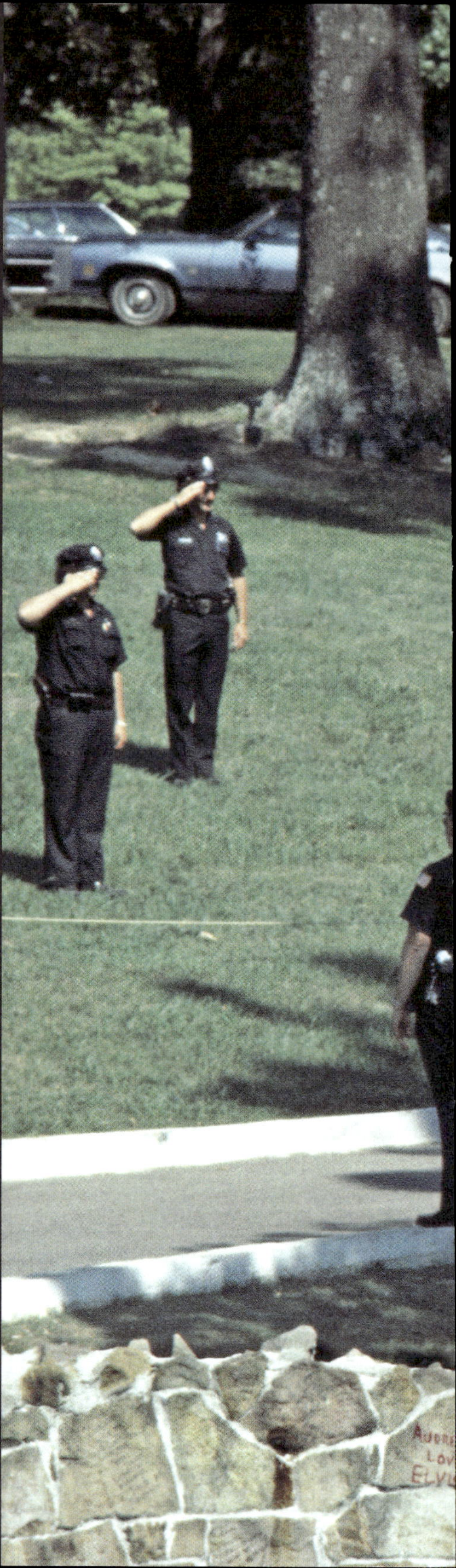

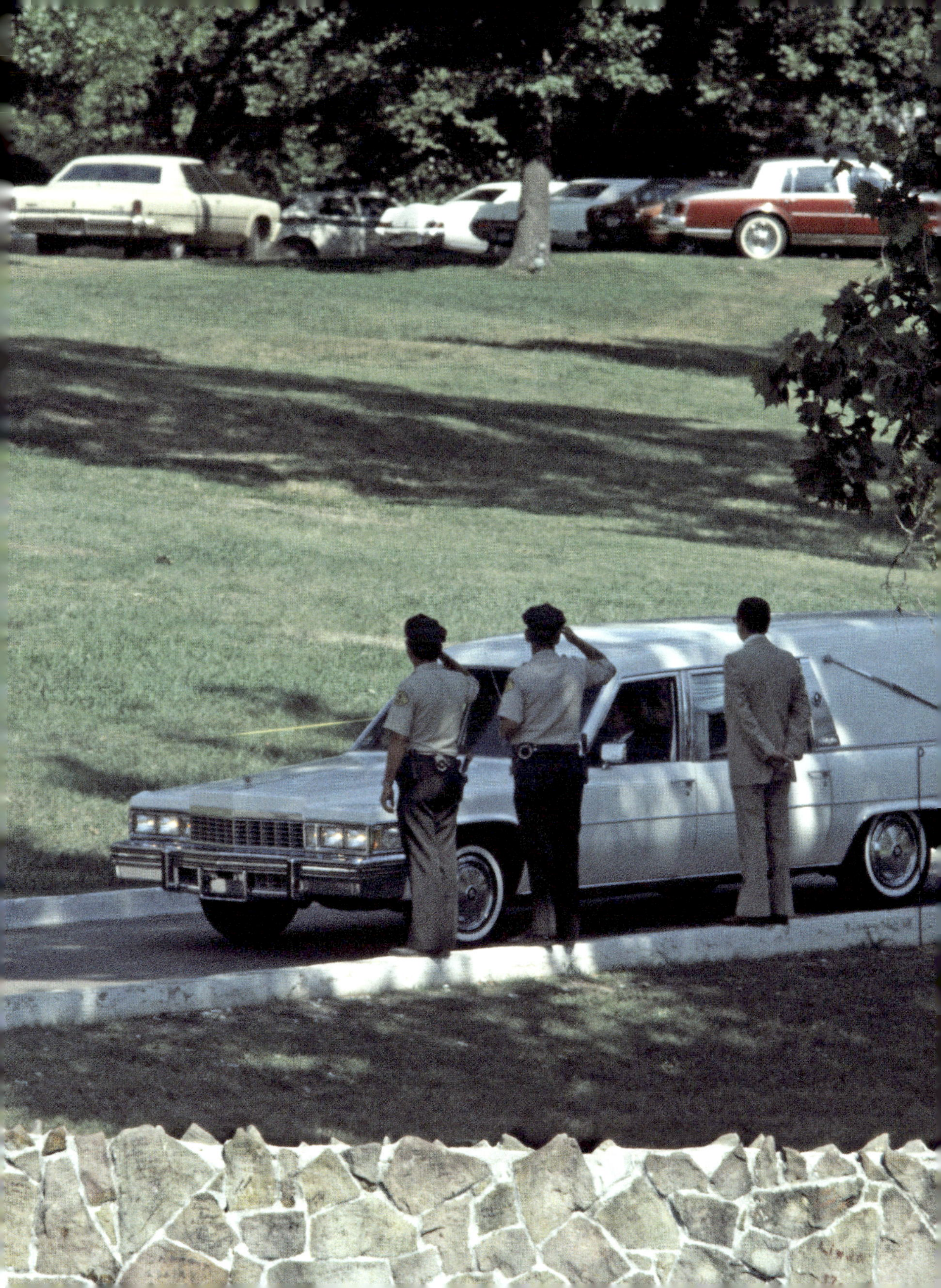

Bill Murray und Ann-Margret. Tennessee flaggte auf Halbmast.

FORGET ME NEVER

Nach Elvis Tod ging sein Eigentum an seinen Vater Vernon. Angeblich hatte er fünf Millionen Dollar auf dem Konto und Graceland wurde mit drei Millionen bewertet. Priscilla Presley sprach dagegen von einer viel geringeren Summe, als sie am 17. Dezember 2016 bei Markus Lanz zu Gast war: „Von seinem Vermögen war nur noch eine halbe Million Dollar übrig, weil er so spendabel war. Er dachte immer, er könnte noch mehr Geld verdienen. Er müsse nur noch eine neue Tournee machen. Aber er war auch sehr extravagant. Er hat mir ein Pferd gekauft, dann für jemand anders, der mit mir zusammen reiten sollte. Dann hat er ein Pferd für sich gekauft und für seine ganze Entourage, für die Freunde, Freundinnen und Ehefrauen. Dann kaufte er eine Ranch, dann Wohnwagen für alle und Autos. Er gab halt jede Menge Geld aus."
Sie war nach der Scheidung am 9. Oktober 1973 abgefunden worden und eröffnete eine Kleiderboutique in Los Angeles, die drei Jahre später schon wieder schließen musste.

„ICH DENKE, ELVIS WAR AUCH EIN KÖNIG DER SCHWINDLER. ER HAT NIE EINEN SONG GESCHRIEBEN. ABER ER HAT SIE ALLE GESUNGEN."

– DAVE GAHAN VON DEPECHE MODE 2021, DER FÜR SEIN ALBUM „IMPOSTER" DAS STÜCK „ALWAYS ON MY MIND" COVERTE

Die zu zahlenden Steuern und der Unterhalt von Graceland reduzierten das vorhandene Vermögen schnell. Bevor Vernon am 26. Juni 1979 starb, hatte er Priscilla als Erbin eingesetzt. Um durch die laufenden Kosten nicht bankrott zu gehen, gründete sie im selben Jahr gemeinsam mit der „National Bank of Commerce", die schon zuvor als Geschäftsbank von Elvis und Vernon fungierte, die „Elvis Presley Enterprises" (EPE), um Graceland für Besucher zu öffnen. Das geschah erstmals am 7. Juni 1982. Schnell wurde klar, dass das Anwesen zu einer Publikumsattraktion werden würde. Dank der Eintrittsgelder und dem Verkauf von Merchandisingartikeln, zu denen auch Automodelle zählen, verdiente EPE ab dem Jahr 1993 bis zu 100 Millionen Dollar. Also wurde sukzessive erweitert. Die Zahl der zu besichtigenden Räume und Objekte stieg. Mitte des Jahres 2011 gab es bereits etwa 15.000 erhältliche

NATIONAL ENQUIRER 35¢
September 6, 1977 30586-2 LARGEST CIRCULATION OF ANY PAPER IN AMERICA

How to Be More Creative
PAGE 21

EXCLUSIVE...
ELVIS THE UNTOLD STORY

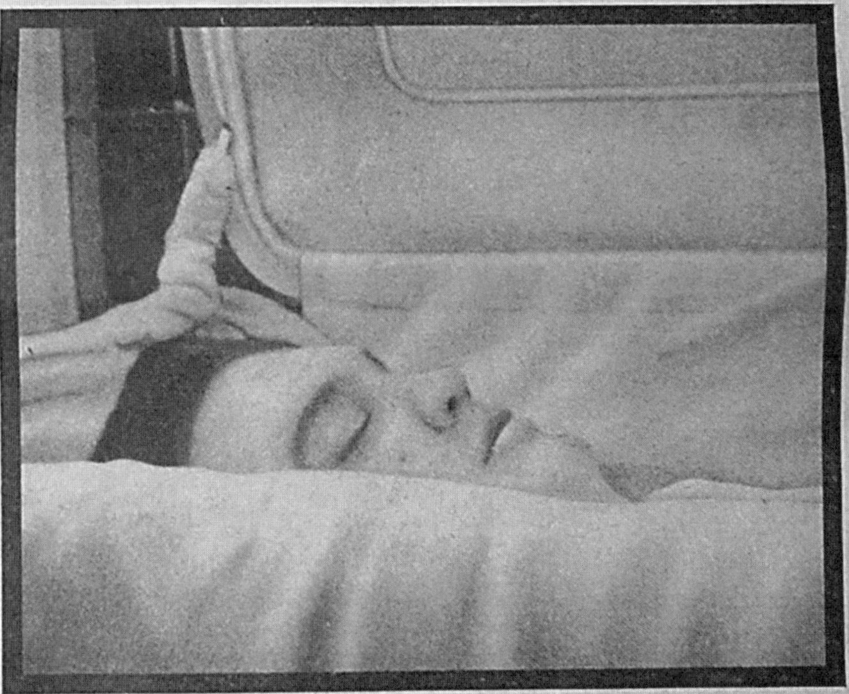

...THE LAST PICTURE

A peaceful-looking Elvis Presley lies at rest in a copper coffin in the music room of Graceland, his Memphis, Tenn., mansion. The legendary singer was dressed in a plain white suit, a blue shirt and silver tie.

6 PAGES OF EXCLUSIVE STORIES AND PHOTOS STARTING ON PAGE 20

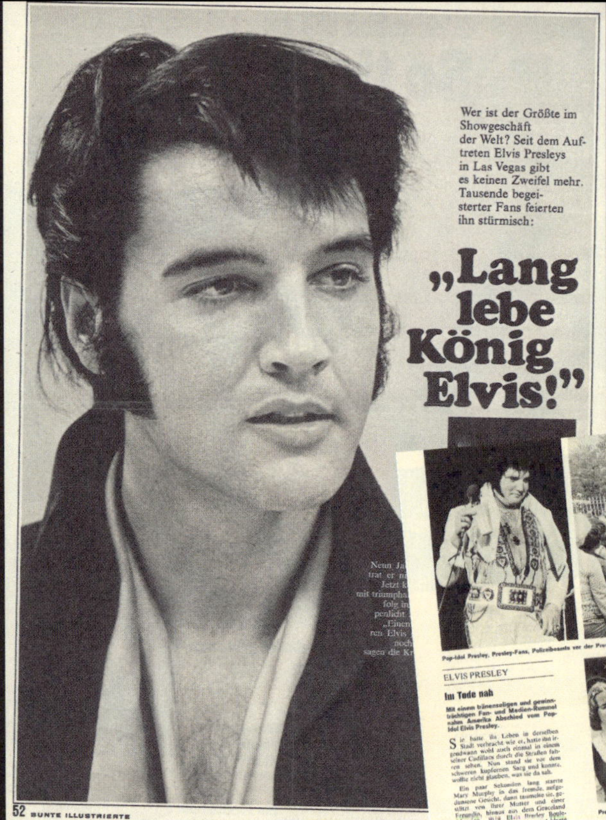
Wer ist der Größte im Showgeschäft der Welt? Seit dem Auftreten Elvis Presleys in Las Vegas gibt es keinen Zweifel mehr. Tausende begeisterter Fans feierten ihn stürmisch:

„Lang lebe König Elvis!"

52 BUNTE ILLUSTRIERTE

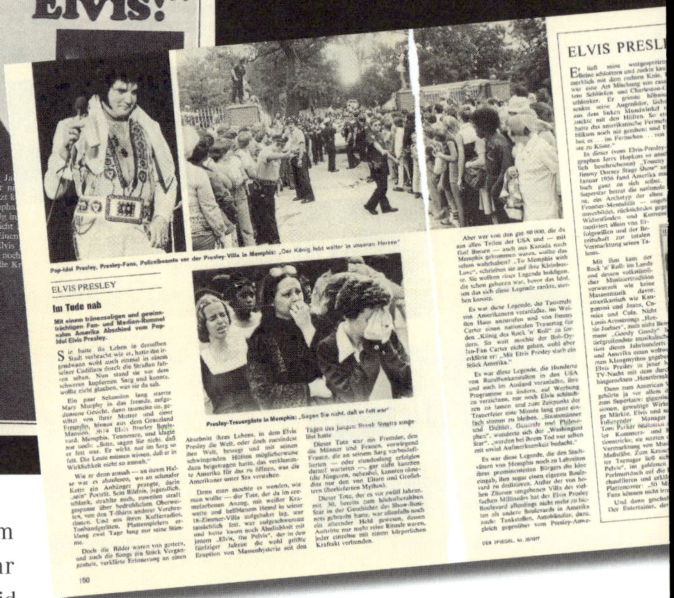
ELVIS PRESLEY

Im Tode nah

Pop-Idol Presley, Presley-Fans, Polizeibeamte vor der Presley-Villa in Memphis: „Der König lebt weiter in unseren Herzen"

Presley-Trauergäste in Memphis: „Sagen Sie nicht, daß er fett war"

150

Merchandisingartikel. Seitdem Das „Forbes" Magazin im Jahr 2001 eine Liste der „Highest Paid Dead Celebrities" herausgibt, ist Elvis dort prominent platziert. Er war siebenmal auf Platz 1 mit Einnahmen zwischen 35 und 60 Millionen Dollar pro Jahr (siehe Kapitel 16). Somit verdienen die Erben von Elvis also wesentlich mehr Geld, als er zur Zeit seines Lebens. Um ständig für neue Attraktionen zu sorgen, wurde von den Erben ein Archiv angelegt, das inzwischen aus über 5.000 Kleidungsstücken und über 60.000 Fotos besteht. Es wurden auch Fahrzeuge zurückgekauft oder solche aus dem Bestand restauriert. Dabei wurde auch die unglaubliche Geschichte des Fahrzeugs offengelegt, das Elvis, neben seinem Fahrrad, dem Pink Cadillac und dem weißen Lincoln Continental Mark II, am längsten besaß. Es war ein 1950er Chevrolet Panel Truck.

NIGHT RIDER

Im Juli 1956 beschloss die Familie, das vier Monate zuvor erworbene Haus 1034 Audubon Drive umzubauen. Neben Zäunen und einem Swimmingpool ließen sie anstatt des Carports eine Garage errichten. Zum Transport des Baumaterials kaufte Elvis im selben Monat

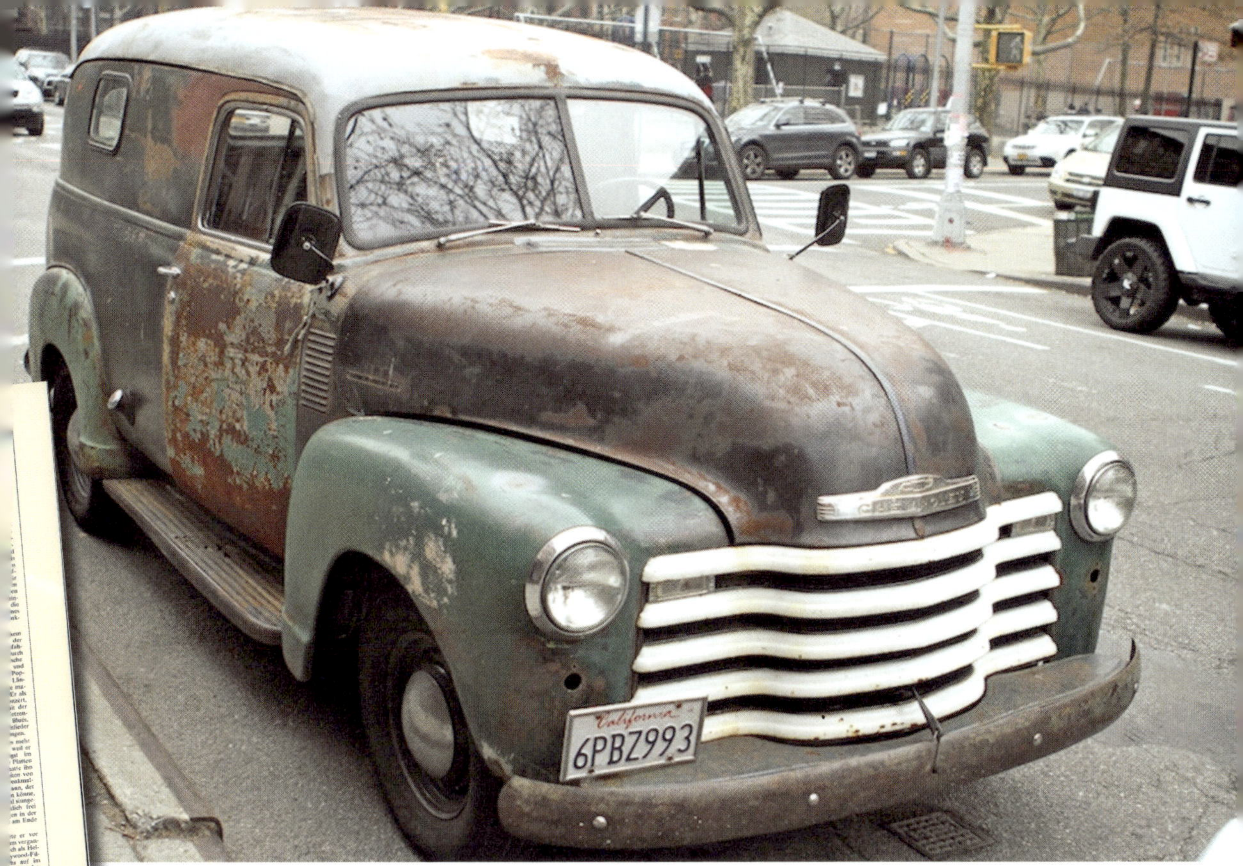

einen gebrauchten 1948er Chevrolet Panel Truck, und zwar das damalige Modell 3805 De Luxe. Er verfügte über einen 235ccm Sechszylinder Motor mit 92 PS und eine Dreigang-Schaltung. Es war ein Auto für Handwerker. Zu der Zeit war er noch zweifarbig mit Schriftzügen wie „Universal“ und „Industrial“ auf den Kotflügeln. Doch kurze Zeit danach tauchte er neulackiert wieder auf, komplett in schwarz, auch wenn dieser neue Anstrich nicht gerade hochwertig war. Beim Umzug nach Graceland im März 1957 nahm Elvis den Wagen mit und schon bald kam ihm eine ganz besondere Bedeutung zu. Elvis nutzte ihn, um nicht erkannt zu werden. Der erste Test war eine Ausfahrt mit seiner damaligen Freundin Anita Wood. Er fuhr mit ihr nach Lauderdale Courts, zeigte ihr wo er von September 1949 bis Januar 1953 gewohnt und Gitarre spielen geübt hatte. Dank des Wagens blieb er tatsächlich unerkannt. Seine Mitarbeiter nutzten ihn in den 60er und 70er Jahren zwar auch für Mülltransporte, aber die wichtigste Funktion des Wagens war für Elvis, damit anonym durch Memphis fahren zu können. Er trug eine Arbeitsjacke, setzte sich eine Mütze auf, fuhr ziellos spazieren und schaute Sportlern im Bellevue Park zu. Ende der 70er Jahre und Anfang der 80er Jahre stand der Chevrolet Panel Truck nur noch hinter Vernons· Büro auf dem Graceland Gelände, bevor er in

Der König des Rock and Roll ist tot

Seine Hits waren für

Elvis Presley wurde zum weltweiten Symbol des Generationenk

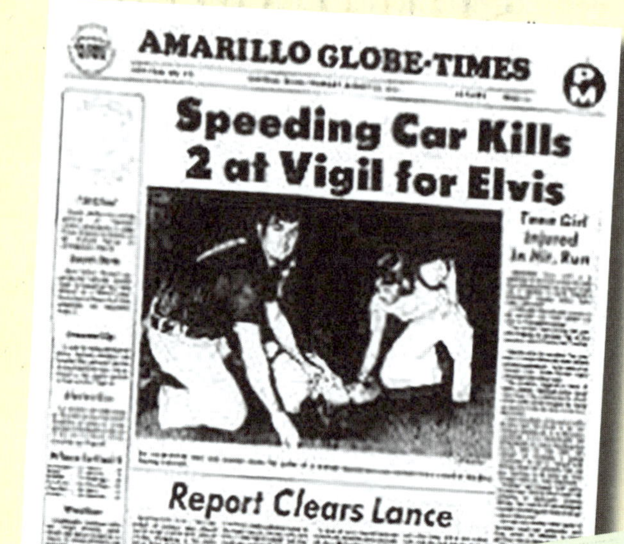

AMARILLO GLOBE-TIMES

Speeding Car Kills 2 at Vigil for Elvis

Teen Girl Injured In Hit, Run

Report Clears Lance

Jury Bar Bi

Testimony Sh

mit der die jungen Menschen nicht nur den aufputschenden Rhythmus seines Rock and Roll, sondern ebenso seine unmißver-

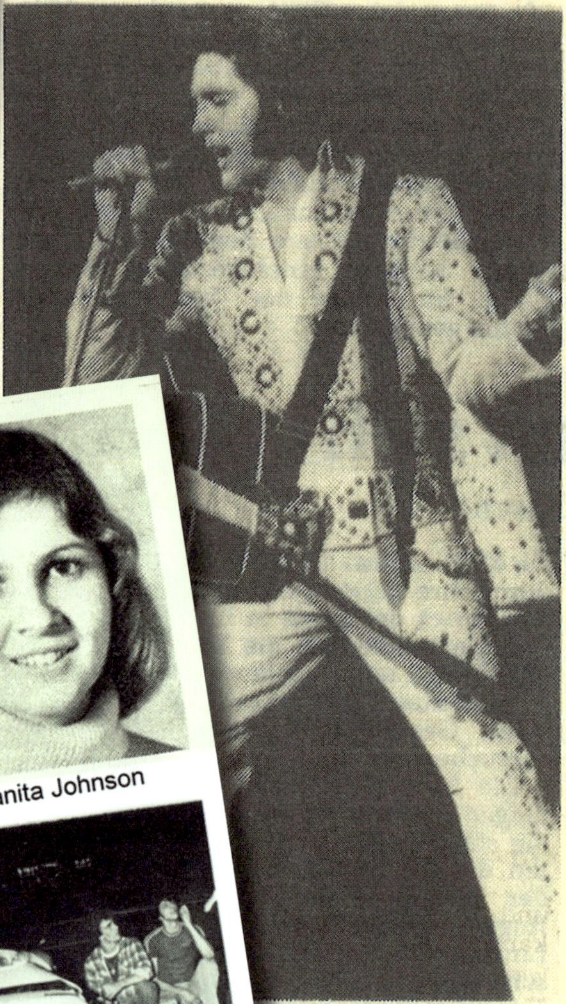

...nden Hüftbewegungen ...xuelle Revolution ein *Foto: AP*

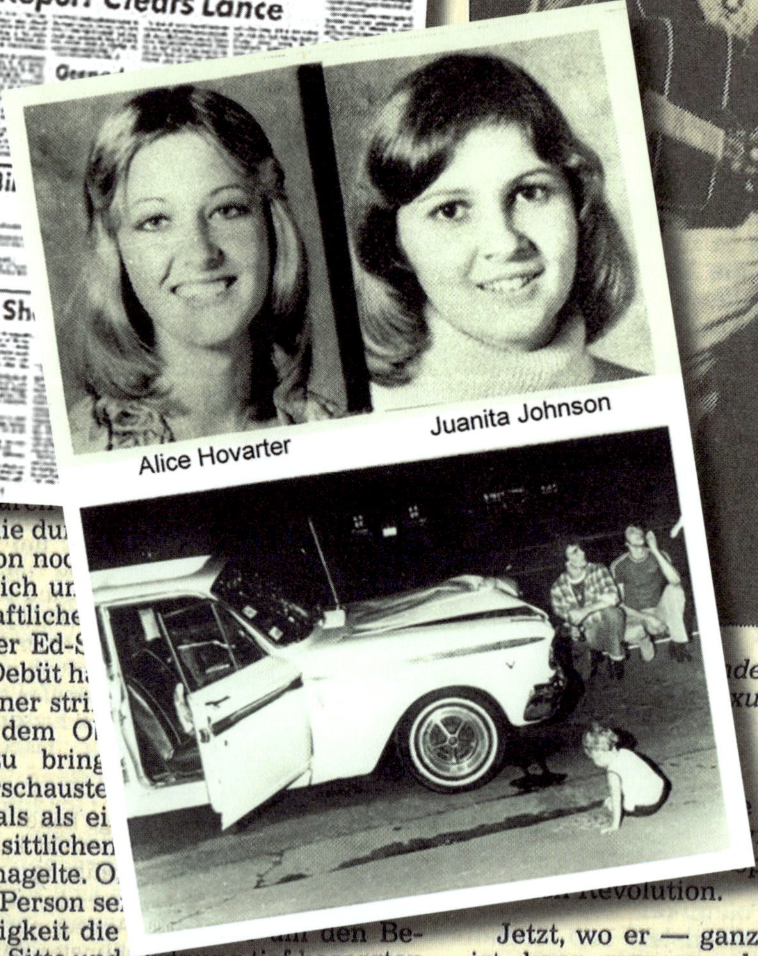

Alice Hovarter Juanita Johnson

durfte, waren ... kungen, die du... ren Bariton noc... buchstäblich ur... gesellschaftliche... delt. In der Ed-S... sein TV-Debüt h... meramänner stri... nur mit dem Ol... schirm zu bring... diese Zurschauste... tion damals als ei... zung der sittlichen... Proteste hagelte. O... Teufel in Person se... Ernsthaftigkeit die ... um den Bestand von Sitte und Ordnung tief besorgten

... Präsentation ver... ...ie sich bald heraus... ...prengkraft einer kul... ...n Revolution.

Jetzt, wo er — ganze 42 Jahre alt — tot ist, kann man nur darüber staunen, was

Jugend Manifeste

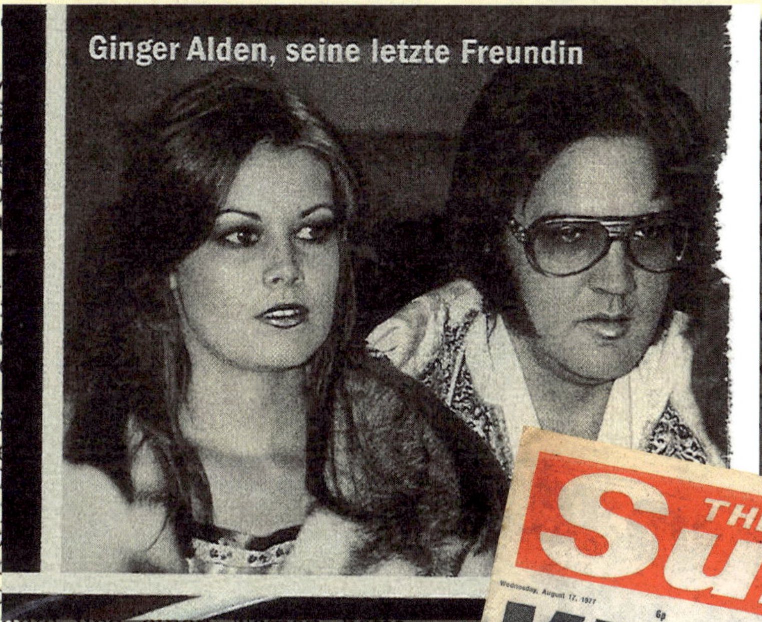

Ginger Alden, seine letzte Freundin

...gton

...llywood den neuen
...s Filmstar verein-
...den insgesamt mit
...Ein eindrucksvoller
...urde er nie. Aber
...e junge Generation
...ormat sehen. „Love
...it dem Elvis 1956 in
...ow Furore machte
...in erster Film bet-
...Klassiker der Pop-
... in seiner furiosen
...e wurde Elvis im
...rdienst eingezogen,
...hoben antrat. Er

...nannte und einen Namen hatte,
...ald auf Elvis aufmerksam und för-
...n. Als „Hill Billy Cat“ trat Elvis in
...engeren Heimat auf. Die Bezug-

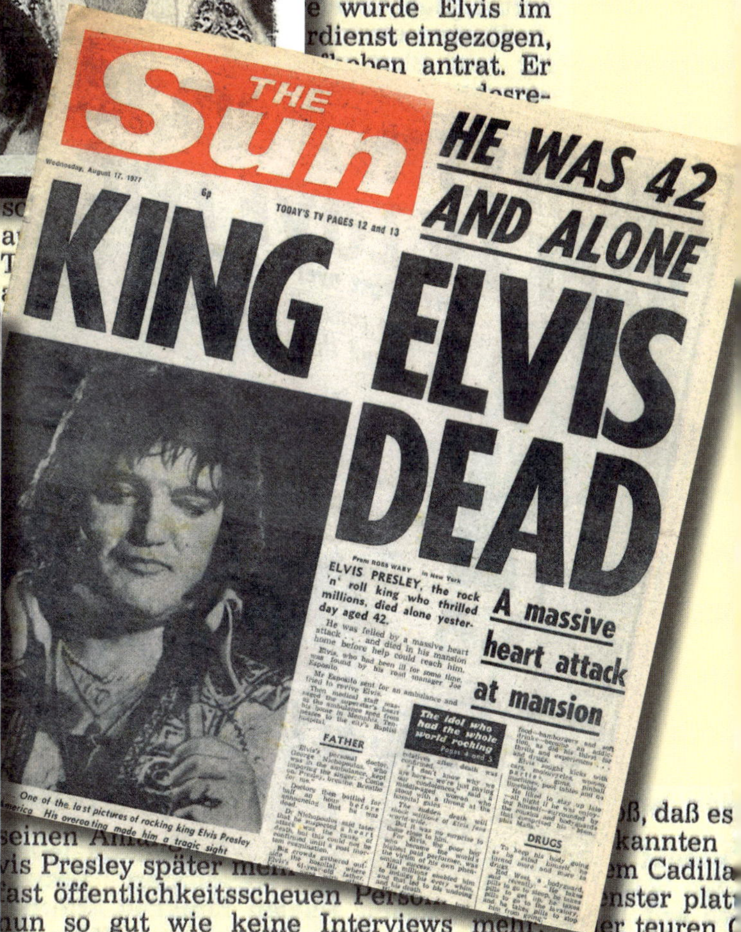

THE Sun

Wednesday, August 17, 1977 6p

TODAY'S TV PAGES 12 and 13

HE WAS 42 AND ALONE

KING ELVIS DEAD

A massive heart attack at mansion

From ROSS WABY in New York

ELVIS PRESLEY, the rock 'n' roll king who thrilled millions, died alone yesterday aged 42.

He was felled by a massive heart attack . . . and died in his mansion home before help could reach him.

Elvis, who had been ill for some time, was found by his road manager Joe Esposito.

Mr Esposito sent for an ambulance and tried to revive Elvis.

Then medical staff massaged the superstar's heart as the ambulance sped from his home in Memphis, Tennessee to the city's Baptist hospital.

FATHER

Elvis's personal doctor, George Nichopoulos, who was in the ambulance, kept imploring the singer: "Come on, Presley, breathe. Breathe for me."

The idol who had the whole world rocking Pages 4 and 5

One of the last pictures of rocking king Elvis Presley in America. His overeating made him a tragic sight

DRUGS

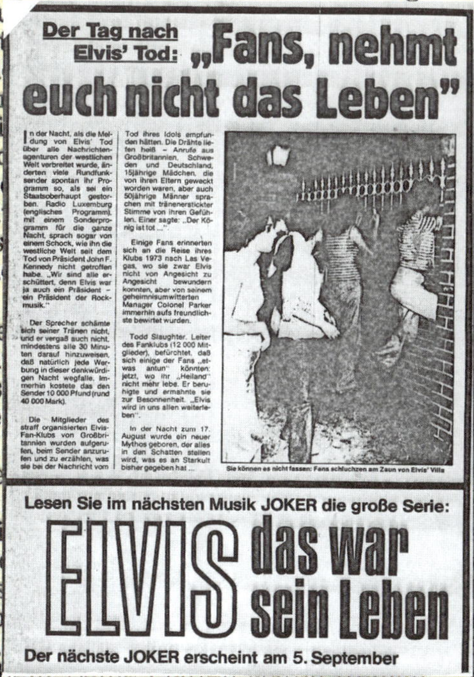

Der Tag nach Elvis' Tod: „Fans, nehmt euch nicht das Leben“

In der Nacht, als die Meldung von Elvis' Tod über alle Nachrichtenagenturen der westlichen Welt verbreitet wurde, änderten viele Rundfunksender spontan ihr Programm so, als sei ein Staatsoberhaupt gestorben. Radio Luxemburg (englisches Programm), mit einem Sonderprogramm für die ganze Nacht, sprach sogar von einem Schock, wie ihn die westliche Welt seit dem Tod von Präsident John F. Kennedy nicht getroffen habe. „Wir sind alle erschüttert, denn Elvis war ja auch ein Präsident – ein Präsident der Rockmusik.“

Der Sprecher schämte sich seiner Tränen nicht, und er vergaß auch nicht, mindestens alle 30 Minuten darauf hinzuweisen, daß natürlich jede Werbung in dieser denkwürdigen Nacht wegfalle. Immerhin kostete das den Sender 10 000 Pfund (rund 40 000 Mark).

Die Mitglieder des straff organisierten Elvis-Fan-Klubs von Großbritannien wurden aufgerufen, beim Sender anzurufen und zu erzählen, was sie bei der Nachricht vom Tod ihres Idols empfunden hätten. Die Drähte liefen heiß – Anrufe aus Großbritannien, Schweden und Deutschland, 15jährige Mädchen, die von ihren Eltern geweckt worden waren, aber auch 50jährige Männer sprachen mit tränenerstickter Stimme von ihren Gefühlen. Einer sagte: „Der König ist tot ...“.

Einige Fans erinnerten sich an die Reise ihres Klubs 1973 nach Las Vegas, wo sie zwar Elvis nicht von Angesicht zu Angesicht bewundern konnten, aber von seinem geheimnisumwitterten Manager Colonel Parker immerhin aufs freundlichste bewirtet wurden.

Todd Slaughter, Leiter des Fanklubs (12 000 Mitglieder), befürchtet, daß sich einige der Fans „etwas antun“ könnten; jetzt, wo ihr „Heiland“ nicht mehr lebe. Er beruhigte und ermahnte sie zur Besonnenheit. „Elvis wird in uns allen weiterleben“.

In der Nacht zum 17. August wurde ein neuer Mythos geboren, der alles in den Schatten stellen wird, was es an Starkult bisher gegeben hat ...

Sie können es nicht fassen: Fans schluchzen am Zaun von Elvis' Villa

Lesen Sie im nächsten Musik JOKER die große Serie:

ELVIS das war sein Leben

Der nächste JOKER erscheint am 5. September

...s Hits im klassischen Sinne. Für
...e Generation waren sie Manifeste.
...esley wurde zu ihrem Halbgott. Der

seinen Anf...
...vis Presley später meh...
fast öffentlichkeitsscheuen Perso...
nun so gut wie keine Interviews mehr.
Seine 1967 geschlossene Ehe wurde 1973
geschieden. Presley zog sich ins „Graceland“ zurück, wie er seine mondäne Villa in seiner Heimatstadt Memphis nannte. Dort umgab er sich mit einer Garde von jungen

...ß, daß es
...kannten
...em Cadilla
...enster plat
...er teuren
solchen Epi
über seine
Das Image
zur Statur
Lennon sich

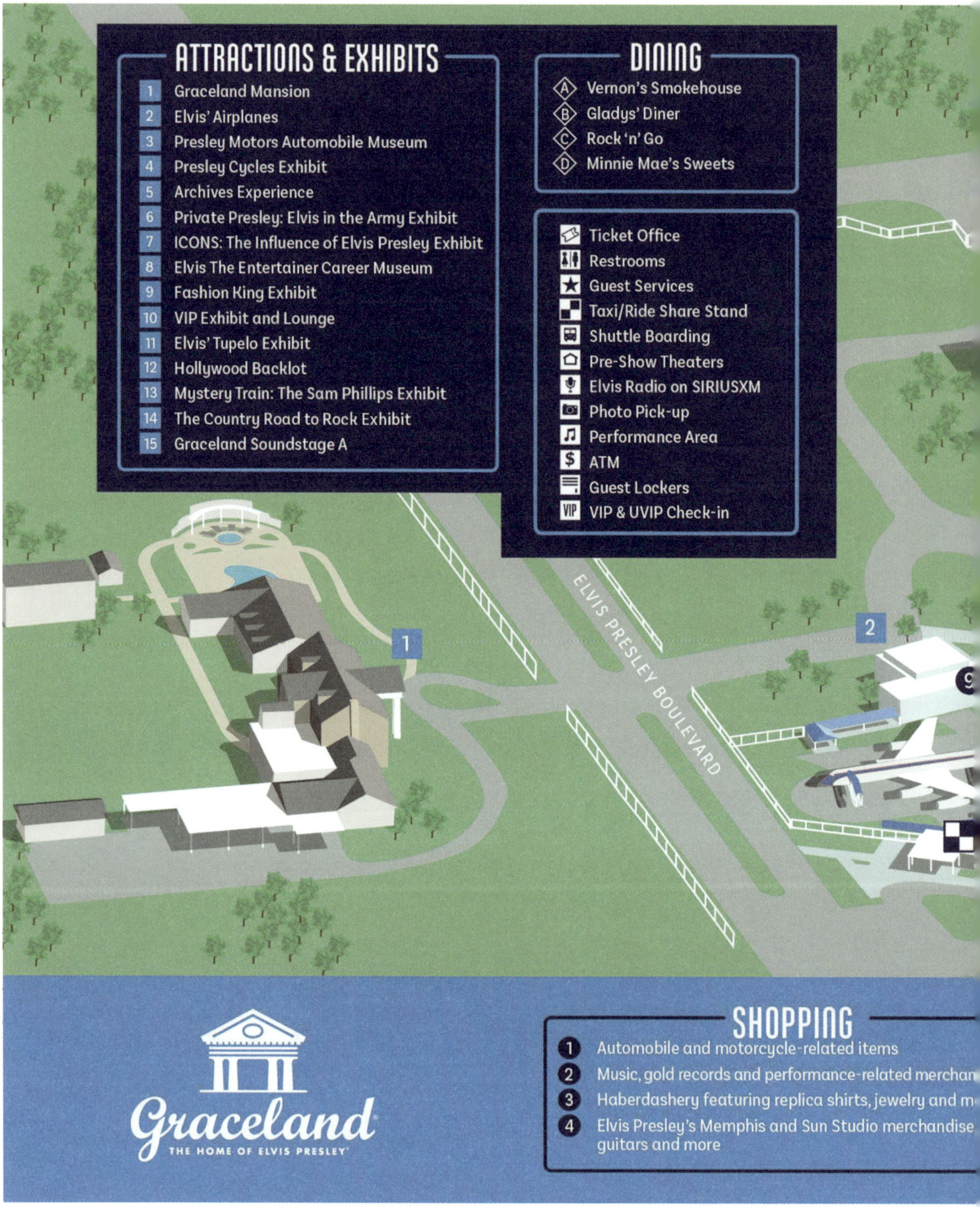

Graceland ist ein Muss für jeden Elvis-Fan. Der Übersichtsplan taugt hinterher als wunderschönes Andenken an den Besuch in Memphis.

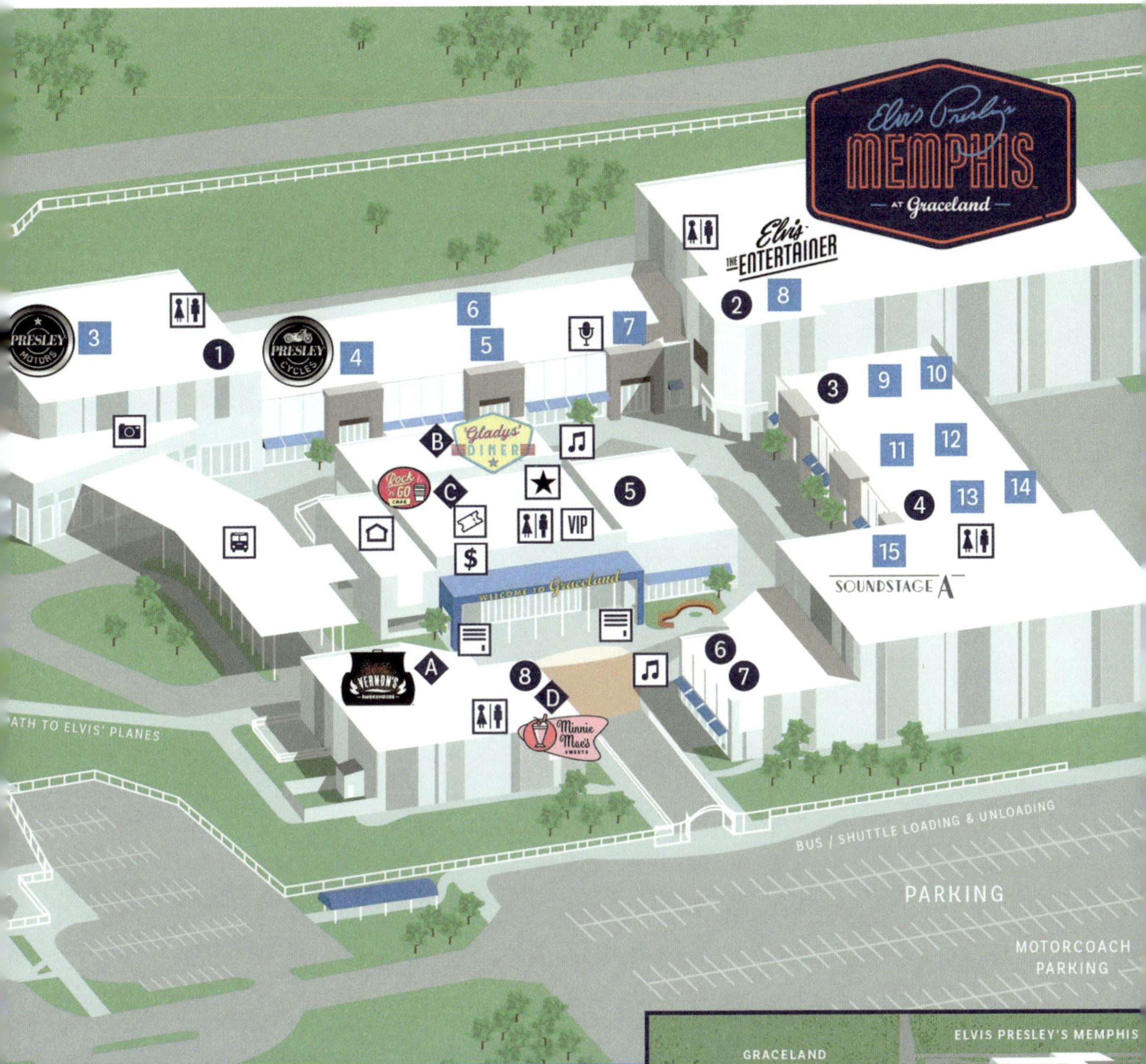

Popular Graceland and Elvis mementos
Elvis Threads featuring apparel, accessories and TCB merchandise
Elvis Home featuring housewares, Christmas and kid's items
Candy confections and fudge
Graceland Air featuring popular Graceland and airplane-related keepsakes

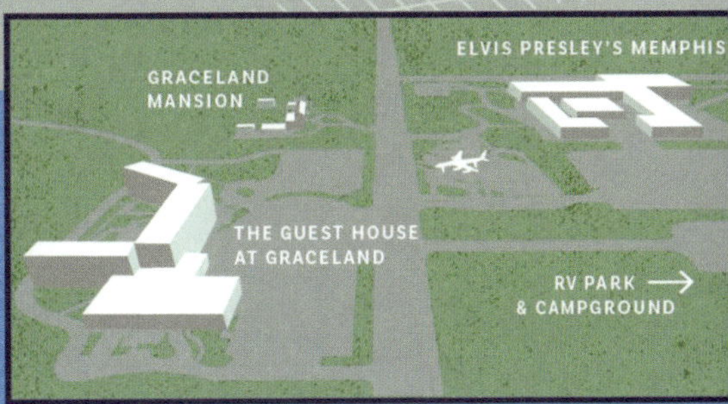

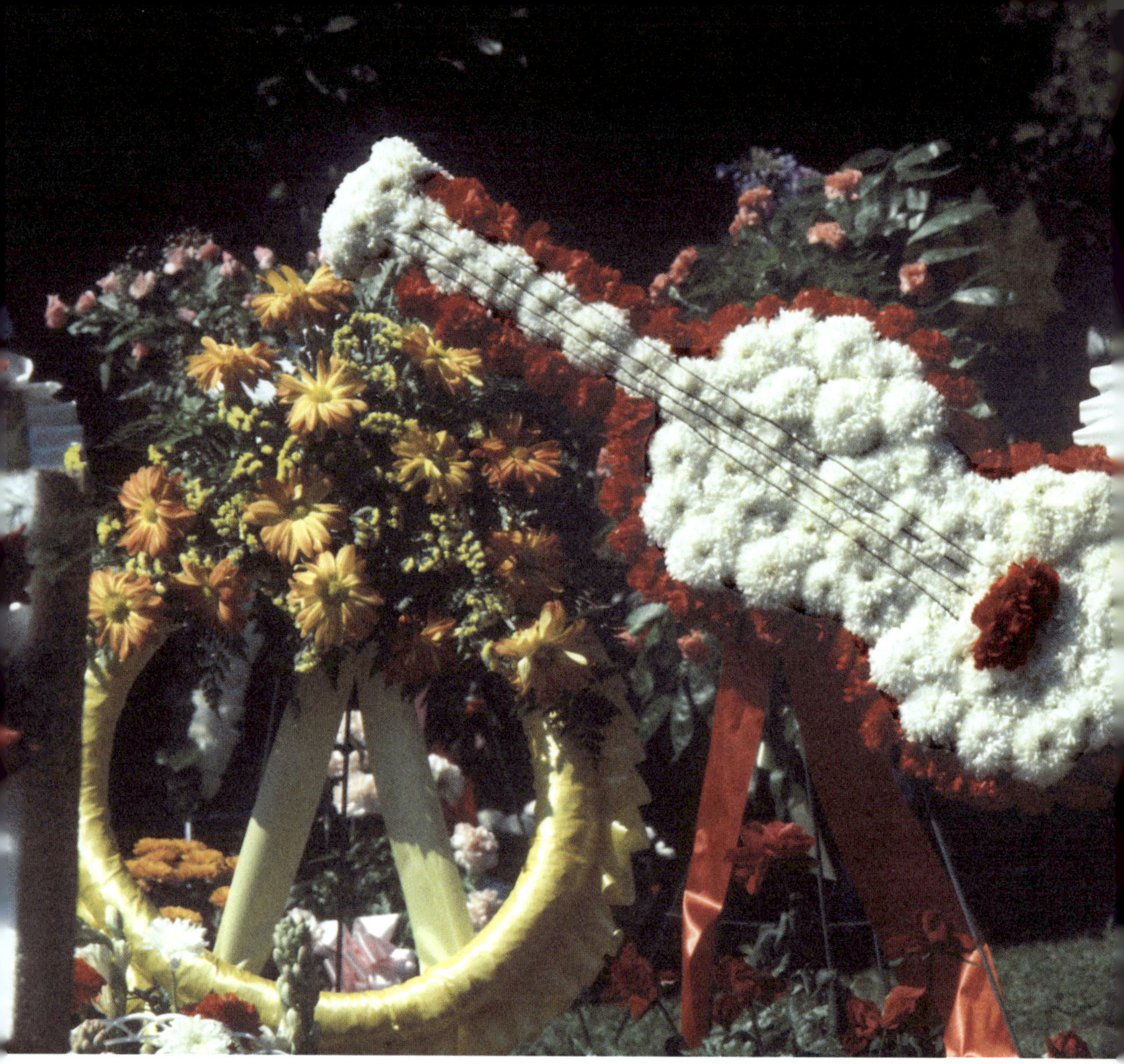

den 90er Jahren in eine Halle gebracht wurde. Dort wurde er später wiederentdeckt und zum Thema einer Autosendung. Es stellte sich heraus, dass seinerzeit wohl das Radio einige Probleme gemacht haben musste, so dass Elvis zwei Sendefrequenzen in das Armaturenbrett hineinkratzte. Der Wagen den Elvis neben dem Pink Cadillac am längsten besaß, steht immer noch im Originalzustand in einer der Halle des Graceland Archivs. Ob er einmal so, oder doch restauriert, öffentlich ausgestellt werden wird, ist derzeit noch unklar.

I'M COMING HOME

Am 12. Juni 1989 wurde in Graceland

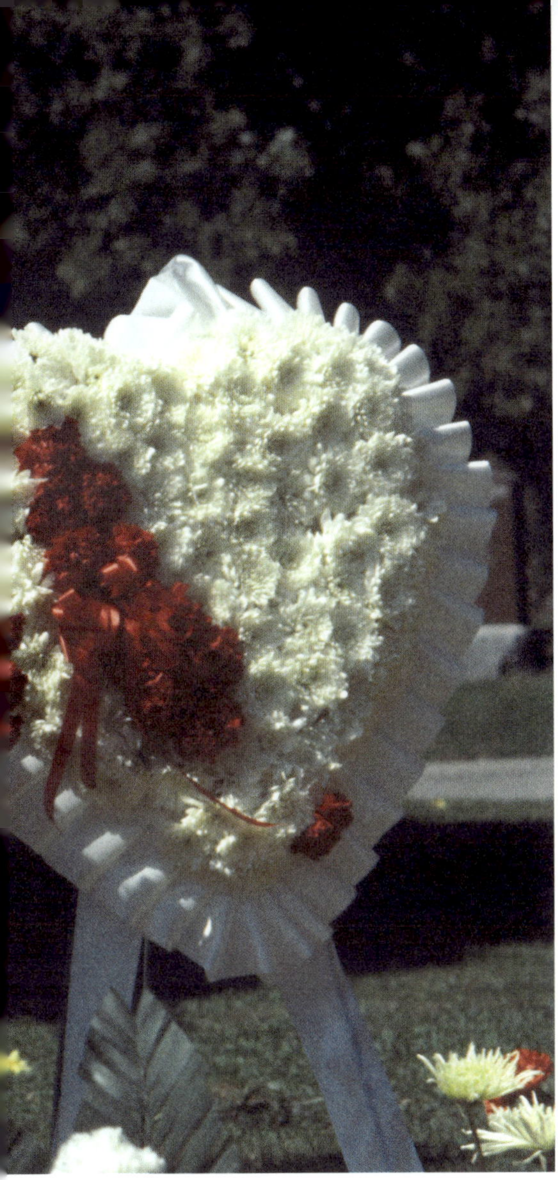

das „Elvis Presley Car Museum" eröffnet. Anfang März 2017 wurde die Fahrzeugkollektion in den neuen, 45 Millionen Dollar teuren Komplex „Elvis Presley´s Memphis" gegenüber von Graceland integriert und firmiert seitdem als „Presley Motors".

Inzwischen sind dort 28 seiner Fahrzeuge (14 Autos, vier Motorräder, zwei Trikes, ein Traktor und sieben Spaß-Vehikel wie Schneemobile, Golf-Carts, zwei Boote) und zwei seiner drei Flugzeuge zu sehen – also nicht gerade substantiell mehr als bei seinem Tod und der Auflistung des „Estate" (siehe Kapitel 3). Mehrere davon sind sogar nur ausgeliehen. Sehr intensiv haben sich die Erben in den letzten 45 Jahren also nicht um den Aufbau einer Fahrzeugsammlung bemüht. Allerdings harren einige weitere noch hinter verschlossenen Türen nach einer Restaurierung auf das Licht der Öffentlichkeit. Wohl auch aufgrund der Fahrzeuge, ist es dazu gekommen, dass Graceland neben dem Weißen Haus in Washington zur wichtigsten Touristenattraktion in den USA wurde. Oder wie seine frühere Freundin Barbara Leigh es einmal so passend ausdrückte: „Die Erinnerung an Elvis führt dazu, dass die Menschen und die Fans sich glücklich fühlen. Er wird für immer in den Herzen aller Fans leben. Aus meiner Sicht, ist Elvis nicht tot. Er hat nur das Gebäude verlassen."

RESPECT

Elvis drehte 31 Spielfilme. Es gibt zwei lange Dokumentationen mit und über ihn, die ins Kino kamen.

Nach einer Reihe von Quellen nahm er 784 Songs auf und gab 1.684 Konzerte. Bis zum Jahr 1977 erschienen 83 LPs. Bis zum Jahr 2000 weitere 90 LPs. Allerdings, und das gilt ja auch für die Anzahl seiner Autos, variieren auch diese Zahlen.

KAPITEL 13

WHO NEEDS MONEY

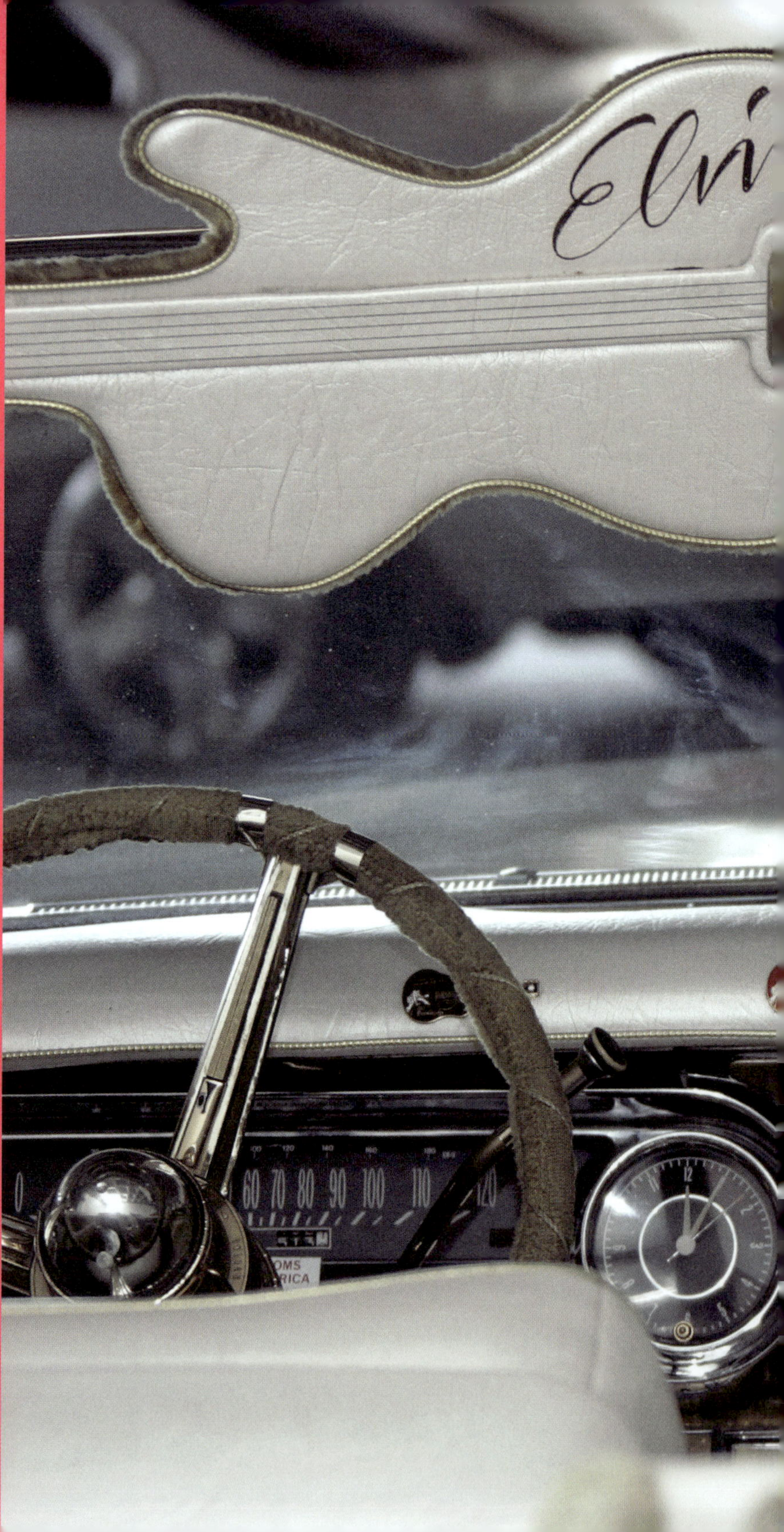

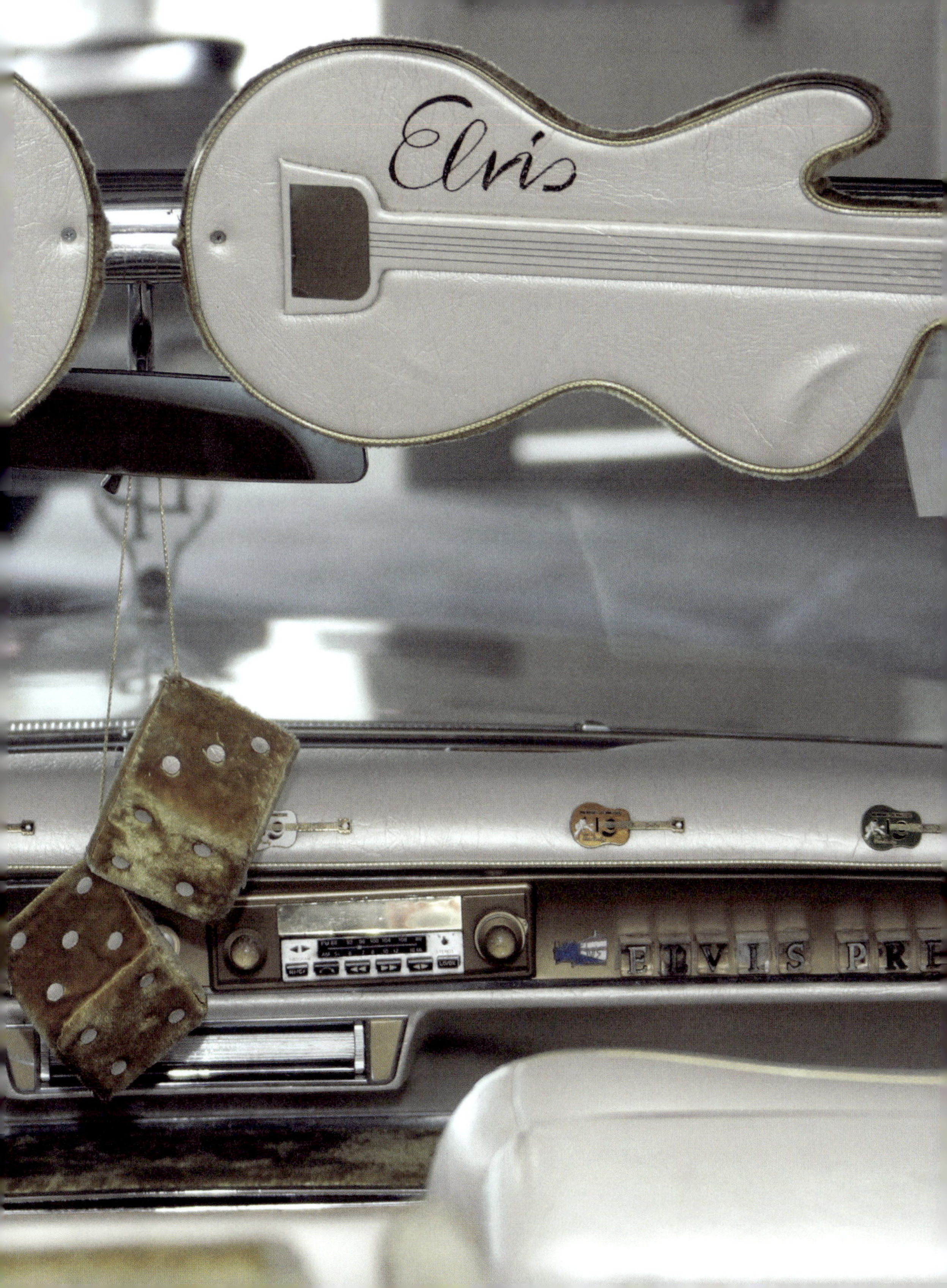
Elvis
ELVIS PRE

WHO NEEDS MONEY GAGEN UND HONORARE / AUSGABEN (IN TEILEN)

ZEIT	JOB	FIRMA / PERSON	VERDIENST(E)
03.10.1045	Gesangswettbewerb	Mississippi–Alabama Fair and Dairy Show	5 Dollar + eine Freikarte
1948	Platzanweiser im Kino	Loew's State Theatre, Memphis	14 Dollar pro Woche
Sommer 1950	Rasenmäher Dienste	Verschiedene	4 Dollar pro Grundstück – mit drei Freunden
September 1950	Platzanweiser im Kino	Loew's State Theatre, Memphis	14 Dollar pro Woche
Juni 1951	Platzanweiser im Kino	Loew's State Theatre, Memphis	14 Dollar pro Woche
3. Juni – Ende August 1951	Arbeit mit einem Bohrer am Montageband	Precision Tool Company	27 Dollar pro Woche
April 1952 – Juni 1952	Platzanweiser im Kino	Loew's State Theatre, Memphis	14 Dollar pro Woche
August 1952	Polsterwaren Bearbeitung	Upholstery Specialties Company	109 Dollar für einen Monat
Juli 1953	Arbeit am Montageband	M.B. Parker	36 Dollar pro Woche: Gesamtlohn: 129,74 Dollar
21. September 1953 – 19. März 1954	Arbeit mit einem Bohrer am Montageband	Precision Tool Company	1,55 Dollar pro Stunde, 786,59 Dollar im März 1954
20.04.1954 – Mitte Oktober 1954	Lkw-Fahrer	Crown Electric Company	35 Dollar pro Woche, Andere Quellen: 1 Dollar pro Stunde
1954	Louisiana Hayride Show	Sender KWKH, Shreveport	18 Dollar pro Auftritt
1955	Louisiana Hayride Show	Sender KWKH, Shreveport	200 Dollar pro Auftritt
1955	Vorschuss Plattengesellschaft	Sun Records	500 Dollar für Tourneen
21.11.1955	Vorschuss Plattengesellschaft auf den Vertrag mit Sam Phillips von Sun Records	RCA	5.000 Dollar
1955 Gesamteinnahmen	Veranstalter, Sun Records	Auftritte, Plattenverkäufe	25.240,15 Dollar laut seiner Steuererklärung
28. Januar bis 24. März 1956	Sechs Auftritte: Tommy and Jimmy Dorsey Stage Show	CBS, New York	1.250 Dollar für jede der sechs Shows
3. April und 5. Juni 1956	Milton Berle Show	NBC	1.250 Dollar für jede der beiden Shows
01.07.1956	Auftritt: Steve Allen Show	NBC	7.500 Dollar
09.09.1956 28.10.1956 06.01.1957	Drei Auftritte: Ed Sullivan Show	CBS TV	50.000 Dollar für drei Shows
25.04.1956	Filmvertrag mit einer Option für sechs weitere Filme	Hal Wallis	15.000 Dollar für den 1. Film, 20.000 für den zweiten, 25.000 für den dritten usw. bis 100.000 für den siebten

ZEIT	JOB	FIRMA / PERSON	VERDIENST(E)
April 1956	Film: „Gold aus heißer Kehle"	Paramount	65.000 / 150.000 Dollar (verschiedene Quellen)
August 1956	Film: „Pulverdampf und heiße Lieder"	20th Century Fox	100.000 Dollar
Februar 1957	Film „Rhythmus hinter Gittern"	MGM	250.000 Dollar und 50 Prozent vom Gewinn, davon 50 % für Parker
1958	Film: „Mein Leben ist der Rhythmus"	Paramount	100.000 Dollar
24.03.1958	Beginn der Militärzeit	US Army	78 Dollar im Monat
27.11.1958	Beförderung zum „Private" (Gefreiten)	US Army	99,37 Dollar im Monat
01.06.1959	Beförderung zum „Specialist 4th Class"	US Army	109,37 Dollar im Monat andere Quellen: 122,30
20.01.1960	Beförderung zum „Acting Sergeant"	US Army	Der Sold blieb gleich
11.02.1960	Beförderung zum „Sergeant" (Unteroffizier)	US Army	122,37 Dollar im Monat andere Quellen: 122,31
05./23.03.1960	Letzter Sold Scheck	US Army	109,54 Dollar
1960	Film: „Café Europa"	Paramount	175.000 Dollar + 7,5 % des Gewinns nachdem der Film Gewinn erzielt hat
12.05.1960	The Frank Sinatra Timex Show: „Welcome Home Elvis"	ABC TV	125.000 Dollar
1960	Film: „Flammender Stern"	20th Century Fox	200.000 Dollar
1960	Film: „Lied des Rebellen"	20th Century Fox	250.000 / 300.000 Dollar (versch. Quellen)
Januar 1961	Vertrag über fünf Filme: „Blaues Hawaii", „Harte Fäuste, heiße Liebe", „Girls! Girls! Girls", „Ob blond, ob braun ...", „Südsee-Paradies"	Paramount	175.000 Dollar pro Film für die ersten drei Filme und 200.000 Dollar für die beiden danach + Bonus 90.000 Dollar für den letzten Film (50/50 an Elvis + Parker)
20.01.1961	Vertrag über vier Filme: „Ob blond, ob braun", „Tolle Nächte in Las Vegas", „Die wilden Weiber von Tennessee", Kurven-Lilli"	MGM	500.000 Dollar pro Film für vier Filme und 50 % des Gewinns
Juli 1961	Film: „Ein Sommer in Florida"	Mirish Brothers für United Artists	500.000 Dollar plus 50 % des Gewinns
1962	Film: „Harte Fäuste, heiße Liebe"	Mirish Brothers für United Artists	500.000 Dollar plus 50 % des Gewinns
November 1963	Film: „Cowboy-Melodie"	Allied Artists / Paramount	750.000 Dollar + 50 % vom Gewinn
Dezember 1964	Vertrag über zwei Filme: „Frankie und Johnny", „Nur nicht Millionär sein"	United Artists	650.000 Dollar pro Film
Dezember 1964	Vertrag über drei Filme: „Verschollen im Harem", „Sag niemals ja", „Zoff für Zwei"	MGM	1 Million Dollar für den 1. Film und 750.000 Dollar für die beiden danach

ZEIT	JOB	FIRMA / PERSON	VERDIENST(E)
Januar 1966	Vertrag über vier Filme: „Speedway", „Harte Fäuste, Heiße Lieder", „Liebling, lass das Lügen", „Immer Ärger mit den Mädchen"	MGM	850.000 Dollar pro Film und 50 % des Gewinns
April 1966	Film: „Seemann, Ahoi"	Paramount	500.000 Dollar und 20 % des Gewinns
Oktober 1967	Auktion auf der „Circle G" Ranch	Traktoren, Wohnwagen etc.	108.000 Dollar
November 1967	Film: „Charro!"		850.000 Dollar und 50 % des Gewinns
Januar 1968	Film: „Ein himmlischer Schwindel"	NBC-Universal	875.000 Dollar + 50 % des Gewinns
Juli/August 1969	Konzerte	International Hotel Las Vegas	400.000 Dollar
April 1970	Dokumentation: „Elvis – That's The way it is"	MGM	500.000 Dollar
1971	Rechte an Konzerten + Tantiemen	RCA, International Hotel Las Vegas	Mehr als 4 Millionen Dollar
März 1972	Dokumentation: „Elvis On Tour"	MGM	1 Million Dollar
01.03.1973	Verkauf der alten Elvis-Platten vor 1973 an RCA	RCA	5,4 Millionen Dollar
1974	Konzert Tournee	Verschiedene Konzertveranstalter	4 Millionen Dollar, ein Drittel für Parker
1974	Auftritte in Las Vegas und Tahoe	International Hotel	700.000 Dollar, ein Drittel für Parker
1974	Tantiemen Schallplatten	RCA	ca. 750.000 Dollar, 50 % für Parker
Juni 1975	Hausverkauf: 144 Monovale Drive, Beverly Hills	Telly Savalas, Schauspieler	625.000 Dollar oder 650.000 Dollar. 2020 wurde es für 20 Millionen Dollar verkauft.
1979	Hausverkauf: 845 Chino Canyon Road, Palm Springs	Franki Valli, Sänger	385.000 Dollar
2012	Hausverkauf: 1174 Hillcrest Road, Beverly Hills	Peter Morton, Hard Rock Café	12 Millionen Dollar, 2019 wurde es für 25,5 Millionen Dollar weiterverkauft

ANGEBLICH WAR ELVIS MIT 21 JAHREN SCHON MILLIONÄR.

Ende Juli 1956 schloss Tom Parker einen Vertrag mit dem US-Lizenznehmer Henry G. (Hank) Saperstein über eine Vermarktung von Elvis. Daraufhin erschienen zunächst 72 Elvis Produkte zu denen u.a. Kaugummi Hüllen, Kleidung, Kettchen und Frühstücksdosen bis hin zu Hundemarken. Sie bringen Parker und Elvis 22 Millionen Dollar ein. Im selben Jahr verkauft Parker bei den Elvis Konzerten Parker Tausende von Fotos seines Schützlings zu 10 Cent das Stück.

Nach Angaben des Autors Helmut Radermacher verdiente Elvis allein im Jahr 1957 an:
- Musik Tantiemen: 3,6 Millionen Mark
- Filmauftritten: 600.000 Mark
- Konzerten: 500.000 Mark
- TV-Auftritten: 250.000 Mark

1958 verdiente Elvis genau 1.001.727,89 Dollar

Tom Parker schloss 16 Verträge mit sieben verschiedenen Filmfirmen, die meisten davon mit MGM. 29.04.1960 Das US-Magazin „Billboard“ meldet, dass Elvis 18 Millionen Singles verkauft hat. Das hatte noch kein Künstler vor ihm geschafft. Am 16. August 1977, am Tag seines Todes, berichteten Nachrichtensender, dass er 400 Millionen Platten verkauft hat und drei seiner Filme allein in den USA und Kanada jeweils 36 Millionen Dollar eingespielt haben. Nach Angaben von Priscilla Presley aus dem Jahr 2016, hatte Elvis nach seinem Tod mehr Alben, die auf Platz 1 der Charts standen, als zuvor. Er bekam 13 goldene Schallplatten, zwei mehr als Madonna. Er veröffentlichte 784 verschiedene Songs auf ca. 60 Originalalben.

ELVIS „GRÖSSTE“ AUSGABEN – SOWEIT BEKANNT

August 1953	Songs: „My Happiness“ + „That's When Your Heartache Begins“	Single	4 Dollar
Januar 1954	Songs: („I'll Never Stand in Your Way“ und „It Wouldn't Be the Same Without You“	Single	4 Dollar
5. Juli 1954 und ein paar Tage später	Songs: „It's Allright“ + „Blue Moon of Kentucky“	Single	4 Dollar
5. Juli 1955	Cadillac Fleetwood Series 60 Special	Auto	5.970 Dollar
12. März 1956 – März 1957	1034 Audubon Drive, Memphis	Haus	29.500 Dollar
19. März 1957	Graceland, Memphis	Haus	102.500 Dollar zzgl. 50.000 Dollar für Renovierungen
In den Jahren danach	Graceland Umgebung, Memphis	Häuser und Land	Mehr als 500.000 Dollar
4. – 6. Oktober 1958	Ritters Park Hotel, Bad Nauheim: eine Suite, zwei Einzelzimmer	Miete	962,36 Mark für zwei Nächte
30. Oktober 1958	Pudel „Cherry von der Mainkur“	Hundekauf	450 Mark
6.- 11. Oktober 1958	Hilberts Park Hotel, Bad Nauheim	Miete	1.040 Mark für fünf Nächte
3. Februar 1959 – März 1960	Haus Goethestraße 14, Bad Nauheim	Miete	2.000 Mark pro Monat andere Quellen: 3000
1.April 1959 – März 1960	Klavier aus dem Musikhaus Kühlwetter in Gießen	Miete	40 Mark pro Monat

September 1960 bis November 1961	525 Perugia Way, Los Angeles	Haus	Er mietete das Haus
November 1961 bis Januar 1963	10539 Bellagio Road, Bel-Air	Haus	Er mietete das Haus
Januar 1963 bis 1965	525 Perugia Way, Los Angeles	Haus	Er mietete dasselbe Haus erneut
Weihnachten 1963	Mehrere wohltätige Organisationen	Spende	55.000 Dollar
1.Mai 1967	Hochzeitslizenz, Las Vegas		15 Dollar
November 1967 - 1973	1174 Hillcrest Avenue, Beverly Hills	Haus	400.000 Dollar
Februar 1967	Kauf der Ranch: „Flying Circle G“	Ranch	437.000 Dollar
Ende 1967	Trousdale Estates	Haus	400.000 Dollar
April 1970	845 Chino Canyon Rd., Palm Springs	Haus	13.187,83 Dollar + 85.000 Dollar Hypothek
Dezember 1970	144 Monovale Drive, Beverly Hills	Haus	339.000 Dollar
17.04.1975	Convair 88 „Golden Arrow“ von Delta Airlines, den er „Lisa Marie“ taufte	Flugzeug	250.000 Dollar + Umbauten = 600.000 Dollar
1975	Lockheed Jetstar, den er „Hound Dog II“ taufte	Flugzeug	900.000 Dollar
1976	1962er Lockheed Jetstar für acht Passagiere	Flugzeug	Verkauft 1977, Preis nicht bekannt

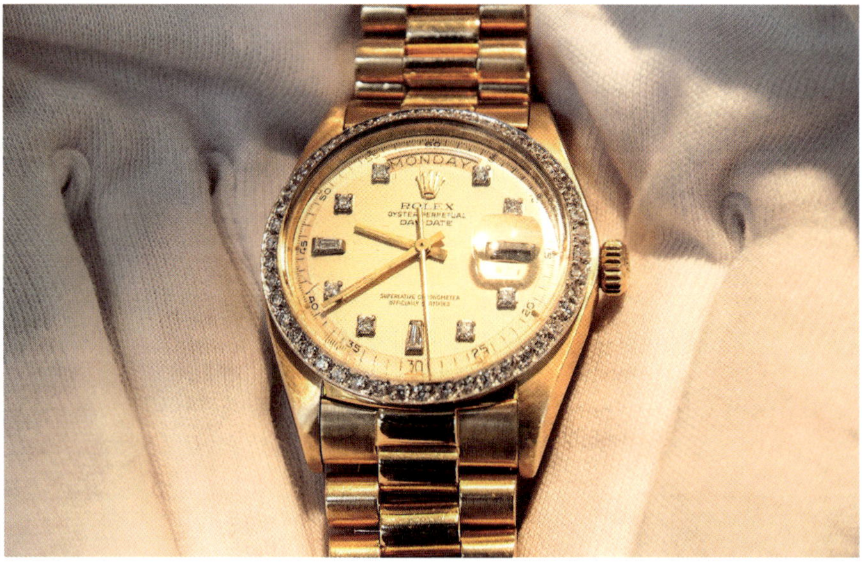

YOU GAVE ME A MOUNTAIN
- LISTE TEURER GESCHENKE VON ELVIS

BESCHENKTE/R	OBJEKT	ZEIT / ZEITRAUM
Sam Phillips, Sun Studio	Cadillac Cabrio	1955
Marion Kreisker, Sun Studio	Cadillac Coupé de Ville	1957
Priscilla Beaulieu / Presley	Chevrolet Corvair, rot	1. April 1963
	Oldsmobile Toronado, weiß, Cadillac Eldorado, schwarz	1966
	Honda Dream 350, weiß	1965
	Cadillac Fleetwood, Mercedes 280 SL, weiß, Eine goldene Uhr mit Diamanten und ein Ring mit zwei Diamanten	1967
Linda Thompson, Freundin	drei Autos + ein Cadillac für ihre Eltern	
Ginger Alden, Freundin	Cadillac Seville	1976
	Triumph TR 6, grün (emerald green), Diamantring	1977
Ed Parker, Karatelehrer	Cadillac	
Kang Rhee, Karatelehrer	73er Cadillac Eldorado Coupé, weiß	
Memphis-Mafia/ Freunde:		
Sonny West, Leibwächter	63er Cadillac	ab 1965
	Cadillac Cabrio, schwarz; 67er Cadillac Eldorado; 73er Cadillac Eldorado	1966
Marty Lacker	60er Cadillac	1963
	Cadillac, orange	August 1975
Alan Fortas	Cadillac Cabrio, weiß	
Richard Davis	Cadillac Cabrio, weiß	
Jerry Schilling	Cadillac Cabrio, weiß; Zwei weitere Cadillacs; Ein Haus	
Larry Geller	Cadillac Cabrio, schwarz	
Joe Esposito	Cadillac, braun/schwarz; Cadillac Eldorado; Cadillac Seville	
	Mercedes 280 SL, weiß	8. Dezember 1970
Charlie Hodge	Mercedes 280 SL, weiß; Mehrere andere Autos	8. Dezember 1970
George Klein	Cadillac Cabrio, gelb	Dezember 1966
	Cadillac; Smaragdring	1968
Annette Day, Schauspielerin	Ford Mustang, blau/weiß	Juni 1966
Pat Harrington, Schauspielerin	Cadillac	1967
Ursula Andress, Schauspielerin	58er BMW 507, federweiß (Chassis: 70192, Motor: 40192. Sie lehnte zwei Cadillacs ab)	1963

BESCHENKTE/R	OBJEKT	ZEIT / ZEITRAUM
Vester Presley, Onkel	Coupé de Ville	1974
Billy Smith + Frau, Cousin	Zwei Lincoln Mercury, rot	
Mennie L. Person, Bankangestellte	Cadillac Eldorado, gold/weiß; Scheck für Geburtstagsgeschenke	1975
Dr. Elias Ghanem, Arzt	Stutz Blackhawk, schwarz/weiß	1972/3
Dr. George C. Nichopoulos, Arzt	Cadillac Fleetwood Brougham	1975
Myrna Smith, Sängerin	Cadillac Eldorado, eisblau	1975
Tom Parker, Manager	BMW Isetta	21.12.1957
	Cadillac Seville	1975
Dr. Lester Hoffman, Zahnarzt	Cadillac Seville	1976
Lowell Hays, Juwelier	Cadillac Seville	1976
Mary Jenkins, Köchin	sechs Autos, davon drei Cadillacs + ein Haus	1974
Großeinkäufe / Geschenke:		
Memphis Mafia	9 Triumph Motorräder	April 1965
	12 Harley-Davidson; 1 Harley-Davidson für einen Jungen, der vor Graceland stand und fror	
Verschiedene	29 Autos, viele Cadillacs	Juli 1973
Memphis Mafia	7 Lincoln	1974
Verschiedene u.a.: Onkel Vester, Sonny West	4 Autos	26. September 1974
Verschiedene	14 Cadillacs	27. Juli 1975
Verschiedene:	8 Cadillacs insgesamt:	14. Januar 1976
Drei Polizisten in Denver	3 Cadillacs	
Frau von Sonny West	Cadillac Seville, weiß, innen blau	
Freundin von Red West	Cadillac	
Freundin von Joe Esposito	Cadillac	
Tom Parker, Manager	Cadillac	
Don Kinney, TV-Moderator	Cadillac, blau	

HIGHEST-PAID DEAD CELEBRITIES

Die amerikanischen Magazine „Forbes“ und „Fortune“ veröffentlichen seit dem Jahr 2001 alljährlich eine Liste der so genannten „Highest-Paid Dead Celebrities“, also derjenigen prominenten Toten, die den Erben das meiste Geld einbringen. Sie umfasst zwischen 13 und 20 Ränge. Danach erreichte Elvis Presley die folgenden Summen und ist seit 20 Jahren darin fast immer ganz oben zu finden:

- 2021: 30 Millionen Dollar - Platz 7
- 2020: 23 Millionen Dollar - Platz 5
- 2019: 39 Millionen Dollar - Platz 2
- 2018: 40 Millionen Dollar - Platz 2
- 2017: 35 Millionen Dollar - Platz 4
- 2016: 27 Millionen Dollar - Platz 4
- 2015: 55 Millionen Dollar - Platz 2
- 2014: 55 Millionen Dollar - Platz 2
- 2013: 55 Millionen Dollar - Platz 2
- 2012: 55 Millionen Dollar - Platz 3
- 2011: 55 Millionen Dollar - Platz 2
- 2010: 60 Millionen Dollar - Platz 2
- 2009: 55 Millionen Dollar - Platz 4
- 2008: 52 Millionen Dollar - Platz 1
- 2007: 49 Millionen Dollar - Platz 1
- 2006: 42 Millionen Dollar - Platz 2
- 2005: 45 Millionen Dollar - Platz 1
- 2004: 40 Millionen Dollar - Platz 1
- 2003: 40 Millionen Dollar - Platz 1
- 2002: 37 Millionen Dollar - Platz 1
- 2001: 35 Millionen Dollar - Platz 1

Nach Angaben der RIAA (Recording Industry Association of America), verkaufte Elvis bis zum Jahr 2006 insgesamt 1,85 Milliarden Tonträger. Damit steht er weit abgeschlagen vor allen anderen Künstlern auf Platz 1. Die Beatles folgen auf Platz 2 mit 1,3 Milliarden Stück.

2018 nahmen die Erben von 40 Millionen Dollar durch den Verkauf von einer Million Alben ein. Nach Angaben der RIAA vom 8. März 2018 gab es bis dahin 146,5 Millionen Presley Alben die den Status Gold, Platin oder Multi Platin erreichten.

FILMOGRAFIE, KOSTEN UND EINSPIELERGEBNISSE (1956 – 1969)

FILMTITEL USA	FILMTITEL IN DEUTSCHLAND	KOSTEN	EINSPIEL IN USA + KANADA
		jeweils in Millionen Dollar	
Love Me Tender, 1956	Pulverdampf und heiße Lieder	1	8 – 9 / 9,24
Loving You, 1957	Gold aus heißer Kehle		3,7 – 9 / 8,14
Jailhouse Rock, 1957	Rhythmus hinter Gittern	2,64 / 4 – 9 / 8,58	
King Creole,1958	Mein Leben ist der Rhythmus		1,05 – 2,6
G.I. Blues, 1960	Café Europa	4,3 / 9,46	
Flaming Star, 1960	Flammender Stern		0,9 / 4,4
Wild in the Country, 1960	Lied des Rebellen	2,975	5,5 (Es ist nach verschiedenen Quellen der einzige Film, der Geld verlor.)
Blue Hawaii, 1961	Blaues Hawaii		10,34 – 10,44
Follow That Dream, 1962	Ein Sommer in Florida	6,16	
Kid Galahad, 1962	Harte Fäuste, heiße Liebe		1,8 / 5,5
Girls! Girls! Girls!, 1962	Girls! Girls! Girls!		2,6 / 7,92
It Happened at the World's Fair, 1962	Ob blond, ob braun		2,25 / 5,5
Fun in Acapulco, 1963	Acapulco		1,5 / 6,82
Kissin' Cousins, 1964	Die wilden Weiber von Tennessee	0,8	2,8 / 6,6
Viva Las Vegas, 1964	Tolle Nächte in Las Vegas		9,44 / 11,33
Roustabout, 1964	König der heißen Rhythmen		3 / 7,26
Girl Happy, 1965	Kurven-Lilli		3,1 / 7,15
Tickle Me, 1965	Cowboy-Melodie	0,406 – 1,5	3,4 – 5 / 7,48
Harum Scarum, 1965	Verschollen im Harem		1,5 / 6,82
Frankie and Johnny, 1966	Frankie und Johnny		6,05
Paradise Hawaiian Style, 1966	Südsee-Paradies	2	2,5 / 7.04
Spinout, 1966	Sag niemals „ja"		1,77 – 3 / 6,6
Easy Come, Easy Go, 1967	Seemann, Ahoi!		1,9 / 4,24
Double Trouble, 1967	Zoff für Zwei		1,6 / 3,52
Clambake, 1967	Nur nicht Millionär sein		1,98
Stay Away Joe, 1968	Harte Fäuste, Heiße Lieder		1,5 / 3, 3

FILMTITEL USA	FILMTITEL IN DEUTSCHLAND	KOSTEN	EINSPIEL IN USA + KANADA
		jeweils in Millionen Dollar	
Speedway, 1968	Speedway	1,5 - 3	2 – 3 / 6,6
Live a Little, Love a Little, 1968	Liebling, lass das Lügen		2,09
Charro!, 1969	Charro!	1,5	1,5 / 3,3
The Trouble With Girls, 1969	Immer Ärger mit den Mädchen		2,11
Change of Habit, 1969	Ein himmlischer Schwindel		1,23
Dokumentationen:			
Elvis – That's the Way It Is, 1970			2,2
Elvis On Tour, 1972			1,98

PS: Die Zahlen der Budgets und Einspielergebnisse variieren zum Teil, daher werden hier manchmal zwei Zahlen oder auch Zahlenbereiche angegeben. Die Zahlen hinten dem / sind Angaben aus dem Buch von Trina Young „Elvis Behind The Legend", die die „Total Box Office Earnings" in den USA und Kanada auflistet. Zu einigen Filmen konnten leider überhaupt keine Zahlen ermittelt werden. Die Einspielergebnisse im Rest der Welt sind nicht erfasst.

PSS: Am Tag seines Todes berichten TV-Sender widersprüchlich über die Erfolge seiner Filme. Danach haben drei seiner Filme allein in den USA und Kanada je 36 Millionen Dollar eingespielt. Nach verschiedenen anderen Quellen spielten sieben seiner Filme über 100 Millionen Dollar ein. Nach Angaben der Filmdatenbank imdb.com spielten alle seiner Filme über 150 Millionen Dollar ein.

IT´S A MATTER OF TIME
DIE ZEITTAFEL. ELVIS PRESLEY VON 1912 – 2027

25.04.1912 Gladys Love Smith, spätere Presley, in Pontotoc County, Mississippi geboren
10.04.1916 Vernon Presley in Fulton, Mississippi geboren

17.06.1933 Vernon und Gladys heiraten
08.01.1935 Elvis Aaron Presley in Tupelo, Mississippi geboren, 306 Old Saltillo Road
25.05.1938 Vernon Presley muss ins Gefängnis
06.02.1939 Vernon Presley wird aus dem Gefängnis entlassen

September 1941 Elvis geht zur East Tupelo Consolidated Schule
08.01.1945 Elvis bekommt eine Gitarre geschenkt (10. Geburtstag)
24.05.1945 Priscilla Beaulieu in New York geboren
03.10.1945 Erster öffentlicher Auftritt von Elvis bei der „Mississippi-Alabama Fair and Dairy Show“
04.1946 Elvis bekommt ein Fahrrad geschenkt
11.1948 Familie Presley zieht in ihrem alten Plymouth nach Memphis um
09.1949 Familie Presley wohnt in der Winchester Avenue 185, Appartement 328 in Lauderdale Courts

03.01.1950 Eröffnung der Sun Records von Sam Phillips in Memphis, 706 Union Avenue
1950 Elvis tritt bei der Schulweihnachtsfeier mit zwei Liedern auf
24.02.1952 Elvis bekommt den Führerschein
08.01.1953 An seinem 18. Geburtstag bekommt Elvis sein erstes Auto, ein 1942er Lincoln Zephyr Club Coupé
01.1953 Familie Presley zieht aus der Sozialwohnung in der Winchester Avenue 185 aus. Die neue Adresse lautet 462 Alabama Street
03.06.1953 Schulende
04.01.1954 Elvis nimmt bei Sam Philips zwei Lieder auf
20.04.1954 Elvis beginnt bei der Crown Electric Company als LKW-Fahrer
05.07.1954 Aufnahme von „That´s Allright“ in den Sun Studios in Memphis
07.07.1954 „That´s Allright“ ist erstmals im Radio zu hören
12.07.1954 Sam Phillips schließt einen Vertrag mit Elvis, Scotty Moore und Bill Black
19.07.1954 Veröffentlichung der Single „That´s Allright“
Juli bis Oktober 1954 Auftritte mit Moore und Black in Memphis und Umgebung (21)
08.1954 Tournee durch Texas
16.10.1954 Auftritt in der Countrysendung „Louisana Hayride“ in Shreveport,

Louisiana. Danach 20 Shows in Louisiana, Texas und Arkansas.

10.1954 Elvis hört bei der Crown Electric Company auf

12.1954 oder 01.1955 Elvis kauft einen 1951er Lincoln Cosmopolitan

01.01.1955 Bob Neal wird Manager von Elvis, D.J. Fontana kommt als Schlagzeuger dazu

Februar 1955 Bob Neal gründet „Elvis Presley Enterprises" (EPE), 160 Union Avenue in Memphis, um Elvis zu vermarkten. Sam Phillips trifft sich erstmals mit Tom Parker

Februar/März 1955 Elvis kauft pinkfarbenen 1954er Cadillac Fleetwood Series 60 Special

November / Dezember 1955 Stephen Sholes von RCA Victor schließt Plattenvertrag mit Elvis

05.03.1955 (vermutlich) Die Band verunfallt mit dem 1951er Lincoln Cosmopolitan sports Sedan in Arkansas

06.03.1955 Elvis kauft Cadillac Fleetwood Series 60 Special in Memphis

15.03.1955 Bob Neal und Elvis unterzeichnen Jahresvertrag

17.-19.04.1955 Elvis kauft 1955er Ford Fairlane Victoria in „waterfall blue"

07.06.1955 Der pinkfarbene 1954er Cadillac Fleetwood Series 60 Special brennt aus

07.07.1955 Elvis kauft neuen 1955er Cadillac Fleetwood Series 60 Special

21.11.1955 RCA kauft den Plattenvertrag von Sun Records mit Elvis, Neal und Parker teilen ihre 40-prozentigen Anteile je zur Hälfte

10./11.01.1956 Aufnahmesession in Nashville mit fünf Songs, auch „Heartbreak Hotel"

27.01.1956 RCA veröffentlicht die Single „Heartbreak Hotel" / „I Was The One"

12. März 1956 Elvis kauft Haus in Memphis: 1034 Audubon Drive

23.03.1956 Die erste LP mit dem Titel „Elvis Presley" erscheint

26.03.1956 Tom Parker übernimmt die Anteile von Bob Neal und wird Manager von Elvis

26.-29.03.1956 Elvis macht Probeaufnahmen in Hollywood

01.04.1956 Elvis erhält einen Vertrag für drei Filme

Mitte August 1956 Elvis kauft erstes Motorrad: Harley-Davidson ST 165

09.09.1956 TV-Auftritt in der Ed-Sullivan-Show

18.10.1956 Auseinandersetzungen an einer Tankstelle in Memphis

28.10.1956 TV-Auftritt in der Ed-Sullivan-Show

Ende 1956 sind 17 Elvis Songs sind in den Top 100 von Billboard von denen drei Platz eins erreichen. Es werden mehr als zehn Millionen Platten verkauft. In dem Jahr erscheint sein erster Film: „Love Me Tender"

04.01.1957 Musterung bei der Armee in Memphis

06.01.1957 TV-Auftritt in der Ed-Sullivan-Show

08.01.1957 Elvis feiert 22. Geburtstag in Memphis

März 1957 Elvis kauft weiße BMW Isetta

19.03.1957 Elvis kauft Villa „Graceland" in Memphis

04.1957 Elvis lässt die Einfahrt durch Tore mit Musikelementen ersetzen

04.1957 Konzerte in Toronto und Ottawa

08.1957 Konzerte im Nordwesten der USA

20.12.1957 Elvis erhält seinen Einberufungsbescheid

27.12.1957 Elvis Einberufung wird um 60 Tage verschoben, um den geplanten Film „King Creole“ drehen zu können

1957 gibt Elvis 22 Konzerte in elf US-Bundesstaaten. Er dreht zwei Filme: „Loving You“ und „Jailhouse Rock“

1958 Tom Parker schließt Verträge mit Filmstudios

24.03.1958 Elvis meldet sich beim Einberufungsbüro in Memphis / Vereidigung / Grundausbildung in Fort Chaffee, Arkansas und Fort Hood in Texas

14.08.1958 Elvis Mutter Gladys stirbt

09.1958 Elvis erfährt, dass er nach Deutschland kommt

01.10.1958 Das Kriegsschiff „USS General Randall“ legt um 8.46 Uhr in Bremerhaven an, und Elvis beginnt seinen Militärdienst in Deutschland, der bis zum 2. März 1960 dauert. Er ist bei der 3. US-Panzerdivision in den Ray Barracks in Friedberg/Hessen stationiert und „G.I. 53310761“.

02.10.1958 Pressekonferenz in der Kantine der Ray Barracks

04.10.1958 Elvis, sein Vater Vernon, seine Großmutter Minnie Mae, sowie die beiden Leibwächter Red West und Lamar Fike ziehen in das Ritters Park Hotel in Bad Homburg

06.10.1958 Alle ziehen in das Hilberts Park Hotel in Bad Nauheim um

11.10.1958 Alle ziehen in das Hotel Grunewald, Terrassenstraße 10 in Bad Nauheim um

23.10.1958 Elvis besucht das Konzert von Bill Haley im Frankfurter „Film-Palast“

29.10.1958 Elvis besucht das Konzert von Bill Haley im Mannheimer Kino „Universum“

01.11.1958 Elvis muss zur Geländeübung in Grafenwöhr

27.11.1958 Beförderung zum Gefreiten

16.12.1958 Pressekonferenz in Grafenwöhr, aber es waren nur drei Journalisten anwesend

20.12.1958 Beendigung der Übung in Grafenwöhr

21.12.1958 Elvis kauft in Frankfurt einen weißen BMW 507 (Händlerkennzeichen F-04071) und erhält ein Kennzeichen der US Forces in Germany (A-1499)

26.12.1958 Elvis besucht die „Holiday on Ice“ Revue in Frankfurt

1958 dreht er einen Film: „King Creole“

18.01.1959 Elvis besucht einen an Kinderlähmung erkrankten Jungen in einem Frankfurter Krankenhaus und trifft auf Vera Tschechowa

22.01.1959 Elvis kauft für 750 Dollar einen roten VW Käfer

03.02.1959 Elvis zieht in eine Villa in Bad Nauheim, Goethestraße 14

07.02.1959 Elvis besucht erneut die „Holiday on Ice“ Revue in Frankfurt

03./04.03.1959 Elvis besucht München

26.03.1959 Vernon Presley verunglückt gemeinsam mit Elisabeth Stefaniak in Vernons Mercedes 300 auf der Autobahn Frankfurt / Kassel

05.05.1959 Beginn eines achttägigen Manövers

12.- 17.06.1959 Zwei Wochen Urlaub: Fahrt nach München, danach Paris

16.08.1959 Hal Wallis besucht Elvis in Bad Nauheim und spricht mit ihm über den Film „G.I. Blues“

13.09.1959 Elvis trifft in Bad Nauheim zum ersten Mal auf Priscilla, einen Tag später besucht sie ihn in der Villa

22.12.1959 Elvis kauft bei „Southern Motors Inc." einen Cadillac, der später vergoldet wird

12. – 17.01.1960 Zweiter Urlaub in Paris, Karate Unterricht

11.02.1960 Elvis wird zum Sergeanten befördert

01.03.1960 Elvis gibt in den Ray Barracks in Friedberg seine letzte Pressekonferenz in Deutschland

02.03.1960 Elvis fliegt von Deutschland via Schottland in die USA

05.03.1960 Elvis wird im Fort Dix in New Jersey ehrenhaft aus der Armee entlassen

16.03.1960 Aufzeichnung der Frank Sinatra Show „Welcome Home, Elvis" in Miami

20./21.03.1960 Aufnahmesession in Nashville

21.04.1960 Elvis trifft bei Paramount erstmals auf Regisseur Norman Taurog, der später neun Filme mit ihm inszenierte.

12.05.1960 Ausstrahlung der Frank Sinatra Show „Welcome Home, Elvis" in der er zwei Stücke singt und ein Duett mit Sinatra

03.07.1960 Vernon Presley heiratet Dee Stanley in Huntsville, Alabama

1960 dreht er drei Filme: „G.I. Blues", „Flaming Star" und Teile von „Wild in the Country"

01.1961 Elvis unterzeichnet einen Fünfjahresvertrag mit Hal Wallis

25.02.1961 Zwei Konzerte in Memphis

08.03.1961 Elvis wird in Nashville zum Ehrenoberst ernannt

25.03.1961 Konzert auf Hawaii

1961 dreht er vier Filme: den Rest von „Wild in the Country", „Blue Hawaii", „Follow That Dream" und „Kid Galahad"

1962 dreht er zwei Filme: „Girls! Girls! Girls!" und „It Happened at the World's Fair" Elvis hat seinen letzten Nummer 1 Hit

1963 Elvis dreht drei Filme: „Fun in Acapulco", „Viva Las Vegas" und „Kissin' Cousins"

1963 Zwei von drei Singles kommen unter die Top Ten

18.02.1964 Die Beatles schauen sich in Miami „Fun in Acapulco" an

1964 dreht er drei Filme: „Roustabout", „Girl Happy" und „Tickle Me"

08.01.1965 Elvis feiert seinen 30. Geburtstag in Memphis

27.08.1965 Die Beatles besuchen Elvis in seinem Haus am Perugia Way in Los Angeles

1965 dreht er drei Filme: „Harum Scarum" „Frankie and Johnny" und „Paradise Hawaiian Style"

1966 dreht er drei Filme: „Spinout", „Double Trouble" und „Easy Come, Easy Go"

01.05.1967 Elvis und Priscilla Ann Beaulieu heiraten im Aladdin Hotel in Las Vegas

1967 dreht er drei Filme: „Clambake", „Speedway" und „Stay Away, Joe"

01.02.1968 Lisa Marie Presley geboren

03.12.1968 Ausstrahlung des sogenannten „Comeback Special" von Elvis bei NBC

1968 dreht er drei Filme: „Live a Little, Love a Little", „Charro!" und „The Trouble with Girls"

31.07.1969 - 28.08.1969 Konzerte im International Hotel Las Vegas

1969 dreht er einen Film: „Change of Habit",

11.11.1970 Premiere der Dokumentation „Elvis - That's the Way It Is" in San Francisco
Oktober 1971 Das Logo „Taking Care of Business" (TCB) entsteht
09.06.1972 Pressekonferenz im New Yorker Hilton Hotel
10.06.1972 Konzert im New Yorker „Madison Square Garden"
06.07.1972 Elvis lernt die frühere „Miss Tennessee" Linda Thompson kennen
01.11.1972 US-Kinostart der Dokumentation: „Elvis on Tour"
14.01.1973 „Aloha from Hawaii" Konzert in der Honolulu International Center Arena
01.03.1973 Parker vermittelt den Verkauf der alten Elvis-Platten vor 1973 an RCA für 5,4 Millionen Dollar
04.04.1973 Ausstrahlung des „Aloha from Hawaii" Konzerts in den USA
09.10.1973 Scheidung von Priscilla Presley
Sommer 1974 Renovierung von Graceland
28.04.1975 Barbra Streisand und Jon Peters bieten Elvis die Hauptrolle in „A Star is Born", doch Parker lehnt ab
20.01.1976 Jerry Schilling kündigt
04.08.1976 Das Buch „Elvis: What Happened?" von seinen früheren Mitstreitern erscheint
13.08.1976 Vernon Presley entlässt Red West und Sonny West
19.11.1976 Elvis lernt Ginger Alden kennen, die später seine Freundin wird
12.1976 Linda Thompson trennt sich von Elvis auch aufgrund seiner zahlreichen Affären
Mitte 1977 Vertrag mit CBS
19./20./21.06.1977 „Elvis in Concert" Auftritte werden gefilmt
26.06.1977 Letztes Konzert in der Market Square Arena in Indianapolis
14.08.1977 Elvis dreht eine Runde mit seiner Harley
16.08.1977 Elvis stirbt in seiner Villa Graceland
09.1978 Parker arrangiert im Las Vegas Hilton das „Always Elvis" Festival bei dem auch Vernon und Priscilla Presley zu Gast sind
1978 Verfilmung von Elvis Leben: „Elvis - The Movie" von John Carpenter mit Kurt Russell
26.06.1979 Vernon Presley stirbt in Memphis

1981 Die Dokumentation „This is Elvis" entsteht
03.04.1981 Premiere von „This Is Elvis" in Memphis
07.06.1982 Öffnung von Graceland als Museum
12.06.1989 Eröffnung des Elvis Presley Car Museum

1993 Lisa Marie Presley tritt im Alter von 25 Jahren ihr Erbe an
21.01.1997 Tom Parker stirbt in Las Vegas

2004 Robert F. X. Sillerman kauft 85 % der Anteile von Elvis Presley Enterprises
2007 Sillerman kauft ein sieben Hektar großes Gelände am Strip in Las Vegas, um für 475 Millionen Dollar ein Elvis-Resort zu bauen, doch der Plan scheitert

2013 Die Firma Authentic Brands übernimmt die Anteile von Sillerman und lässt neben dem „Guest House" die Ausstellungsfläche „Elvis Presley´s Memphis" auf dem Graceland-Gelände errichten

2016 „The Guest House at Graceland" öffnet

02.03.2017 Der Ausstellungskomplex „Elvis Presley´s Memphis" wird gegenüber von Graceland eröffnet. Er enthält auch die Fahrzeugausstellung „Elvis Presley Motors"

12.08.2017 Beginn der seitdem jährlich stattfindenden „Elvis Week" in Memphis

25.05.2022 Weltpremiere der „Elvis" Films von Baz Luhrmann beim Filmfest in Cannes

23.06.2022 Der „Elvis" Film von Baz Luhrmann kommt in die dt. Kinos

2027 Der versiegelte Autopsie Bericht von Elvis Tod wird der Öffentlichkeit zugänglich gemacht

BIBLIOGRAPHIE ELVIS PRESLEY

Clarke Keough, Pamela: Elvis Presley The King. Berlin 2005

Goldman, Albert: Elvis Die letzten 24 Stunden. Bergisch Gladbach 1993

Guralnick, Peter: Last Train to Memphis: The Rise of Elvis Presley. New York 1995

Guralnick, Peter: Careless Love: The Unmaking of Elvis Presley. New York 2000

Harrison, Martin (Hg.) Elvis Presley 1956. Photographien von Marvin Israel. München 1998

Heigl, Peter: Sergeant Elvis Presley in Grafenwöhr Bayern. Amberg 2007

Jouret, Jackie: Filnding Elvis´s 507. The quest for the world´s most famous BMW. Portland 2019

Klein, George / Crisafulli, Chuck: Elvis Mein bester Freund. Höfen 2010

Mansfield, Rex and Elisabeth: Elvis in Deutschland. Bamberg 1981

Mansfield, Rex and Elisabeth, Terrill, Marshall and Zoe: Sergeant Presley. Our Untold Story of Elvis´ Missing Years. Toronto 2002

Nash, Alanna: Der Colonel. Oldenburg 2010

Nash, Alanna: Elvis and the Memphis Mafia. New York 1995

Presley, Priscilla / Harmon, Sandra: Elvis and Me. New York 1985

Radermacher, Helmut: Das große Elvis Presley Filmbuch. Hille 2010

Robertson, John: Elvis Presley. Storys und Songs kompakt. Berlin 2006

Seibel, Bernhard / Unucka, Christian: Elvis Presley und seine Filme. Hebertshausen 1988

West, Red / West, Sonny / Hebler, Dave / Dunleavy, Steve: Elvis Was ist passiert? 1977

Young, Trina: Elvis Behind the Legend. 2015

DANKSAGUNG, COPYRIGHT, BILDNACHWEISE

Mein Dank gilt Oliver Bayan, Carsten Beischall, Uli Kniep, Birgit Lansdorf, Godehard Neumann, Jan-Felix-Walther, Thilo Wydra und dem Kultur- und Militärmuseum Grafenwöhr.
Der Autor bedankt sich besonders bei Manfred Brodträger für die zur Verfügung gestellten Materialen. Dieses Buch wäre ohne das leidenschaftliche Engagement und die zahlreichen Anregungen und Hilfestellungen von Barbara Schmidt nicht zustande gekommen. Vielen herzlichen Dank speziell an sie.

Bilder Titel und Rückseite: Alamy Stock Foto / Pictorial Press Ltd
Weitere Bildquellen: Siegfried Tesche (Autor), Alamy Stock Photo, Arsenal Filmverleih, Auto-Medienportal.Net/Kruse GWS Auction California, BMW, Manfred Brodträger, dpa picture alliance, Ford Motor Company, GM, Harley Davidson, Honda, Sammlung Keidel, Sammlung Köstnick, Marion Konturek, MGM, Pictorial Press Ltd, Stellantis, Universal Pictures, United Artists, Zuma Press

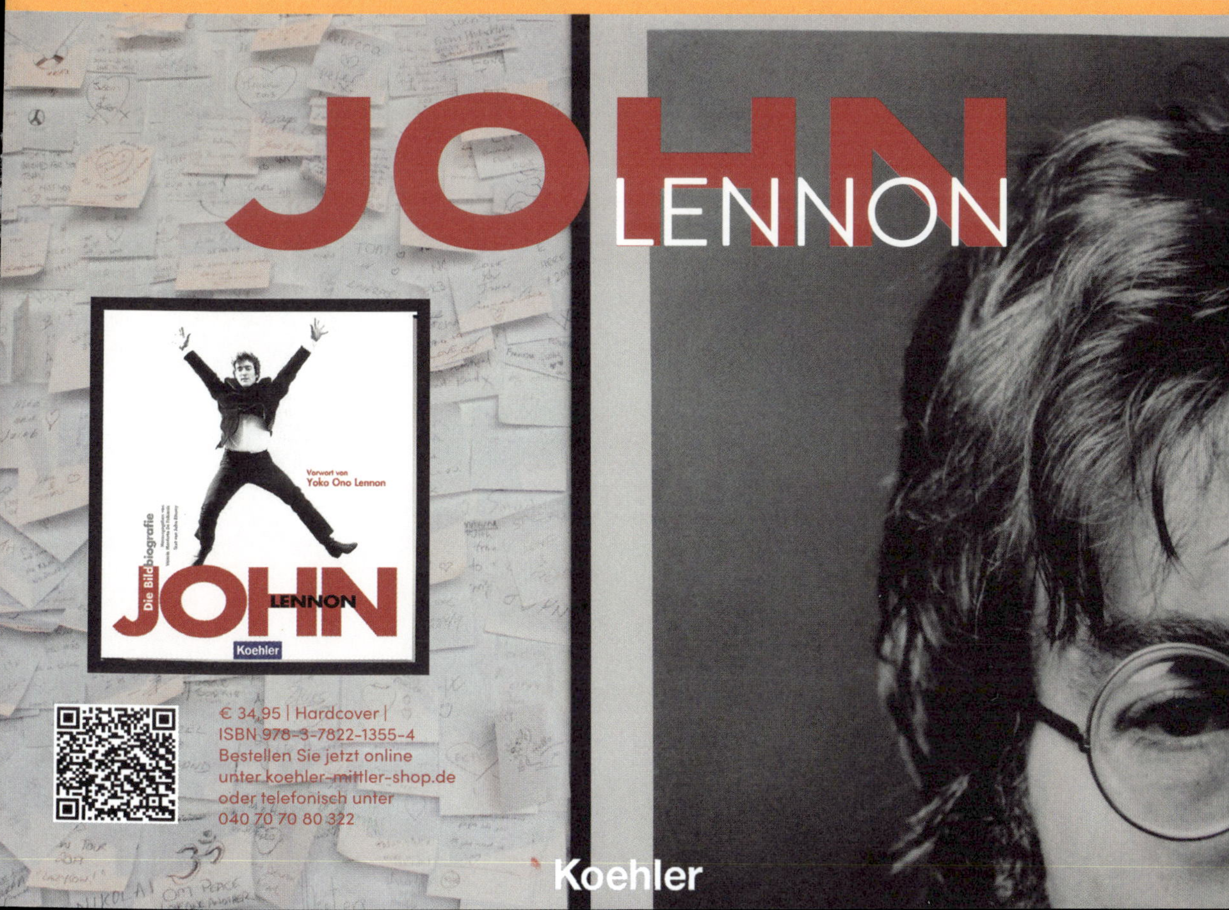

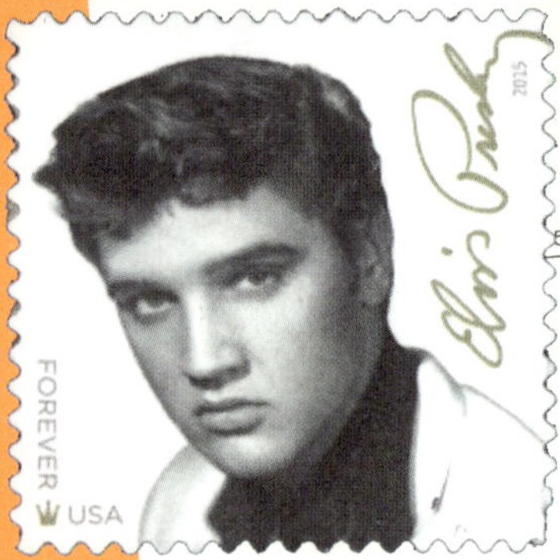

Südwestfunk

Anstalt des öffentlichen Rechts

Schlußredaktion
Flohmarkt

Hans-Bredow-Straße
Baden-Baden
Telefon (0 72 21) 2 76-1
Durchwählverkehr (0 72 21) 2 76 ____
Telex 0 75 21-0
Durchwählverkehr 0 75 21 ____
Dresdner Bank AG, Filiale Baden-Baden
(BLZ 662 800 53) Konto 62 30 283
Landesbank Rheinland-Pfalz, Mainz
(BLZ 550 500 00) Konto 43 970

570 Baden-Baden

Ihr Zeichen	Ihre Nachricht	Unser Zeichen	Datum
			Januar 1978

Liebe Hörerin, lieber Hörer,

über Elvis Presley sind von folgenden Autoren Bücher veröffentlicht worden:
Jerry Hopkins - Abacus Verlag (in englischer Sprache);
Mike Rodger - Rautenbergverlag;
Harry S. Ever - Heyne.

Alle Platten, die im Elvis-Flohmarkt gespielt wurden, erschienen bei RCA-Schallplatten GmbH, Osterstraße 116, 2000 Hamburg 19. Die RCA kann auch weitergehende Fragen beantworten oder zumindest weiterhelfen, wenn es um Adressen von Fan-Clubs, Poster, Autogrammkarten und ähnliches geht.

Mit lieben Grüßen

(Frank Laufenberg)

1) Such a night	64
2) I was the one	56
3) Hound dog	56
4) I want you, I need you, I love you	56
5) Don't be cruel	56
6) My wish came true	59
7) Any way you want me	56
8) My bay left me	56
9) All shook up	57
10) Dixieland Rock (LP: King creole)	58
11) Just because	54
12) I forgot to remember to forget	55
13) Early morning rain	72
14) A fool such as I	59
15) Gentle on my mind (LP: From Elvis in Memphis)	69
16) Teddy Bear	57
17) His latest flame	61
18) C'mon everybody (Viva las Vegas - LP)	64
19) Baby I don't care (LP: A date with Elvis)	59

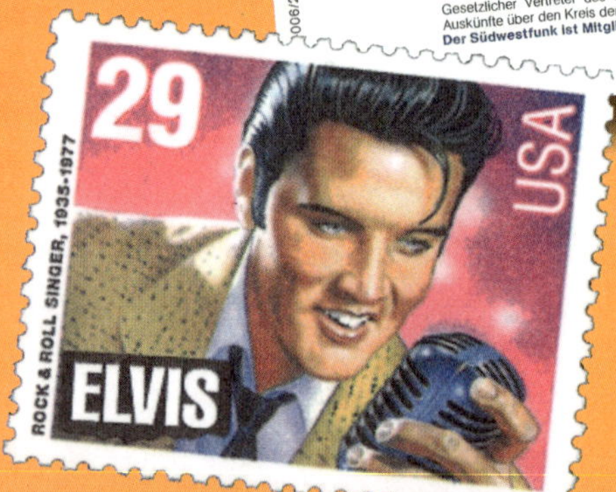

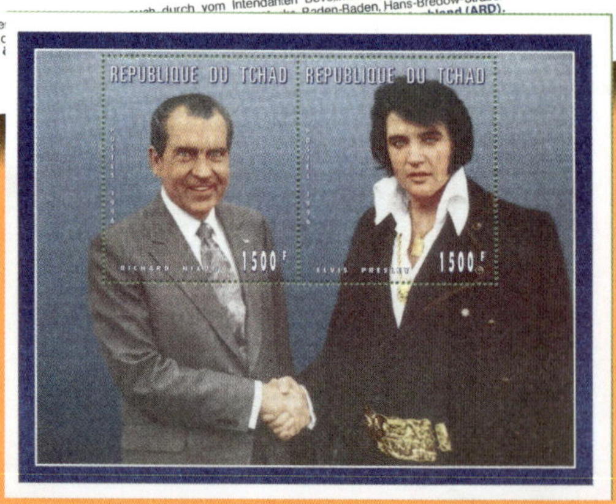